全球供应链超级趋势

吴靖 著

中信出版集团|北京

图书在版编目（CIP）数据

全球供应链超级趋势 / 吴靖著 . -- 北京：中信出版社, 2024.10
ISBN 978-7-5217-6638-7

Ⅰ.①全… Ⅱ.①吴… Ⅲ.①供应链管理－研究－世界 Ⅳ.① F259.1

中国国家版本馆 CIP 数据核字（2024）第 104204 号

全球供应链超级趋势
著者： 吴靖
出版发行：中信出版集团股份有限公司
（北京市朝阳区东三环北路 27 号嘉铭中心　邮编 100020）
承印者： 嘉业印刷（天津）有限公司

开本：787mm×1092mm 1/16　　印张：27.25　　字数：315 千字
版次：2024 年 10 月第 1 版　　印次：2024 年 10 月第 1 次印刷
书号：ISBN 978-7-5217-6638-7
定价：88.00 元

版权所有·侵权必究
如有印刷、装订问题，本公司负责调换。
服务热线：400-600-8099
投稿邮箱：author@citicpub.com

重磅推荐

约翰·比尔杰（John R. Birge），美国国家工程院院士、芝加哥大学布斯商学院杰出教授

新冠疫情不仅暴露了世界人口与健康的相互依赖和密切联系，还使人们关注各地区之间密切的贸易联系以及供应链中断可能对全球造成的灾难性影响。应对未来供应链面临的威胁，需要深入了解供应链的结构及其起源、目的、运作和轨迹。这本书对此进行了阐释，描述了当今全球供应链的起源、作为互动网络的复杂性，以及当前来自环境、技术和政治风险的挑战与未来的方向。

这本书特别值得注意的是它对中国在全球供应链中的重要作用的关注。这一作用对于从新冠疫情以及由此造成的供应链中断（包括农产品等生活必需品以及半导体等高科技产品）到供应链恢复尤为重要。这本书包含大量具体的案例，使概念更加生动易懂。

企业管理者、政策部门和学术研究人员都可以从构成全球经济循环系统的供应链网络的全面调查所提供的见解中受益。有了这些见解，他们就能更好地应对那些不可避免的、难以预见的、影响未来世界经济的事件。

莫里斯·A.科恩（Morris A. Cohen），宾夕法尼亚大学沃顿商学院荣休教授

许多公司在应对供应链中断、政治压力和技术创新等挑战时，正在重新构想供应链的设计和控制。这本书对供应链管理进行了雄心勃勃、全面的分析，包括对过去发展的概述、对当前形势的分析以及对未来发展潜力的讨论。

这本书对理解中国与世界的互动尤其重要。它从历史的角度，记录了中国在成为全球供应链采购的主导力量的过程中所取得的显著进步。它还记录了中国当前面临的重大挑战和机遇。

这本书涵盖了广泛的主题，包括：

- 中国的崛起
- 干扰管理
- 关税和其他贸易壁垒
- 重组会通过回流、友岸和近岸外包，导致去全球化
- 政府的作用
- 经济缓冲区和区域化
- 技术趋势和数字化
- 环境问题和绿色供应链

这本书对供应链管理者面临的挑战和机遇进行了及时、全面且发人深省的讨论，对于管理者、学者和读者来说，都是宝贵的资源。

周林，香港中文大学商学院院长、卓敏经济学教授

中国经济改革开放与科技革命带动的全球化浪潮，共同推进了中国经济的飞速发展，并且为世界经济分工塑造了一个崭新的格局，大批中国企业加入全球供应链中，扮演不可或缺的角色。但是近年来，受到地缘政治重构、贫富分化加剧、极端气候变化以及新冠疫情等诸多因素的冲击，全球化的进程不仅速度放缓，甚至在很多方面已经出现了逆转。

香港中文大学商学院杰出的实力派学者吴靖教授在这本书中讲述了全球供应链过去40年中发生的故事，并且列举逆全球化给企业，尤其是中国企业

带来的巨大挑战，最精彩的部分则是预测未来影响全球供应链演变的几大趋势，以及支招企业如何顺应与驾驭时代潮流，在全球经济新的分工格局中找到新的制高点。我向每一位企业家、政策制定者与研究人员强烈推荐吴靖教授这部力作！

张博辉，香港中文大学（深圳）经管学院院长、校长讲座教授

全球供应链是什么？全球供应链如何在生产制造过程中发挥作用？政府与企业家如何在全球制造供应链博弈中胜出？

这本书是香港中文大学商学院吴靖教授历时数年研究物流供应链与企业运营的集大成之作。在书中，作者按照事物发展顺序，构建了一个较为完整的逻辑框架，分别从回顾过去、风起云涌、变革重塑、未来潮流的视角，探讨全球制造供应链的来龙去脉。

书中详细探讨了全球供应链格局的起源、中国的崛起、常见的中断风险、各国政府主导力量、科技和绿色供应链等重要议题，向读者全面展示了全球制造供应链的发展历程。考虑到企业日益互联和全球环境的不确定性逐渐显现，适应和把握全球制造供应链的能力，对企业的成功和可持续发展至关重要。

通过深入研究波音、苹果、亚马逊、特斯拉等企业的供应链演变，以及中国在全球供应链中的地位，这本书汇集了数十个全球制造供应链的经典案例，为读者提供了丰富而真实的情境。同时，基于当下自动化生产、数字技术和减碳的潮流背景，这本书还向读者介绍了未来全球制造供应链发展的新趋势，有助于启发企业在激烈的全球供应链战略竞争中取得领先地位。

这本书不仅是商业领域研究者、从业者以及企业管理者的必读之作，更是一部引领读者深刻理解未来全球制造供应链主要趋势的精彩之作。

陈家乐（Kalok Chan），香港城市大学商学院院长、金融学讲席教授

吴教授在这本书中深入探讨了重塑复杂互联供应链的变革力量，描述了当前的全球供应链网络如何受到自然灾害、地缘政治事件和非关税贸易壁垒的损害。这本书认识到全球贸易不断变化的性质，阐述了组织在区域化和数字化新时代蓬勃发展所需要的弹性和适应性。吴教授还分析了中国在全球供应链中的崛起和关键作用，中美贸易紧张局势下面临的挑战和机遇，并预测了新的世界工厂布局。这本书是理解和应对 21 世纪全球供应链面临的复杂挑战的综合指南。

目 录

序 言   III

第一篇
回顾过去：全球供应链的演变与中国崛起   001

第一章   供应链的演变：从简单到复杂，从线性到网络   003

第二章   中国崛起：全球供应链中的关键角色   037

第二篇
风起云涌：全球供应链的挑战与大国抉择   077

第三章   全球供应链中断风险：自然灾害与地缘政治   079

第四章   逆全球化趋势：本土化、友岸化和区域一体化   109

第五章   非关税贸易壁垒：供应链制裁的新武器   137

第三篇

变革重塑：各国政府参与博弈下的全球供应链新格局　165

第六章　政府主导与制度化决策：重塑全球供应链　167

第七章　全球供应链的新格局　193

第八章　新增长引擎：经济缓冲区国家　227

第九章　新世界工厂布局：全球制造业的未来版图　269

第四篇

未来潮流：科技与绿色的全球供应链　307

第十章　自动化生产与供应链布局：兼顾效率与就业　309

第十一章　数字化智能供应链：从数字中产生商业价值　339

第十二章　绿色供应链：实现可持续发展的双重挑战　381

参考文献　413

序　言

当今时代，全球供应链正经历着前所未有的变革与挑战。我们见证了一些国家采取贸易保护措施，如实施惩罚性关税和原产地规则，以此来限制他国具有竞争力的产品。此外，技术限制和专利封锁等现象也日渐成为国际关系中的常态。地缘政治紧张、局部冲突不断，这些因素共同作用于全球供应链，导致其稳定性受到考验。

同时，过去几年新冠疫情在全球蔓延，对供应链体系构成了前所未有的挑战。在疫情的早期阶段，全球范围内对口罩等个人防护用品的需求激增，而供应却难以及时跟上，一些国家甚至不具备生产关键医疗物资的能力而只能依靠进口。随着疫情的发展，各国政府在保障生产供应与维护公共健康之间寻求平衡，这成为一个复杂而紧迫的课题。

这些事件和现象，使得全球供应链的脆弱性被广泛关注和讨论。过去，全球供应链是基于各国在原材料、劳动力和技术等方面的比较优势建立起来的。然而，面对极端情况，如人为干预和自然灾害等不可预测的风险，这一体系的脆弱性暴露无遗。特别是在关键物资的生产上，全球高度分工的模式导致了本地产能的缺失，一旦供应链出现中断，就可能引发严重的短缺问题。在这样的背景下，各国政府、企业和社会各界都在反思和探索如何构建一个更加稳健和可持续的全球供应链体系。

供应链管理作为一门历经半个多世纪发展的重要学科，长期以来关注数学模型的构建，从企业的微观视角出发，为决策优化和商业合同提供了精确的分析工具。在相对稳定的经济环境中，这种以微观模型为核心的方法论曾展现出卓越的有效性。然而，随着全球经济环境的快速变化和新兴挑战的不断涌现，传统的供应链管理理论在应对新情况时显得力不从心。

在这样的背景下，对全球供应链的深入探讨急需一种新的视角和方法论。这种新方法论应当基于详尽的微观数据和产业信息，构建一个系统性的分析框架。我们需要从宏观视角出发，利用实证数据，对全球供应链正在经历的深刻变革进行重新审视和理解。

我们的研究团队正是在这一背景下，致力于供应链管理的实证研究。自2011年在芝加哥大学攻读博士学位，我就开始专注于全球供应链的实证分析。在过去的十余年中，我们的团队在全球顶尖的经济管理期刊（如UTD24期刊）上发表了众多基于供应链大数据的实证论文。这些论文的研究方法打破了传统供应链理论的局限性，不再仅仅关注合约和优化模型，而是从产业结构和国际经济学的视角出发，通过对全球三万多家上市公司的大量数据进行深入分析和建模，得出全面而宏观的研究结论。

这种研究方法和框架更加符合当前全球供应链的实际状况，它不仅涵盖了原料、设备、产能等供应链的传统要素，还综合考虑了政策、市场、金融、社会等商业环境因素。这包括地缘政治动荡、政策变化、消费趋势变化、企业家社交网络、金融风险、环境保护、社会责任以及公司治理等多个维度。通过这种全面的研究视角，我们能够更好地理解全球供应链的复杂性，并为应对当前和未来的挑战提供有力的策略支持。

自2018年起，随着全球经济与政治格局的剧烈变动，我有幸受邀参与了众多关于全球供应链主题的访谈，这些访谈来自新华网、中国国际电视台、《参考消息》《南华早报》《经济学人》《福布斯》杂志、英国广播公司、路透社等，一共有来自20多个国家的超过400家媒体机构。在这些交流中，我主要回应了关于全球供应链危机的根源、未来发展趋势以及政府和企业可能采取的应对策略等问题。这些经历让我深刻认识到，我们基于实证数据的全球供应链研究，不仅在学术界引起了广泛关注，而且在现实世界中产生了显著的影响。

这种认识激发了我撰写一本书的构想，旨在将供应链的议题置于当今全球的宏观视角之下。我们希望通过这本书，结合我们的原创研究成果，用通俗易懂的语言与读者分享供应链的发展历程、现状以及未来的走向。我们的目标是将自下而上的方法——从微观数据出发——转化为普遍适用的、紧贴现实的宏观结论，以此向广大读者阐述我们的供应链实证研究成果。

在本书中，我们提出了一系列创新理论，对传统供应链管理的认知发起了挑战，并以此为基础，构建了一部关于全球供应链未来的展望之作。本书不仅提供了丰富的案例分析和数据支持，而且通过生动的叙述，带领读者深入理解供应链的演变历程和未来趋势。

首先，我们提出了供应链并非单一链条，而是一个动态且错综复杂的网络的观点。这一观点突破了传统链式供应链理论的局限，揭示了供应链在现实世界中的多维性和互动性。

其次，本书回顾了供应链全球化的历程，特别是自2003年中国加入世界贸易组织（WTO）以来的快速发展。中国凭借劳动力和规模经济的比较优势，结合与欧美的资本与技术互补，迅速崛起为全球制造中心，成为全球经济网络中的关键节点。

最后，在定义全球化的新阶段——"全球化2.0"时，我们预见了供应链的重大转变。传统的跨国长距离运输模式将逐步减少，而更加本地化、贴近最终市场的供应链模式即将兴起。同时，资本和技术等无形的"供应链"将在全球范围内加速扩展。在此背景下，中国企业积极走向国际舞台，成为跨国公司，将效率和管理理念传播至全球各地的制造中心。

面对产业链升级的新挑战，中国经济发展需要在保持与欧美互补性的同时，增强自身的竞争力。在高科技领域，如通信、新能源、芯片等，中国的进步与美国的阻碍反映了战略层面的博弈，这也是历史发展的必然。

为了应对挑战，中国明确了高质量发展的战略，开始向科技创新产业转型。这一转型过程充满挑战，需要遵循经济规律，在整体产业升级的同时，确保高新产业与传统产业之间的相互支持。

在全球贸易体系中，世界贸易组织的影响力正在减弱，区域贸易协议的作用日益显著。传统的关税壁垒逐渐让位于技术限制、补贴和配额、原产地规则等非关税贸易壁垒，后者成为新的博弈工具。各国政府在推动全球供应链重组方面扮演了更为积极的角色，为拉美、东南亚等经济缓冲区国家带来了新的发展机遇。

展望未来，数字化和人工智能（AI）将成为供应链发展的关键。这些信息技术（IT）为制造企业的服务化转型奠定了基础，企业将更加注重产品的使用体验和高质量运转。环境保护和碳中和为中美等大国提供了合作的新机遇。我们需要关注跨国供应链的碳足迹，并明确生产国和消费国在各环节的责任，以实现公平有效的绿色发展。

过去的10多年里，我有幸与全球众多顶尖学府的杰出学者深入进行科研合作，他们的智慧和贡献对本书的完成至关重要。我要向这些合作者表达我最诚挚的感谢，包括：芝加哥大学的约翰·比尔杰（John R. Birge）教授，加州大学洛杉矶分校的邓兆生（Christopher S. Tang）教授，哈佛商学院的劳伦·科恩（Lauren Cohen）教授，乔治敦大学的沃洛迪米尔·巴比奇（Volodymyr Babich）教授，埃默里大学的尼科莱·奥萨德奇（Nikolay Osadchiy）教授，乔治华盛顿大学的塞纳伊·阿莎（Senay Ağça）教授，亚利桑那州立大学的迈克尔·赫泽尔（Michael Hertzel）教授，佐治亚理工学院的维诺德·辛格哈尔（Vinod Singhal）教授，香港中文大学的岑岭教授、徐宁教授和周翔教授，香港中文大学（深圳）的姜翰教授，北京大学的张宇教授，上海财经大学的丁浩员教授，上海同济大学的胡一川教授、姜沈阳教授，伦敦商学院的杨颂教授，台湾政治大学的李晓惠教授以及新加坡国立大学的王奕飞（Ben Charoenwong）教授等。我们的共同努力和研究成果，为本书提供了坚实的学术支撑。同时，我也要感谢我的研究团队，他们在数据收集、图表制作和文字整理等环节做出了宝贵的贡献。这些成员包括荷兰蒂尔堡大学助理教授牛艺萌博士、上海同济大学助理教授彭洁博士，以及李植、史宜林和彭博雅等博士。最后，我要感谢我的家人，他们的鼓励和支持是我在学术研究道路上的坚强后盾。

在本书成稿的半年时间里，我有幸访问了中国以外的多个国家和地区，包括欧洲的葡萄牙、荷兰，美国的旧金山、凤凰城、圣路易斯、波士顿，亚洲的韩国、越南和马来西亚等。在这些地方，我不仅进行了实地考察，也进行了深入的研究思考，这些经历为本书增添了多元化的视角和丰富的内容。期望本书能够帮助读者全面地理解当下全球供应链的现状，并为企业管理者提供一些实践启示。

吴靖

2024 年 8 月 15 日

于中国香港

第一篇

回顾过去：
全球供应链的演变与中国崛起

自人类开始贸易以来，世界便如一幅拼图，从分散走向联结，全球供应链的出现更是将世界各个角落的生产制造紧密连接起来，将世界彻底地融为一体，并影响着生产、消费和生活方式。本书将从贸易的萌芽开始，述说全球供应链的形成、演变与特色，其中穿插世界知名企业案例，有助于读者深刻领略全球供应链的发展轨迹。最后将聚焦中国在供应链中的崛起历程与关键角色，以及所面临的挑战和机遇。

第一章

供应链的演变：
从简单到复杂，从线性到网络

尽管供应链总会出现新的问题和挑战，
但它总体上是以一种重复历史常态的状态运行着。
——汤姆·斯威特，戴尔公司首席财务官

我们每天都在使用全球供应链的成果，但是你知道供应链是如何运作的吗？供应链就是一系列的活动，从原材料的采购，到产品的制造，再到最终的销售和配送。供应链的目标是让产品以最低的成本、最好的质量、最快的速度、最高的使用满意度，到达消费者手中。供应链实际上是一个非常复杂的系统，涉及多个国家、产业和企业的协作和竞争。供应链的形态也随着历史的变迁而不断演变，从简单到复杂，从线性到网络，反映了人类社会的进步和变化。本章将从时间和空间两个维度，分析供应链的发展历程和特点，以及它对全球经济和社会的影响。本章还将展望未来的供应链，看它将如何应对数字化和全球化的挑战，以及如何利用新的技术和模式，提高其适应性和灵活性。读者将看到，供应链不仅是一个"链"，更是一张生动的"网络"。

汉萨同盟是中世纪和近现代欧洲历史上最有影响力的商业联盟之一。它起初是由德意志北方商人组成的非正式团体，后来发展成一个包括约 200 个城市的经济和政治联盟。

汉萨同盟的崛起和繁荣，与波罗的海地区的自然资源紧密相关。波罗的海地区的茂密森林和海洋给人们带来了鱼、皮草、粮食、木材等重要资源。尤其是木材，它在当时的欧洲是一种稀缺且有价值的资源，可以用于建造房屋，制造船舶、家具和火炉。可以想象一下，在 11 世纪的欧洲，波罗的海和北海之间的水域游弋着一群勇敢的日耳曼商人，他们的船只满载商品，穿梭在每一个港口，与远方的斯堪的纳维亚商人交换货物。

北方有两座城市，就像两位雄心勃勃的领袖一样不断引领着这群商人，它们是不来梅和吕贝克。商人们经常在这里歇息、交易，计划着下一次的大冒险。然而，随着贸易不断进行，新的问题也接踵而至。贸易的兴盛使海盗的威胁日益增加，每一次航海都充满了风险。尽管如此，贸易带来的财富和冒险精神依然促使商人们一次次踏上旅程。这些商人在外经常遭受损失，难以得到公正的赔偿，甚至有时会被海盗洗劫一空。有一天，一群商人在吕贝克的酒馆里喝酒，谈论冒险经历。其中一位商人说："我们为什么不联合起来，形成一个强大的同盟，共同对抗那些试图伤害我们的人？"这个想法得到了大家的一致同意，众人意识到，只有团结起来，才能更好地保护自己的利益。

吕贝克作为同盟的核心城市，成为木材贸易的中心。这里的商人扮演着供应链的核心角色，与深入森林的伐木工人以及处理木材的木匠建立了紧密的联系。他们确保木材的品质，并进行分级、定价。在不来梅，木材主要用于制造船舶，这座城市的造船工人依赖汉萨同盟提供的优质木材，精心打造出坚固耐用的船只，帮助同盟的商人们开拓新的航线。12世纪中叶，不来梅和吕贝克成为两个主要的贸易中心，这为汉萨同盟的形成奠定了基础。

与此同时，汉堡、里加和多尔特蒙德等城市则成为木材市场的重要分销中心。商人们在这里与各地的买家交易，而木匠则利用木材制作家具、车轮和其他工艺品，提高商品附加值。在这个巨大的木材贸易网络中，还有一些特定的参与者。例如运输工人，他们驾驶马车或船只，将木材从森林运到市场或港口；还有书记员和会计，他们记录木材的来源、数量和交易价格，确保供应链的透明和高效。

在接下来的几年里，越来越多的城市加入这个同盟，形成了一个庞大的经济和政治网络。他们共同决策，共同对外谈判，并为彼此提供保护。在海上，汉萨同盟的船队成为霸主，任何敢于挑战他们的人都会受到惩罚；在陆地，汉萨同盟的商人享有特权保护，他们的商品在整个欧洲都受到欢迎。汉萨同盟在其巅峰时代为成员城市带来了巨大的财富和权力，每一个参与者都形成了紧密的合作关系。它们相互支持，共同努力，使这个中世纪的木材贸易帝国逐渐繁荣。

随着新航线的开辟和欧洲大陆内部贸易的发展，汉萨同盟在十六、十七世纪逐渐衰落。尽管如此，汉萨同盟打造的供应链，在中世纪的欧洲堪称一种创新的先进模式，它使得汉萨同盟的商人能够有效地利用和分配木材资源，满足市场的需求，提高自己的竞争力和利润。汉萨同盟的供应链也促进了欧洲各地的经济和文化交流，为欧洲的发展和繁荣做出了贡献。

供应链的本质是企业战略联盟，它通过协作分工和精细协调，实现资源的高效利用和价值的最大化。汉萨同盟是一个典范，它不仅提升了个体的竞争力，还促进了地区和经济的发展。现代社会的供应链更加先进和协同，使得资源和价值的优化更加显著。

贸易和供应链到底是如何起源的，供应链为何会形成？贸易和供应链有何区别？现代供应链究竟是如何演变的，其演变进程有何特征？当今的全球供应链有何特征，形成了哪种布局？本章将探讨这些问题。

...

一、供应链的起源：从原始贸易到垂直分工

供应链的雏形是早期的简单贸易。最初，人们"自己生产自己需要的一切"。当满足自己的需求之后还有物品剩余时，人们便开始从自给自足转变为交换各自需要的东西。比如，你可能有一些黄金，我需要用它们制作一条漂亮的项链；我可能有一些丝绸，正好是你制作所需衣物的材料。于是，我们就会以一种满足彼此需求的方式进行交换。然而，随之而来的还有一个问题：当你无法生产自己需要的东西，附近也没有人种植、饲养、制造这种东西时，你就只能放弃自己的需求，或者长途跋涉去能够满足自己需求的地方寻找。这对你而言成本高且充满风险，但对那些愿意专门为此跋涉的中间商来说，却是一种有利可图的机会。他们愿意冒险，以获取其他人难以获得的物品，然后通过交换获得回报。这就是古代商业和贸易的雏形。

公元前3000年左右，人类的早期长途贸易在美索不达米亚和印度河谷之间展开，主要交易的商品包括香料、纺织品和贵金属等奢侈品。这些贸易活动促进了沿线其他区域的经济发展，形成了早期的供

应链。大约在公元前 2000 年，阿拉伯游牧民族成功地驯化了单峰骆驼，这种"快递"工具使他们能够主导来自遥远东方的香料和丝绸贸易，从而使阿拉伯和"邦特之地"成为埃及经红海进口香料贸易的主要源头。同时，阿拉伯人的船只也承运了印度和埃及贸易的一部分货物，负责将印度生产的商品运往亚丁湾。在中美洲，奥尔梅克印第安人通过黑曜石、玉石和昂贵羽毛饰品的长途贸易建设了神殿等大型建筑，他们扩大了手工产品的制作和生产。被称为"他施船队"的叙利亚船队在以旬迦别海港（位于今以色列埃拉特地区）整装，多次前往东方进行贸易，带回了黄金、白银、象牙和宝石。中国汉朝使节张骞在公元前 2 世纪来到中亚，开辟了连接中国、印度、波斯和罗马帝国贸易往来的丝绸之路。中国唐代都城长安成为丝绸之路东端的重要枢纽，不仅是对外贸易的中心，还吸引了各地的旅居人群。这些活动促成了早期的分工、物流和国际贸易模式，推动了人类的交流互动，也大幅提高了生产和商品流通的效率。这些都是供应链发展的重要里程碑，对现代供应链管理有着深远的影响。

早期供应链的建立主要基于垂直分工，人们根据各自的特长和能力进行合作。从 16 世纪早期到 19 世纪晚期，国际贸易蓬勃发展，贸易活动在整个欧亚大陆广泛开展，首次将不同文化紧密联系在一起。这时候的贸易大多以公司之间的交易为主，不同的公司根据自己所擅长的生产和物流领域实现垂直分工，形成了最初的原材料—生产—物流—零售的供应链。

供应链依托不同主体的比较优势而建立，比较优势体现在专业化能力、成本优势两个方面。首先，专业化能力是指不同的组织或国家在特定领域或业务方面具有独特的专业知识和技能。这意味着某些企业可能在某种产品或服务的设计、制造、运输或其他方面具有更多的专业知识和经验。通过供应链合作，各方可以充分地扬长避短，将每个环节交由最擅长的团队来负责，从而提高整体效率和产品质量。其次，一些地区或组织可能具有成本优势（如劳动力成本低、原材料丰富等），成本效益是另一个重要的比较优势。不同地区或组织可能具有不同的成本结构，包括劳动力成本、原材料价格、税收政策等。通过供应链整合，企业可以选择在成本更低的地区进行生产或使用成本更低的资源，从而降低整体生产成本。

历史上，欧洲在从殖民地进口原材料的同时大量出口商品并进行移民，在激烈的军事侵略和殖民控制下，欧洲中心主义越发盛行。在第一次世界大战之前，全球交易量显著增加，带动了全球品牌和零售市场的出现和发展。工业革命和技术进步对生产和物流产生了巨大影响，生产效率大大提高，物流运输更加便捷，国际贸易的全球化因此得以实现。全球供应链逐渐形成，给世界各地带来了活力和机遇。这个过程已经持续了相当长的时间，对全球产生了深远的影响。

然而好景不长，在第一次世界大战和第二次世界大战期间，贸易保护主义占主导地位，资金流动受到限制，全球金融活动衰弱，这些因素最终导致全球贸易量的减少。到"冷战"期间，随着世界分裂为以美国为首和以苏联为首的两大阵营，跨境商业活动一直受到抑制。"冷战"结束之际，随着国际贸易和全球文化交流的大幅增加，全球化程度又迎来新高，现代供应链及其管理思想逐渐形成。

二、供应链的演变：从细化分工到大规模生产

垂直分工和大规模生产促进了供应链的形成。现代供应链萌芽于工业革命时期的流水线作业。工业革命带来效率和生产规模的爆

炸性提升，促进了分工制度的形成。这一时期，生产变得更加精细，每个环节都像拼图一样相互拼接，从而形成了标准的生产管理方式。与此同时，人们追求的主要目标是提高生产效率和降低成本，这可以看作供应链的初级形式。就像很多大公司的单一产品线一样，那时的供应链也呈现为一种单一的链条。

图1-1展示了苹果公司供应链各层级的功能与全球供应链路径，该供应链是一个典型的采购—制造—仓储—配送—销售的链型结构。在二战前，全球供应链还没有达到现代意义上的高度复杂性和全球化，劳动力主要集中于农业和初级制造业，而不是现代意义上的服务业或高技术产业。但在某些方面，它已经显示出一定的复杂性和跨国特征。当时的供应链已经开始从殖民地和其他国家进口重要原材料。例如，欧洲国家从非洲、亚洲和美洲进口橡胶、棉花、矿产等。原材料通常在生产国进行初步加工，然后运往工业化国家进行进一步加工和生产。此外，虽然当时的海运和铁路系统不如现代那么高效和迅速，但已经相当完善，特别是在欧洲和北美地区。一些主要城市和港口（如伦敦、纽约、上海等）已经成为全球贸易的重要枢纽。另外，银行和其他金融机构提供信贷和汇票，以便企业更好地完成跨国贸易。保险业也为海运等提供了相应的风险担保。不同国家有各自的贸易政策，包括关税、配额等，这些都影响了全球供应链的效率和成本，或者说供应链中不同的环节都会对全球供应链效率和成本产生影响。

全球化、国际贸易和跨国组织形式的规范化推动了跨境供应链的形成。二战结束后，各国开始重建经济秩序并恢复国际贸易，形成了规范的现代供应链。新的贸易协定和多边组织促进了全球贸易的发展，为供应链的跨国运作提供了更加稳定和透明的环境。

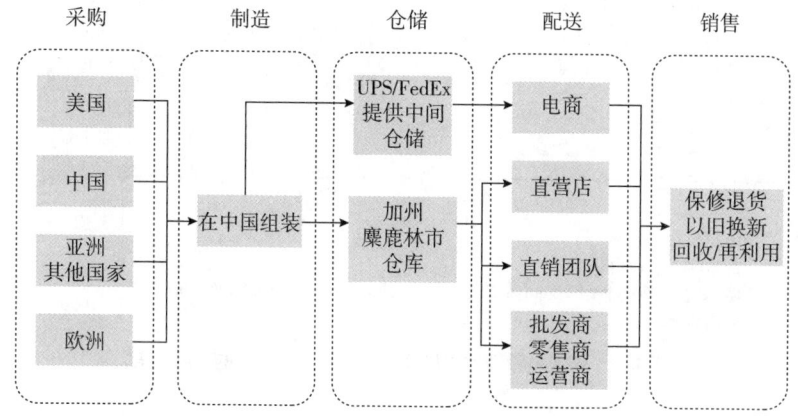

图1-1 苹果公司的全球供应链路径

注：UPS为美国联合包裹运送服务公司，FedEx为联邦快递。

图1-2展示了供应链管理理论形成之前国际贸易协定的发展历史。1947年，国际贸易格局发生了一次重大改变，即"关税与贸易总协定"（GATT）得以确定下来。美国和其他22个国家进行谈判，旨在简化国际贸易程序，减少或消除国际贸易中的各种障碍。[①] GATT为世界贸易确立了大部分规则，有助于促进公平和有效的国际贸易。首先是"最惠国待遇"原则，这意味着如果一个国家给予另一个国家某种贸易优惠，那么这个优惠也必须适用于GATT其他成员；其次是"国民待遇"原则，即外国产品一旦进入市场，则应当受到与本国产品相同的待遇；最后，GATT还强调了贸易政策与规则的透明度和可预见性，这意味着它们必须是公开的，并且人们可以事先了解它们。1948—1994年，全球贸易都在GATT的框架下进行。GATT在降低关税和其他贸易壁垒方面有着深远的影响，在这一时期出现了当时贸易的最高增长率。

---

① 参见 https://www.usitc.gov/publications/332/us_trade_policy_since1934_ir6_pub4094.pdf。

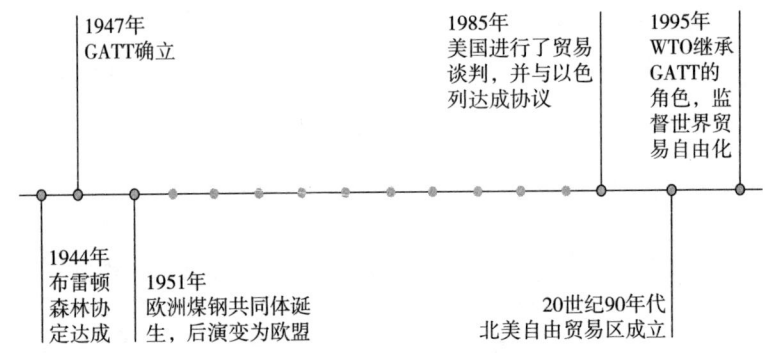

图 1-2　供应链管理理论形成之前国际贸易协定的发展历史

GATT 主要聚焦于关税问题和商品贸易，它是国际贸易领域的一项关键进展。1995 年 1 月 1 日，WTO 成立。与 GATT 相比，WTO 的议程更全面，包括商品贸易、服务贸易、知识产权、投资等多个方面。这一全球性的特点为国际贸易提供了更稳固和更全面的框架，使其能够更好地适应和引导迅速变化的全球经济环境。从 GATT 到 WTO 的转变，不仅扩大了议题的讨论范围，也增加了参与方的多样性，被视为二战结束以来最重要的国际贸易协定变革之一，它给国际贸易提供了强大的管理和促进机制，有助于适应快速变化的全球经济格局。

WTO 也创造了新的争端解决程序。战后几十年间，跨国公司兴起，并在全球范围内建立了供应链网络。这些公司利用先进的物流和信息技术，将生产和供应环节分散到不同的国家和地区，以获取成本优势和市场接近度。供应链的发展加快了制造业的全球化趋势。不同国家和地区的制造商通过供应链网络合作，实现了分工协作和资源的优化配置。这种全球化的制造业模式推动了产业的转移和全球供应链的深入发展。此外，信息技术的快速发展和应用对供应链管理也产生了重大影响。计算机、互联网和物联网等技术的应用，使供应链的运作更加高效、可视化和智能化。例如，企业开始采用计算机系统进行库存管理、订单处理和供应链协调，这不仅提高了响应速度，还大大提高了客户满意度。二战后的供应链管理越来越强调协作和伙伴关系的重要性。供应商、制造商和分销商之间的紧密合作和信息共享，成为提高供应链效率和灵活性的关键要素。成功的供应链不再依赖单一企业的努力，而是需要整个供应链网络的协同合作。

二战和战后经济复苏推动了供应链管理理论的形成，对理论的发展产生了深远的影响。二战期间，运筹学理论和求解优化工具在解决实际问题中迅速发展。例如，为了确保前线部队得到足够的补给，运筹学家进行了大量的物流和供应链研究，以优化物资的运输和分配。战后，各国企业迅速利用这些工具优化库存、做好生产调度、改进运输和物流、制定供应商选择和采购决策以及管理供应链风险，确保在满足客户需求的同时降低库存成本，实现生产效率的最大化。这些实际运营经验逐渐积累，为供应链管理理论的形成奠定了坚实的基础。

最为典型的是精益生产理论。这里举一个经典的例子——丰田的精益生产模式。丰田在20世纪40年代开发了以"精益制造"著称的丰田生产系统，随着其他公司采用这种方法，该系统很快获得了全球影响力。该系统的核心理念是"Jidoka"，这是一种智能自动化形式，将设备编程为一旦出现问题就停止生产，以此阻止有缺陷的产品。20世纪80年代，日本企业推出了"按需制造"（"Just in Time"，简称"JIT"）的理念，背后的总体思路是消除制造过程中的浪费，制造过程中的每个步骤只生产下一个步骤所需的产品，并致力于持续改进流程以形成最有效的工作方式。这种方式生产出的日系车平均重量比美系车至少轻1吨。在20世纪90年代，第三次石油危机爆发后，日系车出口增速飞快（见图1-3），开始主导美国进口市场，进入世界车企第一梯队。丰田通过对前后端的整合，不断根据客户需求调整内部生产模式，同时对外与供应商进行深度捆绑合作，打通了从原材料到制造再到客户手中的整个过程，这也首次真正形成了供应链的概念。换句话说，这种模式的推广在很大程度上受益于20世纪的石油危机，日本土地资源贫瘠，战后无法满足日益增长的内需，因此急需优化生产效率，以实现最大化产出。

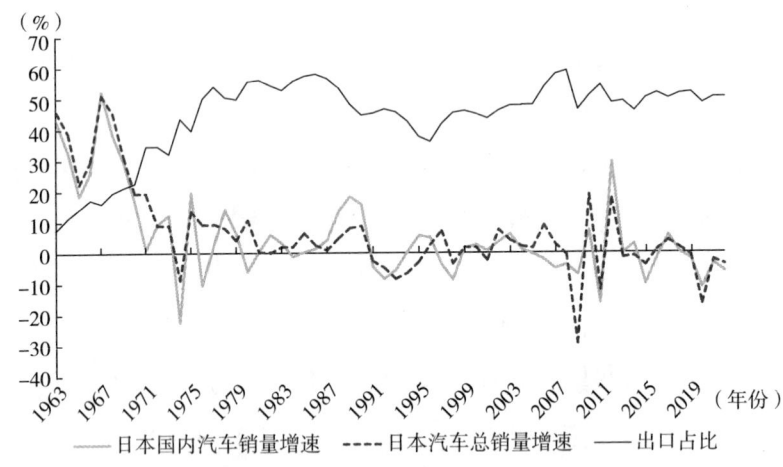

图1-3 1963年以来日本汽车企业销量增速

资料来源：司尔亚司数据库，日本汽车制造协会。

"牛鞭效应"也是一个经典的供应链管理理论。这个理论最早由麻省理工学院的杰·福雷斯特教授在1961年提出，他通过系统动力学研究发现，即使在供应链中需求变化非常小的情况下，供应链上各个环节的变动也会逐渐放大，最终导致整个供应链产生波动。为了更好地理解牛鞭效应的形成机制，学者们开始研究影响牛鞭效应的各种因素。他们发现，供应链中的信息不对称、缺乏协调机制、过度反应和过度调整等问题都是牛鞭效应的重要影响因素。这意味着供应链中不同环节之间的信息传递不够顺畅，导致了不必要的波动。同时，缺乏协调机制使得供应链的反应往往过于激烈，进一步放大了波动。通过分析这些因素，他们提出了一系列的对策和方法，以减少牛鞭效应的影响。

值得注意的是，虽然过往基于运筹优化的供应链理论脱胎于企业实践，但很多问题是基于特定场景的局部最优，试图在资源有限的情况下做出效益最大化的决策。想象一下，一位先生走进一家酒吧，决定为每一位在场的客人买一杯啤酒。问题是，这家酒吧的啤酒是否供应充足？这个例子形象地展现了供应链中常见的问题：在资源有限的情况下，如何制定库存决策以达到最大效益？供应链管理后期的很多理论问题是这一类简单问题的延伸。尽管利用优化工具指导企业决策极其重要，但是这些理论并没有直接解释现实中的供应链究竟是何种形态、它的历史演变以及战后的发展等。下文将结合真实数据，从企业、产业到全球布局对供应链做详细介绍。

三、供应链不是固定的"链条"，而是动态的"网络"

（一）以波音为例

当讨论供应链时，实际上是在讨论企业如何在不同环节分工合作，以便高效地将原材料转化为最终产品并交付给客户。然而，随着全球贸易的增加、产业结构的调整以及企业经营的复杂化，我们需要重新思考供应链是否还像以前那样简单，以及对于一个行业中的多个企业来说，是否仍然存在链式的供应结构？下面以波音庞大而复杂的供应链为例来说明。[①]

---

① 参见 https://www.thomasnet.com/insights/boeing-supply-chain/。

作为全球飞机制造业的巨头、全球第二大武器供应商以及美国主要的出口商，波音公司管理着一个庞大且错综复杂的供应链体系。除了标志性的民用和军用飞机，波音还涵盖卫星、武器、电子与防御系统、发射装置、先进的信息与通信技术，以及基于性能的后勤和培训等多个领域，服务超过150个国家和地区的主要航空公司、政府机构和其他客户。

波音有一套供应商众多、供应层级复杂的供应链。一架波音飞机由300多万个独立零部件组成，覆盖全球范围内的供应商和合作伙伴。波音的全球员工超过15万人，遍布65个国家和地区。图1-4展示了波音787飞机的零部件供应源。

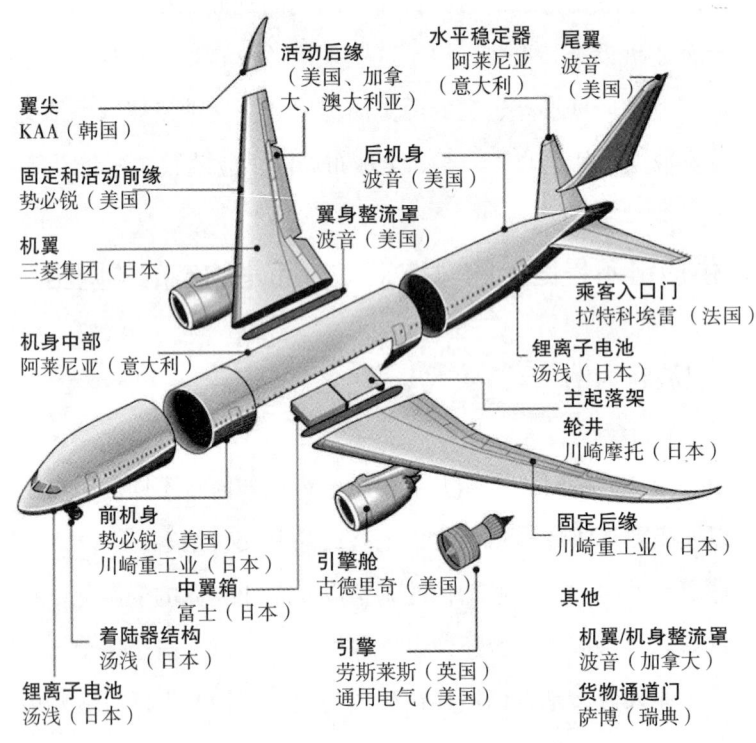

图1-4　波音787飞机的零部件供应源

资料来源：路透社。

接下来我们谈谈波音公司的"逆向供应链"。在发展的过程中波音公司采用了一种称为逆向供应链的方法，旨在以更经济高效的方式满足零部件需求并降低成本。该方法涉及回收退役飞机以及利用其中可以再利用的二手航空材料。这一过程实际上就是把飞机拆开，然后用可以再次利用的零部件来满足需求，这有别于传统的供应链模式。在一次典型的拆解中，通常可以获取约 2 500 个零部件，但在某些情况下，一架飞机上竟然有多达 6 000 个零部件可以回收再利用。以前波音公司通常把这个拆解过程外包给第三方公司，但现在决定自己全程负责。这样一来，它就能更好地控制成本。

从波音公司的案例可以看出，一个大企业的业务往往包含众多的供应商以及客户，可以带动产业集中度的变化和竞争行业的形成，也可以形成逆向供应链。在逆向供应链中，产品的流向与传统模式相反，从消费者开始，经过回收、再制造、再销售等环节，最终回到供应商那里。甚至在面临大的冲击时，企业也可以迅速变换行业和产品。

如果说波音公司的产品复杂性较高，具有特殊性，那么我们不妨看看另一个行业的例子。糖不一定是世界上最重要的商品，但它是消费最广泛、最美味的商品之一。剑桥大学学者研究了乌干达一家制糖企业的供应链。图 1-5 展示了泰莱公司糖进出口的全球供应链，其复杂程度远超我们常见的模型。这家企业的供应链中有两个工厂（见图 1-5 中间偏左的两个节点），每个工厂使用两种采购途径：一种是本地采购，另一种是国际采购。生产的糖卖给分销商，分销商再卖给零售商。超过 2 000 家企业依赖这两个工厂。图中从左往右，依次展示众多原材料生产商、两家工厂、若干分销商以及众多零售商，覆盖从原料生产到最终销售的整个过程。如果其中一个工厂停产，另一个工厂短期内无法接手生产任务，那么整体的生产量就会减少，供应链的参与者正是通过这种复杂的方式相互影响的。

图1-5　乌干达泰莱公司糖进出口的全球供应链

资料来源：Carvalho 等（2020）。

图1-6更加突出显示了供应链的复杂性，该图演示了乌干达的所有公司及其联系，图中每个节点代表一个公司，线条代表这些公司在2010—2015年有过交易。这是一个由40 000家公司和90 000条公司与公司之间的商业链接组成的复杂网络。

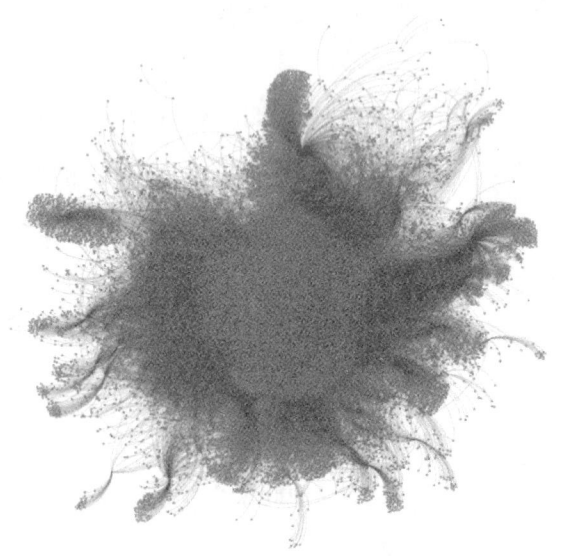

图1-6　乌干达的所有公司以及公司间的联系

资料来源：Carvalho 等（2020）。

（二）现代供应链的网络特征

以上案例说明，当今世界真实的供应链并不是"链"，而是若干复杂的、动态变化的"网络"。以下将进一步从企业、产业和国家三个层面来说明供应链在现实中的网络形态。

企业各级供应商的网络特征更加明显。公司的供应链网络已经不再是我们平常想象中的那样是一条直线。就像波音公司一样，随着公司的业务变得越来越复杂，供应商之间的联系不仅仅是提供原材料、制造和交付，还是一个交织的网络。

供应链资源流向利用率较高的核心产业节点。从产业来看，供应链相关的资源已经逐渐从多点分散演变为集中在少数几个效率高或市场需求旺盛的产业。以中国的产业链为例，随着产业链自身的优化，已经形成了以机械设备制造业、服务业、建筑业为核心的供应链网络。

全球贸易的扩大与供应链的国际化促进了国家间供应链网络的形成。供应链已经不再是简单的单链表达，而是成为一个从点到点、从链到网、各个环节相互连接的大网络。尽管在两次世界大战期间以及"冷战"时期，世界贸易都曾陷入低迷，但因为政策的改变和集装箱的使用，贸易在最近几十年快速成功发展，达到了前所未有的规模。国家层面的供应链网络结构发展比较清晰。从2000年到2021年，全球制造供应链已经从围绕美国的单点供应链转变成以美国、中国、德国为核心的三大贸易节点（见图1-7）。

这体现了大国之间的紧密联系和相互依赖。在过去20多年里，中美供应链的发展经历了几个阶段，其中最显著的变化是中国加入WTO以后的快速融入和发展。这一变化对于中美两国的贸易格局

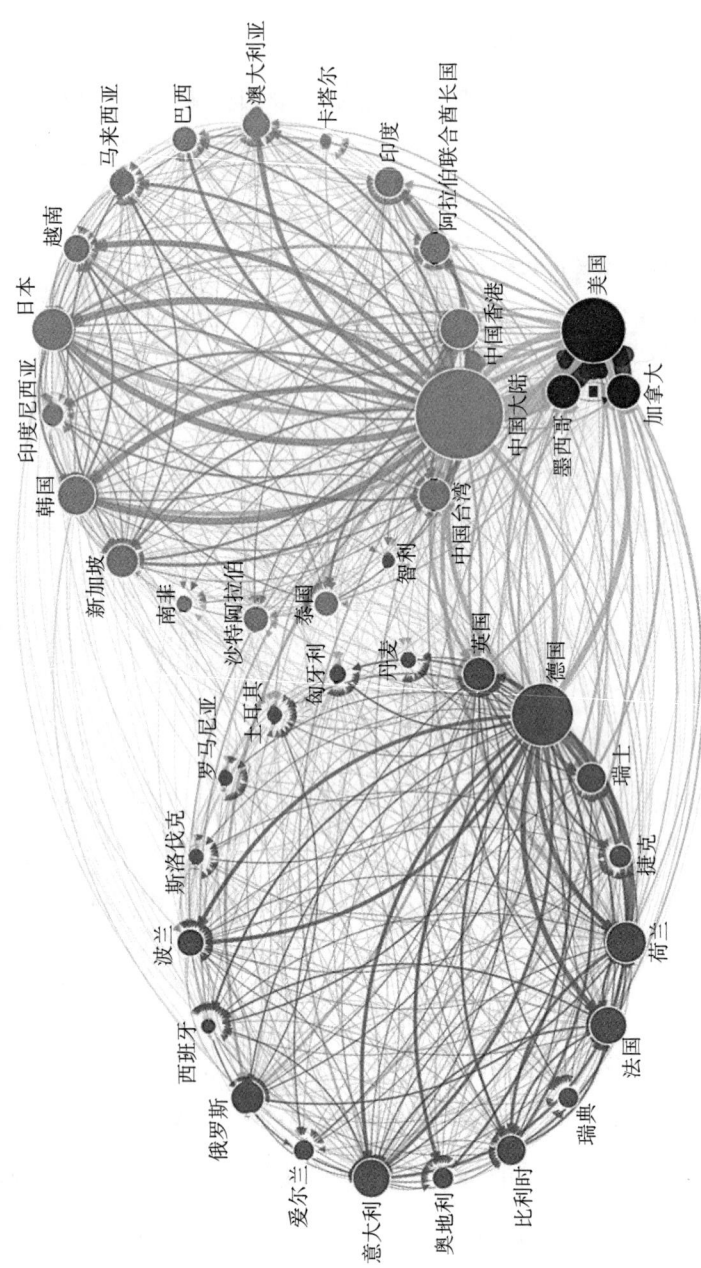

图1-7　2021年全球进出口贸易量聚类图

资料来源：联合国商品贸易统计数据库。

和竞争力有着深远的影响。从图1-8可以看出，2000年以后，中国的出口市场呈现多元化的趋势，出口产品不仅数量增加，而且种类增多，覆盖了更多的国家和地区。其中美国一直是最大的贸易伙伴，占比在2018年中美贸易摩擦之前一直保持在20%左右，并没有太大变化。中国分散多元的出口市场提高了贸易竞争力和抗风险能力。从图1-9可以看出，2000年以后，美国的进口市场呈现集中化的趋势。在美国的进口市场中，中国一直是最大的贸易来源，占比从2000年的7.5%增长到2018年的20%，显示了美国对中国商品的依赖程度不断提高，也为后来美国通过制造贸易争端等手段降低对中国的依赖埋下了伏笔。

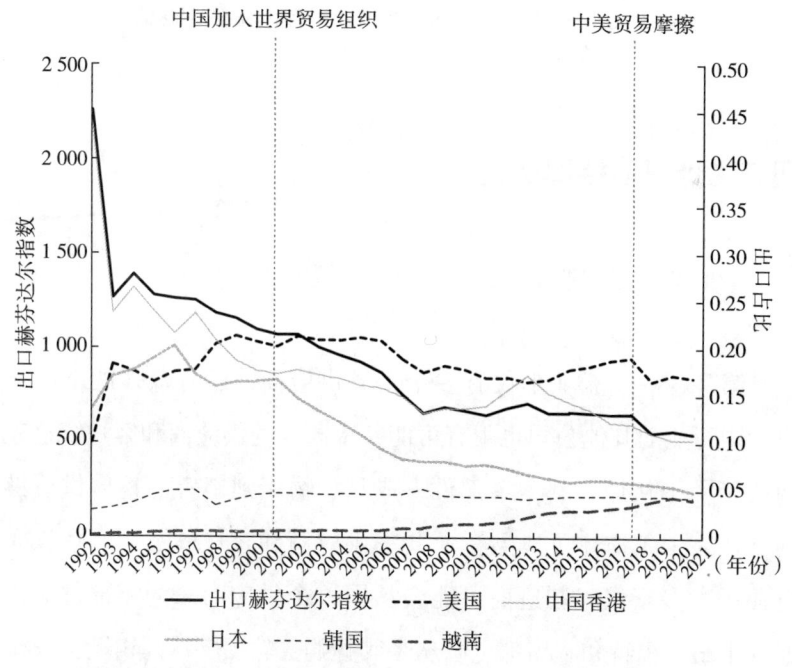

图1-8 1992—2021年中国出口市场集中度和分国家/地区的占比

资料来源：联合国商品贸易统计数据库。

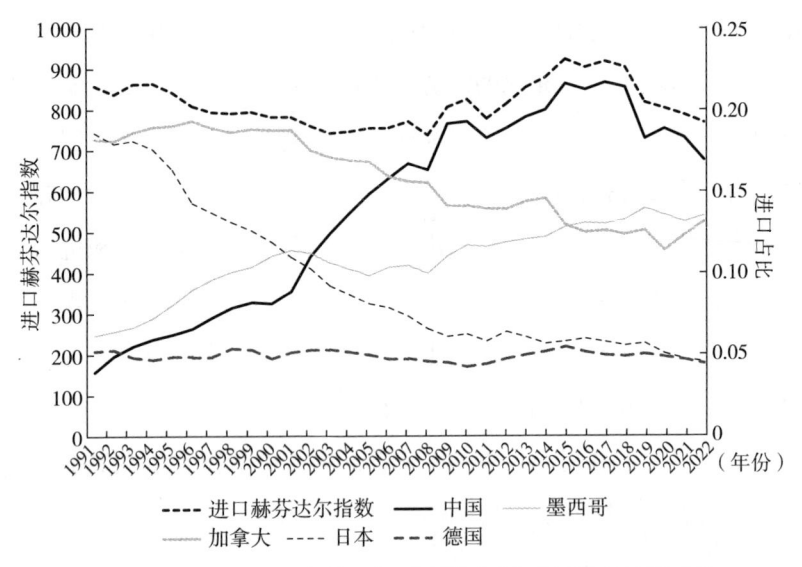

图 1-9　1991—2022 年美国进口市场集中度和分国家 / 地区的占比

资料来源：联合国商品贸易统计数据库。

四、全球供应链现状

（一）现代企业组织强化了全球供应链的网络结构

第一，一个企业不仅有多个上游供应商，还有众多的下游客户。同行业的其他公司也很有可能共享同样的供应商和客户。这就构成了一个从原材料、零部件、成品、物流到销售的整体供应链网络。表 1-1 描述了典型行业共享供应商和客户的案例。在汽车行业中，多家汽车制造商可能会从同一个供应商采购零部件。例如，丰田、福特和本田都可以从米其林购买轮胎，从高田购买安全气囊，从佳明国际购买 GPS（全球定位系统）。同样，它们也会将车辆出售给同一组客户，例如租车公司、政府机构和经销商。在消费电子产品行业，苹果、三星和华为的智能手机可能会使用英特尔或高通处理器、索尼相机传感器和康宁大猩猩玻璃。它们的设备也可以通过相同的分销商和零售店销售，例如百思买、亚马逊、威瑞森、美国电话电报公司等运营商。在时尚和服装行业，多个服装品牌可能从同一家纺织厂采购面料，并使用同一家物流公司进行运输和交付。它们还可以通过诺德斯特龙、梅西百货等零售商或英国 ASOS、德国 Zalando 等电子商务平台销售产品。在食品和饮料行业，许多快餐连锁店，如麦当劳、汉堡王、温迪，可能从同一家食品加工公司采购肉类，从同一家供应商（如可口可乐公司）采购饮料。它们还可以共享客户，尤其是大型机构客户，例如学校或公司食堂。在制药行业，许多制药公司可以从同一个化学品供应商采购原材料。它们还将产品销售给相同的客户，通常是药房和医疗机构。

表1-1 典型行业共享供应商和客户的案例

行业	典型企业	共享的供应商	共享的客户
汽车	丰田、福特、本田	米其林、高田、佳明国际	赫兹、艾维斯、优步、来福车
飞机	空中客车、波音	劳斯莱斯、通用电气	美国联合航空、中国国际航空
消费电子	苹果、三星、华为	英特尔、高通、英伟达、索尼、康宁	百思买、亚马逊、威瑞森、美国电话电报公司
时尚和服装	ZARA、H&M、优衣库	意大利丝绸制造商、亚洲的棉花和辅料供应商	诺德斯特龙、梅西百货、ASOS、Zalando
食品和饮料	麦当劳、汉堡王、温迪	可口可乐、百事可乐、雀巢、联合利华	沃尔玛、塔吉特、亚马逊、学校或公司食堂
制药	强生、默克、辉瑞	同样的生物反应器供应商、同样的合同研究组织（CRO）进行临床试验	CVS、沃尔格林、沃尔玛

在每个示例中,公司都在共享供应链内部运营,使用相同的供应商,并向相同的客户销售产品。沃尔玛与大量的供应商和制造商建立了合作伙伴关系。它的供应链网络覆盖了全球供应商,它们通过供应链系统和合作伙伴平台与沃尔玛紧密协作,共同提供商品供应和物流服务。想象一下,每家公司都是在一个大的供应链网络迷宫中穿梭运营。它们可能从同一个"水源"(供应商)获取资源,也可能将它们的"果实"(产品)送到相同的"集市"(客户)。在这个迷宫里,每个公司都是彼此的竞争者,同时也可能是合作伙伴。这个迷宫中的竞争和合作就如同森林中动物之间的关系。一方面,它们可能会争夺有限的"猎物"(资源或客户);另一方面,它们也可能会找到共同的目标,例如,让整个供应链网络更加生态可持续,或者联手向供应商讨价还价,以获得更低的成本。然而,如果这个迷宫的入口(供应商)突然被封锁,那么所有依赖这个供应商的公司都会受到影响,供应链将面临中断的风险。

第二,各层级的行业企业之间还会相互买卖原材料、零部件甚至成品,互为上下游,因此各行业内部也存在相互交织的供应链关系。汽车制造商往往从多家供应商购买零部件。例如,特斯拉从松下购买电池,松下和特斯拉同时也向其他汽车制造商供应自家生产的电池;大众集团不仅制造汽车,还给其他汽车制造商供应发动机等零部件。许多电子产品制造商同时也是供应商,例如三星是全球最大的动态随机存储器(DRAM)制造商,供应给许多电子产品制造商,同时自身也生产智能手机、电视等电子产品;英特尔是最大的微处理器制造商,给许多计算机制造商提供零部件,如戴尔和惠普,同时,它也生产自己的计算机和服务器。

第三,如今很多产品会被上游定期回收,产生逆向物流和逆向供应链，该形式最典型的案例就是苹果。苹果公司有一个名为"以旧换新"的项目，允许消费者换购他们不再使用的苹果产品（如 iPhone、iPad、Mac 等）。苹果会对这些设备进行评估，如果设备仍具有价值，消费者就可以得到相应的折扣用于购买新设备，苹果会对回收的设备进行重制或者再利用。特斯拉推出了电池回收计划，对旧的电动汽车电池进行回收再利用。电池中的重要元素如镍、钴等，经过处理后都可以再次用于生产新的电池。宜家的消费者也可以将他们不再需要的家具卖给宜家。宜家会对这些家具进行翻新，然后在自己的二手市场出售。中国企业以纯推出了衣物回收计划，以纯会从回收衣物中提取纤维，这些纤维将被重新制成新的纺织品或者其他产品。

第四，一些企业会为下游客户开启数字化服务商业模式，产生跨供应链层级的自下而上的反馈供应链。简单来说，当我们谈论数字化服务的商业模式时，不再只涉及一个实体产品，而是涉及与之相关的服务。比如通用电气、劳斯莱斯之前出售发动机的所有权，现在出售发动机的工时，通过直接提供服务增加收入流。像沃尔玛和亚马逊这样的零售商会通过商业智能工具，将销售数据提供给供应商，帮助他们更好地了解消费者需求，从而调整生产和供应链策略。这种信息的反馈，有助于上游供应商更好地预测和满足市场需求。一些设备制造商，如通用电气和西门子，为下游客户提供了工业物联网（IIoT）解决方案。这些解决方案可以帮助客户优化设备性能，同时，这些性能数据也被反馈给制造商，以便改进产品设计和制造过程。一些软件提供商，如 Salesforce 和 Adobe，通过提供云服务来帮助企业更好地管理客户关系或创意内容。这些服务的使用数据会反馈给提供商，帮助他们持续优化产品和服务。一些企业，如瑞士 ABB 公司和日本发那科，提供智能制造解决方案，通过数据分析和人工智能技术帮助客户提高生产效率。国内的企业，例如阿里巴巴旗下的菜鸟网络会通过商业智能工具，将物流数据提供给供应商和零售商，帮助他们更好地了解市场需求，从而调整生产和供应链策略。这些解决方案的实际效果会反馈给供应商，帮助他们改进服务。本书第十一章"数字化智能供应链：从数字中产生商业价值"将主要介绍这种商业模式给供应链带来的颠覆。

（二）全球供应链的网络特性带来新的解决方案和风险

供应链的网络化结构为传统的供应链问题提供了新的解决方案。供应链就像是一个大型的交通网络，原本存在诸多问题，现在因为网络化结构的出现而焕发生机。全球供应链的网络化成为解决旧有低效问题的关键方案。我们发现，通过优化供应商和客户的网络构成可以降低供应链的牛鞭效应，除了产品流驱动的牛鞭效应，我们最新的研究发现，企业的现金流也存在不利于财务稳定的"现金牛鞭"，企业可以通过贸易信贷付款条款缓和这种现金波动性。

由于供应链的网络化特征，供应链的风险传导更加迅速。大量的数据披露了上市公司的一级供应商，然而对大多数企业而言，二级及以上的供应链可视度较差。对制造企业来说，一方面，我们认为，无论是供应链的生产风险还是信用违约风险，都会随着供应链传导；另一方面，密歇根大学研究团队的一项研究发现，制造商之间大量共享二级供应链，这些共享的二级供应商加剧了潜在风险。

新冠疫情的暴发充分暴露了供应链的脆弱性。当地工厂停工导致了全球车企暂停销售，福特汽车便是其中之一。作为全球著名汽车制造商，福特在全球范围内都有生产线和供应链。疫情暴发初期，福特设在中国的多个工厂被迫停工，由于这些工厂供应着全球供应链的关键零部件，停工不仅影响中国市场，还波及全球市场的生产和供应。随着疫情的蔓延，其他国家也开始实行防控措施，导致福特在美国、欧洲等地的工厂同样被迫停工，全球销售严重受挫。

五、全球供应链的动态演变

根据 Statista 的数据，2020 年全球供应链管理市场价值为 158.5 亿美元，预计到 2026 年将接近 310 亿美元。[①] 这显示了供应链管理在全球经济中的重要性。

（一）以苹果、亚马逊、特斯拉为例

下面以苹果、亚马逊、特斯拉三家公司为例，通过研究它们如何将供应链发展成一个庞大的全球网络体系，来总结现代供应链的演变。

1. 苹果公司供应链管理的颠覆性变革为业界树立了榜样

苹果公司的供应链发展经历了多个阶段，体现了供应链管理在实践中的创新和演进。全球著名顾问机构 Gartner 每年会选出全球

---

① 参见 https://www.statista.com/statistics/1181996/supply-chain-management-market-size-worldwide/。

25家供应链管理最优秀的企业，评选指标包含财务指标、供应链社会责任和社区意见。苹果在该评选中连续10年处于"大师"级行列。①

第一，集中化供应链管理。史蒂夫·乔布斯在1997年重回苹果公司的时候，将供应链纳入公司的重点关注领域。他意识到苹果面临着供应链效率低下和库存过剩的问题，为了改善这一局面，乔布斯决定实行集中化供应链管理。他取消了大量的供应商合作伙伴关系，仅保留了一小部分战略性合作伙伴，以确保产品质量和供应链的可控性。

第二，垂直整合与设计优化。苹果公司实施了垂直整合战略，逐步把核心技术和生产环节纳入掌控，以提高供应链的灵活性和效率。苹果对硬件和软件的设计进行了优化，通过整合供应链中的各个环节，实现更高的质量控制、产品创新和交付速度。据《福布斯》报道，蒂姆·库克带领的苹果公司被誉为"供应链大师"。他在职业生涯早期就意识到苹果公司的供应链过于笨重、复杂且反应迟钝，因此他提倡并成功将公司转向JIT模式。库克将供应商的数量从100多家削减到24家，仓库数量减少了一半。得益于JIT模式，苹果公司做到每5天周转一次库存。苹果公司能够在全球范围内准时推出、制造和运输数百万部苹果手机，并且几乎没有库存过剩，被认为是JIT模式带来的奇迹。

第三，全球化供应链网络。为了满足全球市场的需求，苹果公司逐渐建立了全球化的供应链网络。它与全球各地的供应商建立了战略伙伴关系，确保及时供应原材料和组件，并具备灵活的生产和

---

① 参见https://www.gartnerview.cn/2021年度全球供应链25强公司排行榜发布。

交付能力。这使得苹果公司能够在全球范围内协调和管理供应链，迅速响应市场变化。此外，苹果还将核心的设计控制在自己手中，将代加工交给亚洲的代工厂，将产品交付给客户，由此带来70%的毛利润。对于必须从外部采购的零部件，苹果会至少考虑两家相互竞争的供应商，以确保供应产品质量。此外，苹果每年还会淘汰不符合标准的供应商，以保证全球供应链质量。

第四，创新的供应链管理实践。苹果公司在供应链管理方面的创新实践包括推动可持续发展和环保倡议。它关注供应链的社会责任和环境影响，并与供应商合作，确保可持续采购和生产实践的落地。

苹果公司的供应链革命成为业界的范例，它通过集中化管理、垂直整合、全球化网络和创新实践，实现了供应链的高效、灵活和可持续发展。这个案例说明了供应链在企业成功中的关键作用，同时也启发了其他企业在供应链管理方面的重要思考和改进方向。

2. 亚马逊公司的供应链网络化发展

亚马逊是全球领先的电子商务和云计算企业，其供应链网络化的发展过程展示了供应链从简单分工到高度网络化的演变。[①]

第一，初期的分工模式。在亚马逊成立初期，供应链模式主要依赖于传统的分工模式。亚马逊通过建立自己的仓储和物流系统，将库存集中管理，并通过与供应商建立合作关系确保产品供应。这种分工模式使亚马逊能够实现库存管理并提升订单交付的效率。

[①] 参见 https://www.forbes.com/sites/stevebanker/2021/04/01/amazon-supply-chain-innovation-continues/。

第二，高效的配送网络。为了更好地满足消费者的需求，亚马逊逐步建立了全球范围内的高效配送网络。通过建立仓储和配送中心，以及与物流合作伙伴合作，亚马逊能够将商品快速准确地送达客户手中。这种网络化的配送系统大大缩短了产品的交付时间，提高了客户满意度。亚马逊为其物流网络付出了数年的努力，目标是将商品以最快、最经济的方式送至全球各个角落。这一庞大的网络覆盖了各种设施：从对包裹进行地理分类的分拣中心，到专为食品和生鲜商品设计的储藏与仓储设施，再到 Prime Now 设施，集结了大量高需求商品，保证订单在完成后 1~2 小时送达客户；"最后 1 英里[①]"的配送站是关键，包裹在这里经过最后分类，直接送到消费者手中。

第三，供应链网络的扩展。亚马逊意识到，仅仅依靠自家的仓储和物流系统无法满足全球业务的需求。于是自 2000 年，亚马逊开始吸引第三方卖家和供应商加入其平台。通过开放平台的模式，亚马逊能够利用更多的供应商和分销渠道，实现产品的多样性并扩展覆盖范围。[②] 目前亚马逊上有两类商家，约 20% 是亚马逊自己的供应商，约 80% 是第三方卖家。对于第三方卖家，亚马逊承诺帮其处理、运输和交付订单并收取月费。亚马逊的平台商业模式建立在网络效应的基础上，这使亚马逊能够超越其他销售渠道，例如实体零售商，给第三方卖家带来流量。当第三方卖家加入亚马逊时，他们的产品会吸引买家来到该平台；反过来，买家吸引更多第三方卖家在平台上销售更多产品，从而吸引更多买家。最终，亚马逊主导

---

① 1 英里约为 1.61 千米。
② 参见 https://www.forbes.com/sites/stevebanker/2021/04/01/amazon-supply-chain-innovation-continues/。

了下游零售市场,并获得了相对于上游卖家的巨大议价能力,以及制定有利于自己的规则的能力。[①]

第四,数据驱动的供应链协同。在供应链管理上,亚马逊借助大数据和人工智能技术,做出实时的数据分析和预测,以更好地调节各个环节。通过精确的需求预测、库存管理和运输规划,亚马逊能够实现快速响应市场变化和降低成本。

亚马逊供应链的网络化发展,展示了供应链从简单分工到高度网络化的配合过程。通过建立高效的配送网络、扩展供应链覆盖范围、应用数据驱动的协同方式,亚马逊提升了供应链的灵活性、响应能力和效率。这个案例说明供应链网络化在满足客户需求、提高运营效率和实现业务扩展方面发挥着重要作用。

3. 特斯拉的供应链发展过程

特斯拉是一家电动汽车和可再生能源公司,其供应链发展反映了从传统转向垂直集成,再转向分布式生产的过程。[②]

第一,垂直集成。在特斯拉的初创阶段,为了掌握核心技术并保证质量,特斯拉选择了垂直集成的模式,即自行设计并制造电动汽车的关键零部件,如电池和马达。这种模式让特斯拉能控制产品生产全过程,尤其在与创新有关和需要质量保障的重要环节。

第二,分布式生产。随着生产规模扩大,特斯拉开始在全球各地建立"超级工厂",与当地的供应商建立合作关系,以降低运输成本,提高供应链效率。例如,特斯拉在中国上海建立了一家工

[①] 参见 https://hbr.org/2020/07/how-third-party-sellers-can-make-amazon-work-for-them。
[②] 参见 https://www.supplychainmovement.com/tesla-supply-chain-from-cautionary-tale-to-role-model/。

厂，主要服务中国和亚洲市场。这种分布式的生产模式使特斯拉能够更灵活地满足全球各地的市场需求。

第三，供应链风险应对。2021年年初，全球制造业不论哪个地区都面临着一个突如其来的问题——半导体的供应短缺。但特斯拉展现的韧性令人惊讶，成功地避开了这场危机。这种抗压能力并非偶然。就像特斯拉在内华达州打造超级工厂以确保电池供应链稳定一样，它也注重对汽车软件代码的控制，而不是像其他竞争对手那样，完全依赖外部供应商的专业知识。特斯拉的关键零部件，包括电池、半导体芯片、电机等均为自主研发。这一决策虽然意味着初期成本较高，但它确实带来了长远的利益。特斯拉在面对半导体短缺局面时，可以灵活地重构软件代码，以适配手头上可获得的半导体资源。这种对软件深度控制的能力，让特斯拉在面对半导体市场的波动时，可以轻松地调整策略，换取不同的供应商和半导体资源。特斯拉对供应链的策略性掌控能力，使它能在不确定的市场环境中领先。

值得注意的是，相较于全球最大的汽车制造商丰田拥有40多种乘用车型号，特斯拉的商品货号较少，仅有4种车型。这一特点不仅促成特斯拉在制造领域采用了先进的一体化铸造技术，从而实现每45秒就能使一辆车下线的速度，而且由于车型高度集中，特斯拉需要的芯片更少，也就能更灵活地适应替代品。

（二）全球供应链的演变规律

企业供应链的演变是应对内外部环境变化、持续优化和改进的过程，其目标是提高效率、降低成本、增强适应性和创新能力，以更好地满足消费者需求。诚然，亚马逊、特斯拉等公司的供应链扩张路径各不相同，但它们都描述了供应链的三个动态演变过程，即从链条到网络的演变、从价值链的低端向高端的转移，以及从实体供应链到金融供应链和信息供应链的转变。除了这些企业层面的动态演进特征，当代的供应链网络还存在一些宏观层面的共性特征。

全球供应链依托制造业而生。根据世界银行的数据，2019 年，全球商品出口总额约为 19 万亿美元，其中制造品出口总额约为 12 万亿美元，占比超过 60%。根据国际劳工组织（ILO）的数据，全球约有 4.6 亿人在制造业工作，占全球劳动力的比例超过 15%。根据联合国贸易与发展会议（UNCTAD）的数据，2019 年，全球外商直接投资（FDI）流入总额为 1.39 万亿美元，其中约有一半投入了制造业。这些统计数据表明，无论是在产品产出、劳动力总量，还是在跨境投资上，制造业在全球贸易中都占据着主导地位。

不同国家和地区根据自身优势，在全球供应链中有着不同分工，这种全球分工有助于提高供应链的效率和灵活性，从而满足全球市场的需求。中国因其丰富的劳动力资源和完善的制造业基础设施而被誉为"世界工厂"，成为全球制造业的中心之一。根据联合国商品贸易统计数据库的数据，2019 年，中国的制造业产出占全球的 28%，远高于其他国家。因此，许多全球知名品牌，如苹果和耐克，都选择在中国建立生产基地，充分利用中国的生产能力和供应链网络，以便将其产品迅速分销到世界各地。这种全球供应链的合理分工和协作，有助于产品的高效生产和及时交付，满足了全球市场对各类商品不断增长的需求。

德国是全球工程和高端制造业的领导者，其汽车、机械设备和化学产品等行业在全球享有盛誉。根据德国联邦统计局数据，2019

年，德国的机械设备出口额超过2 600亿欧元，汽车和汽车零部件出口额超过2 300亿欧元。全球许多汽车和机械设备公司，如大众和西门子，都在德国设有生产和研发基地。

美国盛产创新和高科技产品，是全球创新和高科技产品的领导者，其软件、半导体和医疗设备等行业在全球占据主导地位。根据美国商务部数据，2019年，美国的信息技术服务出口额超过400亿美元，药品出口额超过600亿美元。许多全球知名的高科技公司，如微软和英特尔，都在美国设有总部和主要研发中心。

印度是服务外包和信息技术服务的重要供应地，其丰富的英语人才和较低的劳动力成本吸引了全球许多公司。根据印度软件和服务业企业行业协会（NASSCOM）数据，2019年，印度的信息技术和业务流程管理（BPM）出口额超过1 370亿美元。全球许多公司，如国际商业机器公司（IBM）和高盛，都在印度设有服务外包中心。

危机后的供应链会迅速变革重组。历史上多次大的危机造就了供应链的迅速变革和重组。2008年的全球金融危机导致许多企业的销售收入大幅下降，尤其是汽车和电子行业。这促使企业重新评估和调整供应链策略。例如，许多汽车制造商开始寻求更灵活的供应链解决方案，以应对市场需求的快速变化。

2011年，日本突发大地震，引发了福岛第一核电站事故，造成大量放射性物质泄漏。这场灾难严重影响了日本的电子和汽车行业，导致全球许多企业的供应链中断，提醒了企业供应链中的地理集中风险。据贝恩公司的研究，2012—2015年，全球30%的电子企业和20%的汽车企业将供应链的一部分转移到了其他国家。以日本车企为例，地震和核事故以后，日产汽车公司采取了多项措施以实现供应链多元化，并减少对任一地理区域供应商的依赖。该公司与现有供应商合作，帮助它们尽快从灾难中恢复生产。与此同时，日产开始从韩国和中国等国家采购零部件，以减少对日本供应商的依赖。日产还开发了一个供应链数据库，以更好地跟踪供应商能力。这使该公司能够快速识别供应链的中断风险，并采取行动减轻影响。这些行动帮助日产最大限度地减少灾难对运营的影响，并确保能够继续满足客户的需求。通过实现供应链多元化，日产能够降低未来供应链中断的风险，并提高面对突发事件的韧性。

新冠疫情导致全球许多工厂和物流中心关闭，造成全球供应链严重中断。这次危机强调了供应链韧性的重要性。例如，苹果在疫情期间通过多元化供应商以及航空运输来应对供应链的不确定性。据 Gartner 的研究，2020—2021 年，全球 80% 的企业都在加强供应链韧性。[①]

尽管全球贸易在这次大危机中受到了严重的冲击，但供应链的各个参与者总是能够快速调整，维持增长的势头。全球供应链网络一直在波动和演变，经历了经济危机、疫情和政治不确定性等各种冲击因素的考验。这些挑战虽然存在，但凭借自身的灵活性和适应能力，供应链仍然在不断变化的环境中持续运转。

本章小结

- 供应链是早期贸易通过垂直分工形成的、从生产到交付的高效率企业间结构。
- 随着贸易量的增加和业务的发展，如今的供应链不是"链"，而是各个

---

① 参见 https://www.gartner.com/cn/newsroom/press-releases/2023-top-10-strategic-tech-trends。

国家、产业、企业层面的复杂网络。

- 企业间共享供应商、同行业企业之间相互买卖，逆向物流、商业模式升级导致了这个网络的空间复杂性。全球供应链网络在各种冲击因素下动态变化。
- 尽管供应链在动态变化，但它仍然保持着运行常态，总有一些规律可循，整体体现出从链到网，从价值链低端到高端，从实物供应链到金融供应链、信息供应链的过程。

第二章

中国崛起：
全球供应链中的关键角色

中国的制造业水平非常高，有能力生产各种产品。这使我们可以在中国建立高效且质量可控的供应链。
——杰夫·贝佐斯，亚马逊创始人

中国在全球产业链上的崛起是一个令世人惊叹的故事。从改革开放的大胆尝试，经过加入 WTO 的历史性转折，到中美多边贸易的深度参与，展现了中国的智慧和魄力。中国的供应链优势，在于拥有世界上最高效和最庞大的劳动者队伍，利用代工模式快速吸收和转化国际先进技术，通过多边贸易吸引海量的外资和技术外溢。如今，中国已经成为全球供应网络的核心节点，掌握了电子和新能源汽车等关键产业的制高点，拥有了世界上领先的数字生态系统和数字化供应链，展现了无与匹敌的供应链韧性。中国的崛起，既有中国特色，也符合历史规律。本章将详细分析中国供应链的发展历程、当下所面临的挑战和机遇，以及对全球经济的影响和意义。

在深圳繁华的经济舞台上，一个名为"创新"的篇章在悄然展开。1987年的中国，通信设备技术几乎被进口公司垄断，本土企业掌握的技术少之又少。就在这时，一家刚刚起步的公司开始显露锋芒。起初，公司以"中间商"的身份引进海外通信设备和技术来满足国内市场的需求。由于缺乏自主的技术和产品，公司选择代理销售中国香港一家公司的专用自动小交换机（PABX）。这些交换机实际上是从外国进口的，然后在香港进行改造和组装。这家公司从香港购买这些交换机，再销售到内地市场，特别是农村地区。公司用精准的商业眼光将业务属地定位在农村，"竞争小、需求大"成为在农村进行初步商业布局的最大优点。公司采用与当地政府、电信运营商紧密合作的方式，为农村地区提供通信设备和解决方案，获得了初步的市场份额。这段时间，这家公司主要依靠价格竞争和快速的服务来争取市场。

事情的发展会如开局一般顺利吗？答案是否定的。不久之后，公司便意识到代理业务是一把"双刃剑"，在获得便利销售的同时，也在很大程度上限制着公司的发展路径。因此，管理者开始投资研发，希望能够开发出自己的产品。1990年，这家公司发布了第一个完全自主研发的C&C08数字程控交换机，这标志着它正式转型为技术导向型公司。从此，这家公司开始逐步减少代理业务，转而依靠自己的技术和产品来争取市场。

随着公司业务的不断扩张，在20世纪90年代中期，公司将业务领域由农村扩展到城市。这家公司投入大量资金进行研发，以保证产品质量和技术水平与国际标准接轨，并逐渐发展出与国际竞争对手匹敌的产品，取得了一些市场份额。从20世纪90年代后期到21世纪初，公司开始大力拓展海外市场。它的主要目标是发展中国家和地区，如非洲、中东、东南亚等。这家公司很快与全球主要的电信运营商建立了合作关系，如 Vodafone、Telefónica 等。通过与这些大型运营商合作，其产品和技术得到了国际市场的广泛认可，并通过参加国际展会以及建立研发中心等方式，逐渐在国际市场上建立了自己的品牌。

为了更好地服务全球市场，这家公司还在多个国家建立了研发中心和培训中心。这些中心不仅为当地提供了技术支持，还培养了大量的技术人才。1997 年，这家公司在泰国设立第一家海外分公司。2004 年，其海外销售收入首次超过国内销售收入。2004 年至今，公司进一步加强全球化战略，拓展全球市场，与全球众多电信运营商建立了合作。从最初的 3 名创始人到现在超过 19 万名员工，产品和服务覆盖了 170 多个国家和地区，为全球前 50 大电信运营商提供服务。这家成立于 1987 年的公司已经成为全球电信和信息技术设备的重要供应商。

除了通信设备，公司还研发智能手机、数据中心、云计算和人工智能等多种产品和服务，其智能手机品牌已经成为全球市场上的主要竞争者之一。这家公司还在全球设立了多个研发中心，与各个国家的大学和研究机构建立了合作。在第五代移动通信技术（5G）、人工智能、云计算等前沿技术领域，都有非常高的研发投入。

这家公司就是华为。如今，华为作为全球供应链的参与者，在上游，需要从全球供应商那里采购各类元器件、设备和服务，例如从英特尔、高通等公司采购高级芯片；在下游，华为的主要产品包括通信网络、信息技术、智能设备等，它们需要销往全球的电信运营商、企业和终端消费者。此外，华为还设立了多个研发中心，吸引全球优秀人才，进行全球化的研发。华为在全球供应链中也面临着挑战。例如，由于政治因素和贸易摩擦，华为在全球化的供应链中受到一些限制。但华为依然坚持自主创新，积极应对挑战，发展自主的芯片设计和生产能力，力图从中找到新的生存和发展之路。

华为是中国企业在全球制造供应链中崛起和发展的缩影，颇具代表性。本章将聚焦中国企业在全球供应链中的角色，回答如下问题：中国是如何在全球供应链中崛起的？中国的崛起是特例，还是历史发展的必然结果？当今的中国在全球供应链中有何不可替代的优势，又面临何种挑战？

一、中国成为全球供应链新主力

（一）1978—2000 年：改革开放后参与全球供应链

改革开放前，中国的市场经济发展相对落后，参与国际贸易的比重低，参与全球产业链的比重更低。根据中国社会科学院世界经济与政治研究所的数据，1970 年，中国的贸易总额仅为 45.86 亿美元[1]，而中国的国内生产总值（GDP）在同一年约为 926 亿美元，这意味着进出口贸易只占 GDP 的 5% 左右，远低于很多国家。这一时期，由于中国经济的封闭性，外商在中国的投资非常有限。

中国经济崛起与正式参与全球供应链是在改革开放后。[2] 一方

---

[1] 参见 https://www.gov.cn/test/2009-09/17/content_1419640_2.htm。
[2] 参见 https://www.gmfus.org/news/chinas-dominance-global-supply-chains。

面，中国的国际贸易量迅速增加。桥水基金创始人瑞·达利欧对每一个经济大国进行了相对低位的粗略估计，考虑了哪些决定性因素会对18个世界经济大国的相对实力产生影响，其中包括但不限于债务负担、教育和军事实力。看到计算结果后他惊奇地发现，20世纪80年代以后，中国以惊人的速度迅速崛起，目前经济实力仅次于美国，位居第二，他预测中国的经济实力会持续增长，而美国的经济实力则走"下坡路"。[1]根据世界发展指标估算的主要经济体在全球GDP中的占比（见表2-1），中国迅速从1980年的1.7%提升至2020年的17.3%，增速明显。在改革开放后的几十年间，中国的对外贸易迅速增长。

表2-1　主要经济体在全球GDP中的占比　　　　单位：%

项目	1980年	1990年	2000年	2010年	2020年
中国	1.7	1.6	3.6	9.1	17.3
七国集团（G7）	62.5	67.2	66.5	51.4	47.2
美国	25.2	26.2	30.3	22.6	24.7
美国在G7中占比	40.3	39.0	45.6	44.0	45.3
经合组织	78.0	82.5	81.7	67.9	61.7
美国在经合组织中占比	32.3	31.8	37.1	33.3	40.0
发展中国家	21.5	16.5	17.6	30.7	36.4
除中国以外的发展中国家	19.9	14.9	14.0	21.6	19.1

根据国家统计局的数据，1978年，中国的贸易总额为206亿美元。然而，到2018年，中国的贸易总额已经扩大到4.62万亿美元。[2]改革开放后，中国开始吸引大量的外商直接投资，2008年我国实

---

[1] 参见 https://economicprinciples.org/downloads/cwo-power-index.pdf。
[2] 参见 https://www.gov.cn/zhengce/2019-12/10/content_5459865.htm。

际使用外资952.5亿美元，相比1983年，增幅达41倍；外商直接投资达到924亿美元，增幅达99.4倍。[①] 通过前文，我们了解到制造业在全球供应链中占据着不可撼动的主导地位，逐渐上涨的数据支撑着中国在改革开放以后的增速。世界银行的数据显示，中国在全球制造业价值链中的份额，从1980年的不足2%提升到2016年的近25%。如今，中国已经成为全球最大的贸易国之一。图2-1显示中国的人均GDP在改革开放后迅速上升，图2-2显示中国按购买力平价计算的人均GDP的增长速度也远高于其他发展中国家，图2-3显示中国制造业增加值的全球占比迅速增长，在2021年已经达到31%。

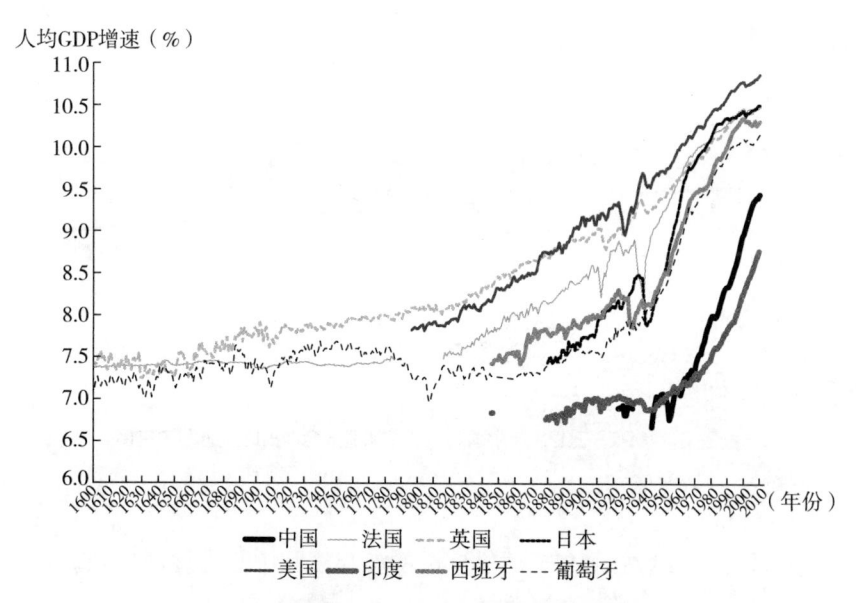

图2-1 中国的人均GDP在改革开放后迅速上升

资料来源：Maddison Project 数据库。

[①] 参见 https://www.gov.cn/test/2009-09/11/content_1415347_5.htm。

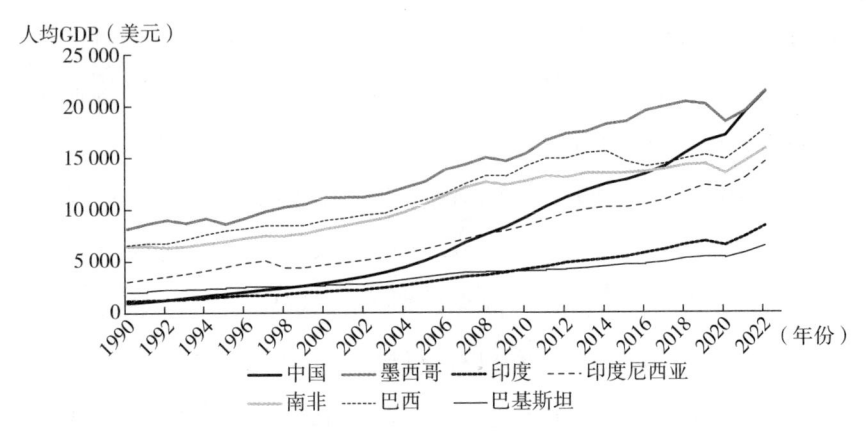

图 2-2　1990—2022 年中国和其他主要发展中经济体按购买力
平价计算的人均 GDP

资料来源：世界银行。

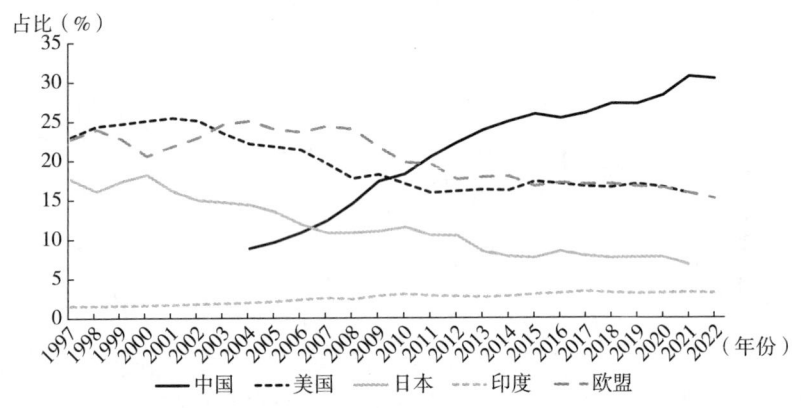

图 2-3　1997—2022 年中国制造业增加值的全球占比随时间的变化

资料来源：世界银行。

另一方面，中国在全球供应链的参与度和中心度逐渐增强。随着经济的快速增长和工业化进程加快，中国已成为全球最大的制造中心之一。近年来中国制造业增加值的全球占比已然稳居世界前列。从电子产品到纺织品，几乎所有类型的商品都有中国的"身影"。很多跨境企业，尤其是电子产品制造商，推动了中国在全球供应链中的重要性提升。说到电子制造商，最为典型的企业就是富士康。富士康被称为"全球最大的电子产业制造商"，其主要的商业模式是原厂委托制造（OEM），采取一站式服务。富士康在中国大陆设有多个制造基地，包括深圳和郑州的大规模工厂，为包括苹果在内的知名品牌生产各种电子产品，这使中国成为全球电子产品制造业的重要一环。

（二）2001—2015年：加入世界贸易组织后快速建立比较优势

尽管中国在改革开放后发展迅速，但在2003年之前，从全球范围来看，中国大陆发展的相对优势也远不及亚洲四小龙（中国台湾、韩国、新加坡及中国香港）。根据国际货币基金组织（IMF）的数据，2003年中国大陆的人均GDP远低于这四个经济体（见表2-2）。图2-4也直观地显示出中国大陆在2003年之前的发展较慢。在对外贸易方面，虽然中国大陆的贸易总额较高，但是由于庞大的人口基数，其人均贸易额远低于亚洲四小龙。中国大陆的高科技产业在2003年之前还处于起步阶段，相比之下，亚洲四小龙在这一领域的发展更为成熟。例如，韩国的三星和中国台湾的台积电在全球半导体市场中占有重要地位，新加坡是全球最大的硬盘生产地之一，中国香港则是全球重要的金融中心之一。

表2-2 2003年中国大陆和亚洲四小龙的经济发展对比

国家或地区	人均GDP（美元）	进出口贸易总额（亿美元）
中国大陆	1 289	8 510
中国香港	23 977	4 620
中国台湾	12 242	2 786
新加坡	23 730	2 962
韩国	14 672	3 726

资料来源：世界银行，UN Comtrade。

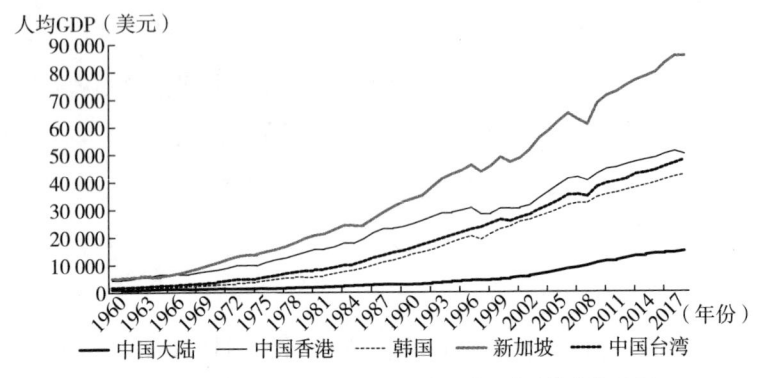

图 2-4　1960—2017 年亚洲四小龙和中国大陆的人均 GDP

资料来源：圣路易斯联邦储备银行。

加入 WTO 成为中国全球化发展的关键一步。中国在外商投资、关税等方面发生了重大变化，大量吸引外资，形成了多行业产业链。根据联合国贸易和发展会议的数据，2001 年，中国吸引的外商直接投资为 468 亿美元；到 2005 年，这个数字增长到 603 亿美元；到 2010 年，已经飙升至 1 056 亿美元。图 2-5 显示，中国的商品和服务在 2003 年以后快速增长。图 2-6 显示 2003 年以后中国大陆在全球贸易网络的中心度迅速上升，2003 年全球贸易以美国为中心，2018 年中国大陆已经崛起成为全球供应链三大节点之一。

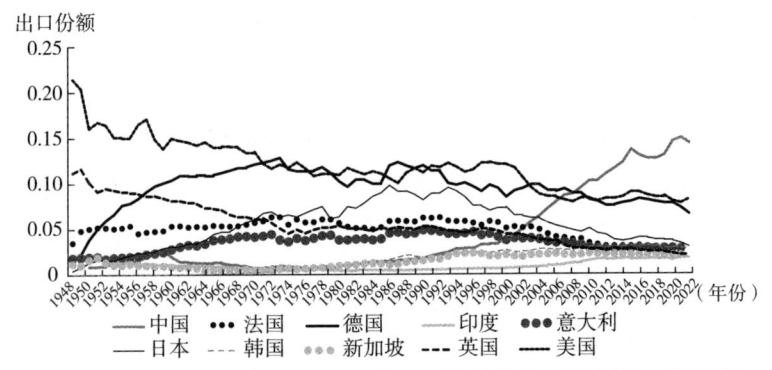

图 2-5　世界主要经济体在全球贸易中出口份额的变化：中国增长，美国下降

资料来源：全球经济指标。

2003年主要经济体的出口情况

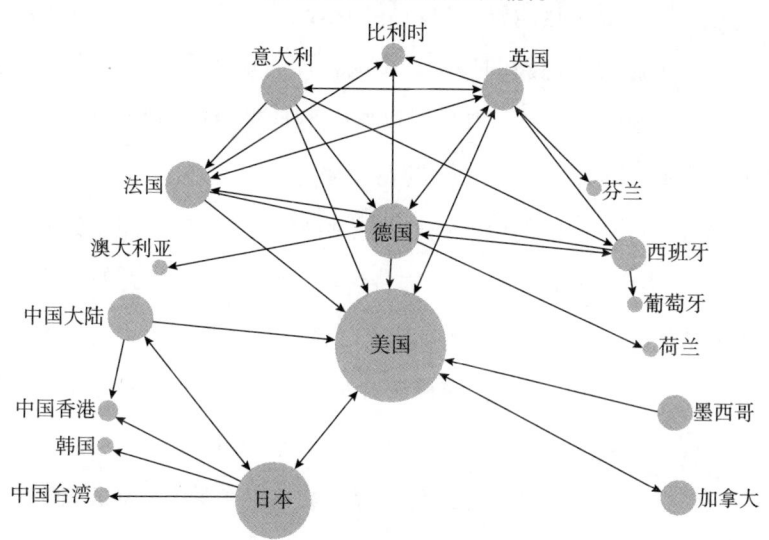

2018年主要经济体的出口情况

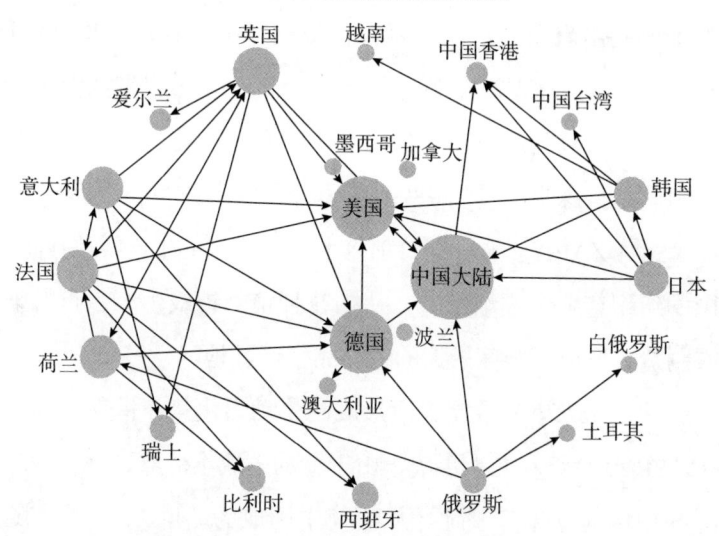

图2-6 2003年以后中国大陆在全球贸易网络的中心度迅速上升

资料来源：全球经济指标。

第二章 中国崛起：全球供应链中的关键角色

最新的研究也发现，加入 WTO 后，美国对中国商品进口关税的不确定性降低，这激励了出口导向型经济的发展。这一时期，大量的留学生赴美学习新的技术。中国在此时形成了电子、机械、纺织、汽车方面的产业链，取代了亚洲四小龙在这些产业链上的优势。在电子行业，苹果公司在中国与富士康等企业合作，生产手机、平板电脑等产品。中国的电子产业链开始完善，从集成电路设计、零部件生产、组装测试到物流运输，形成了完整的产业生态，成为全球电子制造的中心，很多重要的电子零部件供应商，如台积电、富士康等也设立了本土生产线。在机械行业，西门子、通用电气等国际大公司，都在中国设立了工厂和研发中心。中国的机械制造业，特别是建筑机械、农业机械和电力设备等方面，在全球有很强的竞争力。

在汽车行业，很多国际汽车品牌在中国建立了生产基地。比如，大众汽车与一汽集团合作成立了一汽大众，生产大众旗下各种品牌的汽车；通用汽车与上汽集团合作成立了上汽通用，生产雪佛兰、别克、凯迪拉克等品牌的汽车。这些合资公司不仅生产汽车，还研发适应中国市场的新产品，推动了中国汽车产业的发展。在纺织行业，中国是全球最大的纺织品生产国和出口国。许多国际知名的服装品牌，如 ZARA、H&M 等，都将大部分产品的生产线放在了中国。中国的纺织产业链逐渐完善，从棉花种植、纱线生产、布料染色到成衣制造，形成了全球最大的纺织品生产基地。

中国由于人口基数庞大而形成的劳动力优势在世界范围内首屈一指。在 20 世纪八九十年代，由于劳动力成本低廉，许多国际企业选择在中国建立生产基地，从而使中国成为"世界工厂"。随着对外开放政策的实施，外国直接投资迅速涌入，大量的跨国企业在中国设立了生产线，促进了中国的出口导向型工业化。根据国际货币基金组织的定义，中国在劳动密集型出口中的份额从 2000 年（加入 WTO 前一年）的 13.9% 增长到 2018 年的 26.9%。这一份额大于紧随其后的五大劳动密集型商品出口国的总和。[①] 富士康除了依赖成熟的技术，不可或缺的还有劳动力的成本优势。许多跨国公司，如宜家、沃尔玛等，都将供应链的一部分转移到中国，原因同样是中国的劳动力优势。根据麦肯锡的调查报告，图 2-7 显示了美国、日本、韩国、欧洲国家和中国在各自进口份额中基于劳动力套利的比重，可以看到从 1995 年至今，由于本身的劳动力优势，中国从其他国家进口几乎无法从劳动力中套利。[②] 中金公司的研究报告也指出，中国与邻国的产业融合度很高，与欧美的产业融合度很低，说明中国与欧美国家有着较大的禀赋差异。中国在这一时期的主要禀赋就是劳动力优势。[③]

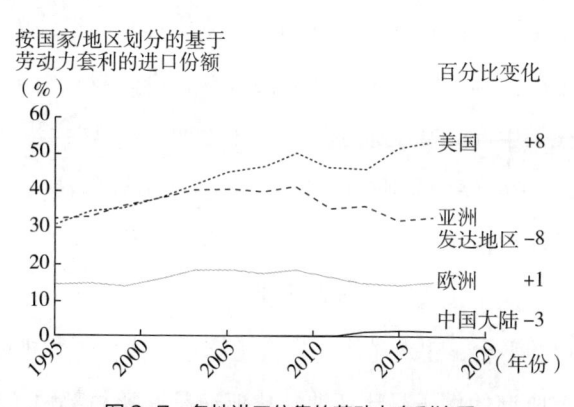

图 2-7 各地进口依靠的劳动力套利比重

注："亚洲发达地区"包含澳大利亚、中国香港、日本、韩国、中国澳门、新西兰、新加坡和中国台湾。
资料来源：麦肯锡报告。

---

① 参见 https://www2.deloitte.com/us/en/insights/economy/asia-pacific/china-supply-chain.html。
② 参见 https://www.mckinsey.com/featured-insights/innovation-and-growth/globalization-in-transition-the-future-of-trade-and-value-chains。
③ 参见 https://www.cicc.com/news/details314_69415.html。

中国依靠代工迅速崛起，之后依靠代工技术转型成为创新企业聚集地。正如本章开篇案例中的华为，这家如今在全球电信领域享有盛誉的技术企业，正是转型的杰出代表。实际上，华为并非特例。在那个时代，无数中国本土企业借助代工机会深入全球供应链的每一个环节，从而在技术、管理以及品牌建设上得到了迅速提升。那么，代工技术又是如何助力公司发展的呢？通过富士康和比亚迪两家公司的发展路径，可以体会到代工技术的影响力。例如，富士康最初是一个相对不知名的代工厂商，主要生产电子部件，但凭借高质量、高效率和低成本的生产能力，逐渐赢得与苹果、索尼、戴尔等大品牌合作的机会。这些合作不仅让富士康深入全球供应链，也极大地提升了它在全球市场的影响力。通过与这些大品牌的合作，富士康逐渐积累了丰富的供应链管理和制造经验，这使它不断优化生产流程，降低成本，提高效率，进一步吸引更多国际客户。除了代工生产，富士康还进一步拓展业务，涉足设计和研发领域，逐渐从一个单一的制造商转变为提供全方位解决方案的企业。富士康的成功促使更多的中国本土企业看到了代工在全球化战略中的重要地位。这不仅为中国企业提供了一个在全球范围内展示生产和管理能力的平台，也对整个供应链生态系统产生了积极的影响。

另一个典型的例子是比亚迪。比亚迪是一家总部位于深圳的中国公司，主要业务包括制造电池、汽车和新能源产品。比亚迪最初是一家生产充电电池的公司，但在收购了一家汽车制造厂之后，逐渐将业务拓展到了更广泛的领域。比亚迪成功地借助代工和合作机会深入全球供应链，这使该公司能够更快地适应市场变化，同时也提升了它在全球市场中的竞争力。如今，比亚迪的电池制造技术在全球范围内得到了广泛认可，包括与苹果、三星等公司的合作，提供各类移动设备的电池解决方案。除了电池业务，比亚迪还成功地进入电动汽车市场，不仅在中国，更在全球范围内取得了不小的成功。该公司与各种合作伙伴，包括地方政府、公共交通系统和其他企业进行合作，提供电动公交车、出租车和私人用车等多种解决方案。

值得注意的是，那些曾在外企工作的中国员工，经过一段时间的锻炼后，不少人选择了创业或者回归国内的大企业。他们带回了外企先进的经营哲学、管理技巧和技术专长，进一步推动了中国企业的转型与升级。据统计，从2003年到2014年，中国的研发经费投入强度逐年上升。[①] 中国政府鼓励技术创新和品牌建设，为此提供了各种政策和财政支持。众多中国企业，如华为、阿里巴巴、腾讯、字节跳动等，已经在各自的领域取得了显著的技术和市场成果。

（三）2015年至今：多边贸易开放推动全过程供应链

自加入WTO到2015年，多边贸易开放使中国比较优势的获利越来越明显。中国逐渐在原材料到成品的全过程供应链中发挥作用。

我们在前文讲到了廉价劳动力的先天优势，除此之外，大量的外商投资使中国企业产生了技术溢出，中国逐步成为产业链最完善的国家。从原材料到成品，中国拥有全球最完整的制造业供应链，而且总是可以快速、高效地生产各种产品。根据联合国的统计数据，2022年，中国的制造业增加值接近30万亿元，占全球总量的近

[①] 参见 http://www.stats.gov.cn/sj/tjgb/rdpcgb/qgkjjftrtjgb/202302/t20230206_1902125.html。

28%，位居全球第一。以对产业完善度要求最高的电子产品、汽车和太阳能板行业为例。2022年，中国的智能手机产量占全球总产量约70%[1]；2022年前8个月，中国的汽车出口量达到181.7万辆，同比增长52.8%[2]；中国光伏产品出口总额超过512亿美元，中国在全球太阳能发电主要零部件领域的出口规模在2025年以前市场占有率有望扩大至95%。[3] 中国拥有难以复制的供应商、装配厂、技术工人和服务提供商，并且规模庞大，涵盖了范围广泛的低技术、中技术甚至高科技产品。产业链规模也使中国在跨国套利的国际贸易中迅速崛起。[4]

借助外商投资的势头，中国迅速建立起强有力的市场优势。在2023年8月之前，中国是全球人口最多的国家，拥有超过14亿人口，这为各种产品和服务提供了巨大的消费市场。按购买力平价（PPP）衡量，中国是当今最大的消费经济体。[5] 例如，根据国际数据公司（IDC）的报告，2022年中国的智能手机出货量达到3.65亿部，占全球市场的近30%。在未来10年，增加的消费可能超过其他国家，预计将占全球消费增长的25%以上。这个时期中国中等收入群体的崛起，也成为消费市场增长的最大推动力。据麦肯锡估算，到2030年，预计60%的城市消费将由中等收入群体驱动，而目前这一比例为35%。中国不仅占全球电动汽车支出的40%，而且该类别的消费增长速度比全球快7倍多。中国还在时尚、配饰、消费电

---

[1] 参见 http://www.xinhuanet.com/tech/20230207/ca4440d6ab1e48e5a1c7922525684762/c.html。
[2] 参见 https://www.gov.cn/xinwen/2022-10/11/content_5717367.htm。
[3] 参见 http://obor.nea.gov.cn/detail2/19713.html。
[4] 参见 https://www.fairobserver.com/world-news/the-truth-about-china-and-global-supply-chains/。
[5] 参见 https://www.mckinsey.com/cn/our-insights/our-insights/five-consumer-trends-shaping-the-next-decade-of-growth-in-china。

子产品等可自由支配类别中占有很高比例。①

21世纪初，中美两国的经济结构和资源优势互补，形成了一种"天作之合"的合作模式，为中国的经济增长提供了强大的动力，也为美国的经济创新带来了新的机遇。在这种模式下，中美两国的研发和制造能够高效协同，实现双方利益的最大化。在21世纪初的经济关系中，美国是高消费、高研发的经济体，中国则是生产与制造的中心，两国之间形成了紧密的供应链关系。在此背景下，大量的美国企业在中国建立了工厂，而中国的企业则向美国出口了大量的成品和半成品。例如，苹果手机在中国组装并出口到全球，这只是中美经贸关系中的一个缩影。此外，中国拥有丰富的劳动力、庞大的市场和完善的制造业供应链，而美国拥有强大的技术研发实力、品牌和资金优势。这种生产要素的互补，为双方创造了巨大的经济利益。例如，在电子产业链中，美国企业如英特尔、苹果、微软等提供核心技术和品牌，中国企业负责生产和组装，双方共同分享利润。中国的崛起及在全球贸易中的重要地位，部分得益于与其他主要经济体的紧密关系和策略定位。这种关系不仅基于双方的经济利益，也反映了全球化背景下国家之间深度互补的经济结构。

中国在全球供应链中的发展促进了跨境金融的繁荣。当中国被冠以"世界工厂"的称号时，它与众多国家之间的贸易关系进入了一个前所未有的快速发展期，从而引起跨境支付和结算需求的急剧增加，催生了跨境金融服务的持续创新与完善。同时，人民币的国际地位得到了加强。伴随着中国经济的快速发展，及其在全球贸易中所占份额的不断上升，人民币逐渐被视为一种重要的"世界货

---

① 参见 https://www.mckinsey.com.cn/ 五大新趋势将塑造中国的消费增长。

币"。事实上，众多国家的中央银行已经将人民币列为外汇储备的一部分。为了进一步加强与中国的贸易联系并方便跨境交易，许多国家已经与中国达成协议，建立了人民币清算机构。

美元一直是在国际贸易结算中占据很大比例的货币。近年来，中国和俄罗斯寻求减少对美元的依赖，改为使用人民币或卢布进行双边贸易结算。这种趋势对两国来说有多重好处：一方面，它有助于规避由于美国单边制裁而可能产生的风险；另一方面，它也有助于人民币国际化的进程。例如，中国和俄罗斯在能源、农产品、工业品等多个领域已经开始使用人民币进行交易。

中国与中东国家如沙特阿拉伯、阿拉伯联合酋长国等也开始使用人民币进行贸易结算。特别是在石油和天然气领域，中东国家是中国重要的能源供应商，而中国则是这些国家的主要出口市场。使用人民币进行结算，双方能够降低交易成本和外汇风险。这不仅加强了中国与中东国家的经济关系，也促进了人民币在国际贸易中的使用。

另外，伦敦、新加坡等金融中心也都加强了与中国的合作，为全球投资者提供了更多与人民币相关的金融服务和产品。这些例子反映了人民币在全球贸易中日益提升的重要性，特别是在中国的主要贸易伙伴之间。

随着对外开放政策的进一步推进，众多外资银行纷纷涌入中国市场，设立分支机构或子公司，致力于提供全方位的跨境金融服务，以便适应与国际市场的交往。共建"一带一路"倡议更是为跨境金融服务增加了新的动力。这不仅关乎基础设施建设，还涉及深度的金融合作。基于这一框架，许多与中国签署合作协议的国家都在金融领域加强了合作，例如亚洲基础设施投资银行的建立。这无疑进一步扩大了跨境金融的影响范围。

中国还逐步放松对外汇的管制，允许企业和个人在更宽泛的范围内开展外汇交易，为跨境金融服务创造了更为有利的环境。值得注意的是，随着电商的飞速发展，中国的跨境电子商务也呈现强劲的增长势头。这不仅涉及实物商品的跨境流通，更关乎资金的跨境流通，为跨境支付解决方案带来了无尽的创新机会。我们的研究指出，跨境供应链的建立对跨境融资的繁荣起到了积极推动作用。经典库存理论认为库存在匹配需求和供给方面发挥着至关重要的作用，我们认为企业的生产库存也逐渐成为融资的新选择。中国企业会把库存作为一种金融工具进行抵押，进而得到短期的借款，利用进口产品的库存引入较低成本的资本，从而获得更高的财务回报。

（四）崛起之路的中国特色与历史规律

中国在全球供应链中的发展历程尽管极具特色，但不应只被视为一个孤立的现象或特例，而更应被理解为历史发展规律的一部分。在历史长河中，文明国家经历了繁荣、衰退与复兴。中国的发展历程与历史的大潮同步，体现了国家与民族不断追求进步、自主与繁荣的普遍愿景。中国是古老的文明国家，宋代的科技、文化和经济发展，明清时期的海上丝绸之路，都曾展现出中国对于创新和进步的持续追求。虽然由于战乱、内部腐败、西方列强入侵等因素，中国在近代历史中经历过一段时间的落后和挫折，但是在改革开放以后，中国抓住了全球化的机遇，成功地进行了现代化建设，实现了经济的快速增长。这一转变并不是孤立地产生的，而是基于中国数千年的历史、文化和哲学，结合了现代发展的实际需求。更为关键的是，这一崛起路径并不只是简单地模仿西方或其他成功模式，而是根据中国的实际情况，走出了一条结合东西方智慧的发展之路。这恰恰显示，国家的成功不是依赖特定的模型或公式，而是根据自己的历史、文化和实际情境来创造和选择的。

  日本在明治维新后，迅速实现了从封闭的农业国向现代化工业国的转变。日本通过引进西方技术、教育和管理制度，结合自身的文化和传统，成功地在短时间内走上了工业化之路，最终在20世纪中叶成为世界第二大经济体。这一转型过程强调了外来先进经验与本土文化相结合，以及国家的战略规划和长远发展。韩国在20世纪中后期通过"汉江奇迹"，实现了从战后废墟到工业化经济大国的跃升。韩国的成功在于对教育的投入、家族企业所扮演的角色、政府与私营部门的紧密合作，以及出口导向型工业化策略的执行。与此同时，中国在改革开放后抓住全球化机遇，结合自身的实际情况，走出了一条具有中国特色的发展之路。

  从微观层面，我们也能看到中日韩三个国家的企业崛起的相似之处。在日本，一些领先企业，包括绿色能源领域的丰田、5G电信和人工智能领域的软银，以及高速铁路领域的川崎重工，都在战后迅速依靠开放的贸易策略和技术环境崛起。在韩国，一些领先企业，包括现代、三星、现代Rotem等，也都在20世纪中后期通过国家补贴发展起来。纵观中国近些年的一些领先企业，包括比亚迪、华为以及无人机领域的大疆，在一定程度上依赖政策补贴以及相对宽松的贸易环境发展起来。当我们审视中日韩三国企业的崛起时，不仅可以看到它们在经济、技术和文化上的相似点，还可以发现这三个国家都强调了结合本土文化的创新与改革，以及国家与民族的不懈追求和努力。

二、中国在全球供应链中的重要地位

（一）全球供应链网络中最繁忙的节点

中国作为供应链节点，以其繁忙程度位居全球供应链网络前列。为什么中国这个超级节点会如此繁忙呢？这个繁忙又是怎么体现出来的呢？中国在全球供应链网络中的繁忙体现在四个方面。第一，对比其他国家，中国目前是贸易伙伴国最多的贸易国、贸易量最大的全球供应链节点。根据联合国数据，中国在2021年的出口涉及全球219个国家和地区。2021年，中国是美国较大的贸易伙伴。其实在2015—2023年，中国已经连续9年是美国最大的贸易伙伴。第二，中国的制造业繁忙程度极高。根据世界银行2022年的数据，中国制造业增加值已接近5万亿美元，占全球总量的30.7%，制造业规模连续13年稳居全球首位。[1] 近年来，即使中国劳动力成本优势下降，中国制造业的生产率仍然非常高。根据世界钢铁协会的数据，2022年，中国的粗钢产量达到了10亿吨，占全球总产量的近60%。第三，中国的港口繁忙。根据世界港口联合会的数据，2022年，中国的上海港和宁波—舟山港分别是全球最繁忙的集装箱港口和散货港口。这些港口是全球供应链网络中的重要节点，负责大量的货物进出口。第四，中国的物流体系发展迅速。根据世界银行2018年物流绩效指数（LPI），以满分5分来计算各个国家的物流绩效水平，中国得分为3.61分，在160个国家和地区中排名第27位，是发展中国家中最高的。近年来长三角和粤港澳大湾区的发展，使

---

[1] 参见https://assets.kpmg.com/content/dam/kpmg/cn/pdf/zh/2024/04/chinese-manufacturing-enterprises-globalization-white-paper.pdf。

其作为另一大重要港口和制造业集群，在全球供应链中发挥作用。大湾区由珠江三角洲的 11 个主要城市组成。2021 年大湾区 GDP 总量达到 2 万亿美元，相当于加拿大整个国家的 GDP。华为和 TCL 等全球知名的电子信息企业都在这个地区设立了总部。同时，这个地区还是全球最大的智能手机生产基地，OPPO、vivo 等品牌的智能手机都在这里生产。

（二）举足轻重的电子零部件与新能源汽车产业

电子零部件与新能源汽车产业在近几年发展迅速，许多国产电动汽车品牌应运而生。根据美国国家科学基金会统计，从 2000 年到 2019 年，中国在研发投入占国内总开支比重上的增速远超美国、欧洲和日本（见图 2-8）。在某些科技领域，如人工智能、5G 通信、电动汽车等，中国已经成为全球领先者。例如，根据世界知识产权组织（WIPO）的数据，2022 年中国的专利申请量达到 160 万件，超过了美国，成为全球最大的专利申请国。表 2-3 显示了截至 2022 年中国和美国在高科技领域的专利数量对比情况，可以看到在数据通信、电信、工业化控制、视听技术领域，中国的技术积累已经与美国较为接近。《经济学人》发现，中国大陆出口美国的电子产品占大多数，且近年来在半导体产业的全球市场占有率增速飞快，已经超过中国台湾、日本，正在赶超韩国。[1] 但是目前中国的研发投入占比仍然落后于美国、日本，同时也落后于同样增速迅猛的韩国。换句话说，中国研发占 GDP 的比重有待提高。

---

[1] 参见 https://www.economist.com/asia/2023/02/02/americas-hoped-for-asian-semiconductor-pact-looks-tricky。

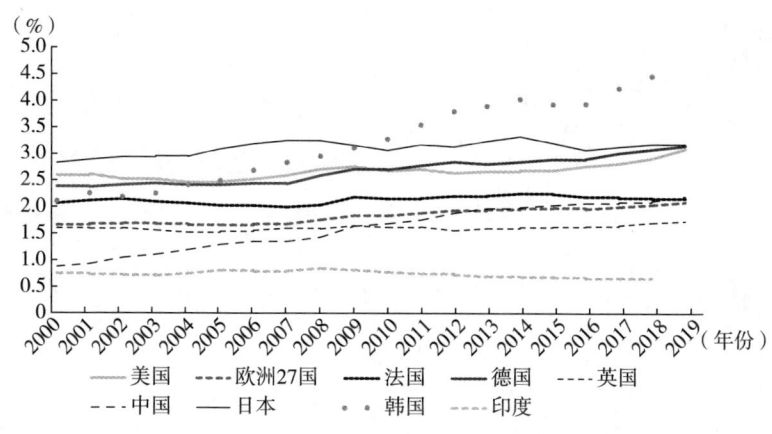

图 2-8 2000—2019 年各国研发投入占国内总开支的比重
资料来源：美国国家科学基金会。

此外，中国政府对某些行业，如新能源、高科技、人工智能等，给予了大力支持，使它们慢慢走进大众视野，融入大家的日常生活。例如，中国政府提出到 2030 年电动汽车占新车销售 50% 的目标，这为电动汽车行业的发展提供了巨大的市场空间。日本物流公司 SBS Holdings 在试运行期间发现，中国制造的电动汽车可以将日本快递公司的成本降低 30%。[①] 目前中国的新能源汽车代表了国际前沿水平，产生了众多国际品牌。例如，比亚迪是中国最大的电动汽车制造商之一，也是全球最大的电动公交车和电动出租车制造商。比亚迪不仅在中国市场销售产品，还出口到欧洲、美洲和亚洲其他国家。在英国、美国、日本、韩国、印度、巴西等国家都有电动公交车运营。此外，比亚迪还与全球的汽车制造商，如奔驰、丰田等合作，共同开发新能源汽车。蔚来汽车是中国的一家电动汽车初创公司，以高端电动运动型多用途汽车（SUV）和优质的服

---

① 参见 https://asia.nikkei.com/Business/Transportation/Chinese-built-EVs-can-cut-Japan-delivery-company-s-costs-by-30。

表2-3 截至2022年中国和美国在不同领域专利数量对比

单位：项

序号	领域	美国	中国	中国/美国	序号	领域	美国	中国	中国/美国
1	数据通信	1 378	1 015	74%	18	发动机泵和涡轮机	112	9	8%
2	电信	236	132	56%	19	环境技术	104	8	8%
3	工业化控制	121	49	40%	20	高分子化学	264	20	8%
4	视听技术	95	34	36%	21	生物科技	2 153	162	8%
5	基本通信程序	32	10	31%	22	材料搬运	134	10	7%
6	有机精细化学品	1 051	296	28%	23	特种机器	353	21	6%
7	运输	180	43	24%	24	测试和测量	696	41	6%
8	家具和游戏	102	24	24%	25	海洋工程	189	11	6%
9	计算机技术	798	188	24%	26	基础材料	546	26	5%
10	热力程序和装置	54	11	20%	27	机床	87	4	5%
11	消费品	173	35	20%	28	化学工程	336	15	4%
12	电力、电动机和电能	334	67	20%	29	纺织造纸	93	4	4%
13	光学	264	36	14%	30	表面加工和涂层	164	5	3%
14	半导体	252	33	13%	31	医疗技术	4 120	118	3%
15	机械元件	46	5	11%	32	食品化学	166	4	2%
16	冶金和材料	211	22	10%	33	药物	2 586	63	2%
17	信息技术管理	230	22	10%	34	微纳技术	23	0	0%

务在中国市场取得了成功。2022年，蔚来汽车开始向欧洲市场扩张，首先在挪威设立了销售和服务网络，计划在未来几年进入更多的欧洲国家。宁德时代是全球最大的电动汽车电池制造商，客户包括特斯拉、宝马、大众等全球知名汽车制造商。它不仅在国内设立了生产基地，还在德国建立了电池工厂，为欧洲的汽车制造商提供电池。

（三）领先的数字生态系统与数字化全球供应链

开宗明义，我们先思考几个问题：数字生态系统是什么？搭建这个系统需要考虑什么条件？数字化全球供应链是什么？它们之间存在哪种关系？由于巨大的消费需求驱动和移动支付的普及，中国基于数据分析的数字生态系统得到了更多、更迅速的迭代和更新，目前中国已经形成世界上最先进的数字生态系统与数字化全球供应链。我们将在后文专门讨论中国的数字化供应链。根据中国电子商务研究中心的数据，2022年，中国的电子商务交易额达到了43.83万亿元人民币。[①] 根据中国航运发展报告，2022年我国港口货物吞吐量156.8亿吨、港口集装箱吞吐量近3亿标箱，全球货物和集装箱吞吐量排名前十的港口中，我国分别占八席和七席。[②] 这些交易都依赖于数字化供应链。中国的电子商务巨头，例如阿里巴巴、京东、拼多多，已经建立了全球领先的数字化供应链系统。中国的数字化供应链不仅覆盖电子商务、物流、仓储等多个环节，还在人工智能、大数据、云计算等新技术的应用上处于全球领先地位。阿里巴巴的

---

① 参见 http://images.mofcom.gov.cn/dzsws/202306/20230609104929992.pdf。
② 参见 https://www.gov.cn/lianbo/bumen/202307/content_6891231.htm。

菜鸟网络已经建立了全球范围内的智能物流网络，京东的无人仓库和无人配送系统也是全球领先的。2022年9月，世界经济论坛公布的"全球灯塔网络"的90家数字化"灯塔"工厂中，有28家在中国。①

除了阿里巴巴这样的数字化供应链技术巨头，一些公司还将数字化供应链和新型商业模式相结合，形成了许多具有特色的公司。希音（SHEIN）是典型的依托数字生态系统进行销售的中国跨境电子商务公司。SHEIN成立于2008年，最初主要在亚马逊和易贝等平台上销售产品，后来发展成为一家全球领先的快时尚电商品牌，主要销售女装，同时也提供男装、儿童服装、鞋类、配饰和家居用品等，业务已经覆盖全球200多个国家和地区，提供全球范围内的快速配送服务。2021年，SHEIN在美国市场的销售额最大且增势最猛。据彭博社报道，SHEIN的市值已经达到1 000亿美元。②

SHEIN采用全数字驱动的需求预测、供应协同、销售、售后流程。③ SHEIN的业务模式结合了快速反应、数据驱动、垂直整合和全球化运营等多种元素，因此在全球快时尚电商领域取得了成功。SHEIN实行垂直整合的业务模式，包括设计、生产、销售和物流在内的所有环节都由SHEIN自己控制。这种垂直整合的模式使SHEIN能够更好地控制产品质量，降低成本、提高效率。如图2-9所示，SHEIN大量使用数据分析来驱动业务决策和近乎实时的零售，每天都会根据数据分析结果上新数百款产品，迅速跟进市场的最新趋势。这种快速反应能力使SHEIN能够满足消费者对时尚新品的追

---

① 参见 https://www.fairobserver.com/world-news/the-truth-about-china-and-global-supply-chains/。
② 参见 https://www.bloomberg.com/news/articles/2022-04-04/shein-s-100-billion-valuation-would-top-h-m-and-zara-combined。
③ 参见 https://www.cbinsights.com/research/companies-unbundling-shein-fast-fashion-disruption/。

求，通过分析用户的购物行为、搜索行为和反馈，了解消费者的需求和喜好，从而设计和推出符合消费者需求的产品，进一步利用强大的内部生产和供应系统快速增加订单。

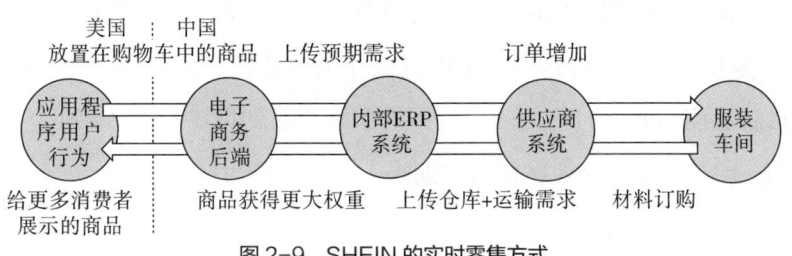

图 2-9　SHEIN 的实时零售方式

注：ERP 为企业资源计划。

在生产端，SHEIN 的总部位于广州繁华的番禺区，这里不仅是企业的心脏地带，还是一个庞大的产业集群的核心。与之形成鲜明对比的是，ZARA 等品牌的生产和供应链的中间环节，常常依赖远离本土的海外工厂和外贸商。SHEIN 则完全不同，它直接与周边数百家工厂建立了紧密的合作关系。得益于全球领先的服装生产供应链与工厂选址，SHEIN 在面料和辅料选择上有着近乎无限的可能性，这极大地加快了产品更新的速度。同时，SHEIN 的全球销售网络也给这些工厂提供了稳定的订单，确保它们持续和繁荣经营。

（四）难以替代的供应链韧性

中国供应链的完整性决定了应对危机时具有更强的韧性和供应链断裂后能够迅速恢复的能力。突如其来的新冠疫情带来的供应链危机凸显了中国在供应链中的重要性。在疫情初期，全球对口罩的需求急剧增加。2020 年 2 月底，中国的口罩日产量达到 1.16 亿只，是月初的 12 倍。[①] 在如此严峻的形势下，中国可以有条不紊地保障人们的必要需求，这得益于中国企业的迅速转产能力。例如，富士康、比亚迪等企业在短时间内转产口罩，大大增加了口罩的供应。类似地，中国的医用防护服由疫情开始时日产量不足 1 万件上升到 70 多万件。[②] 这同样得益于中国企业的迅速转产能力。图 2-10 显示新冠疫情暴发时，美国对中国的医疗用品和口罩的进口额迅速增加，印证了中国企业在疫情初期强大的转产能力。

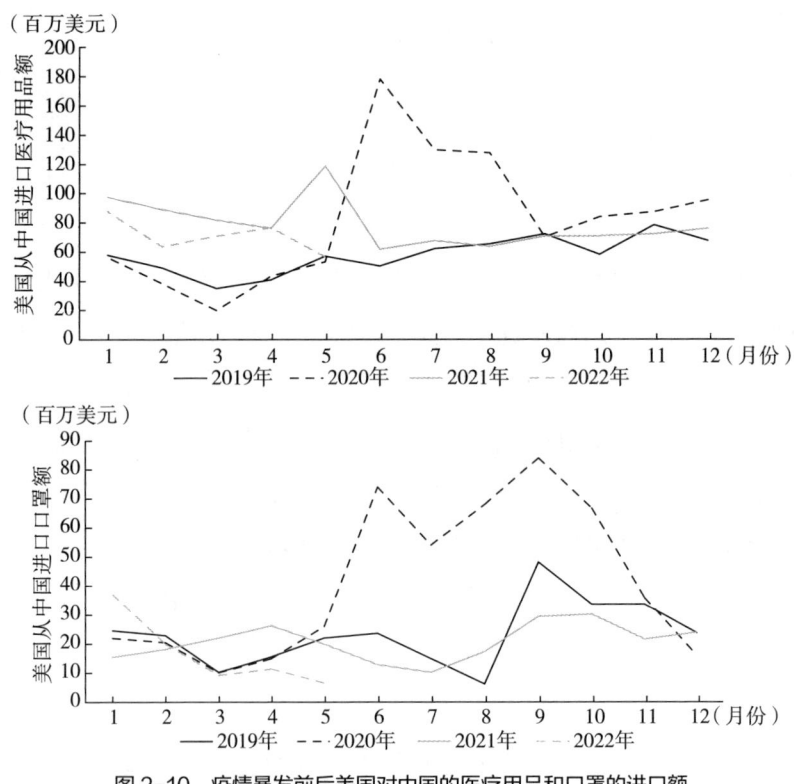

图 2-10 疫情暴发前后美国对中国的医疗用品和口罩的进口额

资料来源：美国海关与边境保护局。

① 参见 https://www.gov.cn/xinwen/2020-03/02/content_5485609.htm。
② 参见 https://www.gov.cn/xinwen/2020-05/20/content_5513229.htm。

此外，疫情初期，中国的很多工厂暂时关闭，导致供应链断裂。随着疫情得到控制，工厂很快就恢复了生产。根据中国物流与采购联合会的数据，2020年3月，中国的制造业采购经理指数（PMI）回升到52%，①表明制造业已经恢复了扩张。这得益于中国企业强大的供应链恢复能力。

三、中国在全球供应链中面临的挑战

尽管中国在全球和区域供应链网络中的中心度仍然很高，但由于贸易和经济的不确定性逐渐增加，中国在全球供应链中也面临着挑战。

（一）劳动力优势逐渐降低

不可否认的是，中国起初的经济发展得益于中国劳动力不可比拟的优势，但就目前来看，这种优势正在逐渐降低。可以从两个方面来看这种变化。第一，人口老龄化趋势明显。根据国家统计局的数据，2020年，中国60岁及以上的人口已经达到2.54亿人，占总人口的18.1%，比2010年提高了5.44个百分点。这意味着中国的劳动力供给正在减少。图2-11展示了中国全年出生人口和死亡人口的变化，可以看到2016年以后中国出生人口迅速下降。第二，劳动力成本上升。中国正在通过提高劳动力素质、推动技术创新和优化产业结构等方式，转变经济发展模式，从劳动密集型向技术和创新驱动型转变。这势必导致劳动力成本上涨。根据中国社会科学

---

① 参见 https://www.gov.cn/xinwen/2020-04/01/content_5497726.htm。

院的报告，2010—2020 年，中国的平均工资增长了近 3 倍，远高于全球平均水平。这意味着中国的劳动力成本正在上涨，劳动力优势正从依赖低成本向依靠人才技能的竞争优势转变。

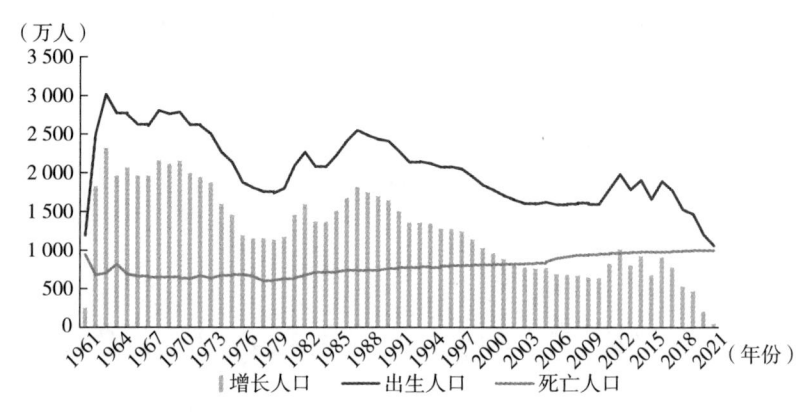

图 2-11　1961—2021 年中国全年出生人口和死亡人口

资料来源：中国国家统计局。

（二）外商逐渐依赖国内消费

根据亚洲协会政策研究所的数据，2021 年，中国成为全球第二大外商直接投资接收国，中国吸收外资 1 809 亿美元，较 5 年前的 1 337 亿美元增长 35%。[①] 过去几年，中国最大的外商直接投资来源国包括韩国、美国和德国。中国一直在各领域稳步实施更加有利于外商直接投资的政策。尽管如此，越来越多的证据表明，在依赖出口推动快速增长之后，中国已经进入更加依赖国内消费的时期。[②] 图 2-12 显示，2016 年，外商直接投资企业的国内销售额首次超过

---

① 参见 https://fdi.mofcom.gov.cn/resource/pdf/2023/12/19/7a6da9c9fb4b45d69c4dfde4236c3fd9.pdf。

② 参见 https://asiasociety.org/policy-institute/supply-chains-shifting-indo-pacific/china。

了出口额，这一趋势在新冠疫情和中美贸易摩擦之后逐渐增强。中国的增长模式正在从"投资+出口"走向"内消费+制造业升级"。随着中国外商投资开始将消费重心转向中国和亚洲周边国家，外商投资带动的中国制造越来越成为"近岸"而非"离岸"。

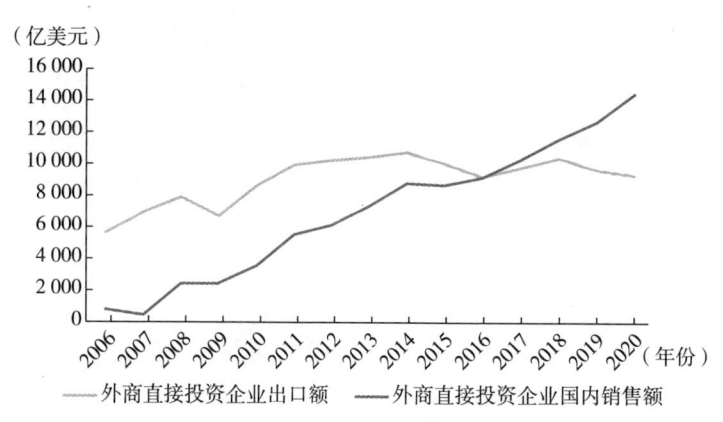

图 2-12 2016—2020 年外商直接投资企业的出口额和国内销售额

资料来源：中国国家统计局。

外商直接投资接收国更加依赖国内消费给企业和国内经济带来的问题。如果市场已经饱和，那么依赖国内消费的外商直接投资可能会面临增长的挑战。在这种情况下，新的投资可能会导致市场竞争加剧，从而降低利润率。

（三）美国打压中国高新技术产业

日本和韩国一致选择以大型制造商的身份推动经济发展，从起初的低价值劳动密集型产品生产转变为高价值产品生产。这种两极反转现象的原因是什么呢？其实原因显而易见，生产高价值产品可以最大限度地促进国家经济进步。韩国和日本的选择映射出大多数国家的选择。① 中国在科技领域的大量研发投入和企业补贴也是在布局高价值产品的生产。美国从特朗普时期对中国实施全面脱钩，拜登上台后针对中国高新技术产业出台了一系列打压政策。

第一，美国政府通过出口管制，限制美国公司向中国出口关键的高科技产品和技术。例如，美国商务部将华为及其子公司列入"实体清单"，限制美国公司向华为出售包括芯片、软件在内的关键技术和产品，除非获得美国政府许可。第二，美国政府通过外国投资审查机制，限制中国公司在美国高科技领域的投资。例如，美国外国投资委员会（CFIUS）对中国公司的并购交易进行审查，如果认为交易可能威胁美国的国家安全，就可以阻止交易。第三，美国政府通过一系列技术封锁，限制中国公司获取关键的高科技。例如，美国政府阻止中国公司参与全球 5G 网络建设，并对中国的一些高科技公司实施制裁和罚款，如美国政府以中兴公司违反了美国对伊朗和朝鲜的出口限制为由，对中兴公司实施制裁。

还有一个典型例子是美国对中国在芯片领域的打压。中国在通信领域拥有大量有竞争力的专利，且制造和消费了全球大部分高端芯片，而美国目前在全球芯片市场只占据约 10% 的小份额，因此，中国被美国视为芯片领域主要的竞争对手。2022 年美国通过《芯片与科学法案》，旨在打压中国在高精度芯片领域的制造能力。拜登政府的限制措施包括禁止美国公司投资中国的高新科技企业。这项措施是为了防止美国公司向中国的高科技领域投资，以此避免美国技术和资金流入中国。这项措施还要求美国公司披露其在中国人工智能等高科技领域的投资。此外，目前只允许美国芯片公司向中

---

① 参见 https://www2.deloitte.com/us/en/insights/economy/asia-pacific/china-supply-chain.html。

国提供低端芯片，迫使中国在低端芯片行业打价格战。中国半导体行业协会联合谴责了美国、荷兰和日本联合对中国芯片制造业的打压。只有通过大量的科研和技术投入，快速产出中国自主研发的高精度芯片，中国才能保持芯片行业的竞争力。

（四）产业链持续外迁

中国产业链在近几年不断进行外迁转移，最早的外迁可以追溯到2008年。由于中国平均工资的增长、环境法规的加强以及产能过剩的影响，一些低附加值、劳动密集型的制造业开始转移到其他国家，尤其是东南亚和非洲的一些国家。例如，纺织、服装和鞋类制造等行业逐渐转移至越南、孟加拉国和柬埔寨等地。为了应对金融危机带来的经济下滑，中国在2008年推出了四万亿元财政刺激计划。在一定程度上，短期的强刺激可能导致某些行业的投资产能过剩问题，例如重工业领域的钢铁、水泥、玻璃、煤炭等行业。

中国正面临更加严峻的产业链外迁趋势，欧美国家贸易投资在政治因素主导下，正在加速走向所谓的"去中国化"和针对中国的"去风险化"。[①] 中美关系在过去几年发生了显著变化，近5年美国对中国进行了两轮脱钩。第一轮脱钩是2018年到2021年第一季度，在此期间，中美关系格外复杂，特朗普对中国大量出口至美国的产品施加了高额关税，这一行为对中美贸易产生了巨大的破坏性。第二轮是2021年下半年至今，在拜登上台后，尽管策略上有所调整，但对华政策核心并未发生根本改变。相较于特朗普的"全

---

① 参见 https://www.economist.com/leaders/2023/08/10/joe-bidens-china-strategy-is-not-working.

面脱钩",拜登推动的"有针对性脱钩"策略主要针对高附加值的高科技产业,希望确保美国在技术领域的绝对领先地位。对于低端制造产品,拜登的政策导致中国更多地采用价格竞争策略。图2-13展示了美国从世界主要经济体的进口份额,可以看到美国正在大幅缩减从中国的进口,转而更多从墨西哥和加拿大进口(这个趋势被称为"友岸外包"或者"近岸外包")。表2-4也列出了大型跨国企业将产业链转移出中国的案例。拜登上台后,美国联合盟友加大对华贸易、科技脱钩力度,导致荷兰限制部分光刻机型号对中国出口等。2023年美国又与印度在半导体、高技术等领域签署了一系列协议,以期减少对中国的依赖。尽管自中美贸易摩擦之后,美国从中国进口的比重从2017年的22%下降为2023年的16%,但是那些取代中国向美国出口的国家,也在加大从中国的进口,说明中国仍在全球供应链上具有不可取代的重要地位。

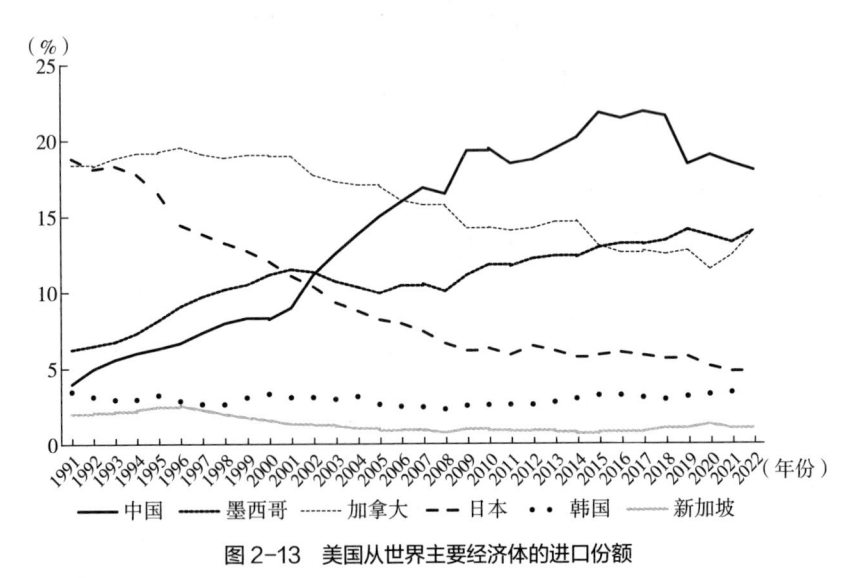

图2-13 美国从世界主要经济体的进口份额

资料来源:世界银行。

表 2-4　大型制造业公司将供应链从中国转向印度

宣布时间	公司	工业	投资金额（百万美元）	战略计划
2023年3月	富士康	电子	700	该投资是富士康迄今为止在印度的最大投资，计划建造占地300英亩（约122万平方米）的工厂，作为从中国撤出的计划的一部分。该工厂预计组装苹果硬件，还有可能用于新开展的电动汽车业务
2023年3月	和硕	电子	150	在第一个工厂开始运作6个月后，该公司计划在印度再建造一个工厂。新工厂预计用于生产最新的苹果手机
2023年2月	三星电子	电子	—	据报道，三星电子打算将工厂从中国迁至印度，原因是担心美国对中国的技术与贸易限制进一步增加
2023年1月	欧思创	电子	500	在进军印度蓬勃发展的电子商务市场之际，欧思创计划将大部分制造业从中国转移到印度
2022年12月	小米、vivo和OPPO	电子	—	这三家中国顶级制造商都同意向世界各国出口印度制造的设备，将中国工厂的一部分关键制造业产出拱手相让
2022年9月	纬创	电子	—	据称，印度塔塔集团正在与威斯特龙就收购其在印度的制造厂进行谈判，预计这笔交易将推动印度努力打造本土竞争者，挑战中国在电子领域的主导地位

资料来源：摩根大通集团报告。

　　由于新冠疫情以及连续的贸易摩擦等，中国大陆在进出口领域中的优势不再明显。随着多个产品的贸易输出被其他国家和地区取代，中国大陆贸易出口的主导地位也逐渐下降。在这种形势下，经济学家发现了一个有趣的现象：近年来，中国大陆在全球供应链中受到挑战，仿佛"一鲸落，万物生"（见图2-14）。换句话说，当中国大陆制造供应链受到压制时，其他国家和地区如越南、中国台湾、墨西哥、印度等迅速崛起，填补了国际市场空缺。其中，对于中国大陆的机械和电子等关键"战略出口产品"，这些国家和地区

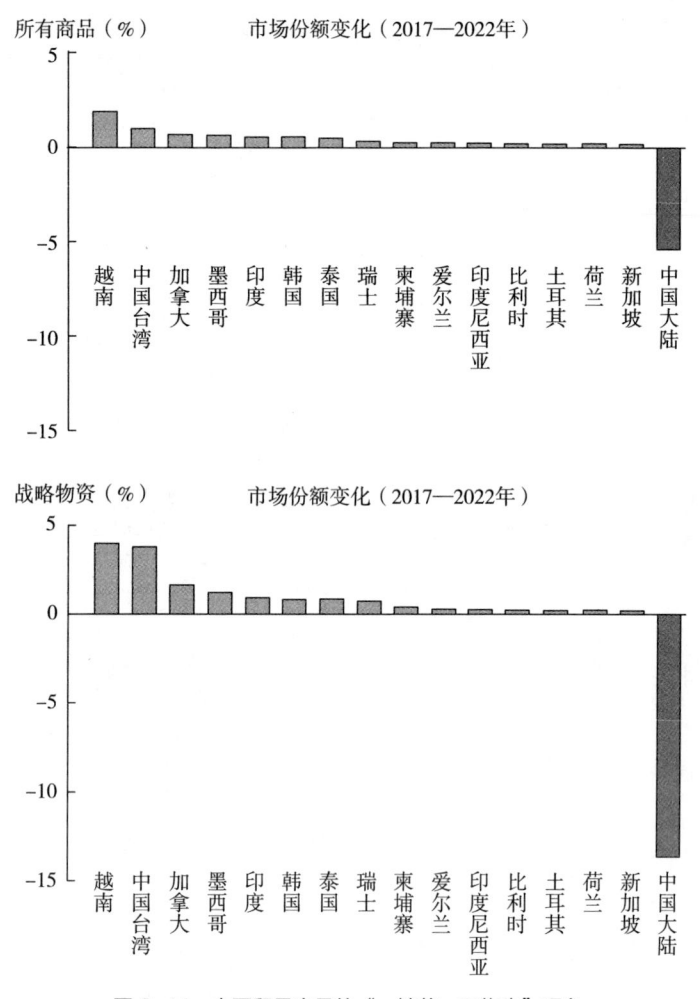

图 2-14 中国贸易产品的"一鲸落，万物生"现象

资料来源：Freund 和 Mattoo（2023）。

的取代能力尤为明显。这不仅展示了全球贸易网络的联动性，还说明了多边贸易系统中的替代效应。尽管对中国市场依赖度高的产业可能很难快速转出中国，但是正如《经济学人》所指出的，虽然目前没有一个国家能够单枪匹马取代中国的全产业供应链与市场规模，但是亚洲十几个国家和地区的集合，可能在未来几年逐步取代中国的部分产业链。[①]其中包括日本、韩国、印度、越南、新加坡、马来西亚、印度尼西亚、泰国、文莱、孟加拉国、柬埔寨、菲律宾、老挝等。未来数年，中国如何在产业链不断外迁的趋势下找到新的发力点，巩固其在全球供应链中的优势，是急需解决的问题。

中国产业链外迁的风险不可小觑，但机遇同在。从经济史角度看，低端产业链外迁会迫使中国快速实现产业链转型升级，这符合历史上产业链升级的规律。在20世纪七八十年代，日本也面临着类似情况。随着日本劳动力成本的上升，一些低端制造业逐渐转移到亚洲其他地区，例如韩国、中国台湾和东南亚，但这并没有阻碍日本经济的发展。相反，日本专注于发展技术密集型和高附加值产业，如电子、汽车和精密机械，这使它在全球产业链中继续保持主导地位。随着中国经济的增长和城市化进程的加速，劳动力成本也逐渐上升，一些劳动密集型产业在中国不再有竞争力。这符合经济发展规律，同样也是产业链升级的驱动力。然而，随着中国在教育、研发和创新方面的投资不断增加，中国的产业结构正在朝着知识和技术密集型的方向发展。这使中国有可能跳出"中等收入陷阱"，并继续在全球经济中保持主导地位。随着一些低端制造业的转移，中国有机会在全球价值链中重新定位自己，不再仅仅是"世界工厂"，而是成为创新和设计的中心。此外，中国还通过人民币升值使进口商品和服务在价格上更具有竞争力，这有助于满足和刺激国内的消费需求，尤其是那些中国自身不容易生产或供应的高品质、高科技产品。这将进一步促进产业结构性改革。此外，如前文所述，尽管中国对大经济体（如美国）的出口比例正在

[①] 参见 https://www.economist.com/graphic-detail/2023/03/03/these-countries-could-lure-manufacturing-away-from-china。

下降，但这一下降比例正在被东盟国家吸收。苹果公司报告称，2022年已经有 5% 的产能迁出中国，这一比例预计在 2025 年达到 25%。[①] 如何在产业链外迁的情况下谋取长期的发展，是未来中国面临的挑战。

（五）部分产业高度依赖其他经济体

中国是全球最大的制造业中心，同时也是许多关键商品的最大进口国。但要注意的是，这并不是全球"独一份"的优势，下面举例说明。

一是高级集成电路与半导体。尽管中国正在加大在半导体制造领域的投入，但在高端集成电路、特定的芯片设计和制造技术方面仍然依赖美国、日本等国家。

二是精炼石油产品。中国是世界上最大的石油进口国，依赖中东、非洲和俄罗斯等地的原油供应。虽然国内有炼油能力，但对某些特定的精炼石油产品，例如化工原料和航空燃油，依赖度仍然较高。

三是大型客机。虽然中国有自己的商用飞机项目，如 C919 大飞机，但目前对于大型国际航班所使用的宽体飞机，中国仍然主要依赖波音和空客。

四是高级医疗设备。在高分辨影像和先进的医疗机械方面，中国依赖美国、德国等国家的产品。

五是特殊的农业产品。虽然中国有广阔的农田和多样的农产品类型，但仍然从澳大利亚、新西兰、巴西等国进口大量的乳制品、肉类和其他特定农产品。

六是稀土金属加工品。虽然中国是稀土金属的主要生产国，但

---

① 参见 https://www.reuters.com/technology/apple-may-move-quarter-iphone-production-india-by-2025-jpm-2022-09-21/。

在某些高级的稀土加工品上，仍然依赖外国技术和供应。

这些描述中有哪些重合的关键信息呢？答案是目前中国对于其他国家的"依赖性"。尽管中国在许多产业领域已具备自给自足的能力，但在某些关键商品和高端产品方面，中国仍然高度依赖其他经济体。根据2023年联合国商品贸易统计数据库的调查研究（见图2-15），在400多项关键产品中，中国对美国及其盟友国家如日本、韩国等的依赖度超过70%。[①] 其中，涉及的产品种类涵盖各个领域，包括工业生产所需的关键原材料、高端奢侈品以及一些技术性产品。详细地说，中国对日本的高依赖度商品数量最多，高达124项，随后依次是美国（87项）、德国（64项）、韩国（28项）和法国（27项）。在经济交易额方面，美国是中国进口额最高的国家，总额高达1 150亿美元，而澳大利亚则以1 060亿美元紧随其后。曾担任美国国家安全委员会负责人的车维德对此表示，从这些数据可以看出，如果美国联合其他国家共同行动，对中国进行经济上的阻拦甚至制裁，其潜在影响和威慑力是不容忽视的。

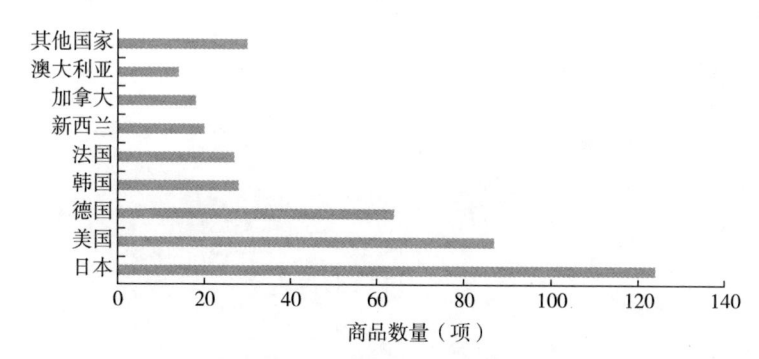

图2-15　中国对美国及其盟友的高依赖度商品数量

资料来源：联合国商品贸易统计数据库。

---

① 参见 https://cn.wsj.com/articles/ 中国在数百种产品上高度依赖美国及其盟友-4b308222。

本章小结

- 中国在全球供应链的崛起开始于改革开放之后，加速于加入 WTO 之后，强化于中美多边贸易开放期。
- 中国形成了以劳动力成本优势、完整产业链、大规模市场、重点行业核心技术为中心的比较优势，与美国的市场化、金融化形成互补。
- 中国作为全球供应链的重要节点在不断调整。
- 中国的快速发展虽然具有中国特色，但也与历史上大经济体的崛起有共同之处。
- 中国在全球供应链中的比较优势在于，它是全球供应链网络中最繁忙、产业链最丰富的节点，在电子零部件和新能源汽车产业的制造上具有举足轻重的地位，拥有世界上先进的数字生态系统、快速的供应链转产能力和强大的供应链韧性。
- 近年来中国在全球供应链上面临的挑战包括劳动力优势降低、外资出口减少、美国针对性打压引发的产业链外迁、对其他经济体的依赖度仍然较高。

第二篇

风起云涌：
全球供应链的挑战与大国抉择

尽管全球供应链为世界分工协作与效率提升带来了无限可能，但其发展并非一帆风顺。当下的全球供应链面临着前所未有的中断风险，这些风险正在改变着全球供应链的格局和结构。本篇将揭示三种最常见的中断风险：自然灾害、地缘政治事件和非关税贸易壁垒。它们通常出现在不可预测的时刻，对全球供应链造成巨大的冲击和损失。同时，为了迎接这些挑战，主导全球贸易格局的大国也在制定新的策略。本篇还将探讨典型的风险规避解决方案，为企业提供实用的供应链风险应对建议，从而使其在国际市场上更具竞争力。

第三章

全球供应链中断风险：自然灾害与地缘政治

每一次危机之中都蕴藏着巨大的机遇。
——阿尔伯特·爱因斯坦，著名物理学家

全球供应链是一个充满风险和机遇的领域。在这个领域中，一些看似小的事件，可能会引发巨大的连锁反应。在中国加入WTO之后的十几年中，中美关系整体稳定，供应链全球化达到前所未有的高度，直至近年各种挑战频频出现。本章将回顾近年来一些重大的供应链中断事件，如泰国洪灾、日本福岛核事故等，及其对全球供应链格局的深刻影响；还将关注地缘政治和经济民族主义的崛起，如中美贸易摩擦等，及其对全球供应链的挑战和冲击。但是，危机中也存在着机遇。面对这些变化，企业和政府需要重新审视和调整供应链结构，寻求更加多元化、弹性和稳定的供应链体系，以增强对未来各种风险的抵御能力。

2020年年初,新冠疫情迅速蔓延至全球各地。各国卫生系统受到重创,昔日的平静生活被打破,各方面均经受着严峻考验。然而,另一个易被大众忽视却对整个社会正常运转至关重要的领域也一直在悄然迎战,那就是全球供应链。

富士康,2022年在《财富》世界500强中排名第20。它不仅是一个在全球电子制造业中广为消费者所知的品牌,更是通过多元和负责的合作关系,把众多产业和产品联结在一起的核心。这样的功能使其成为供应链网络中一个敏感的节点,进而成为全球供应链迎战疫情的关键角色。苹果作为全球电子产品的领军企业、富士康的最大客户之一,成为其中的焦点。

要了解这些背景,首先需要深入富士康的生产基地,从产品制造的源头开始探寻。在富士康的制造工厂中,数以万计的员工在流水线上工作。新冠疫情的暴发迫使工厂停止运营:员工无法按期返岗,原材料供应中断,工厂犹如一台庞大的机器突然停止了运转。然而,这不仅仅意味着生产停滞将带来损失,更意味着整个工厂运营供应链陷入了危机。要知道,供应链的每一个环节都是相互依赖的:从最初工厂工人的每一个动作和每一次协同,到最终心仪的产品被送到成千上万的消费者手中,原材料供应商、零部件制造商、物流公司、分销商、零售商都是整个链条中重要的环节。任何一个环节的停顿都可能造成整个链条的断裂,进而关系到最终供应能否完成。富士康的停产,意味着零部件供应商面临严重的订单缩减,而零部件供应商的停工,又影响原材料供应商对下游的供给。即使2020年3月富士康逐渐复产,缓慢的恢复速度也意味着对整个供应链的不良影响是持续的。比如疫情期间富士康必须采取措施确保员工的健康和安全,提供个人防护装备,加强卫生和清洁程序监管;一些员工可能因感染而无法前往工作场所,也会对生产造成不同程度的影响。

另外，对苹果来说，影响年度营收的重大事件莫过于新品发布。在此期间，库存管理、新产品生产、物流分发等工作都必须达到极致的准确和高效，才能满足并留住消费者。但在 2020 年，这一切都被疫情打乱，上游各个节点的供给难以精准对接消费者的需求。苹果不得不将营收预测下调了 3.8%，因为苹果明白那一季度将无法满足全球消费者。同时，为了减轻运营压力，更好地流转和管理资源，苹果还宣布关闭大中华区以外的所有零售店，关闭日期至 2020 年 3 月 27 日。但这还不是最糟糕的。当己方供应链断裂时，往往竞争对手就会有机可乘。其他同类制造商，如三星、华为等，已经开始积极制定新的供应链策略，试图占领市场。谁将率先恢复供应，赢得消费者呢？苹果面临着前所未有的竞争压力。

苹果的反应是什么呢？除了加快与新的供应商达成合作，还开始加快自主研发的步伐，试图减少对单一供应商的依赖。它开始与物流公司加紧合作，确保一旦生产恢复，就可以迅速将产品送达消费者手中。尽管在疫情期间面临种种挑战，苹果的应用程序商店（App Store）的生态系统却表现出稳定且显著的增长态势。截至 2022 年，App Store 每年的增长率保持在 27%～29%，这种稳步增长不仅反映了苹果对生态系统持续的投资和维护，还显示了用户和开发者对 App Store 的持续信赖和积极参与。这一数据充分展现出应对供应链挑战的结果：一个充满活力和不断蓬勃发展的市场。

而富士康也明白，这场危机是一个机会与转折点。因此富士康开始考虑如何优化供应链设计，提高生产线的灵活性；同时加强与其他国家的合作，尝试将生产线多元化，以应对未来可能出现的类似情况。2021年，富士康实施供应链管理实践，与供应商建立高效的长期合作关系，并进行经济、环境以及社会风险评估和审计验证，以实现与供应商的共同发展。

正如我们的研究显示的，这场突发的疫情给全球供应链带来了前所未有的冲击。但与此同时，它也让人们重新认识到供应链的重要性，并开始思考如何构建一个更加稳定、灵活和可靠的供应链体系。

本章将聚焦全球供应链断裂事件，回答如下问题：为什么局部供应链断裂事件会对全球供应链产生巨大影响？在自然灾害与地缘政治的频繁挑战下，全球产业受到了怎样的冲击？面临这些挑战，政府和企业可以采取哪些措施？

. . .

一、全球供应链的脆弱性来源

全球供应链是现代经济的核心。通过前文我们了解到，供应链的状态不仅关乎每一个国家的生产和消费，更直接影响每一个消费者的日常生活。影响供应链的因素有许多，实际上，在漫长的历史长河中，已经出现了很多对全球供应链产生重大影响的事件。本章将揭秘这些重大事件如何对全球供应链产生影响。

全球供应链的脆弱性在于容易受到局部事件的影响。为什么局部供应链中断事件会对全球供应链产生巨大的影响？原因主要有以下几点。

一是局部供应链中断在许多情况下与企业的库存策略和供应链

敏感性相关。随着全球化的加速，不少公司开始采纳精益库存策略。例如，三星采用了精益六西格玛方法，这种方法结合了精益生产和六西格玛两种不同的管理和改进方法，目标是通过减少浪费、提高质量和降低变异性来改善组织的运营效率以及产品或服务的质量。相似地，亚马逊采用供应商管理库存（VMI）策略，即允许供应商负责维持亚马逊仓库中的合理正确的库存水平。这意味着亚马逊不需要大量的库存储备，而是由供应商及时补充库存，因此公司通常只会储存有限的商品以满足短期的需求。虽然这种做法在日常运营中可以提高效率和减少成本，但是在遭遇供应链中断时，公司往往面临供应短缺的风险，导致生产或销售受阻。

二是供应链具备复杂性与相互依赖性。正如前文所描述的，现代供应链常常是高度复杂的，各个环节互相依赖，一环受损，则可能影响整个链条。这样的结构意味着，即使某一环节受到的影响较小，各个环节连接过于紧密也可能导致整个供应链的运作受到巨大的冲击。全球化的背景导致地域专业化分工，各国往往基于自身优势进行专业化生产。这导致了全球范围内的分工与合作，某一地区的生产中断可能引发全球性的供应问题。例如，一个关键零部件的主要生产地受到影响，就可能导致全球范围内的终端产品生产停滞。

基于供应链脆弱性的来源分析，对全球供应链产生深远影响的事件大致可分为自然灾害、地缘政治事件、经济危机、技术故障四大类别。其中，自然灾害和地缘政治事件因为独特的性质产生的影响最为显著。

自然灾害的特点是具有突发性和广泛性。与经济危机或技术故障不同，自然灾害可能会在短时间内对大范围区域造成破坏。例如，当地震、海啸、洪水或台风侵袭某一关键的生产地区时，如日本福岛核电站的核泄漏灾难或泰国的洪灾，都会直接导致当地工厂停工、基础设施受损、物流中断。这种大范围的中断会迅速扩散至整个供应链，导致原材料、中间产品和最终产品的供应中断。而灾害的突发性使企业很难提前进行准备和调整，从而难以应对供应链的冲击。地缘政治事件的特点通常体现在涉及多个国家或地区，并且可能持续较长的时间。与技术故障不同，它不仅可能导致物理生产中断，还可能改变国家之间的经贸关系，引发货币贬值或市场的长期不稳定。例如，长期以来中东的战乱导致石油供应不稳定，进而影响全球油价。此外，中美贸易摩擦也使得两国间的商品贸易受到极大的冲击。在这种情况下，企业可能需要重新评估供应链策略，寻找新的供应来源或销售市场，这种调整需要更长时间，并且可能增加更多成本。

自然灾害和地缘政治事件的共同特点是，比起经济危机，这两类事件往往更难以预测。经济危机通常有一系列先兆，如股市的波动或信贷的收紧，也如我们的研究所展示的可以进行预测。而技术故障通常是局部性的，可以通过备份系统或其他备选方案快速恢复。但自然灾害和地缘政治事件的发生往往缺乏明显的迹象，企业很难提前为之做好准备。它们不仅可能导致短期的生产和销售中断，还可能对企业的长期策略和布局产生影响，从而对整个供应链产生长期和深远的影响。

本章将深入研究局部供应链中断事件对全球供应链的影响，特别是自然灾害和地缘政治事件。这些影响因素不仅对局部经济产生了直接的影响，而且给全球产业链带来了巨大的波及效应。本章将以真实事件为例，探讨局部自然灾害和地缘政治事件如何对全球产业链产生长期和持续性的冲击，并提出相关的解决方案和策略。

二、自然灾害冲击全球供应链

（一）2011年日本福岛第一核电站事故冲击全球供应链

2011年3月11日，日本历史上最强烈的地震在其东北部海域爆发，震级高达9.0级，这一地震不仅是日本有记录以来最强的地震灾害，也是全球历史上第四大地震。地震引发的海啸给日本东北部地区带来了毁灭性的打击，数以万计的人失去了生命，财产损失更是无法估量。然而，这场灾难并没有就此结束，福岛第一核电站在地震与海啸的双重冲击下，发生了严重的核泄漏事故，进一步加剧了灾难的骇人影响。那么，在全球供应链的视角下，这场地震和核泄漏事故是如何给全球经济带来深远震荡的呢？

作为全球主要的电子、半导体和汽车零部件生产国之一，日本地震和福岛核事故导致许多关键工厂停产，进而对全球供应链产生了巨大影响。我们从日本电子和汽车产业在全球的重要性开始，展开讲述这个局部事件所带来的全球冲击。

日本在全球电子行业有重要地位。日本是世界上最大的消费电子制造和出口国之一，近年来在全球市场占有的份额一直高于10%。[①] 这意味着日本公司在生产和销售电视、音响设备、数码相机等消费电子产品方面发挥着巨大作用。例如，在创新和技术发展方面，日本产业一直处于领先地位，曾经推出了许多具有里程碑意义的产品，如晶体管收音机、随身听、家用录像系统（VHS）、笔记本电脑、太阳能电池和液晶显示器，[②] 不仅在当代，也对后来的电子发展产生了深远

[①] 参见 https://www.jeita.or.jp/english/press/2020/1216.pdf。

[②] 参见 https://en.wikipedia.org/wiki/Electronics_industry_in_Japan。

影响。同时，日本在电子行业的全球价值链中也是强大的。许多日本公司充当了主导企业、承包制造商或平台领导者的角色。这些公司在不同国家和地区之间协调生产网络，促进了知识和技能的传播。

地震和福岛核事故对电子产业产生了强力冲击。在日本各地区，福岛在全球电子产品供应链中占据重要地位。研究供应链的威利·谢教授表示，全球300毫米硅晶片中大约有22%来自日本福岛县信越半导体的白河工厂，它同时提供了60%的关键汽车零部件，[①]包括锂电池化学品、闪存存储器和液晶显示器中使用的各向异性导电膜等，[②]因此福岛核事故对全球供应链造成了严重的冲击。例如，生产闪存芯片在全球占比超过30%的东芝公司出现了闪存芯片交货困难问题，[③]苹果公司的iPad 2和iPhone 4等产品在当时出现了严重的供应短缺问题。

另一个受重创的企业是索尼。地震导致索尼公司位于福岛县的图像传感器工厂关闭。这对索尼的数字相机、智能手机等产品的生产产生了重大影响。索尼控制着互补金属氧化物半导体（CMOS）图像传感器约40%的市场份额，CMOS图像传感器是一种将光转换为电信号的集成电路，在智能手机中，它们用于将图像转换为数字数据，[④]从图3-1中可以看出，索尼传感器一直维持着相当高的市场份额。2011年，日本南部海域发生了两次大地震，致使索尼中断了苹果手机图像传感器的生产。

---

① 参见https://hbswk.hbs.edu/item/japan-disaster-shakes-up-supply-chain-strategies。
② 参见https://hbswk.hbs.edu/item/japan-disaster-shakes-up-supply-chain-strategies。
③ 参见https://www.mbtmag.com/global/news/13061945/toshiba-doubling-flash-memory-chips。
④ 参见https://www.reuters.com/article/us-japan-quake-companies-idUSKCN0XD070。

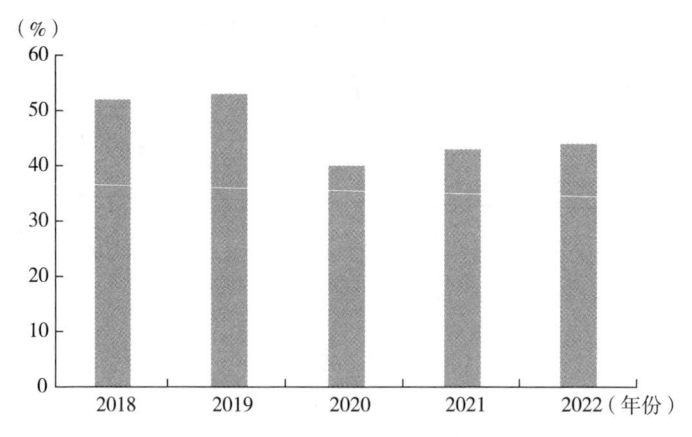

图 3-1　索尼公司 CMOS 图像传感器市场份额

资料来源：TechInsight。

早在 2016 年，日本地震导致索尼工厂停产，也对相机行业的大部分领域造成了毁灭性影响。索尼是尼康 DL 系列相机等多种产品的传感器供应商，2016 年 4 月发生的地震使这些企业沉寂了 3 个半月，直到 9 月才恢复到震前水平。据《日经亚洲评论》估计，该事件给索尼公司造成了 7.76 亿美元的营业利润损失。

日本在汽车行业拥有极其重要的地位。即使经历了 2011 年大地震，它仍然是世界第三大汽车生产国。从 1997 年至 2022 年，日本的汽车年均总产量约 9 775 928 辆。[①] 丰田、本田以及日产等汽车制造商以先进的工程和技术享誉全球，车辆因高质量和可靠性而备受全球消费者的欢迎。此外，日本汽车制造商在海外也有相当大的生产规模，进一步扩大了全球影响力。截至 2010 年 3 月 31 日的 2009 财年，丰田超过 60% 的汽车在海外生产，而海外市场占据其全球汽车销售总量的 80% 以上。

---

① 参见 https://www.ceicdata.com/en/indicator/japan/motor-vehicle-production。

地震和福岛核事故给日本汽车制造商带来了严重冲击。与电子生产企业相似，丰田在福岛县有多个工厂，包括汽车组装厂和零部件制造厂。这些工厂停产导致丰田汽车的全球供应链受到了影响。同时，本田公司建在熊本县的摩托车工厂也停产，该工厂的年产能达到25万辆。由于福冈县的3家工厂停产，丰田汽车停止了生产车辆、发动机和变速驱动桥等部件。这导致2011年的销量比前一年减少了5.6%，仅为795万辆。丰田公司决定将5月10日到6月3日的汽车生产降到正常水平的大约50%。与此同时，丰田子公司的工厂也被迫停产，无法继续生产零部件和汽车。为了缓解这一危机，丰田于4月4日在两家生产三种混合动力车型的工厂重新开始生产，但来自日本东北部近2/3的供应商仍无法正常运作。就汽车制造的整体状况而言，丰田50%以上的汽车在日本生产。丰田生产基地包括中央汽车株式会社宫城工厂、关东汽车工业岩手工厂遭受损失，以及丰田汽车东北公司的部分设施被毁，但受损程度相对较轻。与此同时，经销商也遭受了毁灭性的打击，约450家经销商遭受损失，其中12家经销商完全被毁，港口设施的1 791辆整车被海啸摧毁。

总的来说，地震和福岛核事故虽为局部灾害，却给全球供应链带来了严重打击，对全球经济和各行各业产生了长期的影响，而全球化决定了不只是当地自然灾害能够冲击日本的汽车行业。下文继续讲述日本汽车行业如何受到另一个地区的影响——泰国的局部自然灾害的故事。

（二）2011年泰国洪灾冲击全球供应链

从2011年7月开始，强烈的季风雨导致泰国77个府中的66个遭受洪水侵袭，首都曼谷也受到了严重影响。根据统计，洪灾造成超过 800 人死亡，数百万人被迫离开家园，直接经济损失高达 467 亿美元，成为亚洲历史上最严重的洪灾之一。

　　泰国洪灾对日本汽车制造商造成了二次冲击。丰田、本田等日本汽车制造商在泰国设有大量生产线，洪灾导致这些工厂停工。这对全球汽车供应链造成了重大冲击，尤其是早些时候全球汽车制造业已经遭受了日本地震和福岛核事故的冲击。泰国洪灾给汽车行业的供应链韧性带来了严峻考验。由于 2011 年 3 月日本大地震的影响，日本各大整车厂商 3 月和 4 月的产量减少了将近 40%。随后生产缓慢恢复，夏季基本回到原有的生产水平，秋季以后各大厂商都计划增产。然而，由于洪灾的影响，从 10 月开始，泰国的日本汽车制造商工厂全部停工（如表 3-1 所示，直到 11 月中旬，才有一部分制造商重新开工）。此外，在泰国以外的国家，由于零部件供应也受到影响，丰田和本田等公司不得不调整生产进程。丰田和本田在 2011 年上半年盈利时就已经预测到全年业绩可能下滑，包括二者在内的 10 家日本整车厂商预测，当年销量将同比增长 5.6%，达到 1 140.1 万辆，略高于一季度公布的预测。销售额下调至 21.8 兆日元（同比增长 2.4%），营业利润上调至 9 240 亿日元（同比减少 8.8%）。总的来说，10 家整车厂商在 2011 年上半年受到日本大地震的明显影响，销量下降了 11.9%，销售额下降了 13.2%，营业利润下降了 60.6%。

　　受到如此巨大的冲击，日本汽车制造商采取了分散生产的策略。到 2022 年，日本汽车制造商在国外已经生产了约 1 696 万辆汽车，比前一年的 1 646 万辆增加了 50 万辆。这一数字是日本国内产量的两倍多。亚洲是领先的生产地区，几乎 2/3 的海外生产汽车在该地区组装。丰田、本田、日产和铃木等日本汽车制造商在海外的年产量超过

表 3-1　2011 年日本整车厂商受泰国洪灾影响情况

整车厂商	对生产的影响
丰田	零部件供应链网络中断，泰国 3 家工厂从 10 月 10 日起停工，11 月 21 日起重新开工。日本方面，从 10 月 24 日起停止加班，10 月 31 日起调整生产线，11 月 21 日到 25 日正常运作
	其他海外基地也进行了生产调整，北美、南非、印度尼西亚、菲律宾从 10 月 31 日起进行调整，马来西亚、巴基斯坦从 11 月 7 日起进行调整
	截至 11 月 12 日，全球受影响车辆共 15 万辆。现通过委托零部件生产，正逐渐恢复生产水准，为 2012 年初开始正常生产活动做准备
日产	零部件供应链网络受到影响，泰国工厂于 10 月 17 日起停工，11 月 14 日部分生产线恢复运行，预计减产 4 万辆，对美国、欧洲、中国应无影响。只是日本方面，今后还可能减产 2 万辆
	泰国的四轮车严重进水，最深至 2 米，11 月 14 日仍泡在水中。10 月 4 日起工厂停工，同月 31 日减产达 21 万辆。12 月中旬可以开始排水，离再次开工应还有数月
本田	泰国零部件供应受影响，日本生产力从 11 月 7 日起也下跌五成，马来西亚 10 月 25 日起停工，菲律宾 11 月 3 日起停工，印度尼西亚调整生产体制，越南、印度、巴基斯坦也在 11 月中旬进入调整期，北美 10 月 31 日起减产五成，最快到 11 月下旬，之后几个月内继续调整。巴西方面，11 月 7 日起，生产任务减少三成
铃木	零部件供应链网络中断。泰国电子零部件库存可持续到 11 月末。12 月以后，可能影响日本国内生产。原计划 2012 年 3 月开工的泰国工厂正在施工中，没有受到影响
马自达	零部件供应链网络受到影响，泰国工厂的商用车生产从 10 月 11 日起，乘用车生产从 10 月 19 日起停止。乘用车方面，从日本、中国获取零部件，11 月 14 日起可以恢复白天工作制。从 21 日这一周开始，预定两班制开始生产。因为商用车所需零部件只能在泰国国内进行调控，所以恢复生产尚需时间

续表

整车厂商	对生产的影响
三菱	零部件供应链网络受到影响,泰国工厂10月13日停止夜班制。估计零部件调配情况会好转,于11月14日起恢复运作。14日止,预估减产达2.3万辆
大发	零部件供应链网络受到影响,受丰田委托生产车辆的池田、京都工厂分别在10月24日、25日取消加班。10月31日起调整生产体制
富士重工	截至11月1日,尚未对生产产生影响。由泰国供应的零部件使用代替品
五十铃	10月11日起,泰国基地停止生产,再次开工时间未定
日野	泰国工厂的生产因零部件供应受影响,于10月14日停止。日本方面,10月24日起调整生产体制
三菱扶桑	泰国的委托生产工厂10月19日起停止生产。再次开工时间未定
UD卡车	对生产没影响

资料表源:各公司新闻报道,参见 https://www.marklines.com/cn/report_all/rep1022_201111。

100万辆，这个数量超过了日本国内生产的汽车数量。这些汽车的生产分布在中国、东南亚和北美等地，这些国家同时也是主要的市场。①

泰国洪灾对硬盘制造商造成了重大影响。泰国是全球电子制造业的重要基地，尤其在硬盘生产领域占有很大份额。全球最大的硬盘制造商西部数据在泰国拥有重要的生产设施，东芝等其他重要的硬盘制造商也在当地设有工厂。这场洪灾导致这些工厂瞬间瘫痪，全球硬盘的生产能力在短时间内下降了近30%。突如其来的供应链冲击导致全球硬盘价格迅速上涨，②对依赖硬盘的许多企业和个人产生了显著影响，包括数据中心的扩展、个人计算机的制造和销售等方面都受到了不小的冲击。

（三）2017年美国飓风冲击全球供应链

太平洋的另一边同样受到自然灾害的袭击。2017年夏季，飓风哈维席卷了得克萨斯州，造成至少68人死亡。这是自1919年以来该州发生的最致命的热带气旋事件。此外，飓风哈维带来的暴雨导致得克萨斯州东南部地区的降雨量累计超过150厘米，引发了灾难性的洪水。同时，飓风厄玛也袭击了佛罗里达州。这场灾难性的飓风在佛罗里达州西南部登陆7次，并以3级飓风的强度席卷了该地区。飓风厄玛在受影响地区造成了广泛的破坏，迫使约600万名佛罗里达州居民从沿海地区撤离。这场飓风被认为是有记录以来大西洋盆地最强大和造成损失最大的飓风之一③。

---

① 参见 https://www.statista.com/statistics/658861/japan-overseas-automobile-production。
② 参见 https://www.theguardian.com/technology/2011/oct/25/thailand-floods-hard-drive-shortage。
③ 参见 https://www.nhc.noaa.gov/data/tcr/index.php?season=2017&basin=atl。

飓风不仅造成了人员伤亡和环境破坏，还对跨国供应链产生了广泛的影响。飓风哈维被认为是半个世纪以来侵袭得克萨斯州威力最强大的飓风。它于 2017 年 8 月 25 日登陆，影响了多个行业，包括炼油厂、材料生产和零售商等。飓风哈维导致美国多家炼油厂和石油生产设施停工，截至 8 月 29 日上午，美国石油化工产能中约有 40% 关闭。2017 年 8 月，原油产量减少了 186 000 桶；到了 9 月，这种中断已导致原油平均每天仅生产 53 000 桶。[①] 2017 年，汽油零售价格整体保持相对稳定，直到 8 月下旬，飓风哈维导致大量炼油厂停工。根据美国能源信息署（EIA）收集的每周数据，飓风登陆后，美国平均常规汽油零售价格每加仑上涨了 28 美分，从 8 月 28 日的 2.40 美元 / 加仑上涨到 9 月 4 日的 2.68 美元 / 加仑。[②] 飓风哈维持续袭击得克萨斯州休斯敦地区，带来了严重的经济影响。许多当地的专业化工厂被迫关闭。根据 Vertical Research 的分析师凯文·麦卡锡的说法，得克萨斯州乙烯生产量约占美国的 70%，而乙烯是制造塑料等化学品的重要原料之一。根据全球最大的石化市场信息提供商安迅思（ICIS）的实时监测数据，自 8 月 21 日以来，美国约有 37% 的乙烯产能关闭。这甚至可能导致整个美国制造业产业链面临停摆的风险。[③]

Newell Brands 预计，2017 年经过调整的每股盈利将下降至 2.95～3.05 美元，之前的预估是 3.00～3.20 美元。这是因为该公司在得克萨斯州和路易斯安那州拥有的树脂供应商几乎都停产了超过一周的时间，导致产品所需的树脂供应短缺，从而增加了成本。树脂供应短缺

---

① 参见 https://www.eia.gov/todayinenergy/detail.php?id=33432。
② 参见 https://www.eia.gov/todayinenergy/detail.php?id=33852。
③ 参见 https://www.icbc.ae/icbc/ 网上汇市 / 汇市述评 / 机构看汇 / 飓风哈维重创美国石化工业制造业就业又面临大考 .htm。

的情况预计持续到第四季度，可能导致产品价格上涨延续到2018年。这一消息导致该公司的股价在2017年9月6日收盘时下跌了3.5%。

拥有61家门店的服装零售商Francesca's Holdings在2017年9月6日宣布，预计本季度的盈利将远低于分析师的预期，并表示供应链中断影响了旗下所有的店铺。该公司预计需要数周时间才能恢复正常运营，这一消息导致股价一度下跌了7%，并在周三收盘时下跌了近2%。[1]

2017年9月，飓风厄玛影响了佛罗里达州等地区。这些地区的港口和物流基础设施遭受严重损害，导致货物无法进出，给供应链带来了物流延误和交付问题，影响了零售业和制造业的正常运作。根据美国能源部的情况报告，飓风厄玛爆发后的几天内，波多黎各近90万名客户失去了电力供应。随后，飓风玛丽亚于2017年9月袭击波多黎各，造成了广泛的破坏和电力中断。飓风玛丽亚登陆一个多月后，美国联邦领地波多黎各大部分居民的电力服务仍未恢复。波多黎各电力公司（PREPA）的报告显示，风暴过后，约有157万名电力客户失去了电力供应。飓风玛丽亚摧毁了该地区大部分的输电基础设施，因此，即使发电厂准备恢复运营，停电问题仍然存在。[2]

这些飓风造成的破坏和供应链的中断凸显了全球供应链的脆弱性。跨国企业必须加强风险管理和完善灾害应对策略，以减轻自然灾害对业务的不利影响。企业应该制订完善的风险管理计划，包括对供应链的脆弱性进行评估和监测，并建立应急响应机制，以便在自然灾害发生时能够快速响应。此外，企业还应该加强与供应商和合作伙伴之间的沟通和协调，以确保在面对自然灾害时能够共同应对，减少损失和影响。

---

[1] 参见 https://www.reuters.com/article/idCNL4S1LO1IX/。
[2] 参见 https://www.eia.gov/todayinenergy/detail.php?id=33452。

三、地缘政治事件冲击全球供应链

(一) 中美贸易摩擦冲击全球供应链

这一节将以中美贸易摩擦为例,探讨贸易保护主义和技术封锁对全球供应链的冲击。

1. 回顾:20 世纪 80 年代美国对日本实施的贸易措施

在关注中美贸易摩擦之前,可以回顾一下 20 世纪 80 年代美国对日本实施的一系列贸易措施。这一时期,美日贸易关系充满了紧张和摩擦,因为存在巨额贸易逆差,美国大量进口日本商品,导致贸易不平衡。美国特别关注日本的汽车和电子产品领域,认为日本在这些领域具有不公平的竞争优势。美国批评日本在某些领域设置了市场准入障碍,如限制进口商品数量和征收高关税。

为了应对这一局面,美国对日本采取了一些限制措施。1981 年,美国与日本达成了一项协议,允许日本自愿限制出口到美国的汽车数量。这种自愿出口限制实际上相当于对日本汽车征收超过 60% 的关税。[①] 该协议的目标是减少美国市场上的日本汽车数量,以保护美国汽车制造业。尽管这些限制在一段时间内减少了日本汽车在美国市场上的份额,但也导致美国消费者支付更高的价格购买汽车。美国之所以能够对日本施加如此大的压力,一方面是因为美国是日本主要的海外市场,另一方面是因为美国出于地缘政治的考虑支持日本对抗苏联。当时还没有国际组织规范国际贸易,因此美国

---

① 参见 https://econofact.org/do-trade-restrictions-work-lessons-from-trade-with-japan-in-the-1980s。

可以采取单边行动。在美国的压力下，日本贸易谈判代表同意了一系列协议，旨在限制对美国出口钢铁和汽车的数量，扩大从美国的进口，并消除美国企业在日本市场取得成功的"障碍"。

1985年，美国与其他一些主要经济体，包括日本，签署了"广场协议"，旨在协调汇率政策以减少美元对其他货币的升值。这一举措旨在提高美国出口的竞争力，并改善贸易不平衡。

《1974年贸易改革法》中首次出现了"301条款"，用于解决与知识产权侵权和市场准入问题相关的争议。在20世纪80年代初期和中期，美国对日本实施了"301条款"调查，其中涉及日本对美国半导体公司的市场准入问题。这一调查最终导致美国与日本签署了一份有关半导体贸易的谅解备忘录，其中日本同意放宽对美国半导体产品的市场准入，以解决双方的贸易争端。

尽管这些争端发生在不同时期和不同情境下，但我们可以发现20世纪80年代美国对日本实施的贸易措施与中美贸易摩擦存在某种程度上的相似性。首先是贸易不平衡。20世纪80年代初期，美国对日本存在巨额的贸易逆差，特别是在汽车和高技术产品领域。同样，在中美贸易摩擦中，美国也对与中国的贸易逆差感到担忧，认为中国在一些领域采取了不公平的贸易做法。在两种情境中，贸易不平衡是共同因素。其次是"301条款"的使用。美国政府使用"301条款"调查来处理对日本的不公平贸易行为，这种措施旨在解决与知识产权侵权和市场准入问题相关的争议。同样，在中美贸易摩擦中，美国政府也使用"301条款"来调查中国的知识产权侵权和其他不公平贸易行为，这显示了美国政府采取行动来解决贸易问题的意愿。最后是经济竞争与制造业的密切关系。在20世纪80年代，美国制造业受到了日本竞争的影响，尤其是在汽车和电子产品领域。这种经济竞争和对制造业的担忧，在两种情境下都起到了重要作用。而从当时美国对日本的一系列行为，可以看出中美贸易摩擦发生的可能性。

2. 中美贸易摩擦的动因

中美贸易摩擦引起了全球的广泛关注。这场贸易摩擦不仅影响了世界最大的两个经济体之间的贸易关系，还改变了全球供应链格局，尤其是对贸易保护主义和技术封锁产生了深远影响。中美贸易摩擦始于2018年，当时，美国以减少贸易赤字和保护国内工业为由，对来自中国的多种商品，包括钢铁、铝、电子产品等加征关税。作为回应，中国也对美国商品实施了报复性关税。这场贸易摩擦引发了全球经济的不稳定，导致全球供应链发生了重大调整。

在中美贸易摩擦中，双方持不同观点。美方认为美国对中国的贸易逆差过大，这对其国内就业和制造业构成了威胁，由此指责中国未能兑现加入WTO时的承诺，并且长期侵犯美国企业的知识产权。美国还指责中国在多个领域实施了产业政策，并由政府进行引导。此外，美国认为中国没有按照美国所期望的方式走向市场经济和西方制度。因此，中美经贸关系从互补逐渐演变为竞争关系。[①] 与此不同的是，中方认为中美贸易关系本质上是互利共赢的，强调中国在全球产业链中扮演着中低端角色，导致"顺差在中国、利润在美国"的局面。中国认为美国对华"301调查"报告存在偏见。此外，中国强调自己认真履行了加入WTO时的承诺，大幅削减了关税水平，接受了世界范围内较低的关税。中国还反对美国在高科技领域进行长期封锁，以及美国对中国企业在美国投资实施歧视性审查等不公平的行为。中

---

① 参见 https://www.shijianbu.com/front/article/6015.html?pageNo=1。

国表示，美国滥用贸易救济措施，对中国采取了多达164个"双反措施"。中国是遭受该措施数量最多的国家，其数量超过了第二名到第八名国家的总和。中美贸易摩擦的背后，涉及更深层次的改革问题。这场贸易摩擦源于巨大的贸易逆差以及在结构性和制度性问题上的分歧。在经济利益巨大冲突的推动下，这场贸易摩擦是难以避免的。

双方采取了提高关税和实施贸易限制的措施。在中美贸易摩擦中，双方相互加征了大量的关税，同时实施了一系列贸易限制措施。这导致许多涉及中国和美国的行业供应链的中断和不确定性，特别是那些受关税影响的产品和材料。美国对价值约2 500亿美元的中国进口商品征收了25%的关税，并对价值约1 120亿美元的中国进口商品征收了7.5%的关税。与此相对，中国对大约3 350亿美元的美国进口商品（约占总贸易额的58.3%）征收了关税。这使得美国对中国商品的平均关税达到了19.3%，而中国对美国商品的平均关税为20.7%。此外，中国还对生产半导体和光电器件的含有镓和锗的工业产品和材料实施了出口限制。这些限制措施对于全球半导体产业来说是一个重大挑战，因为镓和锗是制造半导体的重要原材料。中美贸易摩擦的影响不仅在两国之间，更是波及全球。其中一个影响就是改变了全球供应链格局，许多企业不得不重新评估它们的供应链策略，寻找新的合作伙伴和市场。这种调整对全球经济格局产生了深远影响，也给世界各国带来了机遇和挑战。

3. 中美贸易摩擦对全球供应链的影响

贸易摩擦带来了成本上升和不确定性增加的问题。企业不得不寻找替代供应商、重新规划供应链布局或者承担额外的关税成本，这导致产品价格上涨和供应链成本增加，对企业的盈利能力和全球供应链的效率也产生了负面影响。

尽管贸易保护主义在短期内可能会保护本国工业和就业，但从长远来看，它可能会阻碍全球经济的健康发展，降低全球供应链的效率。例如，美国对中国钢铁和铝实施高关税，导致商品价格上涨。这不仅让美国消费者承受了更高的价格，还迫使全球供应链重新规划，以免受到加征关税的影响。

在贸易摩擦期间，一些国家采取了技术封锁措施，限制或阻碍特定技术的转让和合作。这对全球供应链中的高科技行业，如半导体和通信设备制造商产生了影响。它们面临着获取关键技术和组件的困难，以及与特定国家的合作受到限制等问题。

此外，美国电信监管机构撤销了3家中国电信运营商在美国的运营权。华盛顿还对中国最大的电信设施提供商华为实施了制裁。随后，中国的其他主要科技公司，包括最大的合约芯片制造商中芯国际和全球最大的监控摄像头制造商海康威视，也受到了制裁。总共有100多家公司被列入贸易黑名单，在没有许可证的情况下被禁止获得大多数美国技术。

2022年10月，拜登政府规定禁止向中国出口训练或运行最强大的人工智能算法所需的先进芯片。[①] 这些新的出口限制措施旨在限制中国的人工智能产业发展，而美国和其他西方国家则继续发展。这些限制还影响了芯片制造设备和设计软件的出口，同时剥夺了中国对于先进芯片的使用权，因为许多开创性的新项目需要在具有数百或数千个图形处理单元（GPU）的超级计算机上进行机器学习算法的训练。这些芯片最初是为游戏设计的，但它们也适合进行

---

① 参见 https://www.wired.com/story/us-chip-sanctions-kneecap-chinas-tech-industry/。

必要的数学运算，这使得中国的人工智能发展比较依赖美国的芯片技术。塔夫茨大学教授克里斯·米勒在《芯片战争：世界最关键技术的争夺战》一书中表示，这些新的出口封锁措施与过去的不同，就像是往齿轮中扔沙子一样，严重影响了中国的人工智能发展。

技术封锁也对除中美以外的其他国家的供应链产生了严重影响。美国政府以国家安全为由，对华为实施了封锁，禁止其使用美国的软硬件技术。这导致华为在全球范围内的业务受到了冲击，也对全球电信设备供应链造成了影响。因此，许多国家和企业不得不寻找替代供应商，但在短期内找到替代品是相当困难的。

由于技术封锁的威胁，企业纷纷重新评估供应链结构，以减少对特定国家或地区的依赖。这促使企业积极寻找多元化的合作伙伴和供应商，以降低技术封锁可能带来的风险。这可能导致全球供应链的重新调整和重新定位。

总的来说，中美贸易摩擦对全球供应链产生了深远的影响。这一事件提醒我们，在全球化的今天，任何形式的贸易保护主义和技术封锁都可能对全球供应链构成重大威胁。因此，全球企业和政府需要共同努力，寻找更为稳健和灵活的供应链策略，以应对未来可能的贸易摩擦和技术封锁。

（二）俄乌冲突冲击全球供应链

地缘政治冲突一直以来都对全球供应链具有重大影响，而近年来，俄乌冲突成为最显著的例证。这场冲突始于2022年2月。俄乌冲突给全球供应链带来的一系列影响是多领域且深远的，尤其是在能源、农业和制造业等关键领域。俄乌冲突导致货物流动受阻，成本急剧上升，产品短缺情况加剧，全球范围内还出现了粮食短缺问题。这一冲突加速了从全球采购向区域采购的转变。

最令人担忧的脆弱性之一是欧洲对俄罗斯的天然气和石油过度依赖，以及对俄罗斯和乌克兰关键农产品的依赖。图 3-2 展示了俄罗斯主要的出口产品及其出口额。根据联合国粮食及农业组织的数据，俄罗斯和乌克兰占全球小麦贸易量的 25% 以上，占全球葵花籽油出口量的 60% 以上，占全球大麦出口量的 30% 以上，这些都是关系到人类温饱的重要农产品。此外，俄罗斯也是全球主要的化肥出口国，这意味着任何供应短缺或准入限制都可能对全球农作物产量产生重大影响。

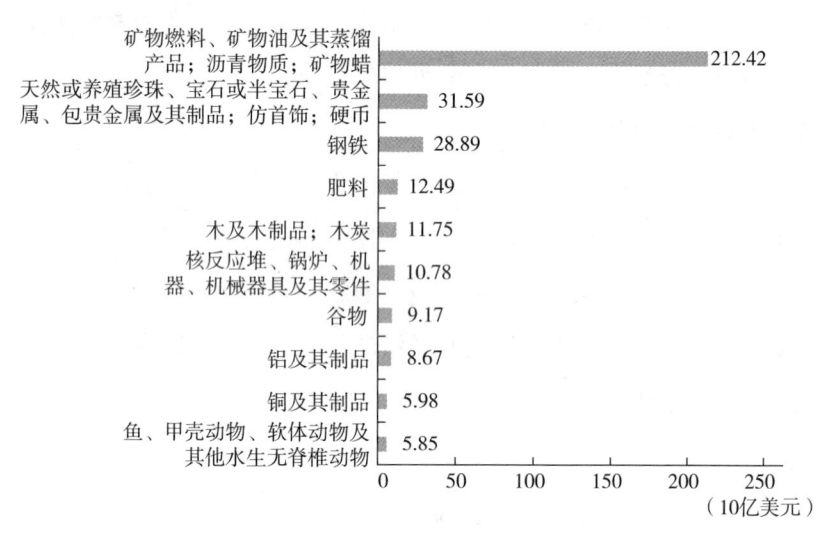

产品	出口额（10亿美元）
矿物燃料、矿物油及其蒸馏产品；沥青物质；矿物蜡	212.42
天然或养殖珍珠、宝石或半宝石、贵金属、包贵金属及其制品；仿首饰；硬币	31.59
钢铁	28.89
肥料	12.49
木及木制品；木炭	11.75
核反应堆、锅炉、机器、机械器具及其零件	10.78
谷物	9.17
铝及其制品	8.67
铜及其制品	5.98
鱼、甲壳动物、软体动物及其他水生无脊椎动物	5.85

图 3-2　2022 年俄罗斯大宗产品出口额

资料来源：联合国商品贸易统计数据库。

俄罗斯是世界上最大的天然气出口国之一，乌克兰则扮演着重要的天然气运输通道的角色。俄乌冲突引发了全球对天然气供应链的担忧，进而引发了欧洲和全球的能源安全问题。同时，乌克兰也是重要的粮食生产国，特别是小麦和玉米。冲突导致了乌克兰的农业生产和粮食出口受到阻碍，进一步对全球粮食供应链造成了影响。天然气价格的猛涨提高了各种运输方式的货运成本，尤其是交货时间较短的行业，如汽车和电子行业。这对于那些需要经由俄罗斯、白俄罗斯、波兰等国家，通往德国、法国和其他欧洲国家的主要运输走廊来说尤为重要。此外，俄罗斯也是美国内政部（DOI）认为对国家经济和国家安全利益至关重要的 35 种关键矿物中的许多矿物的主要来源国。这些关键矿物包括全球 30% 的铂族金属（包括钯）、13% 的钛、11% 的镍等。钯合金是汽车催化转换器的重要组成部分，自冲突爆发以来，价格已上涨 80%。另外，由于俄乌冲突的影响，汽车销售研究机构 LMC Automotive 已将未来两年欧洲轻型汽车销量预测下调了 200 万辆。

乌克兰在全球钢铁和化肥产业方面也具有重要地位，拥有丰富的铁矿资源和高效的化肥生产能力。然而，由于冲突的影响，许多铁矿石开采区和化肥工厂的生产和运输受到严重干扰。这可能导致全球钢铁和化肥供应链面临挑战，相关产品面临供应短缺和价格上涨问题。

俄乌冲突对全球制造供应链也产生了深远影响。乌克兰在航空、汽车和其他重工业领域具有相当强的制造能力。然而，冲突导致其制造业受到了重大影响，许多工厂不得不关闭或减产，这给全球供应链的稳定性带来了考验。

值得注意的是，乌克兰供应全球约 50% 的氖气，而氖气在半导体芯片的生产中起着关键作用。各国政府和大型企业正在争相寻找替代供应来源，但供应正在变得越来越紧张，价格也急剧上涨。

一些国家和企业已经开始转向本地化战略，将供应链从全球化转向本地化。一个例子是半导体制造设备。美国和荷兰政府已阻止全球最大的用于制造计算机芯片的光刻设备生产商阿斯麦公司向中国出售其最先进的设备。另一个例子是法国电力集团（EDF）同意购买通用电气的一部分核电业务，以更好地控制核电站供应链。这些变化表明供应链的本地化，正在成为应对全球供应链脆弱性的一种战略选择。

俄乌冲突对欧洲汽车制造业产生了巨大影响，凸显了当前全球供应链面临的相关风险。例如，德国的大众和宝马因为乌克兰莱尼公司生产的线束短缺，而不得不关闭其在德国的装配线。此外，轮胎制造商米其林也警告称，由于俄乌冲突引发的物流问题，可能会关闭欧洲的一些工厂。毫无疑问，欧洲汽车公司将认真审视与国际供应商相关的风险，并考虑更多地在当地采购，即使这可能需要更高的成本，但也因此可能为欧洲提供了一个加强其内部制造业联系的机会。

此外，俄乌冲突也引发了对全球贸易环境的担忧。冲突的爆发和升级导致了全球贸易不确定性的增加，全球市场出现波动，投资和消费情绪受到影响。此外，国际社会对俄罗斯实施的经济制裁也对全球贸易环境构成了威胁。这些因素共同对全球供应链构成了挑战。

四、应对全球供应链风险事件的措施

（一）企业与政府的协同合作

综上可以看出，地缘政治因素加剧了经济民族主义的兴起。这一趋势既提高了各国本土生产的竞争力和国内制造业的地位，也对跨国合作造成了冲击，导致商品价格上涨，国际贸易充满不确定性。这应该引起我们的警觉与思考：地缘政治冲突和不确定性如何在全球范围内产生连锁反应，影响全球供应链的稳定性和效率？在应对这些挑战时，全球企业和政府需要采取有效措施，提高供应链的韧性，减轻冲突对全球供应链的冲击，并追求更为稳定和安全的供应链策略。

企业和政府需要重新审视现有供应链结构，寻求更加弹性和稳定的供应链体系。

第一，数字化和技术创新也是提升供应链弹性的关键。通过采用先进的供应链管理软件、人工智能和区块链技术，企业可以实现供应链的实时监控，及时发现和解决问题，降低供应链中断的风险。此外，数字化也可以提高供应链的透明度，使得企业、政府和消费者都能更清楚地了解供应链的运行状况，进一步提升供应链的弹性和稳定性。供应链在物流、金融和信息流以及相关风险方面具有重要作用，企业的供应链信息对于了解和预测信用风险有帮助。信用评级作为衡量企业信用风险的一项重要指标，被广泛应用于投资者、债权人和供应链合作伙伴的决策。

第二，企业需要充分考虑政府的作用，政府也应参与到供应链的弹性和稳定性建设中。例如，政府可以与更多的贸易伙伴签署自由贸易协定，减少贸易壁垒，让企业有更多的贸易选择。此外，政府还可以提供培训和支持，旨在帮助企业提升供应链管理能力，更好地应对各种风险。

（二）国家层面的风险防范

各国应当在供应链中追求多元化的合作，以减少对单一国家或地区的依赖。在全球供应链的现代框架中，对单一国家或地区的依赖会加大风险。因此，各国都在寻求多元化合作，以降低这种依赖，并提升供应链的弹性和稳定性。以下是一些主要的策略和实践。

首先，企业应考虑在全球范围内寻找和培养可靠的供应商。这种供应商多元化可以帮助企业降低对单一地区的依赖，使其能在地缘政治冲突、自然灾害或其他风险事件发生时灵活调整供应链策略。例如，许多电子产品制造商已经开始在越南、印度和墨西哥等国家寻找替代供应商，以降低对中国的依赖。

其次，国家和地区间的多边或双边贸易协议也是重要的工具，可以促进全球供应链的多元化。例如，欧盟和加拿大之间的全面经济和贸易协定（CETA）就创造了一个广泛的自由贸易区，使得企业可以在更多的国家和地区之间自由地进行贸易。

再次，建立区域供应链也是一种有效的策略。例如，亚洲、欧洲和北美洲都在努力建立自己的区域供应链，以降低对外部的依赖。这种区域供应链可以提供更短的运输路线和更快的反应速度，同时也可以提升区域内的经济合作和一体化。

最后，通过直接投资建立海外生产基地，企业也可以实现供应链的多元化。这种策略不仅可以降低企业对某一地区的依赖，还可以帮助企业更好地适应本地市场，提高企业在全球的竞争力。

总的来说，全球供应链的多元化需要各国政府的支持和企业的主动参与。只有通过广泛的合作和创新，才能构建一个更加富有弹性和稳定性的全球供应链体系，以更好地应对未来的挑战和机遇。

本章小结

- 本章主要聚焦于2011年日本地震和福岛核事故、2011年泰国洪灾、2017年美国飓风、中美贸易摩擦以及俄乌冲突等事件对全球供应链的影响。这些事件揭示了全球经济系统的相互依赖性和可能带来的风险，供应链中的某个环节出问题都可能导致整个供应链受到影响，引发产品价格上涨、交货延迟等问题。
- 全球供应链中断事件频繁发生，对全球经济格局产生深远影响，凸显了供应链的脆弱性，需要增强供应链弹性来应对未来可能出现的各种风险。
- 地缘政治因素加剧了经济民族主义抬头，阻碍了全球化分工合作，导致商品价格上涨和国际贸易不确定性加剧。
- 企业和政府需要重新审视现有供应链结构，寻求更加弹性和稳定的供应链体系。

第四章

逆全球化趋势：
本土化、友岸化和区域一体化

二战后，约翰·梅纳德·凯恩斯提出国际贸易组织的构想，他设计了一种机制以使国家在必要时调整关税率，实现平衡。

——罗伯特·莱特希泽，美国前贸易代表

近年来全球化进程停滞，不再有21世纪初的全球快速融合的趋势。这是怎么回事呢？是什么样的力量在推动着全球供应链的重塑呢？在本章中我们将看到，全球多边贸易格局的瓦解是全球供应链重塑的重要背景。WTO曾经是全球贸易争端的仲裁者，如今却在贸易争端中失去了话语权。在这样的环境下，企业不得不面对更多的风险和不确定性。进一步地，传统效率成本比较优势不再是企业建立供应链的唯一衡量标准，稳定逐渐成为同等重要的目标，进而导致全球供应链重塑。具体表现为回岸化、近岸化和友岸化趋势，这些策略有利于企业更好地控制上游供应链，企业也在重新审视其供应链的地理布局，以降低风险、提升效率，并应对大环境的不确定性。

WTO 自 1995 年成立以来，孕育了全球贸易的秩序，确保各国彼此间贸易畅通无阻。作为一个贸易争端的裁判机构，WTO 像是国际贸易环境的守护者，确保全球贸易规则得到执行和维护。然而，现在，这个守护者面临着前所未有的危机。

为了更好地解决国际贸易争端并保证公平贸易规则得以实施与维持，WTO 设有上诉机构，对不符合全球贸易规则者实施制裁。可以将 WTO 的上诉机构比喻为国际贸易中的裁判团队，它可以通过"判决书"来对那些"不守规矩"的国家进行罚款和制裁，就像我们在国际体育比赛中看到的一样。然而，现在在这场比赛中一直最活跃的成员美国拒绝委任新的"裁判"上场，导致这个团队的人数不够，无法正常工作。通常情况下，若对 WTO 裁决不满，可以向上诉机构申诉，而上诉机构有 7 名常设法官，这些法官做出的判决相当于 WTO 的"终审判决"。每个案件至少要有 3 名法官共同审理，但是 2018 年 1 月以来，WTO 上诉机构仅剩下 3 名法官，而到了 2019 年 12 月，在中美贸易摩擦激烈之际，随着 2 名美籍法官期满卸任，WTO 上诉机构也宣告停摆。

美国方面声称这样做是为了迫使 WTO 进行改革。但这个改变可能会带来一些问题，使贸易体系失去公正仲裁的保障。如果没有上诉机构维持秩序，国际贸易就有可能陷入混乱。这就像一场比赛中失去了裁判，比赛的秩序可能会乱成一团，最基本的公平公正都无法得到保障。上诉机构虽然停摆，但是各成员仍然可以向 WTO 提起贸易争端，只不过虽然初审败诉的一方仍然可以提起上诉，但上诉机构却无法正常工作。从 1996 年到 2019 年，即 WTO 上诉机构开始停摆的那一年，平均每年收到 23.7 件争端解决程序的请求，然而在 2020 年至 2022 年，这个数据下降到每年 7.3 件。各成员无心也无力再通过 WTO 解决国际贸易争端，一些成员或许可以通过双边或多边贸易协议改善部分区域的贸易环境，但是对于国际贸易体系而言，最终的结果可能就是全球贸易演变成美国与中国之间贸易摩擦的恶性循环。

尽管欧盟和其他国家正在努力寻找备用方案，提出一些改革的建议，以维护一个有效并且公正的争端解决机制。然而，寻找一个长期解决方案并不容易，全球贸易体系面临的挑战远未结束。

在当前逆全球化和重新构建全球供应链的时代，世界需要一个坚定的贸易"守护者"来维护国际贸易秩序。中国提出成为这个"守护者"的建议，并已经采取了一些例如促进数字贸易的行动来支持自由贸易。然而，要想继续维持全球贸易的繁荣，仅仅依靠几个国家或组织的努力是不够的。全球合作和共同努力是解决当前问题的唯一途径。全球需要紧密合作，共同努力，就像一个团队一样应对挑战，寻找可行的解决方案，以确保贸易体系的健康和繁荣。未来的全球经济走向不仅依赖于领导者，也取决于每个人的行动。各个国家团结一致，共同创造一个更加繁荣和稳定的世界，是一个充满挑战但也充满希望的任务。

WTO体系为何无法有效参与全球贸易争端的裁决？全球供应链的重塑有哪些新趋势？本章将重点回答这些问题。同时，我们将回顾WTO近年来的发展及其在全球贸易争端中的低效，还将研究全球供应链的重塑趋势以及重塑方向。

· · ·

一、近年 WTO 主导的全球贸易开放格局逐渐瓦解

上一章我们提到供应链中断的威胁使各国趋于收缩自己的供应

链战略，为了应对潜在的不确定性，近年来，很多国家从政治和产业经济层面干预工业产品供应链的重构，尽量将供应链的上下游都控制在本土或与本国交好的国家，进而做出供应链本土化、友岸外包等调整，大大促进了区域内经济一体化的趋势。这些新的区域内贸易趋势会不会逐渐取代20世纪90年代以来迅速发展的全球化贸易格局呢？

要理解全球化贸易的式微和转向，首先需要回顾WTO的历史及其发展历程。1941年，美国总统罗斯福和英国首相丘吉尔签署了《大西洋宪章》。这份文件为战后世界秩序奠定了基础，其中强调了国家的合作，确保所有国家都能分享贸易和资源的好处，无论这些国家的大小。第四条和第五条说明："要在尊重现有义务下，努力推进所有国家可享的福利，无论这些国家是大还是小，是胜利还是战败，在相同条件下，都能够获取它们需要的原料，参加世界贸易，以促进国家经济的繁荣。"在经济合作理念的带动下，国际货币基金组织、世界银行以及GATT相继成立。这三大支柱，奠定了用贸易、金融的手段维系国际新秩序的基础。GATT于1947年建立，该协定汇集了22个国家，包括美国、加拿大、英国以及欧洲大陆的大部分地区。从一开始，GATT的成员就承诺对特定商品相互征收相同的关税（称为"最惠国待遇"），并将进口商品与国内制造的商品一视同仁。在接下来的40年里，该组织加深了成员之间的相互承诺。通过9轮独立的谈判，其成员多次削减关税，到20世纪90年代，将平均税率从20%以上降至仅5%。GATT通过降低关税等方式，创造了更开放的国际贸易环境。了解这一历史背景有助于理解当前全球贸易形势的变化。

GATT成员也在很多方面促进了全球贸易的发展，例如降低关税、建立非歧视原则（最惠国待遇）、促进政治对话等，在20世纪60年代成功限制了通常所说的"倾销"，即以低于国内的价格向国外销售商品以获取市场份额并排挤竞争对手的做法。20世纪70年代，该集团的部分成员同意削减出口补贴，取消烦琐的进口许可证，并放宽对热带水果、牛肉和乳制品等产品的配额。同时，GATT通过其影响力，吸引了更多的国家加入，为新兴经济体提供了进入全球市场的机会，促进了全球贸易额的增长。

日本和北欧许多国家于20世纪50年代签署了贸易协定。60年代非洲新独立的许多国家也渴望加入全球多边贸易体系。GATT的成员数量在20世纪七八十年代持续增长，到90年代初达到128个。1995年，WTO正式成立，取代了GATT。新组织的使命已从监管商品扩展到覆盖服务、投资和知识产权方面的规则，并具有更强大、有效的争端解决机制。最初，WTO的目标是通过贸易来促进经济增长。英美试图通过自由贸易来减少不同种族、民族、政治、宗教和文化之间的冲突。亚洲制造业的崛起，尤其是中国的迅速发展，对全球供应链产生了巨大影响，美国倾向于不再完全依赖WTO，而是试图与其他国家建立更深入的贸易协议来维护自身的全球贸易利益。这一趋势在2018年的中美贸易摩擦中尤为明显。2021年，美国和欧洲建立了贸易与技术委员会，2022年构建了印太经济框架（IPEF），二者旨在从技术上对抗中国，减少与中国的供应链联系，这进一步削弱了WTO的权威性。2022年12月9日，WTO发布了专家组报告，裁定美国在2018年对中国等国家的进口钢铁和铝产品加征关税的举措违反了WTO规定，并驳回了美国援引WTO"安全例外条款"进行的抗辩。

从全球贸易数字来看，WTO制度的瓦解过程也伴随着全球贸易占 GDP 比重的下降。如图 4-1 所示，来自世界银行的数据显示，简单来说，国际贸易在近 10 年里相对于全球经济的规模没有增长，甚至有所下降，这表明了一种贸易"逆全球化"的趋势。布鲁金斯学会的报告表明，所谓"逆全球化"的趋势或是前兆，主要表现在全球贸易金额占全球 GDP 的比例自金融危机以来就进入了平缓期。[①] 这在一定程度上表明国际贸易不再像以前那样迅速增长。然而，需要指出的是，资本和劳动力在国家和地区之间的流动呈现出很大的差异。一些国家吸引了更多的资本和劳动力，另一些国家则经历了资本和劳动力在一定程度上的外流。但是从总量来看，传统意义上基于比较优势的全球化现象已经式微，而地区间和行业间的供应链转移和重塑正在逐渐兴起。

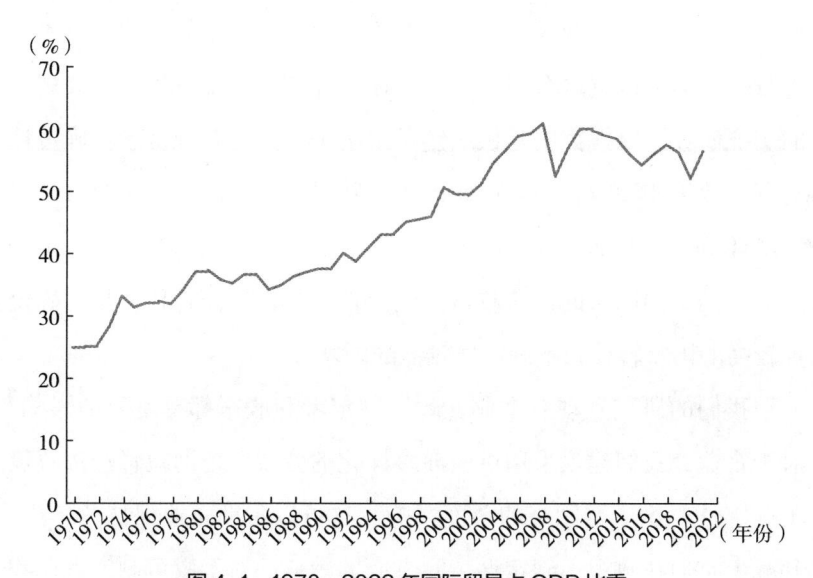

图 4-1　1970—2022 年国际贸易占 GDP 比重

资料来源：世界银行。

[①] 参见 https://www.brookings.edu/wp-content/uploads/2023/03/BPEA_Spring2023_Goldberg-Reed_unembargoed.pdf。

二、供应链逆全球化的三大方式

在过去几十年中,跨国企业一直在将生产设施转移到国外,目的是能够用更便宜的原材料和劳动力生产商品。这个过程就像是我们在商场找打折商品一样,企业也在寻找更划算的方式来制造产品。这就是全球化,它的好处是可以让企业成本降低,获得更多的利润。同时,随着企业寻求更高的效率,供应链也成为激烈竞争的目标。

但是近年来随着美国贸易政策的不确定性上升,以及新冠疫情的冲击,跨国企业也在重新思考传统外包生产是否足够经济、稳定的问题。事实上,研究发现,贸易政策和政治环境的变化,给依赖全球供应链的制造业带来了很大的不确定性,这促使企业进行供应链重组。为了调查这个问题,我们在不确定的环境下进行了大规模的实证研究,以探究实际供应链重组决策。研究发现,当不确定性与贸易政策相关时,企业更倾向于重新考虑供应链,可能会将某些生产环节重新搬回国内,或者寻找更多的供应商来分散风险。企业还会根据不同国家的经济政策不确定性进行供应商替代,从不确定性较高的国家转移到不确定性较低的国家。

我们的研究发现对企业、政策制定者和股东都有重要的影响。对于企业,我们建议采用供应商多样化的方式,帮助减轻经济政策不确定性对供应链网络的负面影响。这可以帮助企业保持竞争力,并减少它们在政策不确定性风险方面的敞口。对于政策制定者,我们认为减少政策不确定性有助于促进全球供应链的稳定和增长。这可以支持经济增长和就业创造,特别是对于严重依赖全球供应链的产业。最后,对于股东,我们认为那些能够有效管理经济政策不确定性的企业更有可能为投资者创造价值。企业、政策制定者和股东在管理这种不确定性并促进全球供应链的稳定和增长方面都有一定的作用。通过供应商多样化、减少政策不确定性和有效管理风险，企业可以保持竞争力并长期创造价值。

为了解决前文介绍的供应链扰动和冲击，例如自然灾害和贸易政策的突变，全球企业正在采取不同的措施来缓解供应链问题。企业面临的供应链风险来自不同维度，包括：产品和供应商来源单一（如某些由少部分供应商提供的关键产品，供应商出现供货不利的情况），供应商所在国家突发自然灾害（如 2011 年日本大地震）或者面临政策改变，以及关键航运路线受阻或运费高涨导致物流成本高昂。

那么为了应对各种冲击，比如自然灾害或政策变化，企业都在考虑哪些问题呢？就好像我们选择去哪里度假一样，回答这些问题需要考虑地方和规划。首先，企业可以选择在本国采购所需的物品。但有时，特别是对于一些发达国家的企业来说，它们可能会发现在本国采购并不是最明智的选择。这可能是因为附近的国家物流成本低，风险也较小，而且国与国关系友好，所以有时候它们会选择在附近的国家采购，这就像是游客选择去邻近更加"物美价廉"的地区度假一样。企业还会选择那些地缘政治风险较低的国家，就像是游客通常会挑选最安全的地方购物。此外，不仅是企业（采购方）在改变供应链，供应商也在积极调整自己的生产方式，把生产基地设在离客户更近的地方，在地理上和地缘政治上都获得更大的便利，就像是酒店供应商选择在离景点更近的地方建立分店一样。例如，WTO 将全世界分成如下几个区域：北美洲（除墨西哥）、拉丁美洲、非洲、西欧、中欧和独立国家联合体、亚洲（包括大洋洲），这些区域内的贸易占比近 10 年来稳步攀升。[①]

回岸采购、近岸采购和友岸采购是供应链逆全球化重塑的三大趋势，近年来越发受到关注（见图 4-2）。本章下文会详细分析供应链重塑的三大趋势，比较它们的异同点、优劣势，最后进行总结。

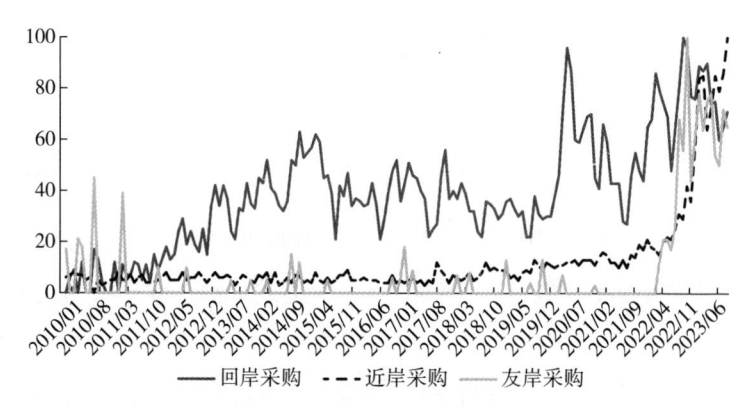

图 4-2 回岸采购、近岸采购和友岸采购的谷歌搜索趋势

资料来源：谷歌趋势。

（一）逆全球化重塑方式一：回岸采购

1. 回岸采购的现状

回岸采购，就是企业把之前在海外的生产活动搬回本国或本地区。在过去几十年里，因为全球化和跨国公司的发展，很多制造企业为了降低成本，把生产基地设在了成本较低的地方。但是近几年一些企业开始考虑把生产基地重新搬回本国。

---

① 参见 https://iap.unido.org/articles/dont-overestimate-shifts-globalization-regionalization Don't overestimate shifts from globalization to regionalization|Industrial Analytics Platform (unido.org)。

这是为什么呢？回迁供应链的主要目的是能够更好地控制供应链的各个环节，从而提高整个企业的竞争力。通过这样的方式，企业可以灵活地应对供应链上的问题，变得更有韧性。举个例子，如果生产地点在本国，企业可以更容易地应对突发情况，比如供应链中断、运输问题等。总的来说，回岸采购是一种让企业更好地管理供应链、提高竞争力的策略。同时，这种变化反映了全球制造业的一种趋势，即越来越多的企业开始重新考虑生产地点。如图4-3所示，根据2022年美国工作回归倡议协会的报告[①]，回岸采购和外商直接投资在2022年为美国创造了约36万个就业岗位。

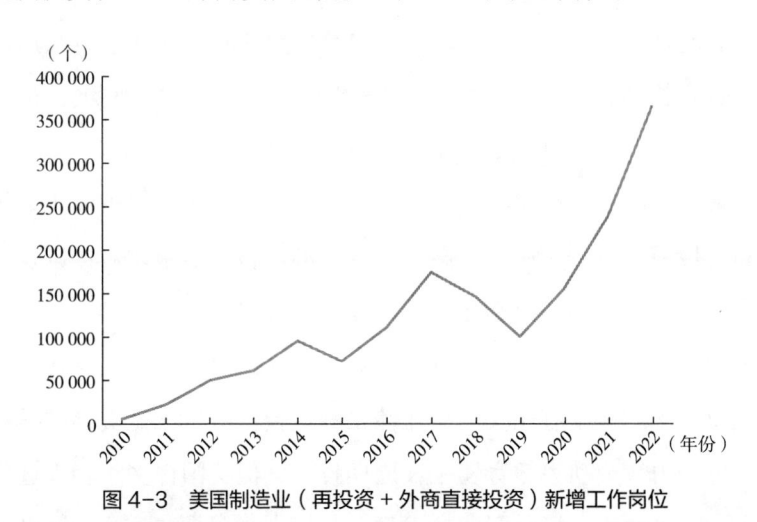

图4-3 美国制造业（再投资+外商直接投资）新增工作岗位

资料来源：Reshoring Initiative。

2. 回岸采购的案例

本节将以两个行业为例，描述回岸采购趋势。一个是以富士康为代表的劳动密集型制造业在威斯康星州建厂失败的案例。富士康

---

① 参见 https://reshorenow.org/content/pdf/2022_Data_Report.pdf。

在威斯康星州的投资一度是美国制造业"重生""回流"的标志，然而，细数近6年来这个工厂的相关消息，几乎全部是停建和更改。另一个正在进行回岸采购的产业是汽车制造业。2018年的《美国－墨西哥－加拿大协定》（简称《美墨加协定》，USMCA）、2022年的《通胀削减法案》等都有促进汽车产业回流的相关条款，许多汽车制造企业也借此机会在美国本土新建工厂。

2018年，富士康宣布预计4年内将在威斯康星州投入超百亿美元成立富士康园区，建设液晶面板工厂，可提供至少3 000个工作岗位，并创造13 000个额外工作机会。然而，在随后的几年里，富士康的计划一拖再拖，先后有消息称它将生产呼吸机、谷歌服务器、咖啡机器人、电动车以及8K+5G生态系统，但这些项目最终都没有落地。富士康在威斯康星州投资失败的原因主要有三点。一是面板产业的发展遵循"后发优势"逻辑，需要积累完整的工业体系和大规模市场。然而，中国大陆的液晶面板产值全球占比以及大尺寸液晶面板（60英寸以上）产值全球占比都位居世界第一，经过前期的积累，形成了具有性价比的规模优势。显然，富士康在威斯康星州的工厂并没有相关的工业体系和规模优势。二是美国缺乏制造业劳动力。劳动力教育属于长周期投资，但美国许多年轻人选择进入大学，而不是接受职业技术教育和培训。三是缺乏政府补贴的激励。当富士康取消了大型液晶面板工厂计划后，公司获得的税收补贴从28.5亿美元削减至8 000万美元。因此，强行推进劳动密集型制造业并不现实，无论是建立低技术门槛的制造业工厂，还是为本土衰落的行业提供补贴，如果出于政治原因而强行推进，将无法获得足够的经济回报，最终只能被搁置。

与富士康不同，美国汽车产业在电动汽车、自动驾驶等领域的技术创新能力强，同时得到诸多政策层面的引导和激励。另外，美国是全球最大的汽车市场之一。汽车制造商回流美国可以降低运输成本，提高供应链的效率。与此同时，2020年7月实施的《美墨加协定》要求三国的汽车零部件达到足额的区域内增加值比例，才能满足豁免关税的条件，这也使得三国汽车制造商更有动力在区域内进行生产和采购。汽车制造业在过去10年经历了电气化趋势，在比亚迪、特斯拉等电动汽车企业的带动下，传统汽车制造业也纷纷转型生产电动汽车。[1] 以美国的汽车制造商为例，市场占比靠前的几家企业，近年来纷纷决定在美国投资建设新的生产设施。2021年，福特宣布在美国田纳西州投资110亿美元建立蓝色椭圆城。[2] 通用汽车则投入近40亿美元，其中10亿美元用于在铁锈区（五大湖地区）建立新工厂，生产新款燃油引擎，另外的30亿美元用于在印第安纳州建立新的电动汽车电池工厂。[3] 在美国的日本企业也积极响应。丰田汽车计划投资超过20亿美元，在北卡罗来纳州新建电池厂，在肯塔基州新建SUV工厂。[4] 本田和日产也分别投资44亿美元和2.5亿美元用于新建北美工厂。[5]

---

[1] 参见 https://www.nytimes.com/2023/06/28/climate/epa-electric-cars-auto-industry-criticism.html。

[2] 参见 https://media.ford.com/content/fordmedia/fna/us/en/news/2021/09/27/ford-to-lead-americas-shift-to-electric-vehicles.html。

[3] 参见 https://www.freep.com/story/money/cars/general-motors/2023/01/20/gm-plant-investment-flint-bay-city/69823370007/，以及 https://www.reuters.com/business/autos-transportation/indiana-confirms-gm-sdi-will-build-3-bilion-ev-battery-manufacturing-plant-2023-06-13/。

[4] 参见 https://apnews.com/article/toyota-factory-battery-ev-kentucky-north-carolina-016f019ae40cc06958ae72eb498ac9e9。

[5] 参见 https://www.cnbc.com/2022/10/11/hondas-new-4point4-billion-ev-battery-plant-will-be-built-in-ohio.html，以及 https://asia.nikkei.com/Business/Automobiles/Nissan-to-spend-250m-on-U.S.-plant-to-boost-EV-motor-production。

特斯拉作为美国汽车制造商的后起之秀，将继续在美国本土投资。[1]特斯拉在2023年额外向内华达州的巨型工厂投资36亿美元，以扩大已有的生产能力。然而，特斯拉的投资重心不仅局限于美国本土，它还将目光投向了墨西哥。特斯拉的近岸采购策略将在下一节详细讨论。

（二）逆全球化重塑方式二：近岸采购

1. 近岸采购的概念

近岸采购是将生产或采购从距离较远的生产地点转移到就近的国家或地区的过程。"近岸生产"这个概念出现于20世纪90年代末至21世纪初，企业开始寻找更近地理位置的外包选择。地理位置相近意味着文化、制度、语言等差异更小，这也降低了企业间的信息获取和交流成本。

墨西哥一直以来都是近岸生产早期和最受欢迎的目的地之一，因为它地理位置靠近美国，而且运营成本较低。因此，美国许多公司选择将客服中心、后勤办公工作、软件开发等功能外包到墨西哥。除墨西哥外，其他近岸外包增长迅速的地区还有中美洲（如哥斯达黎加和危地马拉）、加勒比地区以及靠近欧洲的国家。对美国而言，近岸采购主要是指从其他两个北美国家——加拿大和墨西哥进行采购。对许多西欧国家的企业来说，东欧国家如波兰、匈牙利由于地理上紧靠西欧，且人员成本低于西欧的平均水平，一直以来是西欧重要的近岸采购目的地之一。此外，北非的摩洛哥也因为邻

---

[1] 参见 https://www.tesla.com/blog/continuing-our-investment-nevada。

近欧洲，在语言和文化上有相似之处，所以常被西欧国家选为近岸采购的目的地。表 4-1 表明加拿大和墨西哥由于近岸采购，近 80% 新创造的就业来自亚洲的投资，其余的来自西欧的企业。

表 4-1　2010—2022 年近岸采购创造的就业

国家	岗位（个）	企业（家）	亚洲占比（%）	西欧占比（%）
加拿大	10 075	38	78	22
墨西哥	41 325	148	80	20

资料来源：参见 https://reshorenow.org/content/pdf/2022_Data_Report.pdf。

2. 近岸采购的案例

随着诸多促进汽车行业本土化、区域化生产的政策的实行，北美的汽车产业也有了近岸化生产的趋势。近岸生产使汽车制造商可以利用墨西哥较低的运营成本、《美墨加协定》等贸易条约和地理接近的优势。此外，墨西哥还拥有更为完善的汽车基础设施，相较于重新在美国建厂会更加便利。

通用汽车在靠近美国边境的墨西哥建有 5 家工厂，主要用于生产卡车、SUV、发动机和变速器。这项新投资会扩大电动汽车的生产能力。但是为什么选择在墨西哥投资呢？原因有几个。其一，通用汽车已经在墨西哥建立了供应链，可以继续利用这一基础在成本效益、供应链协同等方面扩大优势。其二，通用汽车还可以受益于《美墨加协定》等，这些贸易协定简化了跨境贸易流程，将进一步有益于通用汽车的生产和贸易。其三，墨西哥的劳动力成本较美国低，且较高的技能使得近岸生产有了优势，能确保质量和生产效率。

斯特兰蒂斯是由菲亚特克莱斯勒和标致雪铁龙合并而成的公司，它也正在将墨西哥现有工厂转型为生产电动汽车和零部件。该公司将花费 36 亿美元重新装备加拿大和墨西哥的工厂，用于面向北美市场的电动汽车生产。特斯拉的墨西哥电动汽车园区也尝试将中国工厂的供应商们吸引至墨西哥进行生产。①

实际上，墨西哥制造的汽车超过 80% 出口到了美国和加拿大。因此，近岸生产对于推动电动汽车的普及和降低成本至关重要。②

信息技术服务业布局在哥斯达黎加。美国许多服务公司已在哥斯达黎加建立了近岸外包中心，涵盖呼叫中心、信息技术、金融、工程和后勤支持等领域。亚马逊、英特尔、微软、花旗集团、埃森哲等公司都在那里设立了重要的分支机构，将业务近岸外包至哥斯达黎加有多重优势。

哥斯达黎加与美国东部仅有一小时时差，与亚洲或欧洲的离岸地点相比，协作更加容易。哥斯达黎加还提供熟练的劳动力、强大的基础设施和包括自由贸易协定在内的贸易优惠。受过教育、懂西班牙语的工人资源也是一个主要吸引因素，在软件开发和客户支持等领域，工资可以比美国低 30%~50%。

同时，哥斯达黎加大力投资于与美国企业需求相适应的教育和培训项目。面向信息技术和工程等职业的双语公立学校和大学课程，培养了强大的人才队伍。政府还提供税收激励措施，鼓励美国公司进行技术投资和就业。

虽然哥斯达黎加与美国的距离不如墨西哥与美国的距离近，但

---

① 参见 https://www.bloomberg.com/news/articles/2023-03-01/tesla-s-mexico-plant-to-require-5-billion-investment-official，https://cnevpost.com/2023/06/08/tesla-asks-chinese-suppliers-plants-mexico-report/，以及 https://insideevs.com/news/671244/tesla-asks-chinese-suppliers-mexico/。

② 参见 https://media.gm.com/media/us/en/gm/home.detail.html/content/Pages/news/us/en/2021/jun/0622-ramos.html。

在哥斯达黎加设立业务地点可以为美国公司提供独特的近岸外包优势。共享服务中心的聚集效应，促进了技术工作者在公司之间的流动。最近几年，超过150家跨国公司已经通过近岸外包的方式在哥斯达黎加提供了超过5万个工作岗位。

通过将业务近岸外包至哥斯达黎加，美国服务公司能够平衡地点战略、人才供应和成本优化。哥斯达黎加的稳定性和贸易关系为大规模投资提供了信心。哥斯达黎加已成为美洲地区服务外包的顶级枢纽。[1]

（三）逆全球化重塑方式三：友岸采购

1. 友岸采购的诞生

友岸采购是将生产或采购从存在政治或伦理风险的国家转移到具有共同价值观或利益的国家的过程。2021年6月，布鲁金斯学会的一篇文章中使用了"盟友采购"（ally-shoring）一词。2022年4月，美国财政部长珍妮特·耶伦在一次演讲中创造了"友岸采购"（friend-shoring）一词[2]，而白宫在2022年6月关于弹性供应链的报告中用"友岸采购"描述美国和加拿大的供应链关系[3]。友岸采购可以帮助减轻由地缘政治紧张局势引起的供应链风险，加强各国对重要材料流通的控制权。

---

[1] 参见 https://www.procomer.com/en/news/costa-rica%E2%80%99s-investment-in-education-strengthens-its-position-as-a-nearshoring-destination。

[2] 参见 https://www.atlanticcouncil.org/news/transcripts/transcript-us-treasury-secretary-janet-yellen-on-the-next-steps-for-russia-sanctions-and-friend-shoring-supply-chains/。

[3] 参见 https://www.whitehouse.gov/wp-content/uploads/2022/06/CANADA-U.S.-SUPPLY-CHAINS-PROGRESS-REPORT.pdf。

友岸采购是一种帮助企业减少供应链风险的策略，特别是在重要材料流通受地缘政治紧张局势影响的情况下。这种策略意味着企业在需要的时候选择更接近本国的供应商或生产基地，有助于提高供应链的弹性。所以，简单来说，友岸采购的策略就是在需要的时候把生产搬回本国或者附近的国家。这有点像是在保险柜里备份珍贵文件，以防发生紧急情况。

2. 友岸采购的案例

虽然友岸采购的概念提出不久，但是可以在一些关键领域看到相关案例。

在政治对抗的风险和政策不确定性不断加剧的时代背景下，芯片制造业受到了严重影响。为了稳定高端芯片供应链和保障安全，欧盟积极推进《芯片法案》，旨在提高欧洲在芯片供应链中的自主能力。近年来，随着5G和人工智能等新一代技术的应用，全球对半导体的需求量大幅增长。但是欧洲在芯片生产、设计领域的整体实力相对不足，高端制造能力尤其匮乏。台积电和三星等企业控制着大多数先进工艺制造，给欧洲企业带来风险挑战。

更重要的是，欧美同中国在科技和经济领域日益激烈的博弈，以及新冠疫情暴露的全球供应链瓶颈，都凸显了欧洲在这一重要领域的战略薄弱性。因此，欧盟提出了《芯片法案》来阐述重塑供应链的规划。[1]

法案从三个方面增强欧洲在芯片领域的实力。一是科研与人才

---

[1] 参见 https://www.europarl.europa.eu/thinktank/en/document/EPRS_BRI%282022%29733596，以及 https://commission.europa.eu/strategy-and-policy/priorities-2019-2024/europe-fit-digital-age/european-chips-act。

培养，将向相关研发项目额外投入超过200亿欧元。二是加强监管机制，及时监测供应链风险并在突发事件中采取应急措施。三是吸引更多投资，英特尔等公司已宣布在欧洲新建芯片工厂。

这一法案是促进欧盟长期提升技术自力更生能力的一个重要举措。该法案不仅可以促进半导体等关键产业的发展，减轻对华依赖，也有利于欧洲积极参与全球科技竞争与规则设置。法案的具体实施还需要时间，但这一举措无疑将培养欧洲在一个重要领域的核心竞争力。它也表达了欧盟决不放弃在全球科技体系中的重要话语权的决心。

另一个例子仍涉及电动汽车电池产业。汽车制造商们正在抓紧锁定电动汽车电池原材料的供应商。与原材料初创企业的合作，有助于汽车制造商打破传统供应链模式，实现更加可持续和负责任的供应链管理。比如梅赛德斯－奔驰与原材料初创企业加拿大锂材料供应商 Rock Tech Lithium 建立了合作关系，在德国勃兰登堡新建锂转化工厂，确保获取高质量的氢氧化锂，用于全电动汽车生产。这也是梅赛德斯－奔驰采取的一项负责任采矿的举措，强调了锂等基础原材料应以可持续方式开采的重要性。[①]另外一个例子是加拿大的 Lithium Americas Corp，它收到了通用汽车6.5亿美元的股权投资。[②]

这些合作反映出汽车制造商不断增强采购能力，以确保关键原材料（如锂）的稳定供应。随着电动汽车需求的增长，这些材料供应的重要性也在不断提高。总体来看，企业之间的友岸合作成为分

[①] 参见 https://electronics360.globalspec.com/article/19507/mercedes-benz-partners-in-lithium-raw-materials-startup，以及 https://group.mercedes-benz.com/sustainability/human-rights/supply-chain/lithium.html。

[②] 参见 https://electronics360.globalspec.com/article/19272/gm-makes-largest-ever-automotive-investment-in-ev-raw-materials。

散风险的重要途径。

总之，关键战略性行业，如芯片制造和电动汽车制造，都在采用友岸化模式。全球供应链不会完全消失，但在友好国家本土化生产，可以提高应对潜在敌对国家风险的能力。友岸化使经济发展与国家安全利益保持一致。

三、供应链逆全球化的驱动因素和主导行业

（一）是回岸、近岸，还是友岸？

过度国际化的供应链可能会带来供应链中断或高运输成本等风险和漏洞。因此，很多公司正在考虑采取不同的方法让供应链更加稳健，包括部分产能回流、近岸化或友岸化。这些方法各有利弊，取决于公司的需求和能力。决定使用哪种方法的关键因素包括距离（与公司总部的距离）、成本、政府的激励政策、知识产权的保护、有技能的劳工是否容易找到、地缘政治的风险（国际关系是否紧张）以及是否符合公司的核心价值。

回流就是把之前在国外制造的东西重新带回本国。对美国公司来说，就是把生产从通常在亚洲的海外工厂搬回美国。这么做有几个原因：首先，可以减少运输费用，因为不用把东西从远方运过来；其次，可以缩短交货时间，更快地把产品送达顾客手中；再次，可以在设计生产敏感技术时更好地保护知识产权，避免被别人抄袭；最后，可以改进质量控制，确保产品质量。美国政府自身也频出政策，鼓励产业回流，比如《芯片和科学法案》就提供资金支持半导体制造。这种政府激励措施促使更多的公司选择回流。特别

是当产品需要高级技术或专门知识时，回流可以确保公司完全掌控生产过程，不会受制于人。

对于美国公司来说，近岸化的地点包括墨西哥、中美洲和加勒比地区。这种方法的关键优势在于地理和文化的接近，以及区域内的贸易协定，如《北美自由贸易协定》。因此，在这些地方制造产品，不仅能够更快地生产，还能更快地把产品推向市场。监管标准一致，共用的时区也有助于协作。近岸化特别适用于劳动密集型产品，因为较少涉及复杂的知识产权问题。

友岸化选择的国家也可能提供经济效益，例如技术、政府激励和消费者情感方面的支持。然而，最重要的是地缘政治上的一致性，这与纯粹为了降低成本的离岸化大不相同。在面对经济侵略或冲突时，友岸化可能会在效率方面做出牺牲，但它提高了供应链的弹性。

总之，公司在权衡回流、近岸化和友岸化时，会综合考虑多个因素，包括生产成本、知识产权需求等。无论是在费用最小化、高度集成、缩短上市时间、先进技术能力，还是在供应链安全方面，选择与公司优先事项一致。随着逆全球化和地缘政治问题引起担忧，平衡这些驱动因素将决定最佳的供应链本地化战略。

（二）供应链向需求端还是向供给端靠近？

谈到供应链变化的方向时，首先，可以考虑从供应端向需求端靠近的行业。一个典型的例子是那些涉及快消品和日用品的行业。这些产品通常被迅速消费，因此供应链靠近需求端能够更好地满足消费者的实时需求，同时减少交货时间和物流成本。这样不仅可以提高客户的满意度，还可以提高供应链的效率。简而言之，对于消费者来说，这样的变化带来的积极影响，就是当我们在网上下单时不需要等待太久。对于供应商来说，物流成本也不会增加。

定制产品和高端制造业也逐渐意识到将供应链靠近需求端的益处。对于需要高度个性化或专业制造的产品，如定制家具或专业医疗设备，将供应链靠近需求端能够更好地实现定制化生产、灵活调整和高品质控制。这种举措不仅有助于满足客户独特的要求，还能够在竞争激烈的市场中脱颖而出。特斯拉的工厂通常位于市场需求较高的地方，比如美国加利福尼亚州和中国上海。这种策略使特斯拉能够更快地交付汽车，减少交通和库存成本。不仅如此，特斯拉还允许客户根据自己的喜好选择汽车的颜色、内饰、性能和功能。这些选择将在生产过程中被灵活调整，以满足不同客户的需求。这种高度定制的方式要求供应链在选址上靠近需求端并且紧密协调，以确保每辆汽车都按照客户的要求制造。

高科技产品和创新产业也在供应链转移中发挥了重要作用。在这些领域，将供应链靠近需求端能够加快技术创新和产品迭代的速度，从而更好地满足市场变化和客户需求。这种敏捷的供应链结构有助于应对快速变化的技术环境，为企业保持竞争优势提供更便利的支持。

其次，可以考虑从需求端向供给端靠近的行业。以大型工业设备和重型机械为例，这些产品通常具有高投资成本和复杂性。通过将供应链靠近供给端，企业能够更好地控制生产过程和产品质量，同时降低运输和安装成本。这对于确保高价值设备的性能和可靠性至关重要。

原材料和资源开采领域也能从靠近供给端的供应链中获益。对于需要大量原材料或资源的行业，将供应链靠近供给端能够直接触及资源来源，从而减少物流和采购成本。这种策略有助于稳定原材料供应并降低供应链中的不确定性。一个典型的例子是采矿业。现在一些采矿企业会在采矿地点附近建立仓库，储存采矿设备和耗材，或者与当地供应商建立合作关系以缩短采矿设备和材料的运输距离。

最后，低成本大规模制造领域也有独特的优势。对于需要大规模生产的低成本产品，将供应链靠近供给端可能更具有成本效益。这种方法可以充分利用廉价劳动力和其他资源，从而在竞争激烈的市场中保持竞争力。例如，某些大规模果汁生产企业通过将供应链靠近供给端，可以在果园附近建立加工工厂或处理中心。这使得它们可以直接从果园采购水果并立刻进行加工，减少了运输和存储的成本，有助于保障产品质量。

四、供应链逆全球化的作用

在供应链重塑的过程中，回岸采购、近岸采购和友岸采购是不同的策略，它们在降低风险方面发挥着各自的作用。

（一）回岸采购的作用

首先，回岸采购可以降低供应链风险，如地理距离、物流和供应链中断带来的潜在风险。这种策略提高了供应链的灵活性、可靠性和响应能力，使企业能够更好地应对市场变化。其次，回岸采购有助于提高质量控制和知识产权保护。将生产重新调整回到本国，企业可以更好地监督供应商，确保产品质量符合标准。再次，对知识产权的保护也更加有力，减少了知识产权侵权的风险。最后，回岸采购还能够改善供应链的可持续性。它能够支持本地或国内供应链的发展，减少远距离运输所带来的碳排放，提高资源利用效率，从而在环保方面的表现更加绿色、可持续。

（二）近岸采购的作用

首先，近岸采购同样可以缩短交货时间和降低运输成本。减少物流距离和时间，可以降低运输成本，提高供应链的灵活性和响应能力。其次，近岸采购有助于缩短地理距离、降低运输风险。通过在较近的地区生产，企业能够更好地管理和控制供应链的物流风险，降低运输延迟、货物损坏或丢失的概率。最后，近岸采购还能够加强供应链协同和沟通。较近的地理距离使得企业更容易进行供应链的协调合作、解决问题和共享信息，从而提高供应链整体效率。

（三）友岸采购的作用

友岸采购是通过与友好国家或地区合作，来降低地缘政治和贸易政策风险的策略。它具有以下作用。首先，通过建立合作伙伴关系，可以降低地缘政治紧张局势、政治不稳定或贸易纠纷等因素引发的风险，维护供应链的稳定性和可靠性。其次，友岸采购可以缓解贸易政策的不确定性。基于共同的经济利益和贸易合作，友好国家之间可以更加稳定地维持贸易关系，减少贸易壁垒和保护主义措施对供应链的影响。最后，友岸采购还能够提供政治稳定性保障。

合作伙伴之间的政治关系相对稳定，有助于降低政治冲突和政治风险对供应链的不利影响。

综上所述，不同的供应链重塑策略在降低风险方面各有侧重。回岸采购通过地理距离和质量控制降低风险，近岸采购着眼于交货时间和物流成本的管理，友岸采购则通过友好关系和稳定政治经济环境，降低地缘政治和贸易政策风险。企业应根据需求和环境，选择最合适的供应链重塑策略。

五、企业在逆全球化重塑中面临的挑战以及应对措施

（一）企业在逆全球化重塑中面临的挑战

在进行回岸采购、近岸采购和友岸采购的过程中，可能会面临一系列问题和挑战。

一是寻找合适的供应商或合作伙伴。企业需要找到适合需求的供应商或合作伙伴，确保满足质量、产能和可靠性要求。例如，苹果公司在将生产从中国迁回美国时，需要寻找符合其高标准的美国供应商。

二是生产线和技术转移。重塑供应链可能涉及将生产线和技术从一个地方转移到另一个地方。这可能需要解决设备搬迁、技术转移、员工培训等问题，以确保平稳的转移过程。比如特斯拉在将电池生产线从日本迁回美国时，需要进行大规模的技术和设备转移。

三是供应链整合和协调。重塑供应链可能需要对供应链进行整合和协调，以适应新的地理位置和合作伙伴。这可能涉及重新设计供应链网络、优化物流和运输方案等，以确保供应链的高效运作。

四是法律和合规要求。在转移生产和供应链过程中，企业需要遵守当地的法律法规，遵守劳动法、环境法规、贸易法规等方面的合规性。

五是文化和语言差异。在进行跨国重塑过程中，企业可能面临不同的文化和语言差异。这可能给沟通、合作和团队建设带来一定的挑战。企业需要适应并克服这些挑战，以确保供应链的协调和顺畅运作。

六是成本和效益分析。重塑供应链需要对成本和效益进行全面的分析和评估。这可能涉及投资成本、运营成本、人力成本等方面，以确保重塑的供应链在经济上是可行和有益的。

七是风险管理和业务连续性。重塑供应链可能对企业的风险管理和业务连续性提出挑战。企业需要评估和管理潜在的风险，包括供应链中断、物流问题、质量控制等，以确保供应链的可靠性和稳定性。

（二）企业应对逆全球化重塑挑战的措施

在面对上述挑战时，有些行业可以得到政府的支持，比如电动汽车、疫苗、半导体和可再生能源产业。政府可能提供补贴或其他支持，帮助这些行业在本国发展。但对于有些行业来说，回流的成本太高，这主要是因为劳动力成本高或需要建设新的基础设施。例如上面提到的个人防护设备产业，以口罩生产为例，短期内需求激增，企业可能需要大量投资来满足需求。但当需求减少或竞争加剧时，早期的投资难以收回，可能导致企业财务困境。这就好比建造了一个大型游乐场，随着时间的推移，游客数量减少，无法覆盖建设成本。①

关于解决上述问题的方法，回流的制造商可以充分利用与客户和最终用户的近距离接触，以感知和满足国内对小众产品的需求，这些需求通常受到短期趋势的推动。例如，美国公司可以不再在国内生产普通的 N95 型口罩，而是专注于开发新型口罩——可重复使用、可回收、适合不同的脸型、可生物降解等。通常，客户更愿意为具有创新特点的产品支付更高的价格。

美国制造商当前的商业模式与广义的回流并不相符。在过去的 30 年里，由于低成本劳动力的诱惑，许多企业选择了容易走的道路，将制造业转移到国外。而对于回流，美国制造业企业确实面临一些困难。美国企业可能会采取以下方法，来制定一个基于供应链重塑的商业模式，以创造和捕获差异化价值。

企业首先要考虑的是降低客户的库存。近年来，美国许多零售商和制造商不得不放弃"按需制造"模式（与供应商密切合作，以少量库存满足波动需求），而采用"以防万一"策略（保留大量库存，以最大限度地减少在需求激增时库存不足的风险）。然而，"以防万一"策略的缺点是存储成本更高，并可能导致产品滞销。通过靠近美国客户，制造商可以更准确地感知和快速应对需求波动，使重塑供应链对美国客户来说成为现实。这种价值可靠、快速响应的供应链表现应成为主要卖点，而不是传统的基于成本来签署合同。这些制造商甚至可以提供订阅服务，保证按时、顺利地进行供应链运营，就像亚马逊会为 Prime 会员更快地送货一样。

同时，随着中国的制造企业快速引入以及使用机器人进行生

---

① 参见 https://www.wsj.com/articles/manufacturing-returning-united-states-11666275864。

产，美国制造企业要想不落后，势必也会充分利用现有的技术优势，大规模引入自动化技术来改进它们的生产过程。简而言之，要保持竞争力，制造企业需要跟上技术的步伐，通过自动化来提高效率和灵活性，这可以让它们在全球市场上更有竞争力。也就是给工厂和生产过程升级，让它们更高效、更可靠、更快速地应对各种需求和挑战。

本章小结

- 近年来全球化进程停滞，不再有 21 世纪初快速融合的趋势，但这并不意味着全球化的完全逆转。
- 传统的成本比较优势不再是寻找供应商唯一的标准，相比于效率，稳定逐渐成为更重要的目标。
- 全球供应链重塑取代了全球化扩张，具体表现为回岸采购、近岸采购、友岸采购趋势。

第五章

非关税贸易壁垒：
供应链制裁的新武器

21世纪第二个十年仅仅是风暴之前的宁静。
新冠疫情引发的危机正降临在既有的系统性挑战之上，
这些挑战源自新工业革命、日益严峻的经济民族主义以及可持续性
发展的动机。2020—2030年很可能成为国际生产转型的十年。
——詹晓宁，联合国贸易与发展会议投资和企业主管

全球化的时代，国家之间的贸易竞争越来越激烈。除了关税，还有一些更隐蔽、更复杂的非关税贸易壁垒，它们被用来保护本国的经济利益，或者打压竞争对手。本章将揭开非关税贸易壁垒的面纱，重点分析三种最常见的壁垒：原产地规则、技术性贸易壁垒和贸易救济措施。它们通常出现在区域贸易协定和本国贸易法案中，对进出口商品施加各种限制和条件。这些措施不仅影响了全球贸易的流动和效率，也给企业的国际化发展带来了巨大的挑战和风险。本章还将为企业提供一些实用的应对建议，使企业在国际市场上更具有竞争力。

近年来，各国政府并不只是满足于关税调整对全球贸易经济产生的影响，将贸易政策向非关税贸易壁垒转移，使得进口商品的流动和市场准入条件发生巨大变化，一些企业将生产线迁往其他国家和地区，以规避贸易摩擦和非关税贸易壁垒的影响，推动全球供应链的转移，形成新的格局。相比曾经依靠关税措施来保护本国经济以及产业的做法，政府现在更倾向于通过规则、补贴和地方偏好等非关税贸易壁垒来保护行业，以此限制进口和外国企业的竞争力。政策的选择始终取决于"现有条件"。纵观全球贸易的历史长河，我们也找到了一些根据社会需求调整贸易政策的例子，历史是不断重演的。

1929年，美国遭遇20世纪最严重的股市崩盘，大量投资者疯狂抛售股票，最终引发全球范围内的经济危机，也使全球贸易陷入低谷，各国政府纷纷采取保护主义措施，以减少经济危机对本国贸易的影响，美国在此背景下抛弃了之前一贯坚持的自由贸易政策，于1930年迅速通过《斯姆特-霍利关税法案》来应对危机。该法案提高了关税水平，并设置了多项"非关税障碍"，给贸易商品贴上限制标签，以更为苛刻的要求控制其他国家商品的流入。

在《斯姆特-霍利关税法案》中，将瓶塞列为一种"竞争性产品"，要求瓶塞不仅需要带有原产国标记，还需要改变生产流程，确保符合美国的要求。这项规定给西班牙的瓶塞产业带来了巨大的成本压力，西班牙本是一个主要生产瓶塞的国家，在出口到美国的商品中，瓶塞占了一半以上。面对美国突然"变卦"，西班牙瓶塞生产企业不得不更改生产流程，增加了印制标记以及监管等额外费用，使得瓶塞进口的成本甚至超过了瓶塞本身的成本。这导致西班牙瓶塞生产企业在贸易竞争中陷入劣势，同时也减少了对美国市场的瓶塞供应，起到了一箭双雕的作用。

这种保护主义措施既限制了国际贸易，又给进口商和生产商带来了巨大的负担。这就是当时贸易政策的草率和缺乏科学依据的示例。

　　对于贸易商品，《斯姆特－霍利关税法案》的规定似乎比消费者更为苛刻，这些所谓的要求也揭示了法案制定过程中的一些荒谬之处。

　　如今似乎是历史的重演。在中美贸易摩擦之后，有关非关税贸易壁垒的政策文件频频现身，扰乱了现有的全球贸易格局，迫使全球供应链重塑。无论是"补贴条款"，还是"原产地规则"，都是在后全球化时期新兴的非关税贸易措施，其目的不在于像关税一样"一刀切"地将所有海外商品拒之门外，而是保留"最终解释权"，选择性地接纳对本国供应链有利的产品，在形成新的贸易壁垒的同时，也在围墙之内建立紧密的供应链同盟关系。可以看到，如《美墨加协定》中对于汽车原产地规则的限制条款，美国为了补贴本国新能源产业颁布的《通胀削减法案》等非关税措施，都是欧美实现本土化、友邦化以及区域经济一体化的重要手段。

　　本章将重点介绍以下内容：非关税贸易壁垒究竟是如何产生与发展的？各国政府最常采用哪些非关税措施？这些非关税措施对跨国供应链产生了什么影响？在出口过程中，不同产业的企业应采取哪些合适的方法来应对这些壁垒？下文将进入新型贸易政策的领域。[1]

· · ·

---

[1] 参见 https://bfi.uchicago.cn/zh-hans/insights/non-tariff-trade-barriers-in-the-u-s-china-trade-war/。

一、非关税贸易壁垒的内涵

（一）非关税贸易壁垒的发展过程

非关税贸易壁垒（Non-Tariff Trade Barriers），也称为非关税措施（Non-Tariff Measures），指除关税以外政府采取的其他影响国际贸易的措施。WTO 总结了各种非关税贸易壁垒，包括进口配额、许可证制度、货币管制、技术壁垒等，这些措施可能会通过影响商品和服务的进口和出口，从而影响国际贸易。比如，政府可以规定只有拥有特别许可证的企业才能进口某些商品，或者限制每年进口的数量，或者对外汇进行管制，或者要求商品符合一定的技术标准，等等。这些措施会增加国际贸易的成本和难度，从而影响商品和服务在全球的流通。而在众多的非关税措施中，哪些对国际贸易的影响最大呢？根据 WTO 的定义，非关税措施可以分为很多种类，但是有三种措施尤其值得关注，分别是原产地规则、技术性贸易壁垒以及反倾销、反补贴措施。简单来说，原产地规则是指政府根据商品的产地，来决定是否给予优惠待遇或者征收额外的税收。技术性贸易壁垒是指政府为了保护人类健康、动植物安全或者环境质量而制定的一些技术规范或者检验程序。反倾销、反补贴措施是指政府为了对抗其他国家的不公平贸易行为而采取的一些惩罚性的关税或者补贴。这三种措施都会对国际贸易的规模和结构产生重大影响，因此需要了解其形成原理和后果，以便更好地参与和利用国际贸易的机会，下文将详细解释这三种不同的措施。

近年来，这些非关税贸易壁垒已经成为国家之间一些深度贸易协定和限制性法案的重要内容。这些协定和法案不仅涉及关税减免,还涉及数字产品和服务、消费者隐私和数据安全、原产地规则等方面。举个例子,《美墨加协定》不仅降低了三国之间的关税,还规定了一些非关税措施,比如,各国不能对数字产品和服务征收关税或其他类似费用,这意味着电子书、软件、游戏、音乐、视频等都可以自由流通,而不用担心额外的税收;各国要制定保护消费者隐私和数据安全的措施,这意味着三个国家的企业和个人在使用数字产品和服务时,要遵守一定的标准和规范,防止数据泄露或被滥用,以及要求来自各国的商品必须符合特定的原产地规则才能享受免税待遇,所以某一商品生产成本中的部分价值或成分必须来自三个国家之一,否则就要缴纳关税。《美墨加协定》并不是唯一一个涉及非关税措施的贸易协定,还有很多协定和法案也有类似的条款和规定,比如印太经济框架、《芯片和科学法案》《通胀削减法案》等。[1] 由于非关税壁垒具有更多的操作空间以及灵活性,在近10年的贸易摩擦中,越来越多的国家将其视为构筑贸易保护的工具,但是它们也可能引发一些新的贸易摩擦和冲突,如中美贸易摩擦。一般情况下,与关税相比,非关税贸易壁垒的使用针对的是一些特定的产品,并且主要适用于非国有进口商。例如,"油籽""谷物""矿石、矿渣和灰烬"等类别的非关税贸易壁垒的关税当量,在2018年和2019年增加了近300个百分点。[2] 这意味着这些类别的商品在进入中国市场时,不仅要缴纳高额的关税,还要面对各种各样的非关税贸易壁垒,比如检验和认证的要求、原产地的规定、配额和许可证的限制等。

---

[1] 参见 https://unctad.org/publication/unseen-impact-non-tariff-measures-insights-new-database。
[2] 参见 https://bfi.uchicago.cn/zh-hans/insights/non-tariff-trade-barriers-in-the-u-s-china-trade-war/。

早在 20 世纪初，一些新兴的工业国家，比如美国和德国，以惊人的速度发展并不断挑战着英国的全球霸权。这些国家不满足于仅仅生产原材料，而是开始制造更加复杂和高端的产品，比如钢铁、化学品、机械等。这些产品不仅在本国市场受到欢迎，还在国际市场上与英国的商品竞争。这就引发了一个关键的问题：如何保护本国的贸易利益？英国和美国对这个问题有着不同的答案。英国坚持自由贸易的原则，认为只有通过降低关税、扩大市场，才能实现贸易的最大化，同时也能够维持英国在全球的领导地位。美国则采取了高关税的政策，认为只有通过提高关税，保护本国的工业和农业，才能实现贸易的平衡。这两种不同的贸易政策，导致了英美之间的贸易摩擦。到了 1913 年，英国的工业优势已经不复存在，英国的工业品产出已经不到美国的一半，工业竞争力也大大下降。这使英国不得不放弃自由贸易的理念，转而寻求保护主义的措施。英国利用广阔的殖民地，对英联邦成员实施了"帝国特惠制"关税政策。这个政策的主要内容有三个方面。一是"公平贸易"代替"自由贸易"。英国开始主张贸易应该建立在利益和相互尊重的基础上，而不是单方面开放和让步。二是增加关税。向肉类和日用品征收 5% 的关税，向工业品征收 10% 的关税。三是增加特惠关税。以"特惠关税"为筹码，扩大英国的世界领导力，建立以英国为中心的贸易体系，在英联邦国家之外建立贸易壁垒。

相较于英国的"抱团"贸易策略，美国采取了截然不同的策略，在主要产业取得世界领先地位后，美国一方面积极倡导全球贸易自由，另一方面采取了关税政策。美国于 1930 年出台《斯姆特－霍利关税法案》，不仅大幅提高了对外国商品的关税，还设置了很多"非关税贸易壁垒"。这些"非关税贸易壁垒"包含一些看似合理、实则不公平的贸易规定，比如要求进口商品必须带有原产国的标志，或者符合一些特定的技术标准，等等。这些规定不是为了保证商品的质量和安全，而是为了提高外国商品的生产成本，降低外国商品的竞争力，从而保护美国的市场和利益。这些规定对一些出口国造成了巨大的损失，比如西班牙，它出口的瓶塞数量就是因为这些规定而大幅下降的。那么，近年来有哪些非关税措施受到了更多关注？它们有哪些新的变化，又对世界贸易产生了哪些影响？

按照联合国贸易与发展会议的分类标准，可以将非关税措施分为技术性措施、非技术性措施、出口品相关措施。其中，技术性措施指的是涉及技术规范合规评估的技术规则和程序，如进口某些产品的授权要求或者对进口商的授权要求等。非技术措施则更为广泛，包括影响竞争的措施、原产地规则、补贴和政府采购限制等。不同的非关税措施的使用频率和重要性是不同的。如表5-1及图5-1所示，从非关税措施的章节分类以及在法规中出现的频率可以清晰地看到，卫生和植物检疫措施、技术性贸易壁垒以及条件性贸易保护措施是这些法规中出现频率最高的。此外，联合国贸易与发展会议对于进口的技术措施更为重视，深入探究其原因，主要是因为技术措施对于国际贸易的影响越来越大。技术措施对于商品的质量和安全具有重要作用，但是如果不加以适当限制和监管，也有可能成为贸易保护主义的手段。比如一些发达国家通过制定严格的技术标准和认证要求，限制了发展中国家商品进入本国市场的机会，给这些国家的经济和贸易发展带来了不利影响。

表 5-1 非关税措施的章节分类

类别	子类	代码	措施
进口	技术措施	A	卫生和植物检疫措施
		B	技术性贸易壁垒
		C	装运前检验和其他手续
	非技术措施	D	条件性贸易保护措施
		E	非自动进口许可、配额、禁止、数量控制措施和其他限制，不包括卫生和植物检疫措施，或者与技术性贸易壁垒有关的措施
		F	价格控制措施，包括额外税费
		G	财政措施
		H	影响竞争的措施
		I	与贸易有关的投资措施
		J	分配限制
		K	售后服务限制
		L	补贴和其他形式的支持
		M	政府采购限制
		N	知识产权
		O	原产地规则
出口		P	出口相关措施

资料来源：世界银行，联合国贸易与发展会议数据库。

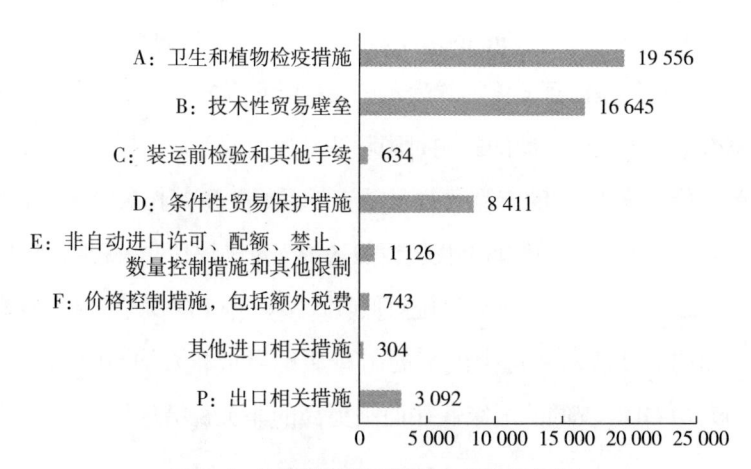

类别	频率
A：卫生和植物检疫措施	19 556
B：技术性贸易壁垒	16 645
C：装运前检验和其他手续	634
D：条件性贸易保护措施	8 411
E：非自动进口许可、配额、禁止、数量控制措施和其他限制	1 126
F：价格控制措施，包括额外税费	743
其他进口相关措施	304
P：出口相关措施	3 092

图 5-1 非关税措施在法规中出现的频率分布

资料来源：世界银行，联合国贸易与发展会议数据库。

（二）非关税贸易壁垒对全球贸易的限制

非关税贸易壁垒是一把双刃剑，虽然在一定程度上可以保护本国企业的发展，但也会导致国际贸易成本的增加，使得商品价格更高，从而降低贸易的规模和效率。非关税贸易壁垒会导致贸易不平衡，使得一些国家的商品难以进入其他国家市场，同时也限制了一些国家的出口。在这样的情况下，全球贸易就失去了应有的活力和动力。更糟糕的是，非关税贸易壁垒还会对技术创新和经济发展产生影响。一些发达国家通过制定严格的技术标准和认证要求，限制了一些发展中国家的商品进入本国市场，这给发展中国家的经济和贸易发展带来了非常不利的影响，使得这些国家难以享受到技术进步的红利，难以提升自己的竞争力去摆脱贫困。同时，非关税贸易壁垒也可能导致贸易摩擦和争端。当一个国家采取非关税贸易壁垒措施时，其他国家可能会采取相应的报复措施，从而引发贸易摩擦。这样，全球贸易就会陷入一场恶性循环。

接下来将从人均 GDP 的角度对非关税贸易壁垒的影响进行剖析。从价当量指的是以百分比形式表示的关税计算模式，是衡量关税或非关税措施对于某个产品的影响时国际贸易惯用的评估指标。如对每千克单位价格为 10 元的产品征收每千克 1 元的关税，其从价当量计为 10%（即 1 元 /10 元）。如果我们按照从价当量来评估非关税措施对一个国家的影响，那么非关税措施对低收入国家出口的影响将更为显著。

如图 5-2 所示，每个国家的出口从价当量和人均 GDP 呈负相关。人均 GDP 较低的国家往往面临更高的非关税措施平均成本。[1]

---

[1] 参见 https://unctad.org/publication/unseen-impact-non-tariff-measures-insights-new-database。

经济文献也表明，即使应用相同的非关税措施，对小企业和低收入国家的影响也较为严重。[①]究其原因，主要是小企业和低收入国家的基础设施、组织、行政和技术能力较弱，低收入国家的出口商遵守非关税措施的成本通常较高。此外，非关税措施往往存在于农业，而农业是一个对低收入国家来说更重要的经济部门，因此受到非关税措施的影响也会更大。

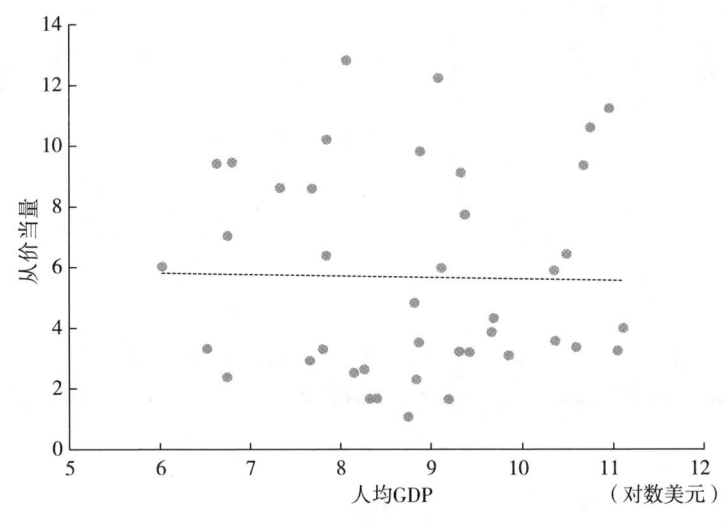

图 5-2　从价当量关税和人均 GDP 的关系

资料来源：世界银行，联合国贸易与发展会议数据库。

非关税壁垒对农业和工业的影响已经超过了关税。图 5-3 展示了按部门划分的简单平均关税（本小节按部门划分的简单平均关税，将非关税措施的影响与关税幅度进行比较）。对比绝大多数经济部门，非关税措施造成了全球贸易更高的限制性现状，其差异性在农产品贸易部门最为明显，在一些工业部门，例如与机动车、各

[①] 参见 https://unctad.org/system/files/official-document/itcdtab77_en.pdf。

类机械和电子设备相关的工业产品贸易部门同样表现出相对显著的差异。相较于非关税措施，关税措施依旧占主导地位的只有少数几个行业，分别是制革、纺织品、橡胶与塑料、非金属矿产等。

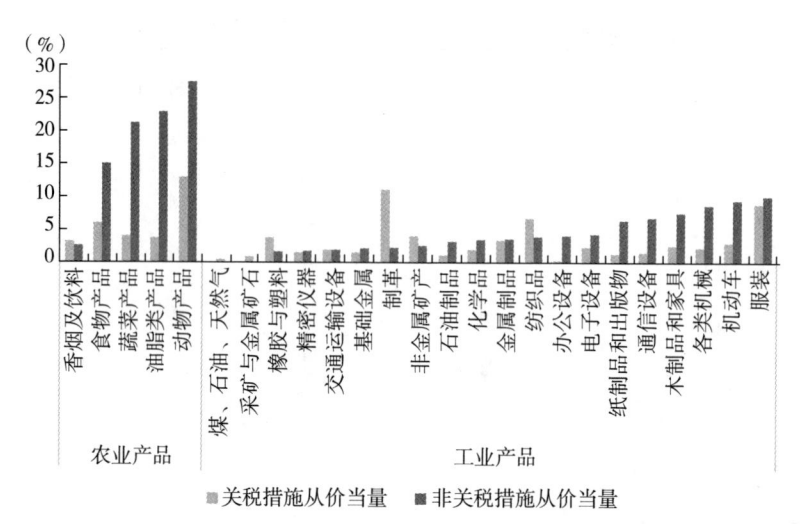

图 5-3　按部门划分的关税和非关税措施的从价当量

资料来源：世界银行，联合国贸易与发展会议数据库。

二、非关税贸易壁垒的限制

作为世界贸易体系的重要特征和补充，本小节首先介绍特惠贸易协定（PTA）。特惠贸易协定是指两个或多个国家之间，为了实现贸易自由化和便利化而签订的特殊协议。特惠贸易协定的出现，改变了国际贸易的格局，使参与的国家享受到更多的贸易优势和机遇。特惠贸易协定是一个总称，涵盖贸易伙伴之间的几种互惠协议，根据涉及的范围和深度，可以分为三大类。第一类是区域贸易协定，指在一个地理区域内的国家，相互降低或取消关税，以促进区域内的贸易。第二类是自由贸易协定，指两个或多个国家，相互降低或取消关税，以促进双边或多边的贸易。第三类是关税同盟，指两个或多个国家，不仅相互降低或取消关税，还统一对外部国家征收关税，以实现更高程度的贸易一体化。

同时，随着全球化的深入，一种更先进、更全面的贸易协定应运而生，它就是深度贸易协定（DCFTA）。深度贸易协定不仅涉及关税减让，还涉及非关税贸易壁垒的消除或减少，以及服务贸易、投资、知识产权、竞争政策、政府采购等领域的规范和协调。深度贸易协定是非关税贸易壁垒研究的产物，也是非关税贸易壁垒研究的动力。经济学家通过对深度贸易协定的分析，可以更好地理解非关税贸易壁垒的形成、影响和变化，以及它们与其他贸易政策的相互作用和相互影响。

本章只关注那些在推进经济一体化过程中起到关键作用的政策领域，即深度贸易协定，主要包含两个层面的经济政策：第一层是特惠贸易协定涉及的传统贸易政策领域，如降低关税或服务自由化等促进商品、服务、资本、人员和思想流动的政策；第二层是具有监管属性，通过限制政府自由裁量权来支持经济一体化的政策领域，如海关、原产地规则、贸易救济、公共采购和限制政府补贴等。

现阶段的特惠贸易协定和深度贸易协定有一个新的区别，特惠贸易协定在区域环境中使用得更加频繁，越来越多的国家或地区通过签订贸易协定来促进本地区内的贸易自由化和经济一体化，而深度贸易协定往往超出各国在WTO中的承诺，这些协定更加具体和广泛，涉及更多的议题和领域。不仅数量上——特惠贸易协定从20世纪90年代初期的50个增加到2017年的大约300个，其政策覆盖领域也从平均不到10个增加到2017年平均覆盖17个。图5-4

展示了不同政策覆盖范围的特惠贸易协定数量随时间变化的趋势。根据世界银行的统计数据，覆盖范围小于 10 个政策领域的特惠贸易协定通常侧重于传统贸易政策，如关税自由化。覆盖范围在 10～20 个的特惠贸易协定往往包括与贸易相关的监管问题，如补贴或技术性贸易壁垒。覆盖 20 个以上政策范围的特惠贸易协定通常包含与贸易没有直接关系的政策领域，如劳工、环境和人口流动等。

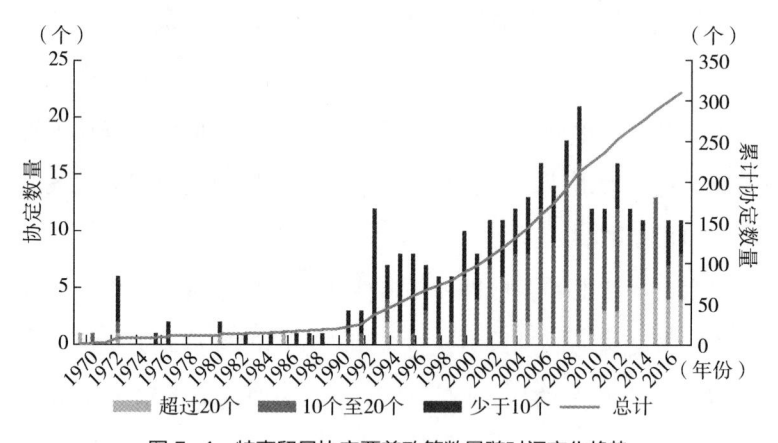

图 5-4　特惠贸易协定覆盖政策数量随时间变化趋势

资料来源：世界银行，世界贸易组织。

根据近期的研究，97% 的传统特惠贸易协定（政策覆盖范围小于 10 个）包含工业品的关税，96% 包含农业产品的关税，而仅有 2% 的贸易协定包含投资相关政策。[①]

同时，世界银行对不同的非关税措施和双边贸易流动之间的影响也做出了分析，这些非关税措施对实际区域内经济贸易的影响是有显著区别的。也有研究利用机器学习中的随机森林模型，对贸易协定中出现的 17 个不同政策领域对国际贸易流量的重要性进行了

---

① 参见 https://openknowledge.worldbank.org/entities/publication/cd1ad499-f43e-5f52-aea7-34534baa5f15。

评估。结果显示，相较于其他措施如技术性贸易壁垒、补贴和服务等条款，原产地规则和资本流动是双边贸易的良好预测指标，同时也是贸易流的控制因素。

三、典型的非关税贸易壁垒

(一) 典型的非关税贸易壁垒一：原产地规则

原产地规则是常见的一种非关税贸易壁垒，本小节将着重介绍在全球价值链背景下的原产地规则。原产地规则是指产品被视为原产于特定国家或地区所必须满足的标准或条件。《美墨加协定》就规定了一系列的原产地规则，用来确定哪些产品可以免除关税。如果你是一个墨西哥的制造商，你想把产品出口到加拿大或者美国，就必须遵守这些规则。比如，你必须在产品上贴"墨西哥制造"的标签，以证明你的产品是在墨西哥生产的。而且，你必须保证产品中有一定比例的本地采购的原材料或零部件，以证明产品是在墨西哥加工的。只有这样，才能享受《美墨加协定》提供的免关税优惠。由此可知，原产地规则的目的是保护贸易协定的完整性，防止贸易转移（一些厂商为了逃避高关税或其他贸易限制，先把产品运到关税最低的国家，再从那里运到免税区，这样就可以利用贸易协定的漏洞，享受本不应该享受的优惠）。原产地规则为了阻止这种钻漏洞的做法，要求产品必须在贸易协定所覆盖的国家或地区生产或加工，才能获得优惠市场准入。这样，原产地规则就成了维护贸易协定公平性和有效性的一种手段。原产地规则对于协定内部成员国企业的影响主要有以下方面。

一是限制性：原产地规则的一个缺点是，它会限制企业的自由选择。原产地规则要求企业使用一定比例的本地原材料或零部件，这样才能享受贸易协定的优惠。但是，这样做可能会增加企业的成本，降低企业的效率，甚至影响企业的产品质量。特别是在全球价值链的背景下，企业可能需要在不同国家或地区寻找最优的生产要素，而原产地规则会给企业带来额外的约束和负担。因此，原产地规则有时会抵消贸易协定带来的关税减让的好处，使企业失去竞争力。

二是分割生产：原产地规则的另一个缺点是，它会导致企业分割生产。如果一个国家与不同国家的贸易协定中规定了不同的原产地规则，企业就会面临一个难题：要么分割生产，以不同的投入组合来满足不同的市场要求；要么集中生产，只向原产地规则限制较少的市场出口。无论哪种选择，企业都会损失一部分的市场机会和收益。而且，企业必须应对更复杂的原产地规则，这会增加管理成本和风险。

一个具体的案例是，《全面与进步跨太平洋伙伴关系协定》（CPTPP）中明确规定，面包糕饼用的调制品及面团源自非成员国的面粉成分不得超过商品价值的30%。虽然原产地条款有如上缺点，但是在深度贸易协定的框架下，一些国家为了保护和培育自己的供应链，不惜通过追加更多的原产地规则，来加强对协定内成员国企业的限制。这样做的目的是防止外部的强势企业占据供应链的核心地位，使本土的企业无法与之竞争。研究表明，中间产品，即用作生产其他产品投入的产品，同时也是在全球贸易流动中占比2/3的产品，在全球供应链上下游衔接中起着重要作用。但是，因为越来越多的区域内贸易协定受到原产地规则限制，贸易协定国很难从第三方国家进口中间产品，这也导致中间产品的全球贸易流动量显著下降。我们通过研究《北美自由贸易协定》发现，如果没有原产地规则的限制，墨西哥从第三国进口的商品总量，要比从《北美自由贸易协定》伙伴进口的商品总量高出45%，这也意味着北美自由贸易区实际上限制了其他国家的中间产品进入墨西哥市场，并在美墨加之间建立了一座强大的贸易壁垒。

我们进一步研究了《美墨加协定》中汽车产品相关区域生产价值规则对北美汽车供应链的影响。在《北美自由贸易协定》62.5%的区域生产价值规则之上，《美墨加协定》要求北美汽车类产品必须达到75%的区域价值，才可以在区域内贸易获得关税豁免。我们的研究发现，上述区域价值条款依然可以促进北美汽车制造业向区域内转移，进行"近岸采购"，并使企业整体的库存得以提高。

中国企业因为《北美自由贸易协定》中的原产地规则"吃过亏"。2018年9月14日，美国海关公布了一则原产地裁定案件，这起案件针对的货物是在墨西哥组装并出口到美国的直流电机，产品是由原产中国的三个组件在墨西哥组装而成，美国海关援引《北美自由贸易协定》规则，认定在墨西哥的组装不足以构成实质性改变，对产品按照原产中国处以25%的惩罚性关税（按照中美贸易摩擦关税加征）。但上有政策，下有对策，企业出海至墨西哥，再绕道进入美国市场的方案也是可行的。实际上，很多中国的家居企业，如顾家家居和敏华控股，已经于2022年开始选择此类方案，其在墨西哥投入或自建工厂，利用美国近岸采购的策略"绕道"帮助它们从墨西哥向美国销售自己的产品。其中有这些企业自身积极调整生产和供应链的原因，同时也有墨西哥的大力支持。像墨西哥这种比美国发展落后的国家，实际上更希望接纳跨国制造企业投资来拉动本国就业，并且培养技术工人，但由于原产地规则等诸多非关税壁垒的限制，不得不放弃本国利益来跟随美国的发展步调。

自北美自贸区建立以来，严苛的贸易壁垒虽然让墨西哥和加拿大得到了美国强大的技术支持以及相对强劲的市场，但也限制了它们和第三方国家供应链的融合，因此对于贸易协议中的各种条款在执行时依然争论不断。比如，《美墨加协定》要求，只有车辆的75%的零部件是原产于北美的，才能享受免税的优惠。这听起来还不算太难，但问题是，美国、墨西哥和加拿大对于如何计算这个比例有不同的看法。墨西哥和加拿大认为，如果发动机或变速箱等"核心部件"的区域含量达到了75%，那么在计算整车区域含量的时候，就可以把这个数字四舍五入到100%，这样就可以增加整车的区域含量，让更多的车辆符合原产地规则的要求。美国则不同意这种做法，它认为，在确定整车含量的时候，"核心部件"的含量不能四舍五入，必须按照实际的数字来计算。这种差异看似微不足道，但实际上涉及数以百万计的汽车的免税资格，对于汽车行业的利益有着重大的影响。这一对原产地规则执行方式的解释，自2021年8月墨西哥提起诉讼，9月加拿大政府参与讨论，到2023年1月才正式确定墨西哥和加拿大获胜。[①]

从加拿大和墨西哥与美国在汽车领域原产地规则上的争论可以看出，墨西哥、加拿大希望更广泛地拓展供应链合作的领域，而不是圈在北美自由贸易区内被美国控制，错失与全球供应链深度融合的机会，这也是本书强调的未来中国企业出海的机会所在，后文会

---

① 参见 https://www.whitecase.com/insight-alert/canada-and-mexico-seek-panel-proceedings-usmca-dispute-united-states-concerning。

讨论中美经济缓冲区域将有出海企业新的增长机会。

（二）典型的非关税贸易壁垒二：技术性贸易壁垒

技术性贸易壁垒是对产品的特性或生产的流程和方法做出的规定，它们看似为了保证产品的质量和安全，但实际上是在保护本国的市场和利益。技术性贸易壁垒的形式多种多样，包括产品的术语、符号、包装、标志或标签要求，以及产品的抽样、测试、检查、评估、验证、保证、注册、认可和批准等程序。以技术性贸易壁垒下对产品属性的要求为例，某个食品加工企业要在海外市场销售巧克力，虽然各国要求可可固体含量超过35%的才是巧克力，但是不同国家对这35%的可可成分要求不同，欧盟要求非脂可可固体物不少于14%，但是美国要求非脂可可固体物不少于15%，仅这1%的差别就可能带来处罚。又比如在技术性贸易壁垒对于产品的认证与检验中，美国联邦通信委员会（FCC）要求所有无线电设备需要进行申请、测试、认证以及标识等多个认证程序，才可以真正进行销售，给贸易过程附加了更加复杂的流程，也降低了无线电贸易的效率。由此可见技术性贸易壁垒涉及的范围非常广泛，影响也非常大，根据联合国贸易与发展会议的分类，技术性贸易壁垒对商品的各个生产和销售环节都有可能进行严格的管控，因此也是跨国企业开拓海外市场时最容易受到处罚的一类壁垒。

就中国而言，仅2022年1—5月，我国出口的非食品类消费品因技术性贸易壁垒就被欧盟和美国实施召回共计583次，相比上年同期增长37%，约占欧美同期非食品类消费品实施召回总次数的52%。基于巨大的出口额，我国产品仍为欧美实施召回措施的主要对象。被召回的主要产品为玩具、电子电器设备、纺织服装和时尚用品等。再以电子电器设备领域为例，2022年1—5月，我国出口电子电器产品被欧美召回共计126次，同比增长12.5%，约占1—5月欧美召回我国非食品类消费品总次数的22%。其中，欧盟115次，美国11次。被召回的产品主要为照明设备、充电器、电热水袋、电热水壶、耳机、吹风机等，被召回原因主要是技术性贸易壁垒中对产品的质量、安全或性能等的要求。

技术性贸易壁垒条款在深度贸易协议中出现的频率越来越高。2017年，超过90%的区域协议包含该条款，而早在1995年该比例为75%，2005年为82%。自2007年生效的所有协议均包含技术性贸易壁垒条款。[①] 这说明技术性贸易壁垒已经成为贸易协定的重要组成部分，它们对贸易的影响不容忽视。如图5-5，非关税措施的发生率（频率和覆盖率）显示，向WTO通报技术性贸易壁垒的实施数量呈上升趋势。被称为"特定贸易担忧"的投诉也越来越多，这可能表明这些措施越来越被认为具有贸易扭曲性。在2000年之前，只有不到一半具有法律约束力的技术性贸易壁垒条款需要通过争议解决方式处理，而在2010年之后，其中75%的条款可以诉诸法庭。由此可见，虽然非贸易壁垒的要求纷繁复杂，但是跨国企业应当积极选择咨询当地的律师事务所和本国的贸易救济团队，根据面对的技术性贸易壁垒细节来调整自己的生产经营策略，以降低被处罚的风险。

---

① 参见 https://wits.worldbank.org/gptad/database_landing.aspx。

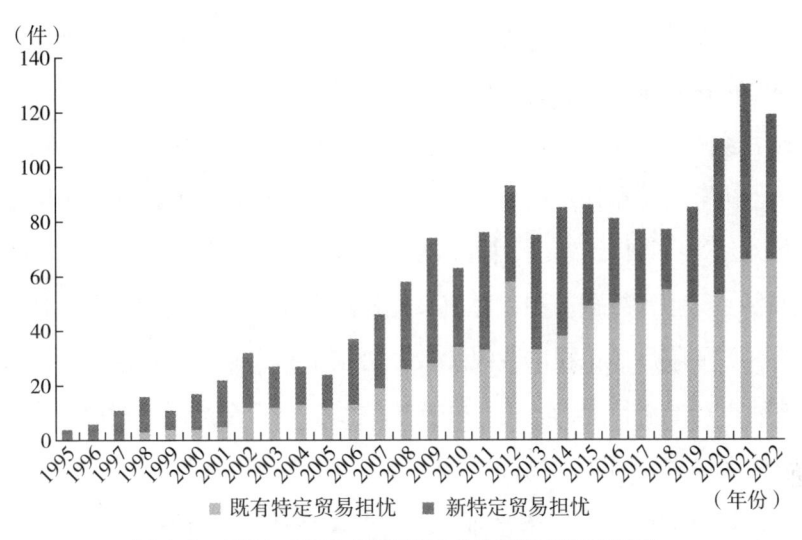

图 5-5　1995—2022 年向 WTO 提交的技术性贸易壁垒
相关的贸易问题的数量

资料来源：世界贸易组织技术性贸易壁垒信息管理系统。

（三）典型的非关税贸易壁垒三：补贴以及反倾销、反补贴

在国际贸易中时常会出现争端和摩擦。为了保护本国的产业和市场，一些国家会采取一些措施来限制或惩罚进口商品，这些措施就是反倾销措施和反补贴措施。反倾销措施是指对那些低于正常价值的进口商品征收额外的关税或实施其他限制措施，来防止它们对本国产业造成不公平的竞争和损害。反补贴措施是指对那些受到出口国不当补贴的进口商品征收反补贴税或实施其他限制措施，来防止它们对本国产业造成不正当的优势和影响。这两种措施都是进口国为保护本国市场而采取的手段，它们往往同时出现，形成一种双重的贸易壁垒。本节也将从贸易摩擦双方的角度，介绍补贴措施与反倾销、反补贴壁垒之间的联系。

国家通常通过补贴来增强本国某产业的国际竞争力，也通过反补贴来保护本国相应行业的发展，但是这也可能作为贸易保护主义的手段构筑贸易壁垒。以我国面临的情况为例，2016年3月16日，欧盟初审法院第四法庭就"信义光伏产业（安徽）有限公司诉欧盟委员会"一案作出判决，宣布欧盟委员会（欧委会）第470/2014号法令（反倾销终裁）中，对信义光伏产业（安徽）有限公司（信义玻璃）征收反倾销税的裁决无效，否定了欧委会之前拒绝给予信义玻璃市场经济待遇的结论，并要求欧委会承担全部诉讼费用，当时欧委会就是利用反倾销、反补贴这一非关税措施将信义光伏告上了法庭。虽然信义光伏暂时胜诉，但是这场胜利并没有持续太久。2020年7月23日，欧委会发布公告称，对原产于中国的太阳能玻璃作出第一次反倾销日落复审终裁，决定继续对涉案产品征收为期5年的反倾销税，税率为17.5%~75.4%，其中信义玻璃就是按照上限75.4%的税率缴纳的税费。[1] 欧委会认为，如果取消反倾销税，中国的太阳能玻璃生产商将重新在欧盟市场倾销其产品，对欧盟的太阳能玻璃产业造成持续的损害。

值得注意的是，我国在光伏、新能源汽车、锂电池等领域相对具有研发优势的企业，一旦出海，经常因为触犯了当地的反倾销和反补贴法规而受到处罚。如上文提到的光伏产业，中国是全球最大的光伏市场和设备制造国。2022年，光伏新增装机达到87.41吉瓦，同比增长59.3%，占全球新增装机的38%。同时，中国还为全球市场供应了超过70%的光伏组件。[2] 再比如，我国钢铁行业一直处于

---

[1] 参见 https://www.lexology.com/library/detail.aspx?g=72c0a723-952a-4404-acef-39d83a37ee60。

[2] 参见 https://www.gov.cn/xinwen/2021-03/31/content_5597134.htm#1。

全球领先地位。2016 年，印度商务部宣布对中国进口的钢铁产品征收 6.3~360.8 美元/吨的临时反倾销税。[①]

当某国采取补贴措施支持某一行业时，也往往是其行业在发展或逐渐建立优势的阶段。例如，美国《芯片和科学法案》中包含了大量对本国芯片半导体产业的补贴扶持措施，其中包括 390 亿美元的税收优惠和其他奖励措施，旨在鼓励美国公司在国内建立新的芯片制造厂。此外，如果公司根据该法案获得补贴，将在未来 10 年内被禁止在中国和俄罗斯设立高于 28 纳米制造的先进半导体工厂。如果违反此规定，公司可能需要返还补贴或税收抵免，并可能面临其他惩罚。[②]《芯片和科学法案》中的这一条款，在为本土半导体产业提供高额补贴和税收优惠的同时，加入一项"护栏"措施，旨在防止美国资金流向中国的芯片制造业，并削弱中国在全球半导体供应链中的地位。

从原则上讲，根据 WTO 的条款，实际上只有在贸易达到一定规模时，才可以实施反倾销和反补贴壁垒措施。这也是进口国在采用这些措施时，导致出口国某一行业的所有跨国企业经常受到无差别处罚的原因。当然这里要区分反倾销和反补贴的使用场景，当不公平的贸易行为表现为出口方以低于进口方认为正常的价格销售产品时，可以征收反倾销税；当出口方通过从政府提供的补贴中受益而造成不公平的贸易行为时，则可以收取反补贴税。无论在何种条件下触发，反倾销和反补贴都代表了国际协议，即一国可以使用何种手段暂时提高受损国内产业的贸易保护水平。然而，这些措施并

---

① 参见 https://www.cambridge.org/core/journals/world-trade-review/article/united-states-definitive-antidumping-and-countervailing-duties-on-certain-products-from-china-passing-the-buck-on-passthrough/B4BD02D4DDDE7BD8FE2A07976D528C6E。

② 参见 https://www.bloomberg.com/news/articles/2022-08-02/us-to-stop-tsmc-intel-from-adding-advanced-chip-fabs-in-china。

不是万能的，它们也受限于 WTO 协议的管辖，没有这些措施的特惠贸易协定只能依靠现有的 WTO 承诺来解决不公平贸易问题。也正是因为在现有的贸易协议中，协议成员国之间很难达成比 WTO 规定的反倾销、反补贴贸易壁垒协议更为有力的约定，它们的补贴措施往往包含在各国自己颁布的法案中。

另一个与《芯片和科学法案》类似的法案是《通胀削减法案》。该法案计划投入 3 690 亿美元用于气候变化和新能源项目，包括对清洁能源、电动汽车、储能等领域提供税收抵免和补贴。可以想象，如果说《芯片和科学法案》是美国针对中国芯片制造产业进行打压并且对本国产业进行补贴扶持，那么《通胀削减法案》就是追赶中国具有优势的储能和新能源领域，为寻求供应链替代方案所做的布局。

这一法案几乎直指中国电池龙头企业宁德时代。宁德时代不愿意放弃美国这个全球第二大的电池市场，因此与福特汽车公司合作建厂，以进入美国市场。

2023 年 7 月 27 日，亨利·福特的曾孙比尔·福特飞往华盛顿与美国立法者举行会议，他以执行董事长的身份代表福特汽车公司，希望动用一切资源缓解立法者对福特及其合作伙伴的恶意。[①] 而让福特尽力维系的合作伙伴就是在全球动力电池领域占有绝对优势的中国企业宁德时代。事情的起因是 7 月 22 日美国众议院筹款委员会和中国问题特别委员会的一封联署信。这封信的核心诉求就是查清福特与宁德时代在 2 月公布合作建立新电池厂的具体细节，委员会怀疑福特与宁德时代达成的这次合作违反了《通胀削减法案》。这个法案是由拜登政府在 2022 年 8 月颁布的，意图通过补贴本国新能

---

① 参见 https://www.reuters.com/business/autos-transportation/ford-execs-met-with-us-lawmakers-amid-criticism-china-battery-maker-catl-2023-07-27/。

源企业和限制中俄企业来促进美国新能源、动力电池产业发展。

2023年2月，福特汽车首席执行官吉姆·法利宣布斥资35亿美元在密歇根州底特律市建立电池工厂，这家新建的磷酸铁锂动力电池工厂预计在2026年投产，由福特全资控股，宁德时代以独家技术合作伙伴的身份参与其中。对于福特和宁德时代来说，这是双赢的合作模式，首先宁德时代采取轻资产的策略，既避免了前期高额投入带来的巨大风险，又可以绑定本土车企拿到补贴。对于福特而言，也能从宁德时代汲取技术，填补电池产业链的经验空白。宁德时代表示，公司不拥有工厂股权，只是向福特进行有偿的技术许可。但是，自两家公司宣布合作以来，多位美国参议员公开对二者的合作进行发难与质疑，其中包括起草《通胀削减法案》税收抵免部分的美国参议员乔·曼钦，他在2023年3月接受路透社采访时表示，若按照宁德时代与福特合作收取的12%技术许可费计算，宁德时代将获得每辆电动汽车7 500美元税收抵免中的900美元，他直言"无法忍受从7 500美元中拿出900美元补贴给中国企业"。实际上，两家企业的合作也是福特汽车公司极力促成的，比尔·福特在美国有线电视新闻网（CNN）采访节目中承认，美国还没准备好与中国在电动汽车领域竞争，但是在积极做准备，与宁德时代的合作就是努力工作的一部分。也正因为福特是主动的一方，所以在二者的合作被立法机构质疑的时候，福特汽车公司才会积极地利用自己本土企业的优势游说和配合美国政府，这在一定程度上有利于宁德时代在出海美国时更加顺利。

由此可见，反倾销、反补贴可以成为限制终端产品在本国销售的非关税贸易壁垒，而各种法案中与补贴措施捆绑在一起的限制性条款，也可以成为出海企业本土化经营、上游产品建厂生产的阻碍。

四、非关税贸易壁垒下企业出海建议

在全球化时代，跨国企业要想在海外扩张，不仅要面对来自本土企业的竞争，还要应对各种复杂的外部因素。这些因素不乏紧张的贸易局势、更为严格的监管环境、当地人力资源支持的不确定性、迅速变化的市场动态以及法律政策的影响。本节将重点分析各国以及区域经济联盟越来越常用的非关税贸易壁垒对跨国企业投资、生产和销售产生的影响。尤其以原产地规则、技术性贸易壁垒和反倾销、反补贴为例，详细说明一个企业在所属行业中——无论是看似容易替代的家具行业，还是中国已具备一定技术优势的光伏、储能产业，抑或是美国极力打压的高端制造业，都会在不同角度受到非关税贸易壁垒的影响。

出海企业首选雇用当地法律团队，咨询当地关税和非关税法规条例的细节，同时这些法律团队也应具备政治游说的能力，这将极大地减少当地政府和企业对外来企业的不信任。例如，阿里巴巴在进入美国市场时选择的律师事务所是美国盛信，该律师事务所帮助阿里巴巴解决了美国市场上的法律问题，为阿里巴巴进入美国市场提供了重要的法律支持，并帮助阿里巴巴成功上市。

出海建厂投产的企业多在人均GDP低的国家寻求合作机会。如前文所述，低收入国家在非关税措施感受到的贸易成本要多于高收入国家，因此这些国家相对来说有意愿减少非关税贸易壁垒以促进本国经济增长，而且这些国家往往生产成本相对较低，有助于制造企业减少成本和降低被处罚风险。

生产经营重点应该向供应链上游或下游移动。因为非关税贸易壁垒和近岸化、本土化供应链措施的加强，越来越多的中间产品在国际贸易中减少，跨国企业应按照自己的实际情况选择离消费市场（供应链下游）更近或者离原材料市场（供应链上游）更近的国家和地区进行投资和生产。

本章小结

- 非关税贸易壁垒，如原产地规则、技术性贸易壁垒、补贴、反倾销、反补贴等，越来越多地作为关税贸易壁垒的重要补充手段，出现在区域贸易协定和本国贸易保护相关法案中。
- 原产地规则通常出现在区域贸易协定中，而协议贸易伙伴中处于发展相对劣势的国家，没有很强的意愿限制自己贸易伙伴的多样性，如柬埔寨、孟加拉国等。中国企业在出海时可以选择这样的国家"曲线救国"。
- 技术性贸易壁垒是近 10 年所有非关税贸易壁垒手段中出现次数最多的一种，并且以细节繁杂著称，还有越来越多的法律规范被纳入其中。中国企业在出海过程中应更多地咨询当地擅长国际贸易诉讼的专业法律团队，并积极寻求对当地政府的政治游说和本国的贸易救济。
- 补贴和反倾销、反补贴同时出现，一般都是关于某国对另一国具有优势产业的多个企业进行制裁，这时我国出海企业应积极寻求国际贸易救济以及国际仲裁。但单个企业的谈判能力始终有限，因此我国出海企业应积极主动寻求国际贸易救济以及国际仲裁，维护应有的权利。

第三篇

变革重塑：
各国政府参与博弈下的全球供应链新格局

全球制造业正面临着前所未有的变革，新的国家和地区正在崛起，成为全球制造业的新力量，而传统制造业强国则在寻求新的定位和转型。本篇将探讨政府和制度化决策如何在最近几年成为重塑供应链格局的主导力量，并驱动全球供应链过渡到崭新格局。以印度、东盟国家、墨西哥和非洲为例，分析经济缓冲带国家或地区如何与大国合作，共同构建未来世界工厂布局。中国将通过产业升级和企业出海，向高价值链上游转移，打造自己的核心竞争力，同时也为全球供应链提供稳定和安全的支持。

第六章

政府主导与制度化决策：
重塑全球供应链

在经济全球化的大背景下，我们需要政府主导的决策来应对各种挑战。这包括制定政策来保护我们的产业，同时也要确保我们的经济开放，能与世界其他地方进行有效的交流。

——劳伦斯·萨默斯，美国财政部前部长

本章探讨政府在重塑全球供应链中的主导作用，以及制度化决策在应对供应链挑战中的重要性。随着地缘政治紧张局势的加剧，全球供应链的重构与政府的经贸政策越来越交织在一起，政治经济学将与全球供应链紧密相关。本章将结合中国政府的产业政策、投资引导以及与其他国家的经济合作，如共建"一带一路"倡议等，分析政府如何通过主导和制度化决策引导全球供应链的发展。在美国方面，近年来的贸易摩擦，以及《芯片和科学法案》《通胀削减法案》等一系列促进本土芯片、电动车产业发展的政策，也鼓励美国企业更多在本土进行研发和采购。这场争端体现了供应链重建正朝着制度化决策和政府主导的方向发展。在可预见的将来，世界各国政府将继续通过产业补贴和关税等政策支持本土制造能力。

近年来，中美贸易摩擦不断升级，华为作为中国最大的通信设备制造商和全球领先的 5G 技术公司，成为这场争议的焦点。美国对华为的制裁行动不仅关系到中美双边贸易，而且深刻地影响着全球供应链格局。

自 2019 年起，美国政府采取了一系列行动，旨在限制华为在美国市场的活动，并试图影响它在全球范围内的供应链。这些行动包括将华为及其子公司列入所谓的"实体清单"，限制美国公司向华为出售涉及美国的技术和产品。同时，美国政府还通过禁止制造商，如曾是华为主要供应商的台积电使用美国技术来制造芯片并提供给华为，这对华为的供应链造成了严重打击。此外，美国政府积极向盟友国家施加压力，要求它们限制或禁止在 5G 基础设施中使用华为设备，以削弱华为在全球供应链中的地位。这一系列行动旨在改变华为在美国市场和全球供应链中的地位，引起了广泛的关注。

这些制裁措施给华为的供应链带来了挑战，特别是在提供重要技术和零部件方面，对生产和研发能力造成了负面影响。这种影响不仅局限于华为自身，还使全球供应链产生了连锁反应，因为许多公司在其产品中使用了华为的零部件。由于华为在全球供应链中的核心地位受到威胁，一些公司开始寻求多样化的供应链，以减少对华为的依赖。这可能导致产业链的重新组织，以及重新分配全球生产和供应的格局。

然而，这些制裁也有可能激励中国更快地推动自主创新，减少对美国技术的依赖。这可能带来技术领域的分裂，将全球分成不同技术标准主导的地区。与此同时，美国对华为的制裁被视为地缘政治争斗的一部分，可能会引发其他国家采取相似的措施，从而进一步扰乱全球供应链。

美国对华为的制裁不仅对华为本身产生了影响，还广泛地影响了全球供应链。这一事件凸显了政府主导与制度化决策在全球供应链中的关键作用，引发了全球范围内的变革和重塑。在这一进程中，各国和公司都不得不重新考虑它们的供应链策略，以适应新的地缘政治和技术格局。

本章将回答以下问题：政府主导与制度化决策有何内涵？以中国和美国为例，政府主导与制度化决策有哪些？这些制度化决策如何重塑全球供应链？政府主导的决策对经济和产业有何影响？

· · ·

一、政府主导与制度化决策的内涵

政府主导与制度化决策是指政府在制定和执行政策或决策时扮演主要的角色，并通过建立明确的制度和程序来确保这种主导地位得以维持的方式。换言之，政府在社会和经济事务中扮演关键角色，而决策流程通常受到法律、行政程序和政策框架的规范，从而确保政府能够有效地制定政策、管理资源和对社会产生影响。

本章将以中国和美国为例来描述政府主导与制度化决策。中国政府在经济、社会和政治方面发挥着主导作用，美国政府在决策中依赖制度、分权和多方利益的平衡。

二、中国主导的制度化供应链决策

（一）区域全面经济伙伴关系协定（RCEP）

中国正在积极参与全球供应链的变革，并采取了多种方式来推动企业参与。举例来说，中国商务部等6部门发布了《关于高质量实施〈区域全面经济伙伴关系协定〉（RCEP）的指导意见》（以下简称《意见》），这份指导文件详细阐述了政府的领导作用以及制度性决策在全球供应链变革中的影响，从多个角度解释了它们的作用。

一是促进货物贸易发展。"鼓励企业用好成员国降税承诺，结合各成员国降税承诺和产业特点，推动扩大服装、鞋、箱包、玩具、家具、电子产品、机械装备、汽车零件、摩托车、化纤、农产品等优势产品出口。"这一系列措施可能促进企业在全球供应链中寻求新的市场和伙伴，从而增加供应链的多元性，有助于降低对特定市场的依赖，减轻单一市场风险。同时，《意见》鼓励"积极扩大先进技术、重要设备、关键零部件、原材料等进口，支持日用消费品、医药、康复设备和养老护理设备等进口"，而这一系列行为可能促使中国企业与成员国的企业加强合作。这有助于帮助中国企业建立更稳定的全球供应链合作网络，共同推动产品和技术的创新。除此之外，通过增加进口重要设备、关键零部件等，中国企业可以将更多精力放在产品研发和创新上，专注于升级自己的产品，从而提升产品的附加值。这有助于推动产业升级，使中国企业在全球供应链中扮演更具有竞争力的角色。

二是提升对外投资便利化水平。中国政府计划简化对外投资程序，推广电子证照的使用。这有助于企业更迅速地扩展跨国业务、投资和加强合作伙伴关系。该举措有望激励更多中国企业积极进军海外市场，促进全球供应链的互联互通。《意见》提出"高质量建设境外经贸合作区，提高合作区与国内园区协同发展水平"。这将为企业提供更多便利和优惠政策，有助于吸引更多的投资和合作伙伴。境外经贸合作区的建设将创造更多的生产和贸易机会，对全球供应链的结构和地理分布产生影响。同时，《意见》也强调了加强对外投资保护的重要性，以维护企业的合法权益。这将鼓励更多企业积极参与跨国投资，特别是在风险较高的地区。此举还有助于提高企业在全球供应链中的信誉和稳定性。

三是推动制造业优化升级。中国政府鼓励企业借助 RCEP，提升制造业的核心竞争力。如何实现呢？企业需要进行技术改造，在制造业方面进行补链和强链，并且加强资源、技术和装备的支持。这么做可能会促使企业重新评估自己在全球供应链中的地位和角色。企业可以更积极地参与高附加值环节，如研发、设计和高级制造等，这将对全球供应链的地理分布和价值链结构产生影响。政府还将推行产业基础再造工程，建设产业技术基础公共服务平台。这将引导企业在原材料生产、零部件制造等领域进行投资和合作，以优化供应链的产业结构。政府积极支持企业引入先进技术，以提高设备更新速度和扩大新产品的生产规模。同时，新兴制造模式，如智能制造和绿色制造，也将得到进一步推广。这一系列举措鼓励企业更加注重环保和社会责任。这意味着企业或许会改变它们的生产方式，选择更环保的材料，以及与更注重可持续性的供应链伙伴合作。这种变化将在全球供应链上产生深远的影响，有助于提高供应链的可持续性，使其更加环保和社会友好。

四是发挥海南自由贸易港政策和 RCEP 的叠加效应。落实海南自由贸易港相关方案和政策措施，深入研究 RCEP 规则条款及缔约方市场准入承诺，推动在发展现代服务业、提升制造业等方面更快发展，实施好海南自由贸易港跨境服务贸易特别管理措施。

五是鼓励绿色发展。"推动企业参与区域产业链供应链重塑，引导对外投资绿色低碳发展。"这将影响企业的战略定位和经营模式，促使企业更加关注环保和可持续性，加强在绿色技术和产品方面的研发及投资，从而引领全球供应链向更环保和可持续的方向发展。

通过这些指导意见，政府积极融入全球供应链的改革大潮，鼓励企业参与地区经济伙伴协议，优化它们的产业结构，提高产品质量，加强合作，以更积极的方式参与全球供应链。总的来说，这些政策和举措有助于中国企业更好地适应并参与塑造新的全球供应链格局，就像它们正在参加一场激动人心的比赛，争取在全球供应链中获得更重要的位置。

《意见》意味着政府正在制定一系列政策，关注科技创新、产业升级和环保，以帮助企业在全球供应链中更有效率和更可持续地成长。而与此同时，政府也在尽力推动相关方面的发展，例如，国务院印发《新一代人工智能发展规划》，致力于提高中国在全球人工智能产业链中的地位，引领全球供应链的发展。

除了以上指导意见，中国政府还提供了大量的财政支持和税收优惠，帮助企业进行技术创新和产业升级。2023年，中国政府实施了一项长期政策，即将符合条件的企业的研发费用加计扣除比例从之前的75%提高到100%。此外，中国政府还改进了研发费用加计扣除的申报方式，新增了7月份的预缴申报期，以便企业更早地享受政策优惠。从2023年7月政策实施情况来看，全国范围内已有30.8万家企业提前进行了研发费用加计扣除申报，这意味着它们可以减少大约2 300亿元的税负。在上半年，享受加计扣除政策的企业中，高新技术企业占比达65.4%，金额占比高达83%。高技术产业和数字经济核心产业的销售收入同比分别增长了10.7%和8.8%，较一季度分别提高了1.7个和5.4个百分点。① 这些数据也更好地证

---

① 参见 https://www.gov.cn/lianbo/bumen/202308/content_6897009.htm。

明了政策改革和支持措施，为企业提供了更多的动力和资源，促进了技术创新和产业的发展。

（二）共建"一带一路"倡议助力提升供应链稳定性

中国提出共建"一带一路"倡议，推动与其他国家的经济合作。这一倡议旨在构建开放、包容和平衡的区域经济合作架构，通过提升基础设施互联互通，推动贸易和投资便利化，为全球供应链提供广阔的发展空间。中国港湾公司在斯里兰卡首都科伦坡附近参与投资开发了一个重大项目——科伦坡港口城。这个项目是共建"一带一路"倡议的重要组成部分。项目覆盖269公顷土地，旨在打造一个高科技城市，包括离岸国际金融中心、住宅区和港口。科伦坡港口城有望创造超过8万个工作机会，吸引逾150亿美元的投资。斯里兰卡总理马欣达表示，港口城将给科伦坡带来更多机会，使其成为一个拥有世界级住宅、商业、社交和娱乐设施的城市。项目愿景是使港口城成为世界上增长最快的关键服务枢纽之一。通过这样的投资，可以看到共建"一带一路"倡议不仅给斯里兰卡带来了经济发展和就业机会，也给全球供应链带来了更多的机遇和增长空间。这个项目将极大地促进贸易和投资合作，给各国带来更多的利益和发展机会。

各个行业也在努力从"一带一路"倡议中吸收新的力量。中国的电子产品制造商正在寻求生产基地和供应链环节多元化，去往全球各地，尤其是共建"一带一路"国家。这种多元化不仅可以降低对单一供应链环节的依赖，也可以帮助企业更好地拓展全球市场。华为在海外建立的多个生产工厂和研发中心，使它能够在全球范围内灵活调整生产和研发活动，降低对本土供应链的依赖。同时，这些海外工厂和研发中心也成为华为提升全球市场份额的重要手段。它们不仅使华为能够更好地满足当地市场的需求，也使华为更直接地参与全球竞争。此外，一些电子产品制造商开始考虑利用共建国家的优势，优化其供应链。例如，中国的电视制造商TCL在泰国建立了生产基地，利用泰国的地理位置和人力资源优势，提升了在东南亚市场的竞争力。总的来说，中国的电子产品制造商通过将生产基地和供应链环节多元化，实现了供应链的优化和全球市场的拓展。这种做法不仅为其他企业提供了一个可借鉴的模式，还展示了如何在全球范围内实现供应链的多元化及优化。

在全球供应链的重塑过程中，能源也是一个关键领域。为了降低对单一能源来源的依赖，中国与共建国家开展了深入的能源合作，并通过资源整合，实现了能源供应链的重新配置和多元化。首先，中国与共建国家通过建设油气管道、电力输电线路，实现了能源资源的整合。例如，中俄东线天然气管道、中缅油气管道等，使中国能直接从资源丰富的邻国进口能源，提高了中国在能源供应链中的安全性和稳定性。其次，清洁能源项目也成为中国与共建国家合作的重要内容。随着全球对碳排放的关注，中国在推动"一带一路"绿色发展的过程中，开始和共建国家共同开发风能、太阳能等清洁能源资源。这不仅有利于实现全球碳中和的目标，也为中国的能源供应链增加了新的元素，促进了多元化发展。在这个过程中，中国的能源企业在全球范围内寻找能源合作伙伴，与不同的国家和地区合作开发能源资源。

总的来说，通过与共建"一带一路"国家的能源合作和资源整合，中国实现了能源供应链的重新配置和多元化。这一做法不仅有利于保障中国的能源安全，也为其他国家在全球供应链中寻求能源合作和资源整合提供了有益的借鉴。中国石油与多个共建国家建立了能源合作关系，构建了利益共同体。2021年，中国石油天然气集团实现了油气作业产量当量17 795万吨、油气权益产量当量10 139万吨，其中83%的产量来自共建国家。[①] 国家电网公司积极参与"一带一路"共建国家的能源合作，推广智能电网和特高压技术。中国已与俄罗斯、蒙古国、吉尔吉斯斯坦、朝鲜、缅甸、越南、老挝等建立了电力互联。2016年，中国与周边国家的电网互联规模约为260万千瓦。通过这样的能源合作和互联互通，中国为自身及周边国家创造了更加稳定和可靠的能源供应，同时也推动了区域间的能源流动和合作。通过共建"一带一路"倡议，中国在全球能源供应链中的地位更加坚实，为实现可持续的能源未来做出了积极贡献。

中国助力共建"一带一路"国家的铁路和公路建设，加强了交通网络的互联互通。例如，中巴经济走廊铁路项目以及中国与中亚国家之间的公路项目，都极大地改善了区域内的交通状况，促进了物流畅通。这些交通基础设施的建设，不仅让各国的物流更加便捷，还让商品、原材料和技术更快速地流动，提高了供应链的效率和可靠性。同时，这也给中国企业在全球供应链中寻找更多合作机会和市场提供了有力支持。

总的来说，共建"一带一路"国家的交通基础设施建设，为区域内和全球供应链的发展创造了更好的环境，不仅改善了共建国家的物流和贸易，也提升了中国企业在全球供应链中的竞争力。全面的基础设施提升给共建国家带来了更多机遇，也为全球经济的繁荣

---

① 参见 http://www.sasac.gov.cn/n4470048/n13461446/n14398052/n26071707/c26128774/part/26128785.pdf。

做出了重要贡献。

中国与共建"一带一路"国家之间的产业合作和价值链连接在不断加强。这种合作模式为各国企业提供了更广阔的市场和合作机会，同时也促进了全球供应链的整合和优化。其中，中国与东南亚国家之间的电子产业合作就是一个很好的例子。这个合作就像一场精彩的跨国演出，中国企业和东南亚国家的企业各自扮演不同的角色。中国企业提供了精彩的戏服和道具，也就是高质量的零部件和先进的技术。东南亚国家的企业扮演了表演者，在市场上使用这些戏服和道具。演出成功的秘诀在于各方都充分利用自己的特长。中国企业有着出色的技术和零部件，东南亚国家的企业拥有低成本劳动力和地理位置的便利。各方互相合作、互惠互利，共同推动经济发展。这种产业合作和价值链连接不仅加强了中国与东南亚国家之间的经济联系，也推动了全球供应链的发展。通过共享产业链中的分工和合作，各国企业能够更好地利用资源和市场，提高效率和竞争力。同时，这种合作也有助于技术和经验的跨国传递，推动各国企业的技术升级和创新能力的跨越提升。

中国积极促进与共建"一带一路"国家的农产品贸易和农业合作，以实现农产品供应链的多样性和可靠性的提升。这种合作模式给中国农产品企业和共建国家的农业企业带来了更广阔的市场和合作机会。通过贸易合作，中国从共建国家进口了大量农产品，从而满足了国内市场对多样性和高质量农产品的需求。同时，中国也向共建国家出口自己的农产品，促进了农产品贸易的平衡发展。

中国与哈萨克斯坦的农产品贸易合作就是一个很好的例子。中国是哈萨克斯坦主要的农产品贸易伙伴，双方在粮食、肉类、水果等领域开展了广泛的贸易往来。2022 年，中哈农产品贸易额达 9.3 亿美元，同比增长 61.3%。其中，中国出口 3.5 亿美元，同比增长 9%；进口 5.7 亿美元，同比增长 128.6%。中方对哈方出口的农产品主要是水果、蔬菜和菌类等，进口农产品主要是植物油、小麦、棉花等。[1] 双方还在农业技术、投资、标准等方面加强了合作，推动了两国农业产业的发展和升级。

另外，中国的农产品企业与共建国家的农业企业之间展开了深入合作，形成了一种互利共赢的合作模式。在这种模式下，中国的农产品企业在技术、管理和市场等方面提供支持，而共建国家的农业企业则利用本地的土地、劳动力和资源优势，进行农产品的种植、加工和销售。这种合作模式不仅增加了农产品供应链的多样性，也提高了农产品质量和生产效率。中国与共建国家的农产品贸易和农业合作的推动，有助于促进农业的升级和发展，提高农产品供应链的可靠性和稳定性。这种合作模式给中国农产品企业和共建国家的农业企业带来了更多的发展机遇，同时也促进了区域内农产品市场的互联互通和共同发展。可以想象，在这个合作模式下，中国的农产品企业为共建国家的农业企业提供了重要的支持和帮助，而共建国家的农业企业则在这个基础上发挥自身的特长，完成农产品的生产和销售任务。这样的合作模式就像一台精密的时钟，各个零部件相互配合，使整个系统运转得如时针般准确、稳定。通过这种合作模式，双方不仅获得了利益的最大化，还为区域内的农业产业搭建了一座桥梁，使农产品在这个广阔舞台上发挥更大的潜力和价值。

---

[1] 参见 http://kz.china-embassy.gov.cn/sgxx/sgdt/202304/t20230428_11068589.htm。

三、美国主导的制度化供应链决策

（一）对中国加征关税

中美贸易摩擦对全球供应链的影响巨大。由于全球是一个巨大的贸易生态系统，任何一个国家的动荡都会波及其他国家和地区。

贸易摩擦给全球供应链带来了诸多问题。美国采取的一系列措施，如加征关税和限制特定产品，导致供应链的不稳定和混乱。许多企业不得不重新评估其供应链结构，以避免关税和贸易限制的影响，并对供应链重新进行调整和配置，而这一系列政府行为对不同的公司也产生了不同的效果。一是成本上升。关税增加和贸易壁垒增多，使跨国企业的运营成本变得更高。企业可能需要支付更多的进口税，或者为了避免这些税收，不得不花更多时间和金钱来寻找新的供应商，这都可能使成本上升。二是不确定性增加。因为贸易摩擦使全球市场充满不确定性，企业很难预测贸易政策会发生什么变化，以及这些变化会导致什么后果。这使得企业难以做出长期的投资和战略决策，可能对供应链规划和发展产生负面影响。三是全球价值链的变化。一些企业会通过供应链的重新调整，减少对特定国家的依赖以分散风险。这可能导致全球价值链的变化，一些国家可能会因此受益，而另一些国家则可能会因此受到负面影响。四是跨国合作和投资受阻。贸易摩擦可能导致一些跨国合作项目受到影响，同时，企业对跨国投资也会持更谨慎的态度。不稳定的贸易环境可能使企业在全球范围内的合作和投资减少。五是技术创新和产业升级。部分国家可能会加大对技术创新和产业升级的投资，以减少对特定国家的依赖。这可能导致某些领域的技术竞争加剧，从而影响全球供应链中的技术竞争力。六是国际合作受阻。贸易摩擦可能削弱国际合作和多边贸易体系，限制全球供应链中各国之间的合作，这可能阻碍全球经济的增长和发展。总的来说，中美贸易摩擦对全球供应链造成了混乱、不确定性和变化。企业需要根据不断变化的情况进行灵活调整，以适应新的贸易环境。

（二）《芯片和科学法案》

《芯片和科学法案》主要涵盖三个方面：一是向半导体行业提供约527亿美元的补贴，并为企业提供价值240亿美元的投资税抵免，以鼓励企业在美国研发和制造芯片；二是在未来几年提供约2 000亿美元的科研经费，重点支持人工智能、机器人技术、量子计算等前沿科技；三是禁止获得美国政府资金的公司在中国大幅增产先进制程芯片，期限为10年。拜登称，美国的芯片设计和研发保持领先，但全球只有10%的半导体是在美国本土生产的。新冠疫情期间供应链的中断导致美国家庭和个人生活成本上升，因此需要在美国本土生产这些关键芯片，以降低日常生活成本并创造更多就业机会。

美国采取的措施类似于《三体》故事中的智子式封锁，这是一种限制地球科技发展的手段。就像故事中的外星文明利用智子阻止地球文明深入研究基础物理科学一样，《芯片和科学法案》背后也有类似目的。美国试图通过限制底层基础技术的发展，来消除与其他地区的竞争压力。美国经济分析局曾经对数字经济进行了一次深度剖析，将其分成三个层次，就像一座楼房有地基、中层和顶层一样。首先，数字经济是地基，类似于建设楼房所需的坚实基础。其次，平台经济中的平台是中层，就像楼房的中间部分。在中国，消费互联网领域就是表现出色的中层,阿里巴巴、腾讯等企业在这方面已经站在了世界前沿,甚至可以与美国一些顶尖企业相媲美。最后,顶层就是拓展层,各行各业都在这里通过数字化方式进行改造,使整个产业实现数字化,最终构建现代化的产业体系。这样一幢楼房有着丰富多彩的角色和完整的数字经济生态系统,而芯片就是数字经济的底层,它的重要性不言而喻。如果在最基本、最核心的底层技术基础上需要依赖其他国家,那些前沿产业(如人工智能、物联网等)无疑是空中楼阁,只要对方稍微牵制,整个产业就会摇摇欲坠。所以无论是对于中国,还是对于美国,甚至对于全球而言,底层基础的发展都至关重要。

中国半导体产能受到牵制,一方面是由于整体的安全意识不够强,另一方面也跟芯片制造的难度相关。半导体产业涉及高度敏感的技术和知识资产。安全意识不足可能导致知识产权泄露和技术盗窃,从而损害中国企业的竞争力和国家安全。此外,半导体产业的成功需要一个完善的创新体系,包括基础研究、产业研发、人才培养等方面。尽管中国在半导体设计和研发方面已取得一些进展,但整体创新体系仍有改进的空间。为了构建更强大的半导体产业,中国需要加强对基础研究的支持,吸引和培养半导体领域的高级人才,并鼓励创新投资和合作,这样才能推动芯片技术不断突破,增强自主创新能力,以应对全球竞争的挑战。

在美国和中国围绕半导体行业持续进行的技术争夺中,美国的举措对半导体供应链造成了巨大的破坏。[1] 美国于2022年10月发布了出口管制禁令,对芯片制造设备的销售限制还将打击中国本土

---

[1] 参见 https://thediplomat.com/2023/05/decoding-chinas-escalation-of-the-chip-war/。

芯片制造商的业务，包括中芯国际、长江存储和长鑫存储等企业。[1]紧随其后的日本、荷兰等主要芯片制造商，也非正式地禁止向中国企业出口其技术。对此，中国政府限制美国最大的存储芯片制造商美光科技向中国的"关键国家基础设施运营商"出售其产品。[2] 此举是在中国国家互联网信息办公室（CAC）2023年3月启动的为期7周的调查结束后做出的。其报告指出，美光的产品"对中国关键信息基础设施供应链构成重大安全风险"。中国的反击行动是在两个事件的背景下发生的。一是2023年5月在广岛结束的七国集团峰会决定降低关键技术供应链的风险并使之多样化，这给中国带来了新的风险。二是美光宣布将在日本投资36亿美元。双方之间的竞争和冲突一直存在，并且在半导体战争中进一步升级。[3]

科技专家和研究人员认为，中国对其他国家的计算机芯片供应依赖可能对中国电动汽车发展构成威胁。[4] 中国汽车技术研究中心指出，中国的芯片制造业相对年轻，难以应对半导体短缺所带来的生产中断、交货延迟和成本上升等问题。一份报告指出，未来两三年中国仍然需要大量购买半导体芯片。由于交货延迟长达一年，这意味着中国的汽车制造商可能会被迫向深圳等城市的芯片经纪人支付昂贵的溢价，那里存在半导体的"灰色市场"交易。比如，新加坡的经销商凯尔文·庞就能够从中国的芯片短缺中获利。其购买了62 000个微控制器（MCU），这些芯片可以用于汽车发动机、变速箱、电动汽车动力系统以及充电等。最初，这些微控制器在德国的售价为每个23.8

---

[1] 参见 https://cn.nytimes.com/usa/20221008/biden-chip-technology/。
[2] 参见 https://www.cac.gov.cn/2023-05/21/c_1686348043518073.htm。
[3] 参见 https://techcrunch.com/2023/05/18/micron-to-invest-3-6b-in-japan-for-next-gen-memory-chips/。
[4] 参见 https://www.asiafinancial.com/chip-shortage-in-china-could-curb-its-ev-momentum。

美元，而他现在计划以每台375美元销售给中国深圳的汽车供应商。他表示，他已经拒绝了每件100美元，即整套620万美元的报价，该套装小到可以放入汽车后座，目前包装在中国香港的一个仓库中。"汽车制造商需要供应，"他说，"我们可以等待。"他表示，过去几年，全球芯片短缺是由新冠疫情期间供应混乱和需求旺盛造成的，原本大批量、低利润的贸易有可能带来巨大的财富。全球范围内的汽车芯片订单时间仍然很长，但成千上万的经纪人正在关注中国。

字节跳动是TikTok及其中国同行抖音的开发者，有自己的软件文档，依靠英伟达硬件来训练其推荐算法。[1] 包括阿里巴巴和百度在内的几家中国公司正在开发硅芯片，旨在与英伟达和超威半导体公司的芯片竞争，但这些芯片都需要在中国境外制造，而中国境外的制造目前已被禁止，因此它们面临着无法制造这些芯片的困境。这种无法在境外制造芯片的局面可能会严重拖慢中国人工智能项目的进展。中国领先的国内芯片制造商中芯国际目前采用的是14纳米一代芯片制造工艺，这指的是芯片上元件的封装密度。与此同时，台积电和三星已转向更先进的5纳米和3纳米工艺。2022年7月，中芯国际声称可以生产7纳米芯片，但产量较低。

任何中国公司跟上芯片制造进步的能力都受到限制，因为它们无法获得制造元件小于7纳米一代芯片所需的极紫外光刻机。唯一的制造商荷兰阿斯麦应美国政府的要求不再对中国出口。芯片分析师Real World Insights总裁大卫·坎特表示，由于晶体管密度更大以及其他设计改进，5纳米一代半导体技术的运算速度大约是14纳米技术的3倍甚至更高。然而，此举不会一夜之间关闭中国人工智能

---

[1] 参见 https://www.wired.com/story/us-chip-sanctions-kneecap-chinas-tech-industry/。

产业的大门。中国的企业正在采取措施来应对外部限制。

《芯片和科学法案》对全球芯片产业产生了重大影响。这个法案的目标是稳固美国在技术和供应链方面的领先地位，以及确保制造业的活跃性。法案规定，接受联邦财政援助的企业需要遵守一项规定，即不得在中国或其他相关国家大规模扩张半导体制造业。其中一个要点是，新的半导体生产设施将受到这些限制，但并不影响主要生产传统半导体的企业。这样做的目的是确保已有的传统半导体制造设施不会受到不必要的干扰。同时，为了使这些限制与半导体技术的现状和美国出口管制条例保持一致，美国将定期重新评估受限技术的范围。换句话说，接受资金的企业不向中国出口高端芯片设备，也不能在中国投入高端芯片生产线，至于涉及哪些技术、哪些设备类型，美国自己说了算。美国实施此项措施之后，或将中断部分电子信息行业或者新一代信息技术产业链，整个行业无法形成以前的长尾效应，逐渐演变成短尾效应。①

此外，为了促进政策的执行，美国提出了"弹性供应链"概念，即把供应链的整个环节尽量缩短，使之变得更有弹性、更加灵活，能够应付各种情形。这样一来，疫情、政策的变化，甚至国际冲突等因素，对供应链的影响都会降到最小，因为整个供应链已变得更加紧凑、短促。举个例子，在美国与日韩密切合作的模式中，它们相互连接，共同完成芯片的全链路流程，包括设计、制造和封装。这种模式就像一个小闭环，短期内可以确保芯片生产的安全性。这种模式看似可以在短期内解决供应链问题，一旦形成区域性的封闭式供应链，很

---

① "短尾效应"（Short Tail Effect）与"长尾效应"（Long Tail Effect）相对应，指的是在某个分布或数据集中，大多数数据点集中在一些特定值或范围内，而较少的数据点分布在尾部或极端值附近的现象。

多创新源头和模式都将被限制。因此，我们需要寻求一种更加平衡的办法，既能够保证供应链安全，又能够保持创新力和开放性。

中国企业通过技术创新和产业链整合应对挑战。一是进行自主研发和创新：中国企业积极推动本土芯片设计和制造能力的发展。通过自主研发和创新，努力减少对进口芯片的依赖，并提高本土芯片的质量和性能。这涵盖了多个领域，包括移动芯片、高性能计算芯片、人工智能芯片等。二是进行技术合作和跨界创新：中国企业也在技术合作和跨界创新方面寻求与国际合作伙伴合作，共享技术和知识，加速芯片技术的发展。此外，还借鉴其他行业的技术创新，例如在人工智能、云计算和物联网等领域的经验，推动芯片技术的进步。三是增强产业链的自给自足：中国企业努力实现芯片产业链的自给自足，减少对外部供应链的依赖。这包括在芯片制造设备、材料和关键组件等方面的发展。通过整合产业链，中国企业能够更好地控制供应链，降低供应链中断的风险。四是进行垂直整合和增强合作伙伴关系：中国企业积极从设计、制造、封装到测试等环节进行整合，以提高供应链的效率和稳定性。此外，还与供应链中的合作伙伴建立紧密的关系，加强协作和协调，以应对全球芯片短缺的挑战。这些努力有效地增强了中国芯片产业的竞争力。

（三）《通胀削减法案》

2022年通过的《通胀削减法案》旨在解决几个重要问题：一是减少政府的赤字（即财政赤字），二是抑制通货膨胀，三是投资国内能源产业，四是降低医疗保健药品的费用。这个法案于2022年8月16日由美国总统拜登签署通过。本质上，该法案是拜登政府在2021年提出的《重建更好未来法案》的缩小版。法案预计将筹集 7 370 亿美元资金，总投资 4 370 亿美元，从而使赤字削减超过 3 000 亿美元。它允许美国国家老年人医疗保险制度（Medicare）协商降低处方药价格，并将扩大的平价医疗法案（ACA）计划延长 3 年，直至 2025 年。如表 6-1 所示，在筹集的 7 370 亿美元收入中，对 2 220 亿美元征收 15% 的最低企业税。与此同时，该法律不对年收入 40 万美元及以下的家庭以及某些小企业征收新税。

表 6-1　2022 年《通胀削减法案》

金额（亿美元）	来源
收入	
2 220	15% 的企业最低税
2 650	处方药定价改革
1 240	加强国税局（IRS）税务直发
740	1% 的股票回购
520	损失限制延长
7 370	筹集的总收入
投资	
3 690	能源安全和气候变化投资
640	平价医疗法案延期
40	西部地区的抗旱能力
4 370	总投资
3 000 以上	池子总额减少

资料来源：GovTrack.us。

《通胀削减法案》将在短期内削减数百万美国人的家庭能源和医疗保健费用，同时减少预算赤字并对抗通货膨胀。该法案将改善美国人的健康，同时使数百万美国人负担得起健康保险和处方药。该法案的健康条款将削减工薪家庭和老年人的费用，支撑医疗保险的财务状况，并在 10 年内为政府节省 1 730 亿美元。值得一提的是，该法案也将进行有史以来最大规模的投资，以解决气候变化问题和推动清洁能源生产。这些投资将在未来几十年内帮助降低家庭和企业的成本、提高生产效率、促进经济增长，并减轻通货膨胀的压力。法案还将修补税收漏洞，强化执法，以确保大公司和富人履行纳税义务。与此同时，它将为中低收入家庭提供税收减免，以降低数百万美国人的家庭能源和医疗保健成本。这意味着法案旨在实现多方面的好处，包括减轻个人开支、改善国家财政状况和推动环保能源产业。

美国的一些政策决定可能会在全球供应链中泛起涟漪。让我们来看看这些决策如何影响各行各业。首先，如果美国增加了国内能源产量，可能会减少对一些能源进口的依赖，从而影响相关国际供应链的平衡。其次，能源价格的变化也可能影响全球市场的竞争力和成本结构。通过允许 Medicare 协商降低处方药价格，该法案可以减少美国国内药品的成本。这可能对全球医疗产业的供应链产生影响，因为美国是全球医药市场的重要参与者之一。药品价格的下降可能会影响跨国药企的市场份额和利润。最后，赤字削减可能导致政府支出减少，从而影响一些国内产业的需求。这可能会对特定领域的全球供应链产生影响，特别是那些依赖于政府支出的产业。法案要求对部分企业征收最低企业税，这可能会影响美国国内企业的盈利能力和投资决策。如果企业税收增加，企业就会在全球范围内进行战略调整，这可能影响企业自身在供应链中的角色和地位。然而，免除小企业和低收入家庭的新税有助于维持国内消费需求。将平价医疗法案计划延长，可能会影响美国国内医疗产业的需求和结构，这也会对医疗设备和药品供应链产生一定程度的影响。

法案里面有三个重要的税收改革。首先，对于那些赚很多钱的企业，要确保它们缴纳最低的企业税。其次，那些买回自己公司股票的企业，也需要支付一些税，大约是它们购股金额的1%，并在未来10年向国税局投资800亿美元，以增加企业所得税。最后，在税务执法方面，这些改革将对抗通货膨胀，使税收制度更加公平，创造收入并减少预算赤字，同时不会提高中等或低收入工人和家庭的税收。2022年《通胀削减法案》对全球供应链的影响有以下几点。①

第一，15%的企业最低税。该法案对企业征收15%的最低税，以帮助支付气候和医疗保健措施的费用。对于年收入10亿美元的跨国公司，新的15%的最低税可能会影响其全球运营和供应链战略。企业可能会考虑重新配置业务和投资，以适应税收环境的变化。据税收联合委员会（JCT）的估算，这一税收政策将在未来10年内为政府创造约2 220亿美元的税收。此外，参议员克里斯滕·西内玛（当时的亚利桑那州民主党人）为了增加她的"赞成"票，提议在新政策中设立一些免税条款，包括允许公司使用加速折旧来减少税负，以支持新的投资。但需要注意的是，这些免税条款并不适用于私募股权公司的子公司以及小型企业。

第二，能源安全和气候变化投资。该法案最大的投资是针对能源安全和气候变化，总额为3 690亿美元，包括以下内容。一是商业激励和税收抵免，包括鼓励企业部署低碳和无碳能源；能源生产和风能、太阳能、地热能投资的税收抵免；电池存储和沼气投资的税收抵免；对核能、清洁能源氢能、生物燃料以及从化石燃料发电厂捕获碳的技术的投资给予税收抵免。这些政策可能引导能源产业在全球供应链中的定位和分布发生变化，同时也推动了可再生能源技术的发展和

---

① 参见 https://www.investopedia.com/inflation-reduction-act-of-2022-6362263 https://www.natlawreview.com/article/relief-arrives-renewable-energy-industry-inflation-reduction-act-2022。

应用。二是企业和消费者激励措施，包括激励公司和消费者选择更清洁的能源；住宅清洁能源成本的税收抵免，如屋顶太阳能、热泵和小型风能系统；电动汽车税收抵免，新电动汽车最高 7 500 美元，二手电动汽车最高 4 000 美元；商业建筑能源效率税收抵免；提供赠款和贷款，帮助公司减少石油和天然气中的甲烷排放；对甲烷排放超标的生产者征收费用；将 270 亿美元用于清洁能源技术的额外激励。

第三，对其他国家的影响。这项法案对其他国家也会造成重大影响。《通胀削减法案》被视为美国履行自身气候行动承诺的重要一步，对非美国国家也将产生一系列影响。一是这项法案将激发美国在国际气候领导方面的作用。通过采取积极行动，美国将在全球气候谈判和合作中发挥更积极的作用，推动全球范围内的气候行动。二是由于美国经济庞大，这个法案将为低碳技术的研发和推广提供强大的经济动力。这意味着美国将投入更多资源和创新来推动低碳技术的发展，如可再生能源、能源储存、清洁交通等领域。在这个过程中，其他国家可以从美国的经验和技术进步中受益，加速自身在低碳领域的进步。三是该法案以机会为导向，强调了采取有效的气候行动不仅是一种责任，也是一种经济机会。通过推动可持续发展和低碳经济转型，可以创造经济增长和就业机会。这一理念向其他国家展示了一种平衡气候行动和经济发展之间关系的方式，激励它们以相似的方法来应对气候挑战。

《通胀削减法案》对国际的影响广泛。它将激励美国在气候问题上发挥更大的领导作用，为全球气候行动注入新动力。与此同时，美国的经济规模将推动低碳技术的发展，为其他国家提供合作和学习的机遇。这个法案还提倡以机会为核心的气候行动理念，这意味着经济和环境之间的平衡，这个理念将成为其他国家效仿的榜样。这不仅促进了全球可持续发展，还有助于我们共同应对气候变化挑战。为了更好地理解，可以将这个法案想象成全球气候保护的带头人，它点燃了一把全球气候行动的火炬，并为其他国家提供了拿起这支火炬的机会，共同前进，寻求经济繁荣和环境可持续发展的平衡之道。

四、政府制度化供应链决策引导产业发展和供应链重塑

政府主导模式在经济和产业中发挥着重要的作用，它强调政府在引导、规划、促进经济和产业发展方面的作用。这种模式通常涉及政府在资源配置、市场调节、产业发展、创新推动等方面的积极性，以实现特定的经济目标和社会利益。当政府介入经济事务时，它扮演多种关键角色，就像一支多功能团队，共同推动经济的繁荣和可持续增长。

一是在产业发展引导方面，政府制定产业政策、规划和战略，就像一位导航师指引航行方向一样，引导特定领域或产业的增长。这包括投入资源、提供财政支持以及鼓励创新，以推动战略性新兴产业的壮大和升级，也有助于增强产业的竞争力和创新潜力。二是在投资和基础设施建设方面，政府在基础设施领域扮演关键角色，就像建设者一样，投资兴建公共设施，如道路、桥梁、电力和通信网络，为经济提供必要的基础设施，就像房屋需要坚实的地基一样，确保经济的稳定和可持续增长。三是在创新和科技发展方面，政府在促进创新和科技发展上扮演着重要角色，是科技的推动者。政府可以进行投资、设立科研机构、促进技术合作，从而推动新技术的研发和应用，提升产业的竞争力和创新能力。四是在市场调节和公平竞争方面，政府的任务之一是监管市场，承担市场调节监

管的角色。它通过制定法律、法规和政策来确保市场的公平竞争环境，防止垄断行为，维护市场秩序和稳定。五是在资源配置和社会公益方面，政府有责任优化资源分配，确保资源不仅不被少数人的利益所垄断，还能为广大人民创造福祉。它可以通过税收政策和社会保障系统来实现资源的公平分配。六是在经济平稳调控方面，政府就像一位经济调控专家，在经济波动和危机到来时采取适当的措施，以维护经济的稳定。它可以实施货币政策和财政政策，控制通货膨胀，使经济稳定增长。七是在生态环保和可持续发展方面，政府就像环境保护专家，可以制定环境政策和减排标准，引导产业实现绿色发展，保护生态环境。

政府主导模式对供应链重塑会产生哪些影响呢？想象一下，全球供应链就像一条脆弱的链条，一旦有意外事件或者政治纷争，这条链条就有可能发生断裂。所以各国纷纷开始重新审视自己的供应链计划，并采取一系列政策和措施来改变供应链方式，使它更强壮。它们为本国企业提供帮助，比如给予奖励以降低生产成本，提高竞争力，吸引外国投资。此外，它们还利用关税政策来保护自己的产业，减少对其他国家产品的依赖。总之，政府正努力改善供应链，让国家更加自给自足，而不那么依赖其他国家。这就像是政府在玩一场改变供应链的大游戏，目标是创建更强壮和更可靠的供应链。

这个趋势的核心是追求对供应链的控制和自主权。政府领导的改革计划的目标，是确保国家在关键领域具备足够的生产和供应能力，以应对潜在的风险和挑战。这也被看作提升国家经济安全和自主性的一种努力。但是，政府主导的趋势也引发了一些讨论和争议。有人认为，过多地依赖政府干预可能导致市场扭曲和资源分配不均。因此，在实施相关政策时，需要综合考虑各种因素，以确保平衡经济效益、市场竞争和国家战略目标。简而言之，政府应该权衡如何在保持掌控、提高自主性的同时，不干扰市场的正常运作和资源的公平分配。

总体而言，争端和挑战已经推动全球供应链重塑朝着制度化决策和政府主导的目标行业改革方向发展。预计未来，各国政府将继续通过补贴和关税等政策来支持本地制造业，确保供应链的可控性和自主性。然而，在追求这一目标的过程中，需要平衡各种利益，以实现可持续的经济发展和全球合作。

本章小结

- 全球供应链正在经历重大转型，由于各种突发事件和地缘政治风险的影响，各国政府正在采取主导角色进行供应链重塑。
- 制度化决策已经成为供应链重塑的主要驱动力。政府采取的政策和措施，包括提供补贴、设定关税等，来推动变革。
- 这些政策和措施反映出各国对供应链的可控性和自主性的追求，以应对可能的风险和挑战。
- 政府主导的供应链重塑可能导致一些争议，例如可能导致市场扭曲和资源分配不均，因此在推动这一趋势时需要平衡各种利益。
- 预计这种政府主导和制度化决策的趋势将在未来继续，但在推动过程中，需要平衡追求经济效益、保护市场竞争和实现国家战略目标之间的关系。

第七章

全球供应链的新格局

我们现在正处于一个更加复杂和具有挑战性的时代的边缘。亚洲将面临加剧的全球挑战，这些挑战来自贸易紧张局势、技术发展、人口老龄化、向净零排放过渡以及资本动态等方面。了解亚洲正在发生的重大转变及其影响对各行各业的利益相关者至关重要。
　　——成政珉，麦肯锡全球研究院中国院长

全球供应链正在经历一场深刻的变革，区域化和全球化的力量在不同的环节上相互作用，形成了一个复杂而多元的新格局。在这个格局中，产品供应链的下游越来越倾向于区域化，企业为了应对自然灾害、地缘政治风险和可持续发展的挑战，不断缩短物理距离，以提高灵活性和效率。而产品供应链的上游则依旧保持全球化，关键原材料的供应受到资源分布的不均和技术限制的制约，不同的国家之间需要跨越国界和地域，以寻求供应链的稳定和安全。在这个新格局中，中国扮演着重要的角色，既拥有巨大的机遇，也面临严峻的挑战。与此同时，金融、技术标准和数字化技术的发展也在加速无形要素的全球化，为跨国贸易和经济带来了新的动力和长远影响。

电动汽车行业的供应链网络较为复杂，随着电动汽车的市场需求日益增长，制造商也面临更多挑战。首先，电池是 EV 的关键部件，电池的生产需要锂、镍和钴等原材料，而这些金属的开采一般分散在全球各地。在获得原材料后，最终主要在亚洲的工厂进行组装，因此电动汽车制造商需要谨慎评估各种原材料的采购方式和地点。其次，半导体芯片是另一个生产成本高、耗时长的关键零部件。电动交通、消费电子、高科技等行业的发展增加了对半导体的需求，而新冠疫情的冲击限制了半导体的供应。为了克服这些挑战并提高产量，制造商必须为电池、半导体等高风险组件制定完善的采购策略。

著名的电动汽车制造商特斯拉是企业在复杂的全球化变革中管理供应链风险的一个范例。特斯拉致力于提高供应链透明度，要求新供应商必须披露其供应链的细节，以便公司通过第三方审计核实来源并识别风险。特斯拉根据供应商提供的信息制定供应链地图，通过访问供应链源头国家、审计、收集温室气体排放数据和引入外部利益相关者等措施，根据当地情况识别风险，并制定相应的风险管理措施。除此之外，特斯拉也致力于多元化采购来源，除了自己的电池制造业务，该公司目前使用的电池来自四家不同的供应商，涵盖三种不同的电池化学成分。这种多元化战略有助于降低对单一供应链的依赖，进一步提高企业在不确定的全球市场中的抗风险能力。[①]

特斯拉也在积极调整供应链布局，通过近岸生产提高供应链弹性。特斯拉正在墨西哥蒙特雷附近建造一个新的电池生产的"超级工厂"（Gigafactory）。该工厂将在第一阶段创造多达 6 000 个工作岗位，目标是每年生产 100 万辆电动汽车，计划于 2024 年投产。此举可能有助

[①] 参见 https://www.tesla.com/en_eu/impact/supply-chain。

于将墨西哥对美国的出口每年提高3.5%，即约150亿美元。[①]特斯拉进入墨西哥，不仅缩短了北美地区的下游供应链，还能促进跨境贸易，加速近岸业务的繁荣。

另外，特斯拉在上游所需的关键原材料方面仍然依赖全球化采购。近期，特斯拉对加拿大、智利、卢旺达、乌干达、刚果（金）和印度尼西亚等国进行了访问，以完成社会和环境风险评估。这一系列行动旨在了解小规模采矿对当地生计的重要性，同时探讨通过新技术采矿减少用水的影响。值得注意的是，硫酸镍是特斯拉生产电池的关键原材料之一。据预测，到2030年，中国每年将加工82.4万吨硫酸镍。宁德时代是特斯拉关键供应商，按吨位计算，宁德时代的硫酸镍供应商、中国矿业巨头GEM将持有最大合同。与之形成鲜明对比的是，北美和欧洲的年加工量要低得多，仅为14.6万吨。[②]这种差异也表明，至少在未来一段时间，特斯拉的上游原材料仍然依赖全球供应链。

特斯拉的案例体现了全球供应链的新趋势，即通过缩短下游供应链和区域化适应不断变化的市场条件，并获得竞争优势。通过在墨西哥建设工厂，特斯拉能够优化生产和分销物流，更快地向北美和南美市场交付产品。然而，尽管特斯拉采取措施将其制造流程区域化，关键资源的可用性仍然受到全球市场动态和特定地区（如中国）产能的严重影响。总之，特斯拉的供应链战略对下游区域化和上游全球依赖性之间的动态平衡具有重要借鉴意义。企业在努力优化供应链的同时，必须仔细评估全球经济动态变化所带来的机遇和挑战。

---

① 参见 https://www.bloomberg.com/news/newsletters/2023-03-07/supply-chain-latest-new-tesla-gigafactory-is-key-success-for-mexico。

② 参见 https://www.spglobal.com/mobility/en/research-analysis/a-reckoning-for-ev-battery-raw-materials.html。

本轮全球供应链的重构呈现出哪些新趋势？供应链的新格局对企业意味着哪些机遇与挑战？本章将着重探讨这些问题。

...

一、产品供应链下游呈现区域化格局

（一）下游实现区域化的原因：自然灾害、地缘政治风险、可持续发展

在全球化新阶段，下游供应链正在经历一场革命性的演变。面对自然灾害、地缘政治风险、可持续发展目标等新挑战，企业不得不寻求更灵活的解决方案。可以看到下游供应链也正朝着区域化重构的方向迈进，努力缩短物理层面的供应链距离，带动这一趋势的主要因素包括以下方面。

1. 自然灾害和地缘政治风险促进关键产业回流

在供应链受到自然灾害或地缘政治影响的情况下，尤其是这些因素发生在远离终端市场的供应链环节时，物流运输的困难和成本将对产品供给产生严重影响。在这种情况下，通过缩短供应链的物理长度，可以有效减少物流、资金和信息响应时间，从而降低不确定性。事实上，许多跨国企业已经采取了将供应链从受影响的国家迁至终端市场国家的措施，以应对政策上的冲击。例如，英国脱欧

之后，大量总部设在英国，主要服务欧洲市场的跨国企业出于"与英国脱欧相关的原因"，纷纷寻求在荷兰、奥地利、比利时等地设立分公司和仓库。时任奥地利数字与经济事务部部长施兰伯克表示："这是因为英国不再是欧盟的一部分，它现在遇到贸易壁垒。即使达成了贸易协议，也会担心这些壁垒将阻碍英国在欧盟内部开展业务。"[1] 近年来，随着地缘政治冲突越发频繁和紧张，除了跨国公司，各国政府也更加重视保持供应链弹性的重要性，并且从国家层面出台政策确保关键产业的供给。例如美国立法通过促进高端制造业回流的《通胀削减法案》和《芯片和科学法案》，欧盟立法通过旨在确保安全和可持续关键原材料供给的《关键原材料法案》，中国也在"十四五"规划中着重强调发展集成电路、航空航天、先进设备等重点产业集群。

2. 产业向区域内回流，同时也带动了跨区域的外国投资

中美贸易摩擦导致出口成本上升，推动越来越多的中国制造商将目光投向墨西哥。墨西哥拥有相对较低的劳动力成本，并且受益于《美墨加协定》的税收优惠待遇。此外，墨西哥地理位置靠近美国消费市场，意味着物流周期较短，供应链中断的风险大幅降低。在贸易摩擦中，关税的不断上涨已经压缩了一些劳动密集型产业微薄的利润，使得中国制造商加大了对墨西哥的投资和建厂。以墨西哥为目的地投资建厂的趋势，在家具制造这类本身利润率较低的劳动密集型产业表现尤为明显——贸易摩擦期间一轮又一轮的关税，早已将企业微薄的利润压缩得所剩无几。2021 年 10 月，中源

---

[1] 参见 https://www.theguardian.com/politics/2021/jan/30/uk-firms-plan-to-shift-across-channel-after-brexit-chaos。

家居宣布在墨西哥投资 2 000 万美元建立北美市场的生产基地。同年 12 月，顾家家居宣布投资 1 550 万美元在墨西哥建厂。2022 年 1 月，敏华控股公告披露在墨西哥购买了 33.89 万平方米的土地用作建设工厂，公司预计该项目将"降低物流成本，应对全球海运运费波动风险"[①]。

类似的趋势在欧洲也有所体现，中国的汽车零部件制造企业纷纷进军欧洲。2022 年 9 月，诞生于宁波市小港工业开发区、现已跻身全球汽车零部件百强企业的敏实集团在波兰的工厂动土开工；2023 年，比亚迪透露正在为其在欧洲的首个汽车工厂评估厂址，值得注意的是，候选名单中没有英国，可见稳定是企业建立供应链的首要考虑因素之一。[②]

除了制造业，跨境电商也相继涌入欧美市场。近年来，越来越多头部电商平台寻求出海。早在 2010 年，阿里巴巴成立了跨境出口 B2C 平台 AliExpress；2022 年 9 月，拼多多海外版 Temu 在美国上线，10 月就超越亚马逊、沃尔玛，成为美国下载次数最多的购物软件；[③] 字节跳动在 2022 年底推出了 TikTok Shop。在欧洲，电子商务平台多选择西班牙，一是由于当地相对友善的商业政策和便利的海运条件，二是考虑借鉴 AliExpress 在西班牙相对成功的经验。2022 年 12 月，阿里巴巴在西班牙推出了面向中高收入者的新平台 Miravia；TikTok Shop 西班牙站于 2023 年 2 月进入内测；Temu 在 2023 年 4 月同时上线了包括西班牙在内的 6 个站点。区别于中国消

[①] 参见 https://asia.nikkei.com/Spotlight/Caixin/In-Depth-How-Chinese-factories-are-finding-their-way-to-Mexico。

[②] 参见 https://www.scmp.com/news/asia/south-asia/article/3218025/chinese-companies-are-moving-supply-chains-out-china-manage-risks-india-malaysia-and-indonesia。

[③] 参见 https://www.sohu.com/a/644693587_121332532。

费者习惯通过手机在第三方平台购物，欧美消费者更习惯在个人计算机端浏览品牌官网，因此除平台模式以外，公司建立品牌网站直接面对消费者的"独立站"模式下的跨境电商消费网站，也在海外非常流行，其中最引人关注的是估值一度高达千亿美元的SHEIN，它采取"小单快反"的柔性供应链，在提高效率的同时满足消费者需求，迅速占领了海外市场。

3. 可持续发展的目标要求企业缩短碳足迹

随着制造业稳定地向可持续制造发展，社会对企业可持续发展方面的关注更加广泛和深入，投资者对企业环境保护、社会责任和公司治理（ESG）相关信息的期望也在增长，同时，监管方面也要求企业披露更多与供应链相关的碳排放信息，这些因素共同推动企业将可持续供应链因素纳入采购决策和上下游管理。由于缩减供应链环节或缩短各环节间的物理距离有助于构建可持续供应链，企业为实现可持续发展目标进行的供应链调整也导致了供应链的缩短。欧洲一直以来被视为实践可持续发展理念的先驱，2023年4月25日，欧盟理事会投票通过了碳边境调节机制（CBAM，也称为"碳关税"），10月1日起试运行，这意味着碳关税完成了立法程序的最后一步，欧盟将成为首个征收碳关税的经济体。根据中金测算，碳关税的实行将导致中国对欧出口下降6.9%，机械设备、金属制品、石油化工等行业受到的冲击最大。[①]

美国则着眼于增材制造技术。增材制造即3D打印，是基于数字化逐层堆叠材料，最终创建3D物理对象的过程。与传统的通过

---

① 参见 https://research.cicc.com/frontend/recommend/detail?id=2848。

切割整块固体材料直到完成最终产品的制造过程相反，增材制造与传统制造流程相比，具有降低材料成本与能源消耗、提高生产速度和产量、缩短交货时间、灵活快速响应需求等优势。美国白宫发布的公告《利用增材制造提高供应链弹性，支持中小型企业》[1]中，提到了通用电气航空使用增材制造制作发动机的燃油喷嘴的案例，此举既节省了30%的成本，又使新燃油喷嘴的重量减轻了25%，耐用性提高了5倍。除了环境红利，增材制造对于美国更大的意义仍是提高本土制造业实力，减少对海外锻造和金属加工方面的依赖。美国期望发挥自身在3D打印技术方面的优势，培育应用增材制造技术的本土供应商，拜登政府颁布的"增材制造前沿"计划，联合通用电气、霍尼韦尔等大型设备制造商，从资金、技术等方面支持中小企业使用增材制造技术，以解决中小供应商面临的前期投入高和需求不确定性难题，同时缓解下游制造商对技术溢出效应的顾虑。伴随着技术进步和政策扶持，增材制造或许将成为美国重塑本土供应链的一剂药方。

（二）中国在产品供应链下游区域化中的优势和挑战

全球供应链正由传统的跨多个大陆的庞大模式逐渐向区域化转变，各国也正积极参与区域化的建设，在这种持续变化的格局中，中国仍以独特优势保持着全球供应链网络中的关键地位。

---

[1] 参见 https://www.whitehouse.gov/cea/written-materials/2022/05/09/using-additive-manufacturing-to-improve-supply-chain-resilience-and-bolster-small-and-mid-size-firms/。

1. 中国仍是全球和区域供应链网络的重要枢纽

以联合国商品贸易统计数据库的出口数据计算，2021年中国出口总价值为3.36万亿美元，是世界第一大出口国，与中国有关的贸易价值占世界总贸易的26%，中国在世界贸易网络中毋庸置疑是重要的节点。

在亚洲的区域贸易网络中，中国也占据主导地位。从图7-1可以看出中国与亚洲国家的区域贸易联系越发紧密。相比全球贸易网络，中国在亚洲地区的一个突出优势是中国与亚洲国家的产业融合度很高，除地理位置邻近以及文化和历史的联系以外，还得益于亚洲国家经济在价值链上的互补性：亚洲各国专注于生产过程的不同阶段，中间品与制成品的供给需求契合，从而形成相互依存的供应链。如前文所说，不同国家和地区根据各自优势实现在全球供应链中的不同分工，这种分工有助于提高供应链的效率和灵活性。以近10年亚洲工业增长的核心——电子产业为例，研究亚洲供应链网络的动态变化及中国在其中的地位，发现亚洲的区域内贸易增长速度高于区域外贸易增长速度，这表明区域内部价值链正在扩大；而这种区域内的价值链联系更多地体现在中间品而不是制成品上，现在很多贴着"中国制造"标签的电子产品实际上是"亚洲制造"的产物，这反映了亚洲在电子产品领域完善的供应商基础；再进一步，亚洲完善的供应链得益于复杂的劳动分工，例如日本、韩国、中国台湾、新加坡等在价值链上进行研发和高端制造等高附加值活动，泰国、越南、印度等则更多地参与生产网络的组装，而中国正从最初的组装逐渐向价值链上游攀升，许多电子工厂逐渐转移至亚洲其他低成本地区，这种转移又进一步扩大了区域生产网络。

（十亿美元）　　　　　　　　　　　　　　　　（%）

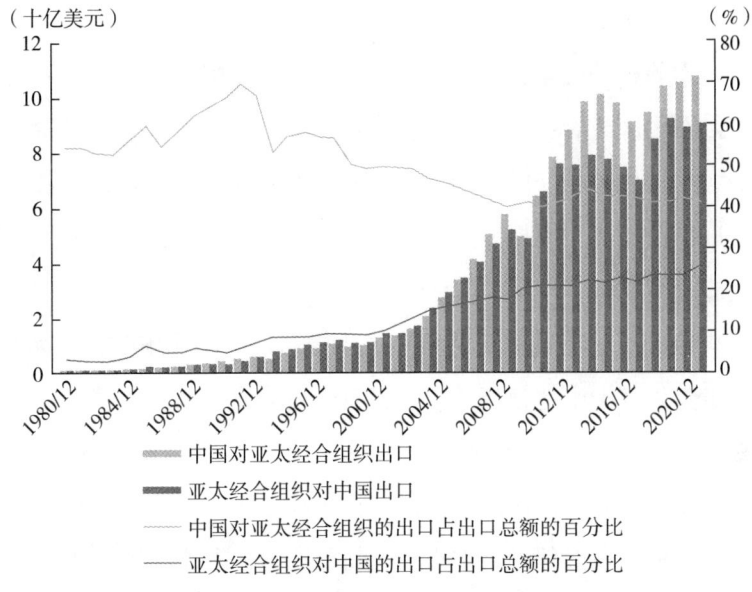

图 7-1　中国与亚太经合组织成员的贸易增长趋势

中国对亚太经合组织出口
亚太经合组织对中国出口
—— 中国对亚太经合组织的出口占出口总额的百分比
—— 亚太经合组织对中国的出口占出口总额的百分比

资料来源：戴德梁行报告。

区域化格局正在全球范围内逐渐显现，中、美、欧三足鼎立是区域化的主要趋势，其他小国家将在这一大格局中寻求自己的定位。其中，墨西哥、加拿大与美国的紧密合作以及东南亚与中国之间的积极互动表明，这些国家已充分认识到邻近的市场潜力和合作机会。中国作为人口大国，拥有巨大的市场潜力，吸引了东南亚国家的目光。共建"一带一路"倡议为双方提供了合作的平台，促进了贸易、基础设施建设和文化交流。这种积极互动给东南亚国家带来了发展机遇，同时也持续扩大了中国的区域影响力。

2. 中国仍具有消费市场的优势

设想一个手机制造商从日韩进口零部件，生产的手机主要销往全球最大的智能手机市场——中国。[①]考虑到物流时效、运输及劳动力成本等种种因素，企业不太可能选择在美国进行组装，大概率会直接在中国或者周边国家建设工厂，也就是说生产地点倾向于靠近最大的消费市场。随着消费重心向亚洲移动，中国制造越来越成为"近岸"而非"离岸"生产，下游短链化的趋势将促进中国本地的制造业发展。

本地市场效应可作为消费市场规模对制造业影响的理论解释。克鲁格曼认为，本地市场效应是指对于运输成本高、规模效应强的产品，大国更容易成为净出口国。这是由于在固定成本和规模经济下，企业倾向于将商品的生产集中在一个地区，并且考虑到运输成本，这个地区一般邻近需求市场。简单来说，本地市场效应意味着市场规模和制造生产之间存在正向联系。戈登·汉森等人从实证角度验证了本地市场效应。他们选取了处于共同优惠贸易区的双边贸易关系，比较了两国之间运输成本高、规模效应强的商品与运输成本低、规模效应弱的商品的出口情况，以验证本地市场效应的存在。结果发现，本地市场效应的强弱取决于运输成本。对于运输成本非常高的行业，本国市场规模决定了该国的出口；而对于运输成本相对适中的行业，本国和邻国的市场规模总和决定了这个国家的出口。在这种情况下，一个国家的市场规模对区域内邻近国家具有正外部效应。

中国消费市场的迅速增长也印证了本地市场效应。2012—2021年，中国社会消费品零售总额从 20.6 万亿元增长到 44.1 万亿元，年均增长接近 9%，成为仅次于美国的全球第二大消费市场。[②]麦肯

[①] 参见 https://www.counterpointresearch.com/insights/global-smartphone-share/。
[②] 参见 https://www.gov.cn/xinwen/2022-03/31/content_5682605.htm。

锡预测，到 2023 年，以中国为代表的发展中国家将占据全球消费市场的 51%。① 普华永道发布的《上海美国商会 2021 年中国商业环境调查》显示，参与调研的企业中，53% 的企业表示目前在华的主要战略是"为中国市场生产或采购商品（服务）"，58% 的企业表示 2020 年在华的首要投资领域是"销售、营销及商务拓展"，这说明外资企业正在投入资金争抢中国的消费市场。②

尽管中国消费市场的绝对体量可观，但相对 GDP 占比仍偏低，并且多种因素对消费市场的增长前景构成挑战。根据世界银行的数据，大多数国家消费在 GDP 中的占比稳定在 60%~90%，而中国依然保持在 60% 以下，是 G20 成员中消费水平较低的国家，可见中国的消费市场仍有很大提升空间，而一些因素对中国消费市场的进一步扩张造成挑战。

首先，高房价对消费的挤出效应。一方面，高房价加剧居民的债务负担。在 2008 年全球金融危机之后，中国的家庭债务持续攀升，到 2018 年底，家庭债务占到 GDP 的 52.6%，高于新兴经济体的平均水平。③ 如此高的债务累积速度主要源于住房抵押贷款的强势增长，2018 年底，住房抵押贷款在家庭债务中的占比接近 2/3。而高负债水平会一直限制消费支出，人们出于优先偿还债务的考虑，对可支配收入的支出会变得更加谨慎。许多研究也表明，高家庭债务对长期消费和经济增长具有负面影响。另一方面，高房价导

---

① 参见 https://www.mckinsey.com/~/media/mckinsey/featured%20insights/innovation/globalization%20in%20transition%20the%20future%20of%20trade%20and%20value%20chains/mgi-globalization%20in%20transition-the-future-of-trade-and-value-chains-full-report.pdf。

② 参见 https://www.amcham-shanghai.org/sites/default/files/2021-09/CBR-2021.pdf。

③ 参见 https://www.imf.org/en/Publications/WP/Issues/2019/11/27/Assessing-Macro-Financial-Risks-of-Household-Debt-in-China-48710。

致的高物价也限制消费者的支出能力。近年来，中国尤其是发达城市的生活成本不断上升，昂贵的住房、医疗和教育等刚需性支出在很大程度上抑制了消费者在可自由支配项目上的支出。

其次，社会保障体系相对不完善，导致居民有较高的预防性储蓄需求。根据海恩·利兰的预防性储蓄假说，社会保障具有经济稳定器的作用，它通过减弱消费者对未来的不确定性来降低预防性储蓄的动机，从而提升消费水平。尽管中国在过去几十年间经济和城镇化率的快速增长取得了可观成就，但医疗、教育、养老等公共服务供给仍显不足，社会保障体系仍待完善。根据经济合作与发展组织（OECD）测算，中国社会公共支出约占 GDP 的 10%，高于亚太地区的平均水平，但相比 OECD 平均水平的 20% 仍明显偏低。[①] 除公共支出规模偏低以外，我国社会保障体系还存在一些需要关注的方面，例如，多层次社会保障体系建设有待加强，社会保障的公平性有待提高，以及对多元化就业的保障有待增加。随着人口老龄化趋势加剧，社会养老保险基金和医疗基金将面临更大压力。这些不足导致居民倾向于抑制支出、增加储蓄来给自己更多保障。

新冠疫情的冲击和经济不确定性进一步降低了人们的消费意愿。家庭收入增长放缓、就业（尤其是青年就业）市场疲软、能源和食品价格升高等因素导致消费者信心低迷，多数家庭选择增加预防性储蓄。疫情暴发前后中国居民储蓄率骤增约 5 个百分点，随后在 30%~35% 的较高水平波动。到 2023 年，尽管疫情的影响已逐渐消减，经济活动稳步复苏，居民的消费信心仍未恢复至疫情前的水平，大多数人对消费仍持谨慎态度，2023 年第一季度居民储蓄率

---

① 参见 https://www.oecd-ilibrary.org/docserver/b36b37b5-en.pdf。

相比疫情前高约 3 个百分点。[①]

总的来说，我国目前正处于将经济转向消费主导型增长的过程，实现这一目标需要扩大家庭可支配收入，并进一步加强社会保障体系，从而释放消费潜力。而大规模的消费市场将通过本地市场效应带动制造业的发展，维持中国在全球供应链网络中的关键地位。

二、产品供应链上游呈现全球化格局

尽管供应链区域化的趋势越来越明显，一个毋庸置疑的事实是区域间供应链仍相互依存，尤其是在上游原材料方面。供应链的上游原材料指的是生产过程中最初采集或获取的物质，通常是在自然环境中获得的资源，例如矿物、金属、能源、木材、水、生物材料等。这些资源在制造和生产过程中通常经过一系列的加工、提炼、制造等工艺，逐步被转化成中游产品，最终组装成消费品或工业产品。原材料是制造产品的基础和起点，供应链的稳定性和可持续性在很大程度上依赖上游原材料的供应和可用性。然而，目前没有区域或国家能够做到完全自给自足。

中国是全球最大的制造业出口国，同时也是最大的电子产品供应国，但 25% 以上的关键中间品都依赖进口。中东和俄罗斯为中国制造业提供能源，澳大利亚、巴西、智利等矿业资源国向中国出口大量矿产，欧美国家则在上游提供了支持电子材料生产的先进设备以及知识和技术。欧洲制造业也有较强的国际竞争力，但能源需求的 50% 依赖进口，其中俄罗斯是最大的能源供应国。2022 年俄乌

[①] 参见 https://thedocs.worldbank.org/en/doc/722855240aec25537326ced97ae63ab8-0070012023/original/CEU-June-2023-CN.pdf。

冲突爆发之后，欧洲随即开始加速多元化天然气进口来源。北美制造业相对亚太和欧洲偏弱，工业品和矿产资源都较为依赖进口，其主要贸易伙伴是以中国为主的亚太国家，北美消费的电子产品的15%和基础金属的25%是从亚太进口的。东欧、拉美、北非等资源丰富型国家往往是制成品和服务的净进口国，它们从亚洲进口电子产品和纺织品，从欧洲进口药品和器械。此外，某种资源丰富的国家也可能在其他资源方面依赖进口，比如中东和北非地区是最大的能源净出口国，但它们60%以上的主要粮食作物依赖其他地区；巴西和阿根廷是世界主要的粮食出口国，但它们的农业依赖从其他国家进口的化肥。[1]

（一）上游区域化难以实现的原因：原材料地理分布不均、需求弹性小

上游原材料区域化难以实现的原因主要有两个方面。

一是资源在地理层面分布不均匀，导致关键原材料集中在少数国家，即关键原材料天然带有地缘属性。从地理分布来看，关键原材料往往集中在少数几个国家（见图7-2），这让上游的区域化更加困难。绿色供应链要求的清洁能源、技术密集的电子产业、与国家安全和公共卫生安全息息相关的医疗产业均是本轮制造业回流的关键，然而根据拉扎德公司的报告，这三个行业的关键原材料的储备、开采和提炼往往由少数国家主导。例如，用于生产先进电子的钯和用于生产医疗设备的铂，南非在这两种矿产的开采和储备上占

---

[1] 参见 https://www.mckinsey.com/capabilities/strategy-and-corporate-finance/our-insights/global-flows-the-ties-that-bind-in-an-interconnected-world。

主导优势；作为新能源电池的关键原材料的钴则集中在刚果（金）；而中国在大多数原料的加工精炼和石墨、硅、稀土等矿产的开采方面占据优势地位。[①]

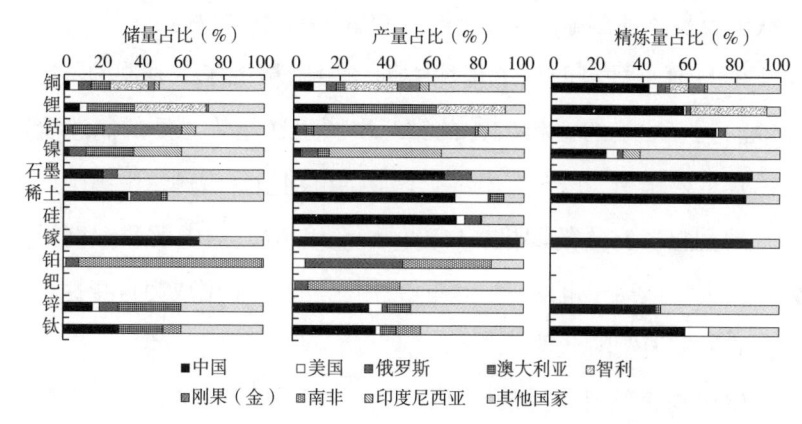

图 7-2 新能源、先进电子、医疗产业关键原材料分布情况

资料来源：拉扎德公司报告。

二是原材料的短期可替代性差、需求弹性小。这导致短期内区域间上游原材料的相互依赖程度很难改变，即便各国开始寻求替代资源，这也是一个相对漫长且不确定性较强的过程，因此预计在未来一段时间，即便供应链下游的生产、组装环节越来越靠近消费市场并向区域内集中，上游原材料的跨区域供应链依然活跃。

（二）中国在上游原材料供应链中的优势和面临的挑战

1. 中国在上游原材料供应链中的关键地位

中国在全球原材料供应链中的重要地位主要体现在两方面：一

---

① https://www.lazard.com/research-insights/critical-materials-geopolitics-interdependence-and-strategic-competition/.

是中国在绝大部分关键原材料的加工精炼过程中发挥着重要作用；二是中国主导着先进电子产品原材料的生产和加工，在稀土、镓、硅等原材料的供应链中占有重要地位，而这些是生产半导体、稀土磁铁、硬盘驱动器等多种先进电子产品的关键原材料。

在关键原材料的加工精炼方面，中国精炼了全球22%的镍、40%的铜、59%的锂和73%的钴。中国也在精炼之后的制造阶段发挥着重要作用。以含有丰富矿物质的电池组件为例，中国生产了70%的阴极、85%的阳极、66%的隔膜和62%的电解质，世界上大部分大型锂离子电池工厂也建在中国，这让中国成为自身提炼的稀土的最大消费国。①

相比加工精炼，中国在更上游的关键原材料开采方面优势较弱。这里依然以电池制造为例，电池所需的关键矿物锂主要来自澳大利亚和智利，钴集中在刚果（金），镍的最大产出国是印度尼西亚，铜则较为依赖智利。中国也在减弱这些关键原材料较高的对外依赖度方面做出了一些努力，例如，增加锂矿产能布局，尤其是在锂资源储量最高的青海。2022年初青海省政府工作报告提出"扩大锂产业规模，释放碳酸锂产能，提升锂电池产业水平"的目标，将加快建设世界级盐湖产业基地作为2022年工作的首要任务，政府部门也为规划盐湖、提高锂矿产量提供了广泛支持，然而锂资源开采的特点决定了它难以在短期内实现增产：一方面，生产碳酸锂的主要原料是盐湖卤水，企业要想大规模生产碳酸锂，必须拥有锂资源较为丰富的盐湖的开采权，而这个行业准入门槛较高；另一方面，盐湖中大部分资源镁含量高，而锂含量低。分离和提纯碳酸锂

---

① 参见 https://www.brookings.edu/wp-content/uploads/2022/08/LTRC_ChinaSupplyChain.pdf。

的过程也面临较大的技术挑战。① 相比进程缓慢的国内锂项目，投资海外采矿的项目成效更为明显，中国企业通过对采矿项目和相关企业的直接投资、股权交易、延长供应销售协议等形式保证原材料的供给。例如，中国天齐锂业收购了智利主要锂生产商矿业化工（SQM）24%的股份；全球最大的电动汽车电池制造商宁德时代收购了总部位于加拿大的千禧锂业，宁德时代还持有澳大利亚锂矿公司和刚果（金）铜钴矿的股份；在刚果（金）的19个钴矿中，中国持有股权的占15个；印度尼西亚镍业最大的国外投资来源也是中国企业。②

在关键原材料的开采方面，中国占据明显优势的是稀土。稀土包括17种金属元素，地壳中稀土元素的平均浓度估计在130~240μg/g，主要分布在中国（36.66%）、巴西（17.50%）、越南（18.33%）、俄罗斯（10%）和印度（5.75%），而美国的稀土储量仅占全球的1.25%。2020年，中国（58.33%）、美国（15.83%）、缅甸（12.5%）和澳大利亚（7.1%）是世界稀土产量最高的国家。③ 目前，稀土在清洁能源和先进电子产业发挥着重要作用，而新兴战略性和可持续技术的发展持续为稀土元素带来更多应用，也对稀土的开采提出了更多的要求。虽然目前各国采取措施加大稀土的开采力度以扩大供应，但速度远不及需求的增长。例如，钕铁硼磁铁是电动汽车电机的重要组成部分，根据德勤的报告，到2030年，全球电动汽车市场预计将实现29%的复合年增长率，④ 而实现如此迅速的增长需要消耗大量的

---

① 参见 http://paper.ce.cn/pc/content/202201/30/content_229529.html。
② 参见 https://www.brookings.edu/wp-content/uploads/2022/08/LTRC_ChinaSupplyChain.pdf。
③ 参见 https://pubs.er.usgs.gov/publication/mcs2021。
④ 参见 https://www2.deloitte.com/us/en/insights/focus/future-of-mobility/electric-vehicle-trends-2030.html。

钕，这是目前大部分国家无法自主供给的。以美国为例，目前美国有 2.7 亿辆汽油车，其中只有 200 万辆汽车（约占比 0.75%）是电动汽车，德勤估计美国新电动汽车的市场份额增长率为 27%，要实现这一目标，至少需要 7 倍的稀土金属，这对美国来讲是一个挑战。

2. 中国面临的挑战

鉴于中国在稀土供应链上的关键地位，西方国家担忧中国凭借自身的影响力而将稀土供应链作为地缘政治的筹码，使用倾销策略或者切断供给，因而积极寻求确保关键原材料供应链安全的战略。[①] 2023 年 7 月 3 日，中国商务部与海关总署联合发布公告，宣布对镓、锗相关物项实施出口管制，自 2023 年 8 月 1 日起正式生效。这两种金属是制造半导体和其他电子产品的关键原材料，镓是一种性能优良的电子原材料，主要应用于制作光学玻璃、真空管、半导体等，无论是从产量还是储量来看，中国在全球的占比都是最高的。锗的化合物广泛应用在电子、化工、塑料、光学镜头、光学玻璃、半导体材料以及光谱分析材料等领域。锗不仅全球储量少，而且开采和提炼难度大，因此全球产量始终不高。根据美国地质调查局出示的最新勘测报告，全球已探明的 8 600 吨锗储量中，美国独占鳌头达到 3 870 吨，紧随其后的中国探明储量为 3 500 吨。两国所拥有的锗储量，占世界锗总储量的 80% 以上，对于两国来说，锗都是一种优势矿种。各国对中国实施出口管制带来的供应链中断风险相当重视。欧盟委员会也于 8 月 4 日表示，正在评估此举对欧洲工业的潜在影响，同时敦促中国将管制内容限缩在"明确的安全考量"范围

[①] 参见 https://csis-website-prod.s3.amazonaws.com/s3fs-public/publication/210311_Nakano_Critical_Minerals.pdf。

内；韩国政府召开紧急会议，评估中国对镓、锗实施出口限制的潜在后果；日本经济产业大臣西村康稔表示，日方将关注中国如何实施金属出口管制，并确认背后意图。路透社报道，美国商务部发言人在8月6日表示，美方坚决反对中国对生产半导体和其他电子产品所需的金属实施出口管制，华盛顿将与盟友和合作伙伴协商如何解决此问题。

镓、锗只是两种稀有金属，并不是稀土元素，然而中国对它们的出口管制已经为各国关键原材料供应链中断敲响警钟。西方媒体纷纷担心稀土成为下一个管制目标，例如，稀土钕和镨广泛用于电气化运输和国防等关键行业，中国由于增加了采矿配额，有能力在中短期保证稀土市场的充足供应。德意志银行分析师在报告中表示，预计到2027年，中国钕镨混合稀土市场将处于供给过剩状态。同时，在全球范围内，中国也是钕镨混合稀土的主要供给国，中国的钕镨混合稀土产量达到每年5万吨，占全球的70%以上。据高盛估计，西方如果想要在钕镨混合稀土方面"自力更生"，达到中国5万吨的产量水平，可能要花费150亿～300亿美元。[①]

事实上，中国未来确实有相当大的可能性进一步限制稀土原料的出口。一方面，中国正从产业链中下游的零部件组装向上游高附加值环节转移，因此对关键原材料的需求将会越来越大。中国本身作为部分关键原材料的主要出口国，自身需求的增加使其由原材料的供应国向消费国转变，进而给依赖从中国进口原料的国家带来供应链压力。另一方面，若中美博弈持续升级，稀土及稀土制品的管控可以成为牵制西方的工具。

---

① 参见 https://www.reuters.com/markets/commodities/goldman-says-west-needs-over-25-bln-investments-rare-earths-match-china-2023-07-06/。

在未来5~15年，西方仍无法完全脱离中国的关键原材料供应，[①]但随着西方积极推进原材料供应链安全战略，它们对中国的依赖程度会逐渐下降。西方国家降低在矿产供应链中对中国依赖程度的措施可以概括为四个方面。

一是在本国加大勘测和开采力度。2022年4月，拜登依据《国防生产法》，为电动汽车电池制造所需要的锂、镍、钴、石墨和锰的开采、加工和回收提供资金。欧洲电池联盟（EBA）以扩大欧盟的矿物精炼和电池生产为目标，同样致力于减少对中国的依赖。然而这些措施在短期内很难见成效，而是取决于目前的勘测水平，在新地区扩大矿产供应所需的时间可能长达40年。[②]从长期来看，一国对原材料的供给能力在很大程度上受制于该材料的储备量，需求强劲增长下很可能触及供给瓶颈。除此之外，政府还需要解决采矿项目与社会和环境保护的冲突，拜登政府鼓励本土开采原材料的决定就遭到多家环保组织的反对，非营利组织地球工程的政策主任劳伦·佩吉尔发表声明指出，清洁能源转型不能建立在肮脏的采矿之上。此外，美国严格的矿业监管和许可制度也是本土关键矿物生产滞后的一个重要原因，建立弹性的原材料供应链意味着在放松监管和环境保护之间做出取舍。位于内华达州洪堡县的加拿大锂矿美洲锂业公司的Thacker Pass项目探明目前美国已知最大的锂资源，但该项目遭到了州环保组织、美洲原住民社区和当地牧场主的强烈反对。2022年1月，美洲锂业公司从美国土地管理局获得了开发锂矿

[①] 参见 https://www.lazard.com/research-insights/critical-materials-geopolitics-interdependence-and-strategic-competition/。

[②] 参见 https://www.mckinsey.com/capabilities/strategy-and-corporate-finance/our-insights/global-flows-the-ties-that-bind-in-an-interconnected-world。

的许可，但由于项目未来会对社会和环境造成负面影响，以及公司未与受项目影响的美洲原住民社区进行充分沟通，美洲锂业公司面临着多重法律挑战。2022年4月，众议院自然资源委员会提出了《清洁能源矿产改革法案》，该法案将更新1872年的《通用采矿法案》，增加之前在部落社区附近采矿与美洲原住民协商的内容，并对公共土地上的采矿征收特许权使用费。新法案不仅受到环保组织的抵抗，还被温和派民主党和保守派议员反对，他们不支持在公共土地的使用中加入特许使用费的内容。考虑到民主党内部分歧，新法案很难达成促进矿业发展的政治共识。同时，冶炼厂等加工基础设施的匮乏也是欧美国家自主开采原材料所面临的挑战：即使美国和欧盟从本国开采更多矿物，其中许多矿物也需要运往海外进行浓缩、提炼和冶炼。西方国家已经采取了一些措施来加强它们的冶炼基础设施，例如，英国锂精炼厂绿色锂业计划在英格兰北部建造一座年产能为50 000吨的锂精炼厂，然而，中国境内建立冶炼厂相比世界其他地区仍有明显的成本优势。①

二是通过资源回收提高原材料供给效率。例如，美国能源部在2021年1月发布的《关键矿物和材料》报告中列举了能源部在原材料再利用和回收领域的研发工作，其中包括从煤及其副产品中生产稀土元素，以及从硬盘驱动器中拆卸和回收稀土磁铁。美国还有许多与关键原材料供应相关的国家级实验室，其中锂电池回收研发中心（ReCell）致力于发展可持续的先进电池回收产业。②

三是寻找替代技术或材料。例如，一些电动汽车电池制造商正试图转向新技术，以减少对钴的依赖，甚至完全摆脱使用钴，例如

---

① 参见 https://www.brookings.edu/wp-content/uploads/2022/08/LTRC_ChinaSupplyChain.pdf。
② 参见 https://www.energy.gov/articles/critical-minerals-and-materials。

不含钴元素的磷酸铁锂电池。尽管目前对无钴电池的研发已经取得一定进展，但大规模应用和商业化仍需时日，达顿大宗商品交易公司实物交易员安德烈斯·格本斯表示："尽管市场普遍向低钴正极材料过渡，且无钴化学的份额不断增加，在可预见的未来，含钴材料仍将占主导。此外，电动汽车销量的绝对增长意味着电动汽车相关钴需求将在未来几年内继续加速。"由已成趋势的无钴电池可知，通过技术替代减少对特定矿物的需求十分困难，尤其是许多行业对所应用的矿物有严格要求，许多需要特定的化合物或纯度水平，有的甚至需要特定矿源，再加上寻找替代技术需要持续进行大量投资，并且成果具有高度不确定性，因此也无法在中短期产生显著效果。

四是围绕关键原材料的多边合作，这也是目前各国积极采取的在中短期加强供应链弹性的重要策略之一。2022年6月，美国及其盟友成立了被称为"金属北约"的矿产安全伙伴关系（MSP），旨在通过促进政府和私营部门的投资增加战略机会，从而加强关键矿产供应链，其合作伙伴包括澳大利亚、加拿大、芬兰、法国、德国、日本、韩国、瑞典、英国和欧盟。值得注意的是，日本和韩国也是其成员，而它们是除中国以外拥有强大的电池组件生产能力的国家，两国的加入对各成员获得矿产供应链的"友好支持"尤其重要。[①]

欧盟也在部署关键原材料的弹性供应链。虽然欧盟本身由多个经济体组成，其中一些成员是某些原材料的供给国，但总体上欧盟内部的原材料资源较为有限，导致欧盟很少参与许多关键原材料的全球供应链的上游部分。2008年欧盟的《原材料倡议》将关键原材料供应链安全正式提上议程，《原材料倡议》的主要目的是确保全

---

① 参见 https://www.brookings.edu/wp-content/uploads/2022/08/LTRC_ChinaSupplyChain.pdf。

球市场公平,并持续地获得原材料供应,鼓励通过回收提高资源供给效率。它还明确提出与清洁能源技术相关的矿物(如稀土和钴)对于欧洲转向"环境友好"社会是至关重要的。时至今日,关键矿产的安全和可持续供应仍是欧盟面临的一项重要挑战,尤其是当下欧盟在实现碳中和与保持工业竞争力两个相关联的目标中,关键矿产供应安全更加具有战略重要性:对清洁能源技术的需求快速拉动欧盟对关键原材料的需求,如果关键原材料的供给问题没有解决,大力部署清洁能源技术可能会加剧关键原材料对进口的依赖。在全球资源竞争愈演愈烈的当下,对国外原材料的高度依赖已经足够令欧盟担忧。2020年9月,欧盟发布战略性报告《关键原材料弹性:绘制通往更高安全性和可持续性的道路》,指出除了开发本国材料、循环利用资源等措施,其目标还包括"以可持续和负责任的方式从第三方国家采购,使供应链多样化,加强基于规则的原材料开放贸易,消除对国际贸易的扭曲"。报告发布后,欧洲原材料联盟立即成立,以确定在关键矿产价值链各个阶段建设产能的障碍、机会和投资案例。在欧洲原材料联盟的启动会议上,德国经济事务和能源部部长强调了支持欧盟企业和供应链上的利益相关者的重要性,这表明欧盟国家提倡利用具有不同供应链能力的成员国之间的互补性,以提高关键原材料的可获得性。[1] 2023年5月《关键原材料法案》是欧盟关于关键原材料供给最新的战略文件,其中特别提到要加强与关键原材料的国际贸易、发展以及第三方国家的互利伙伴关系,提出为所有愿意加强全球供应链的国家建立一个关键原材料俱乐部。"欧盟将进一步发展战略伙伴关系,与可靠的伙伴合作,通

---

[1] 参见 https://csis-website-prod.s3.amazonaws.com/s3fs-public/publication/210311_Nakano_Critical_Minerals.pdf。

过在本国创造价值链，以可持续的方式促进自身经济发展，同时为欧盟促进安全、有弹性、负担得起和充分多样化的价值链。"[1]

日本也是大力推动关键原材料供应链安全的一个国家。作为一个制造业发达的经济体，日本的上游原材料产能严重不足，其自然资源严重依赖进口，因此日本政府一直十分重视原材料的供给，通过贸易、海外采矿项目投资、储备和替代品研发来确保供应链安全。日本经济产业省在2007年7月发布的《确保未来稀有金属稳定供应的措施》中强调了"资源外交"的重要性，日本政府在2008年决定通过利用外国援助、公共财政和贸易保险来增强资源外交能力。迄今为止，日本与澳大利亚、越南和印度等贸易伙伴都建立了海外稀土开发项目。日本在与关键原材料相关的研发领域的国际合作同样活跃，减少关键原材料使用的工艺和替代品研发一直是日美合作中最活跃的领域之一。[2]

制造业正在崛起的发展中国家在上游关键原材料领域可能与中国形成竞争，这也是对中国的一项挑战。

过去，中国一直是全球制造业的中心之一，凭借丰富的劳动力享有得天独厚的优势，尽管全球供应链的上游资源分布不均，但中国并没有遇到强劲的竞争对手及其可能引发未来资源重新分配的挑战。而现在，随着发展中国家制造业的崛起，中国可能在上游资源获取方面与这些"新世界工厂"形成激烈竞争。历史上在这种资源方面的竞争并不罕见，一些国家甚至曾因争夺资源而卷入激烈的冲

---

[1] 参见 https://commission.europa.eu/strategy-and-policy/priorities-2019-2024/european-green-deal/green-deal-industrial-plan/european-critical-raw-materials-act_en。

[2] 参见 https://csis-website-prod.s3.amazonaws.com/s3fs-public/publication/210311_Nakano_Critical_Minerals.pdf。

突和战争。以 1990 年伊拉克入侵科威特为例，这场冲突的核心争端是伊拉克试图控制科威特的石油资源，该冲突导致伊拉克对科威特长达 7 个月的占领，以及接下来由美国主导的海湾战争。这一竞争态势给中国带来了新的战略挑战，中国需要在资源保障、技术创新、国际关系和可持续发展等方面寻找全面解决方案，以维护在全球制造业中的竞争地位，同时避免因资源争夺爆发激烈冲突。①

三、制造供应链以外的金融、技术、标准加速全球化

根据国际货币基金组织的定义，全球化是世界各地经济一体化的过程，包括商品、服务和资本的跨境流动，还包括劳动力、技术、文化、政治、环境等广泛层面的跨国界流动。②除商品和服务以外，许多非实体因素也是全球化的重要组成部分。我们前面提到商品和服务的供应链将缩短，这并不意味着变得更简单，离客户更近意味着定制化、创新和快速交付。而要解决这些挑战，依赖无形资产在全球范围内加速流动，由此可以看到物理供应链逐渐区域化的同时，信息和金融的全球化仍在加速。

金融的全球化是一个波折但持续推进的过程。20 世纪 30 年代，在经历金融危机和第二次世界大战后，除美国以外，世界各国的金融市场普遍疲软，大多只起到微弱的贸易融资作用。然而，从 20 世纪 50 年代末开始，私人贷款和投资再次积攒势头，带动跨境资本流动强势增长，金融市场也日益紧密联系，呈现一体化趋势。从 20 世纪 60 年代开始，跨境证券投资逐步上涨，这说明金融全球

---

① 参见 https://finance.sina.com.cn/jjxw/2022-09-16/doc-imqqsmrn9297652.shtml。
② 参见 https://www.imf.org/external/np/exr/ib/2008/053008.htm。

化程度持续加强。① 从历史角度看，金融正是起源于远距离贸易和对长期生产性资产的投资。由于贸易距离的存在，无论是商品、服务还是要素市场，都需要某种形式的融资以架起达成协议和实际交付之间的桥梁。而金融全球化也将反过来服务贸易，促进商品和服务的跨境流通。

技术标准在全球化中具有重要的战略价值。美国国家标准学会主席认为："标准在经济中发挥着至关重要的作用，它影响着全球80%以上的商品贸易……在2012年，这80%的影响意味着14万亿美元。显然，有效利用全球化的标准促进了技术互用性和所有业务的竞争力。"② 标准通过为商品和服务提供共同的框架来确保它们的兼容性、互用性和安全性，而在国际贸易的背景下，不同国家实行不同的技术标准会给企业带来遵守多套标准的额外成本，从而形成贸易壁垒，因此，各国需要努力协调标准以促进国际合作。③

法定标准是根据法律制定、由官方机构认可的标准，法定标准在世界范围内得到广泛认可和接受，是推动全球化生产和经营的最重要标准。国际标准化组织（ISO）是目前标准数量最多、最活跃、影响最大的法定组织。

一方面，符合国际标准相当于取得进入国外市场的"准入证"。ISO认证是证明产品或服务符合国际标准，从而取得客户信任的有效工具，对某些行业来说，ISO认证也是法律和合同要求的一部分。图7-3展示了2021年ISO调研数据中各地取得的认证数量在全样

---

① 参见 https://www.wipo.int/edocs/pubdocs/en/wipo_pub_941_2019.pdf。
② 参见 https://share.ansi.org/Shared%20Documents/News%20and%20Publications/USG_SP_2013.pdf。
③ 参见 https://ota.fas.org/reports/9220.pdf。

本中的占比，[①]可以看出参与调研的认证机构反馈的样本中，中国取得的认证数量遥遥领先，这说明中国企业正努力使自己的产品和服务获得世界认可，与中国在全球供应链中的活跃角色相呼应。

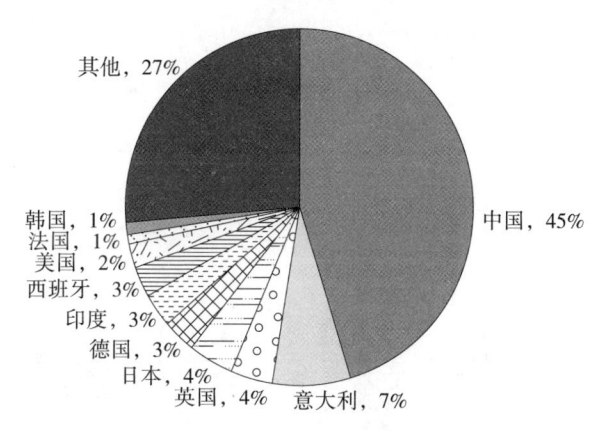

图 7-3 2021 年各地 ISO 认证数量占比

资料来源：ISO 管理系统标准调查。

另一方面，标准决定了市场准入，谁掌握着标准的制定权，谁就掌握市场的主动权，因此技术标准也成为各国经济竞争的一个重要方面。ISO 的国际标准由技术委员会（TC）和小组委员会（SC）制定，它们各自设有秘书处，秘书处由各成员担任，因此，各地拥有的秘书处数量可以反映对国际标准制定过程的贡献。图 7-4 是主要国家 2012 年和 2021 年在 ISO 拥有的秘书处数量，可以看出美、日、法、英、中是对国际标准制定话语权最大的前五个国家，其中美国 2021 年拥有的秘书处数量相比 2012 年明显减少，而其他四个国家 2021 年均有增加，中国则是提升幅度最明显的一个国家，与

[①] ISO 认证数据的提供者是国际认可论坛多边承认协议认可的认证机构，认证机构自愿参与调研，由于每年机构变动和参与程度会对结果造成影响，因此不进行时间序列的比较，这里仅用 2021 年的数据作为参考。

第七章 全球供应链的新格局

日、法、英等国的差距不断缩小，这说明中国在国际标准的制定方面越发活跃。尽管如此，美国（设有近100个秘书处）仍比其他国家具有主导优势。

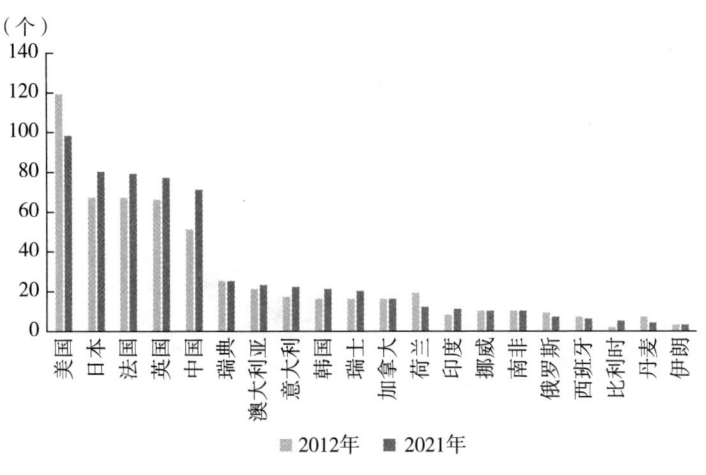

图 7-4 ISO 成员的秘书处数量

资料来源：ISO 管理系统标准调查。

与法定标准相对应的是事实标准，并非由标准化组织制定，而是往往由个别企业或企业联盟制定的，并且有市场应用规模作为支撑，实际上已经在全球范围内发挥标准的作用。一个典型的例子是微软的 Word DOC 文档格式，Word 在文字处理软件中占据绝对主导地位，以至于竞品软件大多支持 DOC 格式。中国在全球贸易中影响力提升，也越来越多地参与了事实标准的制定。例如，2018 年阿里巴巴联合国家物流信息平台（LOGINK）和国际港口社区系统协会（IPCSA）成立国际物流可视化任务组，阿里巴巴表示希望把专案组建设成为国际物流信息交互标准协商制定及合作推广的平台，该平台制定的标准将成为事实标准，也有可能被 ISO 采用，运用到智能供应链的建设中。如果这些措施能见成效，并且与数字物流的标准制定相结合，阿里巴巴就可以掌控未来贸易中的垂直信息流和依赖于此的产品流。①

跨国专利越来越普遍，这对国际标准有促进作用。一方面，专利为研究和开发提供激励，可以促进创新，而新技术的出现会促进标准的更新与改进；另一方面，对于包含专利技术的标准，专利通过提供保护和授权知识产权的框架，来促进标准的制定和采用。跨国专利的普遍性可以从欧洲专利局收到的专利申请中反映出来，图 7-5 和表 7-1 分别展示 2021 年欧洲专利局（EPO）收到的各国专利申请数量占比和申请数量前 10 国家的年环比变化。可以看出在 EPO 提交申请最多的 5 个国家中只有德、法两个欧洲国家，申请数量最高的美国占比高达 25%，日本和中国分别占比 11% 和 9%。从趋势上看，在新冠疫情最初的冲击过去后，创新活动有所反弹，相比 2020 年，2021 年大部分地区专利申请回升。中国 24% 的涨幅尤为明显，这一方面体现了中国创新活动的强劲发展，另一方面也说明中国经济在疫情期间表现出优秀的弹性。

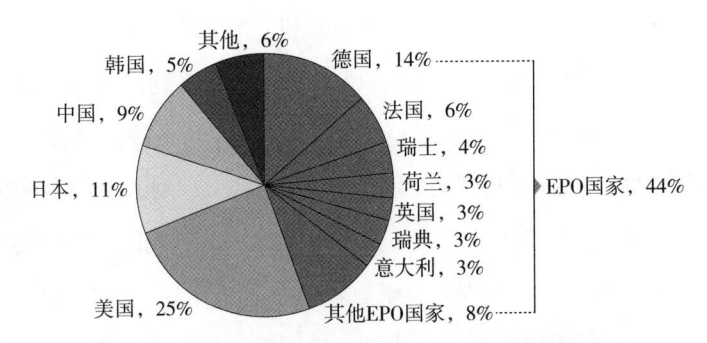

图 7-5　2021 年欧洲专利局收到各国专利申请占比

资料来源：欧洲专利局。

---

① 参见 https://www.nbr.org/wp-content/uploads/pdfs/publications/sr97_chinas_digital_ambitions_mar2022.pdf。

表 7-1 2021 年欧洲专利局专利申请数量前 10 国家　　单位：项

排名	国家	2021 年	同比增减
1	美国	46 533	+5.2%
2	德国	25 969	+0.3%
3	日本	21 681	−1.2%
4	中国	16 665	+24.0%
5	法国	10 537	−0.7%
6	韩国	9 394	+3.4%
7	瑞士	8 442	+3.9%
8	荷兰	6 581	+3.1%
9	英国	5 627	−1.2%
10	瑞典	4 954	+12.0%

资料来源：欧洲专利局。

数字化技术的发展进一步促进了有形和无形要素在全球范围内流动。近年来，随着算力、带宽和数据量的指数级增长，人工智能、物联网、增材制造和区块链等数字技术取得突破，并逐渐形成规模化应用。这些数字技术对跨国贸易以及金融的全球化产生了显著影响。在跨国贸易方面，数字技术的应用能够降低贸易成本，尤其是物流成本和海关通关成本；此外，数字技术还会影响商品的贸易结构，例如，贸易成本降低会促进时间敏感型、认证密集型与合同密集型商品贸易，包括电子产品、汽车零部件、机械和医疗器械等，而CD、书籍和报纸的贸易则会由于数字化而下降。[①]在金融全球化方面，数字技术，例如数字平台、区块链、机器学习等技术将使国际贸易变得更快、成本更低、效率更高，并为跨境资本流动创造新的渠道。例

---

① 参见 https://www.wto.org/english/res_e/publications_e/world_trade_report18_e.pdf.

如，投资者可以通过加密交易所轻松地购买不同国家和地区的加密货币。这些数字资产的交易 7×24 小时全天候开放，无论时间和地域，投资者都可以更灵活地进行资本配置。此外，一些新兴的区块链项目通过发行代币来筹集资金，这为初创企业提供了一种全球化的融资途径，使投资者能够参与全球范围内的创新项目。

本章小结

- 在全球化发展的新阶段，商品和服务的国际流动逐渐放缓，而区域流动则在加速。随着数字技术的快速发展，技术、信息、资本和专业知识等无形因素的国际流动将会更加普遍。
- 下游供应链的区域化重构已在进行中，应对自然灾害和地缘政治风险、跨区域投资以及可持续发展的需求，带动了下游供应链在物理层面的缩短，而金融、数字标准、技术信息等无形要素仍在加速全球化。本次区域化重构呈现中、美、欧三足鼎立的格局，其他较小的国家则依附大国寻找自己的定位。墨西哥、加拿大与美国的紧密合作，东南亚国家与中国积极互动，都体现了各国充分认识到邻近市场的巨大潜力。
- 在上游，资源分布的不可转移性使各区域在产业链上游仍有很大程度的相互依赖性，通过加大开发力度、资源回收利用、寻找替代资源等方式重构上游供应链，是一个相对漫长且不确定的过程，各国正积极推进与友好国家围绕关键资源进行的"资源外交"来加强中短期上游供应链的弹性。
- 中国在这一轮供应链重组中具有优势。在下游的区域化趋势中，中国无论是在全球还是在亚洲都保持着重要的网络节点地位，同时，中国不断扩大的消费市场通过本地市场效应促进本国制造业发展。在上游关键原材料全球化中，中国拥有丰富的稀土资源，在原材料加工精炼产业具有明显的基础设施优势和成本优势，这些因素使中国在全球原材料供应链中占据重要地位。然而，随着部分发展中国家的制造业崛起，中国可能在上游关键原材料领域面临更激烈的竞争，这将对中国构成新的战略挑战。中国需要全面解决资源保障、技术创新、国际关系和可持续发展等问题，以维护在全球制造业中的竞争地位，同时避免潜在的冲突。

第八章

新增长引擎：
经济缓冲区国家

在贸易摩擦中，中美两国的经济都受到了损害。
真正受益的是越南和其他填补空缺的国家。
——鲍勃·戴维斯，普利策国际报道奖获得者在全球贸易中，有一些国家位于大国的周边，却在全球供应链中发挥着重要的作用。它们被称为经济缓冲区国家，能够在大国博弈的风云变幻中寻找机会和突破，同时也为大国扩张全球经济影响力提供了支持。本章将以越南、墨西哥为例，详细分析它们如何因中美贸易摩擦而受益，成为各自区域最具活力的经济缓冲区国家。本章还将深入探讨中美在贸易和经济、科技和创新等领域的竞争和战略，揭示这些缓冲区国家如何在大国的博弈中获益。最后将探讨如下问题：中美之间的经济联系是真的明显弱化了，还是有更多间接的联系和互动？

中美贸易摩擦不仅给两国的经济以及供应链带来冲击，更是对全球供应链造成了巨大的影响。而其他国家则在中美贸易量急剧减少期间乘风而起，积极发展本国企业。越南就是其中的一个例子。

一方面，越南本土企业积极开疆拓土，进军新的领域，扩大自己的商业版图和全球影响力。Vingroup 作为越南最大的私营企业之一，于 1993 年成立，在多个行业领域拥有业务，包括房地产开发、零售、酒店和度假村、教育、医疗保健、农业和科技创新等。其在 2017 年成立了一个名为 VinFast 的子公司，专门生产燃油汽车和电动汽车。在中美贸易摩擦期间，许多生产电子产品的企业因为国际形势的变化，不得不重新考虑针对中国的生产和销售策略，以避免美国对中国商品征收高额关税对自身发展产生不利影响。VinFast 敏锐地捕捉到机会，决定加速提高其生产能力和市场份额。该公司投入了数十亿美元，在越南北部的港口城市海防建造了一个先进的汽车制造综合体，聘请了来自世界各地的优秀工程师和设计师，并与宝马、西门子、通用和博世合作，以提高 VinFast 汽车的质量和性能。VinFast 还积极布局全球电动车市场，于 2022 年转型为纯电动汽车的制造商，目前已在美国、加拿大、欧洲等多个重点市场设立分公司，尤其专注美国市场，不仅在美国设立了研发中心，更斥资 40 亿美元在北卡罗来纳州投资工厂，预计 2025 年投产，年产能可以达到 15 万辆汽车。除了 VinFast，Vingroup 还于 2018 年成立了新的子公司 VinSmart。VinSmart 在创立初期专注于生产智能手机和电视，旨在成为越南以及东南亚地区领先的电子品牌。针对其主要目标市场，VinSmart 积极与全球知名的电子企业合作，引进先进的技术和设备，提高其产品的质量和竞争力。例如，VinSmart 曾与美国的高通公司签署协议，使用高通的芯片和软件，开发了越南第一款 5G 智能手机。通过这些举措，VinSmart 在中美贸易摩擦期间取得了不错的成绩，

2019年，其在越南智能手机市场就获得了15%的份额，仅次于三星和OPPO，并成功进入欧洲市场，与西班牙、法国、德国等国家的运营商合作，销售智能手机产品。2021年5月，VinSmart宣布将专注于其他领域的发展，包括为智能电动汽车行业开发信息娱乐服务功能并制造电子组件，以及在智能家居应用、智能设备系统等方面进行研究和开发。

另一方面，外资公司接连在越南布局。三星是越南最大的单一外国投资者，并于2022年宣布将在越南再投资20亿美元，使投资总额达到200亿美元。高通于2020年在越南开设了第一个研发中心。高通来自越南芯片工厂的收入从2020年到2022年增长了两倍。越来越多的外国投资者看中越南市场，其中许多是三星这样的全球巨头。

越南是大国博弈中获利的经济缓冲区国家的一个缩影。与越南类似的国家在大国博弈中具有哪些优势和价值？它们是如何利用这些优势成为大国争夺点，进而获得发展机遇，成为新的增长引擎的？本章将对这些问题进行分析，揭示经济缓冲区国家在大国博弈背景下的崛起之路。

· · ·

一、大国博弈中经济缓冲区的机遇

（一）经济缓冲区国家的定义和举例

经济缓冲区国家是那些在大国竞争与合作之间具有一定经济实力和影响力的国家。这些国家通常位于大国的地缘政治之间，保持着多边外交关系,能够在不同利益集团之间进行平衡和调节。这些国家在全球经济中扮演着重要的角色,既与大国保持着紧密的经济联系,又在地缘政治格局中保持一定的独立性。

大多数经济缓冲区国家拥有丰富的资源,包括自然资源和人力资源,且经济活动集中在贸易、制造业、服务业等领域。它们的经济发展水平和贸易关系通常受到周边大国的影响,因此在发展经济和国际贸易方面同时面临机遇和挑战。举例来说,位于东南亚的越南、泰国、菲律宾等国家和位于北美洲的墨西哥等国家都属于经济缓冲区国家。

(二)大国博弈为经济缓冲区国家带来发展机遇

大国博弈是指全球重要大国为争夺利益和影响力而进行的竞争和对抗,涉及政治、经济、军事、文化等多个领域,对全球政治格局和地区局势有着重要的影响。对于经济缓冲区国家来说,一方面,大国博弈带来贸易壁垒,为经济缓冲区国家提供贸易机遇;另一方面,大国在争夺经济缓冲区国家的合作时,为其带来巨大发展机会,例如投资机遇、技术转移机遇等,具体表现如下。

一是贸易机遇。大国之间的竞争关系往往会促进经济缓冲区国家的贸易发展,提高在国际市场上的地位和竞争力。这些国家位于大国之间,可以利用地理位置和资源优势,作为贸易的中转站和生产基地。一些经济缓冲区国家利用大国之间的贸易摩擦,寻求与不同大国进行贸易合作,增强在大国市场的渗透率,提高自身的出口竞争力和市场多元化。例如,越南、墨西哥等国在中美贸易摩擦中受益,成为美国的替代进口来源。Spartronics 是一家总部位于美国的公司,专门生产具有复杂应用的电子产品。它的业务涵盖了多个垂直市场，包括商用航空、国防、太空、生命科学、医疗器械以及仪器和控制等。该公司从事电子合同制造服务和组装业务，工厂遍布全球，包括越南。由于中美贸易摩擦，该公司在越南的业务蓬勃发展，不仅增加了工厂的面积，而且正在考虑建设一个比现有工厂大四倍的新工厂。① 另外，中美贸易摩擦迫使很多中国制造商加速将生产线迁往越南。例如，洞洞鞋品牌 Crocs 的中国制造商已经在越南富寿省建立了能容纳几千工人的厂房，专供美国市场。事实上，在 2019 年底，越南向美国出口的鞋子比两年前增加了 30%，而中国对美国的鞋类出口则下降了 15%。②

二是投资机遇。大国通常拥有更多的资本和投资机构，可以向经济缓冲区国家投资并与其合作。这些投资和合作可以促进经济缓冲区国家的产业发展和经济增长。例如，由于近岸外包趋势，中国大公司正在墨西哥大举投资设厂，尤其是在靠近美国的城市，从而规避风险，更好地为美国市场服务。临工重机（LGMG）聚焦矿山开采设备、高空作业机械、特种机械、关键零部件等多个业务板块。2022 年该公司宣布，计划在墨西哥新莱昂州投资 1.4 亿美元建设一座新的工厂，生产高空作业升降机。该公司及其两家主要供应商将占地约 30 公顷，创造约 1 400 个新工作岗位。同样的趋势也反映在家电行业。海信集团是中国著名的家电企业，该公司于 2021 年启动了位于墨西哥新莱昂州蒙特雷市北美华富山工业园内的智能家电产业园项目。该产业园是海信在墨西哥的第二家工厂，主要面向墨西哥、美国和加拿大市场，生产冰箱、洗衣机、烤箱和空调等家电产品。该项目占地 25 公顷，将建设现代化智能厂房 15 万平方米，总投资 2.6 亿美

---

① 参见 https://www.dw.com/en/the-real-winners-of-the-us-china-trade-dispute/a-55420269。
② 参见 https://xueqiu.com/3324467170/162219518。

元，未来5年项目将全部建成。建成后的工厂将生产冰箱、洗衣机、烤箱及空调等家用电器，产品会出口美国、南美及加勒比地区。这是海信集团继蒂华纳工厂在墨西哥设立的又一个制造基地。

三是技术转移机遇。大国通常拥有更先进的技术和研发能力，而经济缓冲区国家可以从大国中引进新技术和知识，促进产业升级和创新发展。例如，中国与一些经济缓冲区国家在共建"一带一路"倡议下开展合作，通过基础设施建设、产业园区建设、数字经济合作等方式，向这些国家提供了先进的技术和设备，促进了当地的经济发展和技术进步。美国与一些经济缓冲区国家提出"重建更美好世界"计划（B3W），通过提供贷款、投资、援助等方式，支持这些国家在清洁能源、数字化、卫生等领域的技术创新和应用。

总体来说，大国博弈为经济缓冲区国家带来了发展机遇，这些国家可以很好地利用地理位置和资源优势，从大国之间的贸易、技术、投资和地缘政治竞争中受益。然而，这种发展机遇也面临一定的风险和挑战，例如经济和政治不稳定、安全风险和环境问题等。因此，这些国家需要采取适当的经济政策和措施，以最大限度地利用大国博弈带来的机遇，并应对相应的风险和挑战。

（三）经济缓冲区为博弈中的大国带来扩展空间

在大国博弈中，经济缓冲区扮演着重要的角色，并且也具有特殊的价值。一方面，可以将经济缓冲区看作大国博弈中的战略要地，大国通过争夺经济缓冲区的控制权和影响力，获取经济和地缘政治上的利益；另一方面，经济缓冲区也可以成为各国开展经济合作的桥梁和平台，促进跨国贸易和投资，加强区域经济一体化进程，实现共赢和互利的局面。具体表现主要有以下四个方面。

一是贸易和市场准入机会。控制经济缓冲区可以为大国提供更多的贸易和市场准入机会。大国可以通过与该地区的贸易合作协议、关税优惠和市场开放政策等，促进本国商品和服务的出口，增加对该地区市场的渗透和份额。例如，中国与东盟建立中国-东盟自由贸易区，极大地增加了中国与东盟的贸易规模，截至2022年，中国已经连续14年成为东盟的第一大贸易伙伴。[①] 另外，美国通过《美墨加协定》减免关税，增加美国同墨西哥的贸易机会，并通过原产地规则指定了产品在享受优惠待遇时需要达到的最低区域内原产比例。通过这些规则，美国制造商能够维持或增加在墨西哥的市场份额。

二是供应链控制与低端制造业转移。经济缓冲区通常是重要的供应链节点，涉及原材料采购、生产加工和最终产品的分销等环节。控制经济缓冲区，一方面可以实现对供应链的控制，确保供应链的稳定性和可靠性，促进供应链多样化和风险分散，降低对特定地区的依赖程度，减少地缘政治、自然灾害和其他不可控因素对供应链的冲击；另一方面，大国的制造企业将低附加值、劳动密集型的制造活动转移到经济缓冲区国家或地区，以降低生产和劳动力成本、促进供应链多样性、促进本国技术和产业升级。

三是经济影响和投资机会。控制经济缓冲区可以为大国提供更大的经济影响力。一方面，大国可以通过经济援助、贸易投资和基础设施建设等方式，向该地区提供资金和技术支持，推动经济发展，并与当地政府、企业建立紧密的合作关系；另一方面，大国可以通过控制经济缓冲区，在该地区推动自己的经济规则和标准，以

[①] 参见 https://www.ndrc.gov.cn/xwdt/ztzl/zgdmydylcntzhz/202203/t20220330_1328072.html。

确保自身的经济利益和竞争优势。它们可以通过推动自己的贸易政策、知识产权保护、投资规定等来影响地区的经济秩序，并使其符合自身的利益和价值观。例如，在美苏"冷战"时期，美国在欧洲推行了"马歇尔计划"，向西欧国家提供了大量的经济援助，帮助它们恢复和发展战后的经济，促进了欧洲一体化的进程。西欧国家在美国的支持下，实现了快速的工业化和现代化，成为世界上最富裕和发达的地区之一。

四是技术和创新转移。经济缓冲区通常是技术和创新的聚集地。通过控制经济缓冲区，大国可以获取当地的技术和创新成果，促进技术转移和知识共享，提升本国产业和企业的竞争力。同时，大国可以加强对知识产权的保护，推动当地市场的规范化和合规化，维护创新者的权益，促进公平竞争的环境。

二、贸易、科技与知识产权的全球博弈

中美关系是当今世界最重要也最复杂的双边关系，它不仅关乎两国的利益和命运，也牵动着全球的稳定与繁荣。中美关系涉及许多领域，包括贸易、投资、科技、安全等。两国之间的合作与竞争相互交织，既有共同利益，也存在着分歧和竞争。在过去的几十年里，中美关系经历了从接触到对抗、从合作到竞争、从平衡到失衡的多次变化，展现了大国博弈的复杂性和多样性。与美苏"冷战"时期不同的是，中美博弈是在全球化和多极化背景下进行的，中美在经济、文化、社会等领域有着广泛的交流与合作，同时，世界上还有其他重要力量参与国际事务。因此，中美博弈不是零和游戏，而是有着多元化和变化性的博弈。

（一）难以调和的贸易和经济摩擦

1. 贸易市场中的较量

美国长期以来面临与中国的贸易逆差，即美国从中国进口的商品多于出口到中国的商品。事实上，中国加入 WTO 后，美国对华贸易赤字就在不断增长。2022 年，美国对华贸易逆差为 3 553 亿美元，比 2020 年增长了 14.5%。[①] 从就业的角度看，美国认为对华贸易赤字导致制造业受到了非常严重的冲击。据美国经济政策研究所报道，2001—2015 年，美国对中国的贸易赤字导致美国失去了 340 万份工作，其中 75% 属于制造业。计算机和其他电子产品制造受到的冲击最为明显，2001—2015 年，美国失去了 123.8 万份相关产业的工作，遍及美国西部、中西部和北部的多个州。另外，美国认为中国存在不公平贸易行为，如汇率操纵、补贴、倾销，使得中国出口商具有竞争优势。

2017 年 5 月，中国商务部发布了《关于中美经贸关系的研究报告》，阐述了中美贸易互利共赢的特征。一方面，美国从中美经贸关系中获得了实在的利益。商务部报告指出，"中国是美国在北美地区以外最大的出口市场，是美国大豆、棉花、飞机、汽车、集成电路等产品的重要出口目的地"，美国企业在华投资也获得了巨大的成功。另一方面，虽然贸易顺差在中国；但利润流入美国。中国在全球贸易的价值链中仍处于中低端，而美国位于价值链的中高端。中国承担的制造、加工、组装等技术含量不高，利润率较低，产品的设计、研发等大量高技术含量工作仍然留在美国。此外，由于美国

[①] 参见 https://www.bis.doc.gov/index.php/country-papers/2971-2021-statistical-analysis-of-u-s-trade-with-china/file。

在统计中国的进口量时,将大量来自中国香港的转口贸易也算在了中国对美国的出口额中,因此中美两国对贸易顺差的统计一直存在较大差异。但实际上在这部分所谓"出口额"中,有很大比例应归于其他国家或地区通过中国香港进行贸易中转。

2. 外商直接投资规范的冲突

美国认为中国对在华运营的外国企业施加了不公平限制,没有为外国投资者提供公平竞争的环境,外国投资者面临歧视性法规、许可要求、市场准入壁垒以及对国内企业的优惠待遇。美国还批评中国未能履行其在WTO框架下开放市场的承诺。

但事实上,WTO前总干事拉米多次表示,中国很好地履行了WTO承诺。中国加入WTO以来,按照承诺加快建设法律体系和规则体系,广泛开展WTO规则的教育工作,中国企业的法治意识和规则意识不断加强。美国也曾公开承认中国在法律体系建设中的成绩。美国贸易代表办公室(USTR)曾表示,中国通过修改相关法律,加强对商业秘密的保护,在2016年和2017年对《反不正当竞争法》进行了修订,并征求公众意见,新的《反不正当竞争法》已于2018年开始生效。

(二)科技和创新领域的激烈角逐

中美在科技和创新方面也存在竞争,中国科技的迅速发展令美国产生了危机感,美国认为中国在强制技术转让、知识产权保护等方面对美国的企业和创新产生了负面影响。中美在科技和创新方面的竞争不仅是经济上的竞争,也涉及国家安全和利益等多个方面。

中国在科技和创新领域的发展主要得益于庞大的市场和政府的大力支持。中国政府实施了一系列政策和计划，鼓励企业加大研发投入和创新力度，并提高了知识产权保护的力度。这些政策和计划取得了显著成效，中国在人工智能、5G 通信、电动汽车等领域已经取得了重要进展。然而，美国认为中国在这些领域的发展可能对其国家安全和经济利益造成威胁。美国政府采取了一系列措施，如限制中国企业在美国的投资、限制敏感技术的出口等，遏制中国在科技和创新领域的发展。

1. 技术力量各有领先

一是信息技术。中美在信息技术领域的竞争主要集中在集成电路及专用设备、信息通信设备、操作系统及工业软件这三大领域。美国在集成电路制造产业的多个细分领域占据显著优势，尤其在电子设计自动化技术（EDA/IP）、逻辑芯片设计、制造设备等领域占比均在 40% 以上，而中国台湾和中国大陆在晶圆制造和封装测试方面具有领先地位。在信息通信领域，华为和中兴等中国公司与思科和朗讯等美国公司在全球市场上展开激烈竞争，中国已经逐步成为全球信息通信领域最大的市场，并在 5G 通信技术等领域取得了重要进展。美国也在这一领域加大了投入，并采取一系列措施限制中国企业在美国的投资和对敏感技术的出口。在操作系统领域，美国的微软和苹果分别推出了 Windows 和 macOS 系统，占据了全球桌面操作系统市场的绝大部分份额，中国也正在加强自主研发和创新，推动本土企业的发展。

二是人工智能。中美是全球人工智能领域的领军者。美国拥有算力和算法上的优势，中国拥有海量的大数据。美国在计算机科学和人工智能领域具有较强的实力，拥有众多优秀的科研机构和企业，如谷歌、微软、IBM 等，在算法和技术上处于领先地位。同时，美国在高性能计算领域也处于领先地位，其计算机性能和速度世界领先。中国则拥有庞大的人口基数和海量的数据资源。中国的互联网用户数量已经超过 8 亿，这使中国成为世界上最大的互联网市场之一。同时，中国政府大力支持人工智能和大数据的发展，推动本土企业加强研发和创新。在基础科研方面，中美论文数量和质量相当，但美国在创新性研究上更强。在产业技术方面，美国是人工智能芯片、算法、机器学习等核心技术的领先者。得益于科学界的知识共享，中美在软件、模型、算法方面的差距较小。在应用技术方面，中美各有所长。中国利用数据和用户优势，在人脸识别、语音识别、计算机视觉、影像诊断等技术领域领先于美国。美国在生物合成、药物研发等技术领域取得了重大突破，在人工智能技术的军事应用方面也走在前列。

2. 强制技术转让、知识产权保护等方面的摩擦

美国在对中国的"301 调查"中表示，中国加入 WTO 之后，未能履行在知识产权保护和执法方面的承诺，并称目前相关领域的一些做法导致美国企业的技术被强制转让给中国，伤害了美国企业的知识产权，主要表现为：中国政府通过外资持股比例限制，包括正式或非正式的合资要求，以及其他形式的外资投资限制，迫使美国企业向中国进行技术转让。美国政府还表示，除企业的成立申请之外，中国的部分程序如安全评估、环境评估、节能评估等，也会对美国企业知识产权造成伤害。

实际上，美国对中国的指责存在偏见。关于技术转让，中国企

业在与外国企业合作时有权提出技术转让的要求。中国政府在加入WTO时承诺，在审批或备案外国投资时不以外资转让技术为前提。然而，对于中国企业在与外国贸易商或投资商的谈判中提出的技术转让要求，中国政府应该予以支持，保护中国企业的议价权利。中国并不缺乏资本，信用等级也不低。中国政府正在加强知识产权保护和执法，并鼓励本土企业加强研发和创新，提高国内产业的自主创新能力。实际上，大多数提出技术转让要求的不是政府，而是企业。据统计，67%的技术转让请求来自合作企业，这些要求并非强制性，而是可以通过协商解决。大多数美国企业也选择通过谈判进行协商，而不是像"301调查"报告中所描述的"强制"技术转让。

保护知识产权有利于提高中国的经济竞争力，也符合中国建设透明便利的投资环境的愿望，因此中国政府近年来在积极完善知识产权保护的相关法律条例。《中国与世界贸易组织》白皮书中提出，"加入世贸组织后，中国建立健全知识产权法律法规，与多个国家建立知识产权工作机制，积极吸收借鉴国际先进立法经验，构建起符合世贸组织规则和中国国情的知识产权法律体系。近年来，修订《商标法》，增加了惩罚性赔偿制度；修订《反不正当竞争法》，进一步完善了对商业秘密的保护，同时明确市场混淆行为，引入标识的概念，拓宽对标识的保护范围。目前，正在加快推进《专利法》《著作权法》等法律的修订"。与此同时，中国还加大了对知识产权侵害案件的执法力度，"在北京、上海、广州设立三家知识产权法院，在南京、苏州、武汉、西安等15个中级法院内设立专门审判机构，跨区域管辖专利等知识产权案件"。此外开展了针对侵害知识产权的多项专项整治行动，增加知识产权的违法成本，有效保护知识产权。

三、经济缓冲区建设策略

（一）中国：推进共建"一带一路"倡议和亚太区域合作

1. 推动区域合作：共建"一带一路"倡议

截至 2023 年 6 月，中国已经同 152 个国家和 32 个国际组织签署了 200 余份共建"一带一路"合作文件，涉及多个经济缓冲区国家，范围涵盖中亚、西亚、东南亚、印度洋地区、欧洲、非洲、大洋洲、北美洲和南美洲。中国积极向这些国家提供资金和基础设施建设援助，倡议筹建了亚洲基础设施投资银行（AIIB），旨在通过在基础设施及其他生产性领域的投资，促进亚洲经济可持续发展、创造财富并改善基础设施互联互通条件；与其他多边和双边开发机构紧密合作，推进区域合作伙伴关系，应对发展挑战。[①] 许多小型国家，特别是非洲、亚洲和太平洋地区的国家，欢迎共建"一带一路"倡议作为它们交通、能源、通信和工业需求的资金和建设来源。根据世界银行的数据，共建"一带一路"倡议的交通项目可将经济走廊沿线的旅行时间缩短 12%，贸易增加 2.7% 至 9.7%，收入增加 3.4%，并使 760 万人摆脱极端贫困状态。[②]

中国还积极增加与共建国家的贸易和投资。许多小型国家，特别是中亚、东欧和拉丁美洲的国家，将"一带一路"倡议视为与中国和其他共建"一带一路"国家扩大贸易和投资联系的机会。中国已与一些共建"一带一路"国家签署自由贸易协定（FTA）或特惠

---

① 参见 https://www.fmprc.gov.cn/web/gjhdq_676201/gjhdqzz_681964/yzjcsstzyh_700178/gk_700180/。

② 参见 https://www.worldbank.org/en/topic/regional-integration/brief/belt-and-road-initiative。

贸易协定，并积极参与区域和多边经济合作机制，如中国－东盟自由贸易区，中国与巴基斯坦签署自由贸易协定，旨在降低关税壁垒，促进双边贸易往来。中国企业也纷纷出海去往共建"一带一路"国家，如华为在巴基斯坦建立了研发中心，并与当地电信运营商合作，为巴基斯坦提供通信设备和服务。海尔在俄罗斯建立了家电生产基地，为俄罗斯市场提供冰箱、洗衣机等家电产品。中车株洲电力机车公司在马来西亚建立了轨道交通设备制造基地，为马来西亚城市轨道交通建设提供支持。中国还在共建"一带一路"国家建立了工业园区、经济特区（SEZ）和跨境经济合作区（CECZ），如中国－白俄罗斯工业园是一个位于白俄罗斯首都明斯克郊外的大型工业园区，由中国和白俄罗斯政府共同建设。该园区旨在吸引高新技术企业，促进当地经济发展，中白两国众多企业已经进驻，包括华为、中兴、新时代生物科技、中联重科等，涉及电子信息、生物医药、新材料、机械制造等行业。园区为当地创造了大量就业机会，促进了当地经济的快速发展。

2. 积极推动贸易协定和加强经济合作

中国积极推动并参加多个贸易协定，如 RCEP，这是一个涵盖亚太地区 15 个国家（包括中国、东盟成员国、日本、韩国、澳大利亚、新西兰等）的自由贸易协定，于 2020 年签署，涵盖贸易、投资、服务、电子商务等多个领域，旨在加强亚太地区的经济一体化，促进亚太地区的贸易自由化和投资自由化，为各国企业提供更广阔的市场和更多的商机。

此外，中国还积极参与了其他贸易协定的谈判和合作，如亚太自由贸易区（FTAAP）和亚太经济合作组织（APEC）等。

（二）美国：推动"印太经济框架"和进口多元化

1. 推动印太经济框架

印太战略是美国针对印度洋、太平洋地区的一种外交、安全和经济政策，旨在维护该地区的自由、开放和繁荣，以及抗衡中国的影响力和崛起，最早于2017年由美国政府提出。美国积极促进与印太地区国家的贸易和投资机会，并推出各种经济倡议，以支持印太地区的伙伴国，如"蓝点网络"计划（BDN，与澳大利亚和日本合作）、"重建更美好世界"计划、美国国际开发金融公司（DFC）和千年挑战公司（MCC）。美国还与一些印太地区国家签署了双边贸易协议，如与日本和越南，表达了加入《全面与进步跨太平洋伙伴关系协定》的意向。[1]

印太经济框架是美国于2021年10月在东亚峰会上提出的一种多边经济合作机制，旨在促进印太地区国家在贸易、供应链、清洁能源和税收等领域的合作，以应对21世纪的经济挑战。印太经济框架于2022年5月23日在日本东京正式启动，首批成员共13个，分别是美国、日本、韩国、澳大利亚、新西兰、印度（不参与贸易支柱）、新加坡、马来西亚、印度尼西亚、泰国、越南、菲律宾、文莱。这些成员加起来体量约占世界经济的40%。印太经济框架的四大支柱包括：公平和有弹性的贸易，供应链弹性，基础设施、清洁能源和脱碳，税收和反腐败。通过印太经济框架，美国能够给经济缓冲区国家带来贸易和投资新机遇；增强供应链的韧性和多样化，减少对单一来

---

[1] 参见 https://www.whitehouse.gov/briefing-room/speeches-remarks/2022/02/11/fact-sheet-indo-pacific-strategy-of-the-united-states/; https://www.whitehouse.gov/wp-content/uploads/2022/02/U.S.-Indo-Pacific-Strategy.pdf; https://www.usaid.gov/indo-pacific。

源或市场的依赖；支持基础设施、清洁能源和减碳项目，改善互联互通、可持续性和生活质量；推动税收和反腐败措施，提高透明度；提升劳工、环境和数字标准，保护劳工权益、自然资源和数据隐私。

印太经济框架是美国政府扩大在印太地区经济影响力的重要构想，而东盟是其中一个重要部分。自拜登政府上台以来，美国对东盟国家的关注度日益提升。美国就此提高与东盟国家高层接触频次，这也展现了美国政府尝试调整与东盟国家经贸关系的意图。东盟是亚洲最具活力和潜力的地区之一，拥有庞大的市场和丰富的资源。美国政府意识到了这一点，试图通过加强与东盟国家的经济合作，扩大在该地区的经济影响力。

长期以来，外界普遍认为东南亚地区国家政策存在二元性，即经济上依赖中国，安全防务上依赖美国。中国是东南亚地区最大的贸易伙伴之一，也是该地区的重要投资来源国。中国在该地区的经济影响力不断增强，各国普遍认为与中国保持良好的经贸关系对于经济发展至关重要。因此，东南亚国家在发展经济方面通常会考虑与中国的合作。

中国在该地区的经济成效逐步凸显。在基础设施建设方面，中国与东盟国家在共建"一带一路"倡议框架下开展了诸多合作，例如中老铁路、中国（重庆）-新加坡战略性互联互通示范项目等。在经贸方面，自2009年，中国就已成为东盟最大的贸易伙伴。2021年，中国与东盟货物贸易额达到8 782亿美元，同比增长28.1%。[①]东盟连续第二年成为中国第一大贸易伙伴。中国和东盟国家经贸往来也随着RCEP全面落地而更加密切。由此可知，美国推出印太经

---

① 参见 http://asean.mofcom.gov.cn/article/jmxw/202201/20220103239743.shtml。

济框架的关键目的在于牵制中国在该地区日益突出的经济影响力。

然而，印太经济框架的不确定性实际上影响了东盟国家的参与积极性。由于印太经济框架的具体细节和实施方式尚未完全确定，东盟国家在是否加入该框架上存在犹豫和观望。不确定性主要体现在以下方面。首先，框架形式不明。美方提出，该框架并非传统多边自由贸易协定。但是美方并没有明确该框架的实质，也没有明确将以何种形式与东盟国家展开合作。其次，框架的具体范围不明。"印太经济框架"关注的潜在议题十分繁杂。由于内容多元、新议题较多，该框架对于自身能力有缺陷的东盟国家而言颇具挑战性。此外，框架对东盟国家的让利程度不明。大部分东盟国家希望借助美方框架发展对美贸易，但是目前美国的框架设想与各国的预期要求极不相称。美方反复强调该框架提供的贸易优惠政策有限，且美方拒绝在框架下为成员降低关税，表示该框架将仅为促进贸易和市场准入提供"有经济意义的成果"。最后，框架对中国态度不明。如果框架明确将中国排除在外，那么加入框架极可能对东盟与中国贸易关系产生冲击。因此，东盟国家对印太经济框架持谨慎态度。对东盟国家而言，与中国的经济关系显然更加稳定，将希望寄托在美国尚未成熟的经济框架上仍存在一定的风险。[①]

2. 推动发展中国家基础设施建设

为了应对共建"一带一路"倡议，美国还发起了一系列涉及基础设施建设的项目或倡议，这些项目或倡议旨在提供一种替代方案，以促进印太地区的经济发展和合作，并与共建"一带一路"倡

[①] 参见 https://www.thepaper.cn/newsDetail_forward_17660396。

议形成竞争关系，主要包括以下方面。

"重建更美好世界"计划，由美国和G7其他成员于2021年6月发起，计划在低收入和中等收入国家投资具有韧性、可持续性、包容性、公平性和竞争力的基础设施项目。①

"蓝点网络"计划，由美国、澳大利亚和日本于2019年11月发起，旨在建立一个全球认证体系，对符合高质量、透明度、可持续性和社会影响等高标准的基础设施项目进行认证。

3. 积极推动贸易协定和进口多元化战略

截至2023年，美国已经同20个国家（地区）签署了自由贸易协定。其中包括多边贸易协定，如《北美自由贸易协定》，这是美国、加拿大及墨西哥在1992年8月12日签署的关于全面贸易的协定，于1994年1月1日正式生效。2018年9月30日，美国、墨西哥和加拿大就更新《北美自由贸易协定》达成一致，新的贸易协定被命名为《美墨加协定》。除此之外，美国还与澳大利亚、巴拿马、韩国、哥伦比亚、秘鲁、多米尼加共和国、智利、新加坡、约旦、摩洛哥、巴林、阿曼等国家签署了双边贸易协定。

美国近年来积极推动"近岸外包""友岸外包""去风险化"等政策，导致中国在美国进口中的份额持续呈现显著性下降。"去风险化"政策旨在降低与中国的经济风险，特别是在涉及敏感技术和国家安全的领域。这包括限制对中国企业的技术转让、加强对外国投资的审查和控制等措施。

如图8-1所示，2017年中国占美国全部进口份额的21.6%，

---

① 参见 https://www.cnbc.com/2021/11/09/us-project-aims-to-counter-chinas-belt-and-road-initiative-official.html.

2022年下降至16.5%，之后进一步降低。同一时期，墨西哥、加拿大、东盟在美国的进口占比中持续上升。2017—2022年，东盟在美国进口中的份额上升了3.1个百分点，与中国同期下降5.1个百分点形成了明显对比。按照美国官方数据口径，2023年上半年，中国在美国进口中所占的份额已经被墨西哥、加拿大超过，成为美国第三大进口来源国。

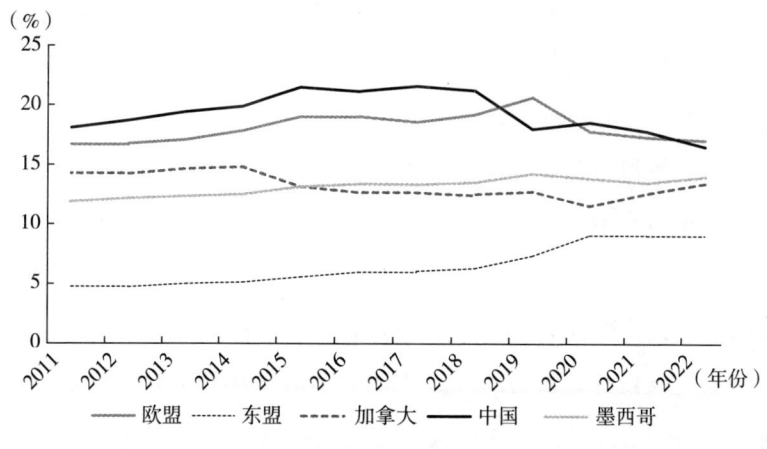

图 8-1 2011—2022年美国进口贸易中主要经济体的占比

资料来源：司尔亚司数据库、国际货币基金组织、国际贸易方向数据库。

四、经济缓冲区国家的发展：以越南和墨西哥为例

（一）越南

1. 越南作为经济缓冲区的发展机遇

一是地理位置。越南的地理位置使其成为一个重要的贸易和物流中心，能够充分利用与中国和东南亚国家接壤以及丰富的港口资源，发展对外贸易和物流业，并在区域经济中发挥重要作用。

越南位于东南亚，毗邻中国等国家，可以充分利用地理位置来发挥作为贸易和物流中心的作用。越南北部与中国接壤，为交通运输提供了便利；南部靠近新加坡，新加坡扼守马六甲海峡，是世界主要的贸易转口港，有利于越南发展对外贸易。越南具有漫长的海岸线，拥有300多个港口，其中超过一半是国际港口。[①] 这些港口在越南的经济发展和贸易活动中起着重要的作用。它们提供了便捷的货物进出口通道，为越南与其他国家之间的贸易往来提供了支持。这些港口不仅服务于越南的进出口贸易，还为周边国家和地区提供了重要的贸易转运和物流中转服务。

由于便利的地理位置，越南成为中国企业对外投资的重点国家之一，2015—2022年，来自中国的投资持续增长，年均复合增长率达17%。[②] 中国企业对越南抱有很大兴趣，尤其是业务主要面向美国的企业，获得越南的产地证可以规避一定的出口风险。

二是人口红利。2021年越南的人口数量达到9 747万人，并拥有庞大的劳动力人口（15~64岁），这给越南的制造业和服务业提供了充足的劳动力，为经济发展奠定了基础。另外，越南劳动力成本较低，根据NUMBEO对世界109个国家和地区平均月净（税后）工资的实时统计，截至2022年，越南人均税后年薪为5 375美元，排名第78，而中国人均税后年薪为12 794美元，排名第41。[③]

2. 越南作为经济缓冲区的发展策略

一是加强贸易自由化和经济整合。作为东盟成员之一，越南积

---

① 参见 https://www.statista.com/statistics/1045072/vietnam-leading-sea-ports-by-throughput/。
② 参见 https://new.qq.com/rain/a/20230505A00NQB00。
③ 参见 https://www.zhihu.com/tardis/zm/art/410600978?source_id=1003。

极参与区域经济整合，如参加东盟经济共同体。此外，越南还加入多个自由贸易协定，如RCEP、欧盟-越南自由贸易协定（EVFTA）等，与多个国家和地区建立贸易伙伴关系，拓展市场准入机会。

二是优化投资环境和加强基础设施建设。越南积极推出投资优惠政策，制定税收减免、土地使用权等激励措施。2018年以前，为适应新的国际贸易和投资规则，越南对《投资法》进行了较大幅度的补充修改，并在2015年7月出台了新的《投资法》。该法规主要对外国投资者进行界定，对外资企业设立程序，外资购买本国企业股票以及实行一站式行政审批政策等做出新的规定。同时，大力简化行政审查手续，给予外商投资更大的优惠幅度。2018年以后，由于中美贸易摩擦，大量在中国的外资企业将生产基地转移到印度、墨西哥等新兴发展中国家，越南政府颁布了到2030年完善体制政策、提升外国投资合作质量效果的第50/NQ-TW号决议，又进一步出台了《2021—2030年外国投资合作战略》，目的是吸引利用第四次工业革命的先进技术、高附加值、具有积极传播效应、连接全球生产和供应链的外国投资项目等。近年来越南政府还加大了对基础设施的投入，以弥补高速公路、机场、港口等方面的不足。这些举措均拉动了越南的经济。根据世界银行"营商环境"报告，越南从2011年到2020年营商环境排名（从第98位进到第70位）上升了28名（见图8-2）。

三是调整产业结构和提高竞争力。越南面临的长期挑战是产业结构不完善、重工业基础薄弱、出口商品附加值低、可替代性强。为了应对这一问题，越南积极促进产业重组，重点关注制造业和具有高附加值、技术含量和出口潜力的细分行业；发展支持性产业，提高本土化率，减少对进口原材料的依赖；应用先进技术、标准和管理实践，提高工业生产的质量和效率。

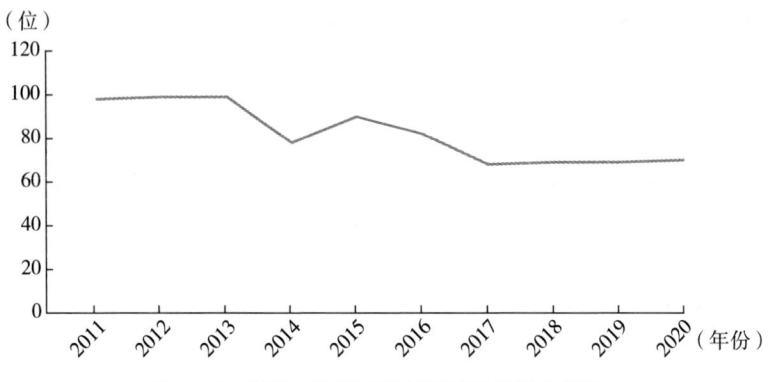

图 8-2　2011—2020 年越南营商环境排名变化

资料来源：世界银行。

3. 越南作为经济缓冲区的发展成效

一是贸易和 GDP。根据世界银行官方数据，2018 年以来，在世界经济增速放缓的情况下，越南 GDP 呈现持续增长趋势，2022 年 GDP 增速达 8%（见图 8-3）。由于主要出口市场经济回暖，2024 年越南经济增速预计将升至 6.5%。[①]

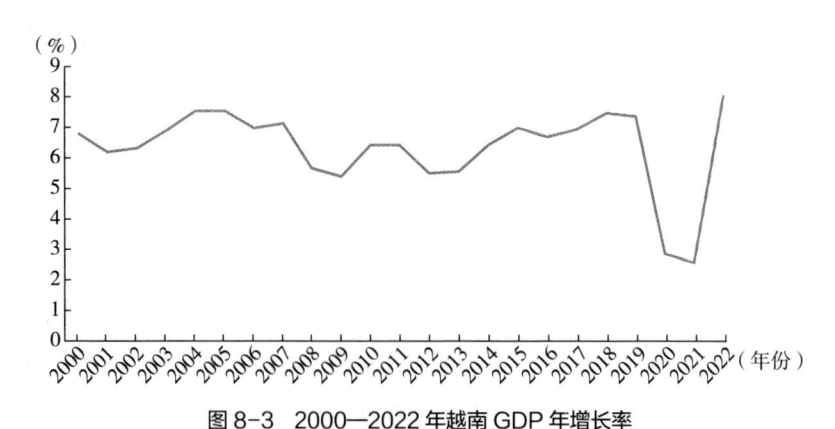

图 8-3　2000—2022 年越南 GDP 年增长率

资料来源：世界银行。

---

① 参见 https://www.worldbank.org/en/news/press-release/2023/03/13/vietnam-s-economy-forecast-to-grow-by-6-3-in-2023-world-bank-report-says。

越南在国际贸易中的竞争力不断提高，出口贸易额一直在稳步增长，出口增速近10年来基本高于中国及其他东南亚国家，且进出口主要来自外国投资产业（见图8-4）。近年来，越南的出口增速与中国相当，在东盟10国中也是最快的（见图8-5）。外国投资产业的出口增速远大于内资产业，这也在一定程度上体现了外资对越南出口增长的重要作用（见图8-6）。

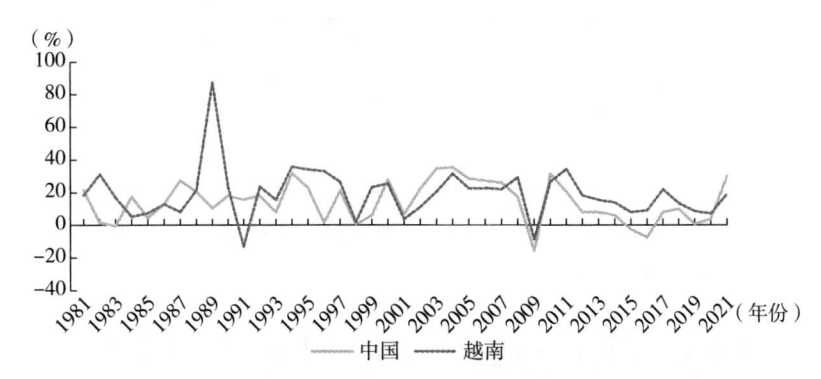

图8-4　1981—2021年中国和越南的出口增速

资料来源：世界银行，司尔亚司数据库。

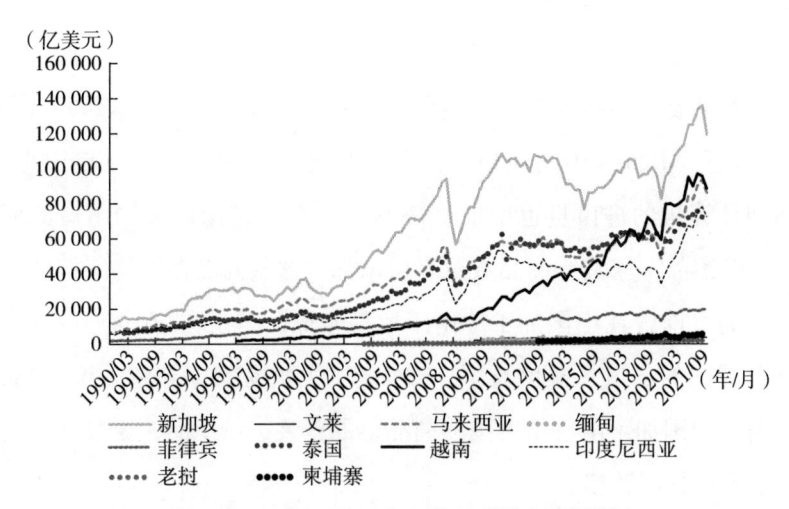

图8-5　1990—2021年东盟10国的出口贸易额

资料来源：司尔亚司数据库。

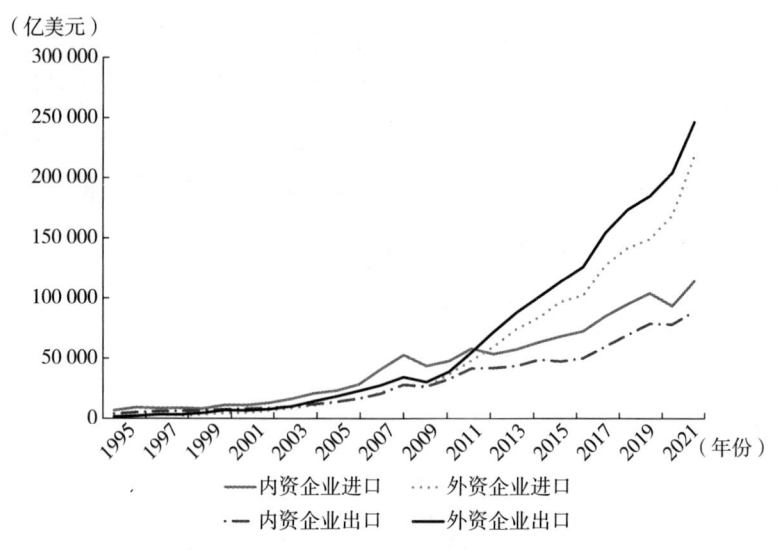

图 8-6　1995—2021 年越南进出口的分部门增长

资料来源：司尔亚司数据库。

二是越南与中美两国的经贸关系。多年来，美国和中国一直是越南最主要的出口市场（见图 8-7）。中美贸易摩擦给越南提供了贸易机会，使它的出口量大大提高，尤其是对美国的出口。越南对美国的出口主要是消费品，如服装、皮鞋、手机、家具等。根据美国国际贸易委员会的数据，中美贸易摩擦开始后，美国从越南进口的手机数量与 2018 年同期相比，在 2019 年前 4 个月翻了一倍以上，同期计算机的进口量也增加了 79%。同时，越南向美国出口的服装、纺织品、家具等商品数量有所增加，这些商品在贸易摩擦的关税提高之前曾在中国加工。由于贸易摩擦，越南在 2019 年前 6 个月向美国的出口总额增长了 27.3%。中美贸易摩擦导致关税提高，之前由中国加工出口给美国的商品，如服装、纺织品、家具等，也在逐渐向越南转移。

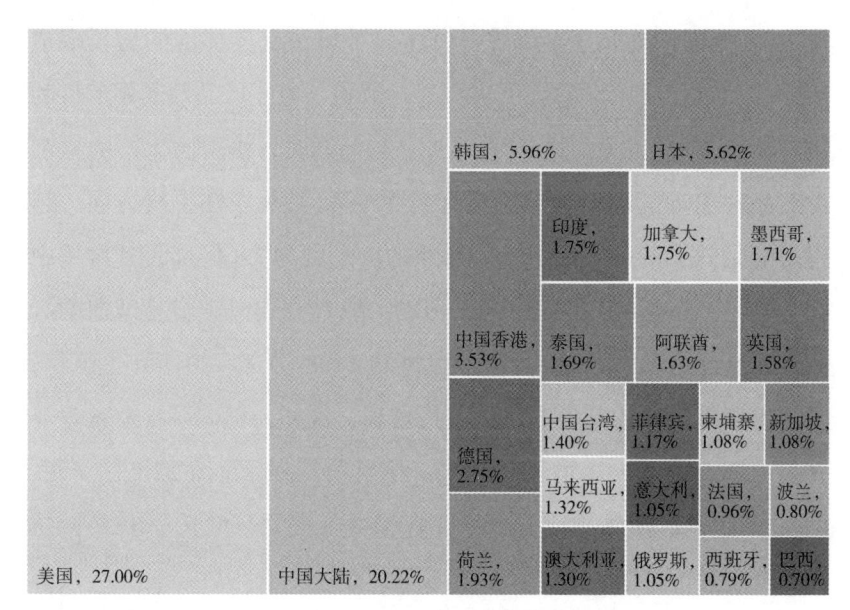

图8-7 2021年越南出口额部分地区占比

资料来源：哈佛大学增长实验室。

越南对中国的出口主要包括电子产品、半导体、服装、鞋类、运动用品和家具。一方面，在这些行业中，越南经常扮演中国的代工角色，只向中国出口技术含量较低的原材料或中间产品；另一方面，亚洲开发银行首席经济学家泽田康幸称，由于受关税调整的影响，很多中国的商品也在越南市场生产和消费，并且越南可以直接向美国出口这些产品以获得更多美国市场的份额，因此越南在中美贸易摩擦中受益最多。同时，它可以吸引更多外国直接投资进入这些行业，从而创造更多的就业机会，增加出口量，改善越南的整体贸易平衡。

中美贸易摩擦期间，根据越南海关总署的数据，截至2018年年底，越南对美国的出口价值达475.3亿美元，比2017年增长了14.3%。2019年上半年，越南对美国的出口价值达227.2亿美元，比 2018 年同期增长了 27.5%。其中，手机及其零部件的增长率最高，达 41.8 亿美元，增长了 92%。计算机、电子产品及其零部件的出口额达 23 亿美元，增长了 72%。与此同时，由中国生产的这两类产品在美国的出口量分别下降了 27% 和 13%。在手机方面，越南目前是三星的最大制造商，每年的产量约为 2.4 亿部，其次是中国，每年产量为 1.5 亿部。由于劳动力成本高和中美贸易摩擦的影响，三星计划在中国的生产规模削减约 4 000 万部。2019 年上半年，越南向美国出口的其他商品也有所增加，例如，机械设备及其零部件价值 20.7 亿美元，增长了 54%；木材及其制品价值 22.5 亿美元，增长了 35%；鞋类及相关产品价值 31.8 亿美元，增长了 13%；纺织品及服装价值 70.3 亿美元，增长了 11%。

如图 8-8 所示，中国一直以来都是越南最大的进口市场。中国拥有完善的产业链，能够为越南提供丰富的原材料和中间产品。中国增加对越南的出口会带来以下影响。第一，越南对中国的贸易逆差将增加，越南企业将面临更多来自中国的竞争。鉴于中国在原材料供应、全球供应链中的优势地位，中国已经开始扩大对东盟国家的出口份额（包括越南），这将对越南的国内市场产生影响。第二，如果额外征税的中国商品转向其他市场（除美国和越南），越南可能会在这些市场面临更加激烈的竞争。第三，如果中国无法找到一个能够替代美国的出口市场，那么可能需要在国内消化一些出口商品，这将使越南商品更难出口到中国。根据越南海关总署的数据，2019 年前 8 个月，越南对中国的出口总额为 238.9 亿美元，比 2018 年同期下降了 2%。

越南与中国既存在竞争关系，又存在互补关系。例如，在纺织品行业，越南与中国都是世界上最大的纺织品生产国和出口国之一，

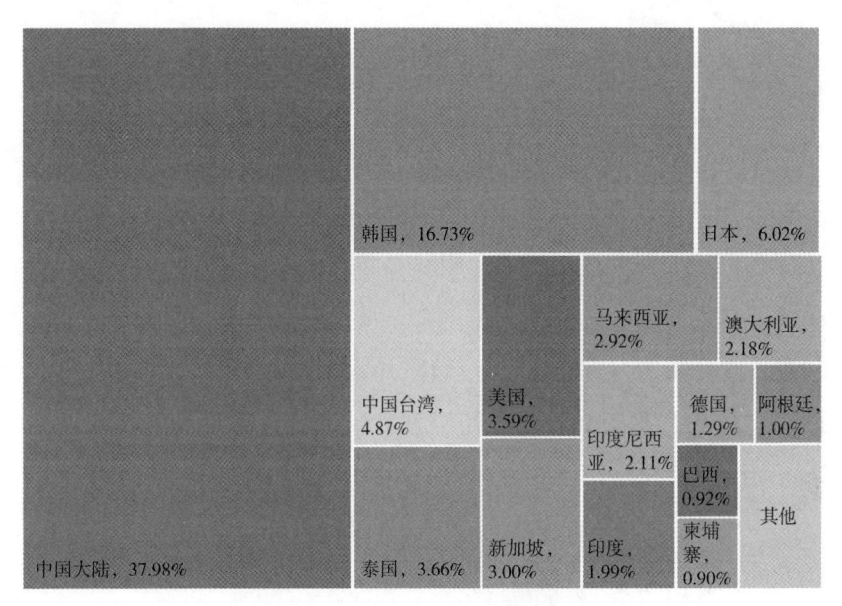

图 8-8　2021 年越南进口额部分地区占比

资料来源：哈佛大学增长实验室。

在国际市场上存在直接竞争关系。另外，越南和中国也存在互补关系。中国是越南最大的贸易伙伴之一，两国在贸易、投资、旅游等领域合作密切。同时，越南和中国在政治和安全领域也有合作。而对于一些科技含量较高的行业，越南既可以从中国进口原材料和中间产品，也可以寻求欧美等发达国家的帮助，从而减少对中国的依赖。但短期来说，越南依然高度依赖中国，产业链的宏观性转移会经历一个长久且不确定的过程。

三是外国投资。越南的外商直接投资在近年来呈现持续上升趋势（见图 8-9）。由于中美贸易摩擦和供应链多元化以规避风险的趋势，许多跨国公司纷纷撤出中国或采取"中国+N"策略，在越南等国家设厂以减轻对中国市场的依赖，从而促进了这些国家外商直接投资的增长。"我们正处于一个疯狂的时代，"澳大利亚伊迪斯·科文大学教授尼尔·奥康纳说，"目的是分散风险，这样首先有助于应对不可抗力，也有助于应对政界人士的所作所为"。Universal Electronics 是一家安全传感器产品和遥控器等家庭娱乐设备的制造商，总部位于美国亚利桑那州斯科茨代尔，该公司计划关闭旗下两家中国工厂中的一家，扩建在墨西哥的工厂，并在离越南首都河内不远的地方建设一处新的生产设施。富士康、三星和大金等跨国公司也已经在越南开设新工厂。2018年，奥林巴斯宣布深圳工厂停工停产，将生产集中到越南。2019年，任天堂宣布把Switch游戏机的一部分生产从中国转移到越南。2021年，东芝关闭了位于大连的最后一家工厂，将产能转移至越南和日本。

然而，由于中国具备良好的劳动技能、现代基础设施网络和完善的产业链和供应链结构，跨国公司仍然认为在中国生产具备吸引力，因此目前产业链的转移是局部性而非整体性的。从地缘经济的投资角度来看，目前越南会收获一些红利，但供应链整体迁移会是一个长久的过程。

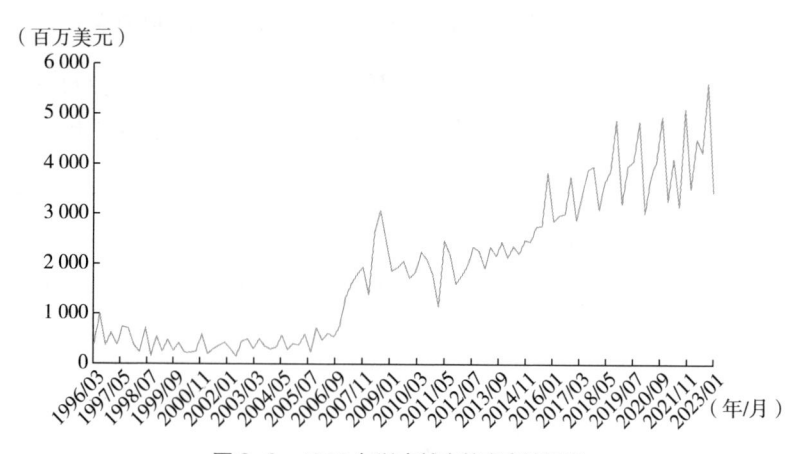

图8-9　1996年以来越南外商直接投资

资料来源：司尔亚司数据库。

（二）墨西哥

1. 墨西哥作为经济缓冲区的发展机遇

一是地理位置。墨西哥地处北美洲，与美国和加拿大接壤，地理位置优越。这为墨西哥的国际贸易提供了巨大的机遇，便利的交通条件和区域一体化贸易协定《美墨加协定》均显著增加了墨西哥与加拿大和美国的贸易往来，促进了北美地区的贸易和投资自由化、便利化。

二是人口优势。截至 2021 年，墨西哥人口为 1.267 亿人，拥有丰富的年轻劳动力，在制造业和服务业等领域具有一定的竞争力。此外，墨西哥的劳动力成本相对较低，可以帮助企业降低成本。根据 NUMBEO 对全世界 109 个国家和地区平均月净（税后）工资的实时统计，截至 2022 年，墨西哥人均税后年薪为 6 398 美元，排名第 68。[①]

三是市场规模。墨西哥是拉丁美洲第二大经济体，经济体量庞大，市场潜力巨大。墨西哥市场对于各种产品和服务都有需求，包括制造业、农业、旅游、科技等领域。此外，墨西哥还是一个开放的经济体系，吸引了大量外国投资。这为企业提供了一个广阔的市场空间。在墨西哥设立公司可以降低生产成本、获得优惠政策和便利措施，并且受益于《美墨加协定》等贸易协定。

2. 墨西哥作为经济缓冲区的发展策略

第一，加强贸易自由化和区域合作。墨西哥是世界上最开放的

---

① 参见 https://www.zhihu.com/tardis/zm/art/410600978。

经济体之一，拥有 13 项自由贸易协定，涵盖 50 个国家。最重要的自由贸易协定是《美墨加协定》。墨西哥还参与了其他区域和多边贸易倡议，如太平洋联盟、《全面与进步跨太平洋伙伴关系协定》和 WTO。

  第二，利用与美国的邻近区位推动近岸外包。随着全球化程度的不断提高，企业需要更加高效地满足客户需求。因此，一些国际化企业正在将生产转移到离客户更近的地方，以缩短供应链、降低运输成本和提高交货速度。此外，地缘政治紧张局势促使企业将生产转移到离客户更近的地方。例如，许多中国大公司正在墨西哥投资建厂，从而能够给商品贴上"墨西哥制造"的标签，然后将产品免税运往美国。这些中国企业在北美贸易集团内部建立业务，以这种方式向美国人提供从电子产品到服装再到家具等商品。以家电行业为例，中国家电企业在墨西哥投资的冰箱产能逐步增加，覆盖美国及整个美洲市场。2021 年，美国进口冰箱近四成来自墨西哥，而中国冰箱冷柜压缩机出口墨西哥的数量也同比猛增 85.9%，[①] 这体现了墨西哥冰箱产业对中国关键零部件的依赖性。2022 年 1 月，墨西哥向美国出口的冰箱数量增长了 300%。近年，中国家电企业在墨西哥投资增多，尤其以冰箱等大型白色家电产业为主。例如，海尔于 2016 年收购了美国通用电气家电（GEA）业务，并通过 GEA 控股墨西哥家电生产商马贝（Mabe）公司。2021 年 3 月，海信家电在墨西哥的蒙特雷市宣布，将在当地投资 2.6 亿美元建设家电产业园，预计 5 年内创造约 7 000 个就业岗位。产业园主要面向墨西哥、美国和加拿大市场，生产冰箱、洗衣机、烤箱和空调等产品，以贴

---

① 参见 https://m.yicai.com/news/101480818.html。

近美洲市场，缩短生产周期，减少物流环节和运输时间。

墨西哥凭借其与美国的邻近区位，成为美国企业近岸外包的理想选择，并积极推动相关措施，具体包括以下几个方面。

一是提供具有竞争力的劳动力、土地、能源和较低成本的交通，以及有利的税收激励和汇率，使墨西哥能够吸引那些希望降低生产成本的美国企业。[1]

二是在各个领域，特别是制造业、汽车、航空航天、电子和信息通信技术等领域，培养熟练且数量充足的劳动力，以满足美国企业的需求和质量标准。[2]

三是改善墨西哥的基础设施和物流，以确保与美国市场之间高效可靠的连通性，[3]特别是在墨西哥的边境州和该国的中部，这些地区囊括了大部分近岸外包活动。

四是投资于创新和技术，提升墨西哥产业的生产力、竞争力和附加值，同时适应第四次工业革命带来的挑战和机遇。[4]

以美墨边境的新莱昂州为例，该州在35岁的州长塞缪尔·加西亚的领导下，一直在吸引外国投资，同时致力于改善高速公路，以改善通往边境口岸的通道。[5]据墨西哥经济部的数据，加西亚于2021年10月上任后，已有近70亿美元的外国投资涌入新莱昂州，使其吸收外资的规模仅次于墨西哥城。截至2021年，中国企业占

---

[1] 参见 https://mexcentrix.com/nearshoring-to-mexico-in-2023-benefits-and-challenges/。

[2] 参见 https://fortune.com/2022/11/02/mexico-manufacturing-growth-us-nearshoring-bank-of-america-invest-opportunity/。

[3] 参见 https://www.garrigues.com/en_GB/new/nearshoring-key-issues-companies-looking-relocate-or-expand-business-mexico。

[4] 参见 https://www.forbes.com/sites/garydrenik/2023/03/23/why-nearshoring-is-closer-than-ever-how-mexico-is-becoming-the-next-big-thing-in-global-markets/。

[5] 参见 https://cn.nytimes.com/business/20230208/china-mexico-trade/。

新莱昂州外国投资的30%，仅次于美国的47%。中国的车轮制造商立中集团在新莱昂州的一个工业园建立了亚洲以外的第一家工厂。根据立中集团墨西哥工厂总经理王兵讲述，其大客户如福特、通用等，都曾经向立中施压，要求其在北美设厂。

3. 墨西哥作为经济缓冲区的发展成效

一是贸易和GDP。近年来墨西哥GDP增速基本为正，经过新冠疫情后的短期下降，于2022年回升至3.1%（见图8-10）。

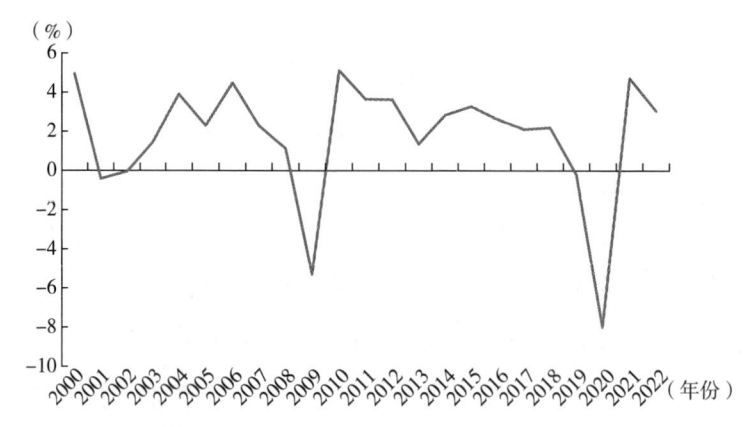

图8-10 2000—2022年墨西哥GDP年增长率
资料来源：世界银行。

美国作为墨西哥最主要的出口市场，出口总额占到墨西哥的近80%（见图8-11），且在中美贸易摩擦和《美墨加协定》后显著增加。根据2023年前4个月的数据，墨西哥已经超越中国和加拿大（见图8-12），成为美国最大的贸易伙伴，占美国进出口总量的15.4%，加拿大和中国分别占比15.2%和12%。[①]

[①] 参见 https://www.businessinsider.com/us-mexico-china-trade-world-economy-changing-2023。

图 8-11　2020 年墨西哥出口额部分地区占比

资料来源：哈佛大学增长实验室。

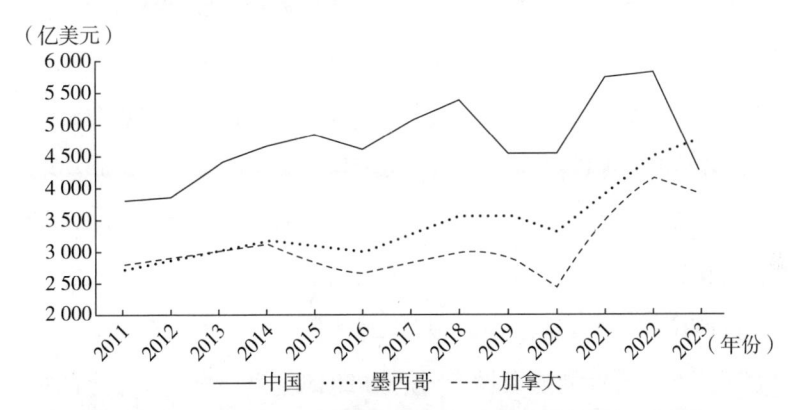

图 8-12　2011—2023 年中国、墨西哥、加拿大对美国出口贸易额

资料来源：司尔亚司数据库，联合国商品贸易统计数据库。

二是外国投资。自 2021 年以来，墨西哥特定州和经济部门的外商直接投资一直处于增长状态，尤其是邻近美国的城市。美国在墨西哥获得的外商直接投资中占比大约 38%，[①] 2021 年，制造业占据

---

① 参见 https://www.statista.com/statistics/709875/fdi-mexico-origin/。

第八章　新增长引擎：经济缓冲区国家　　261

总外商直接投资的53.26%，其次是金融和保险服务，占32.43%。[1]在2022年上半年，墨西哥的外商直接投资达到270亿美元，较2021年上半年增长了24.5%。[2]

根据墨西哥私人工业园区协会（AMPIP）的数据，在过去一年，墨西哥吸引了来自加拿大、中国、韩国和日本的75~100家公司，这些公司在汽车、航空航天、电子、医疗设备和纺织等不同领域投资了超过190亿美元。

丰田：这家日本汽车制造商于2021年3月宣布，在墨西哥瓜纳华托工厂投资1.7亿美元，生产Corolla型号的混合动力版本。2023年6月，该公司宣布向瓜纳华托工厂追加投资3.28亿美元，用于调整塔科马皮卡混合动力新车型的生产流程。丰田表示，自2016年启用瓜纳华托工厂，公司对其投资额已近12亿美元。投资扩张有助于丰田扩大在北美市场的混合动力汽车业务，并为墨西哥当地创造更多就业机会。

三星：这家韩国电子巨头于2022年宣布向墨西哥投资5亿美元，以扩大墨西哥的家电生产。这笔投资将在墨西哥北部边境城市蒂华纳和中部城市克雷塔罗进行。墨西哥是三星拥有制造工厂的众多国家之一。

特斯拉：这家美国汽车巨头于2023年3月宣布在新莱昂州建立新工厂。该工厂计划建成投产时间为2025年第一季度，年产能将达到200万辆，是目前全球设计产能最大的汽车工厂。墨西哥《改革报》称该工厂投资额达100亿美元，计划雇用约7 000名工人，占地面积2.5万亩。特斯拉希望去墨西哥再造上海工厂，将中国的供应链搬到墨西哥新莱昂州。这家重要的新工厂之所以落地墨西哥，与美

---

[1] 参见https://www.statista.com/statistics/709878/fdi-mexico-by-sector/。
[2] 参见https://www2.deloitte.com/us/en/insights/economy/americas/mexico-economic-outlook.html。

国 2022 年颁布的《通胀削减法案》有关。该法案对符合北美原产地规则的电动车提供 7 500 美元/辆的税收减免，条件是一辆新能源车价值 75% 以上的零部件要在北美，即美国、加拿大和墨西哥生产，整车组装要在北美完成；动力电池 40% 以上的原材料和 50% 以上的组件要在"美国及其贸易伙伴国家"生产，这一范围包含墨西哥、加拿大和日本等 20 多个国家。原产地规则也要求特斯拉的零部件供应商必须在墨西哥实现本地化生产。另外，距美墨边境 200 多公里的特斯拉墨西哥工厂将和距其 600 公里的特斯拉得州工厂共享部分供应链。

三是制造业发展迅速。制造业部门整条业务线在新冠疫情过后迅速回升（见图 8-13）。2022 年前 9 个月，中间品进口增长了 20.3%，资本品进口同比增长了 19.9%，机械设备的固定投资增长了 11.4%，制造业总产出增加了 5.4%，制造业总出口增长了 17.2%。①

图 8-13　2018—2022 年墨西哥制造业的增速

资料来源：德勤。

---

① 参见 https://www2.deloitte.com/us/en/insights/economy/americas/mexico-economic-outlook.html。

墨西哥的制造业活动在贸易条件改善、美国需求强劲以及近岸外包等因素下显著增长。企业纷纷在墨西哥投放资源，为美国市场提供服务。我们探究了《美墨加协定》中汽车产品相关的区域生产价值规则对北美汽车供应链的影响，发现此类规则能够促进北美汽车制造业向区域内转移，受影响的企业会采用近岸采购策略，增加从墨西哥和加拿大的进口。

例如，2022年8月，墨西哥在机械设备投资方面已经比2020年1月（即新冠疫情暴发前）高出17.4%，比2018年第四季度（投资达到峰值时）平均高出8.3%。这意味着企业已经进行了大规模的资本货物收购，以增加生产。此外，2022年1—8月与2021年同期相比，工业厂房和仓库的建设增长了12.9%。然而，平均水平仍然比2018年第四季度的水平低35%。这意味着已经在墨西哥安装的工业厂房和仓库继续进一步的投资，但是工厂的扩建或新工厂的建设较为有限。同时，就业机会在墨西哥北部和中北部显著增加，这也是制造业集中的地区。截至2022年第二季度，加利福尼亚州的制造业产量水平几乎比5年平均水平（2015—2019年）高出30%；类似地，奇瓦瓦州高出18%，锡那罗亚州高出17%，新莱昂州和米却肯州高出16%。

尽管墨西哥的主要制造业产品是汽车及零部件（仍低于新冠疫情前水平的3%），但目前推动增长的制造业领域包括电气设备（比2020年1月高出22%）、计算机和电子产品（比2020年1月高出13.2%）以及塑料制品（比2020年1月高出15.6%）。这些行业的繁荣使得制造业在GDP中所占比例从2019年的17.3%增至2022年的18.8%。①

---

① 参见 https://databank.worldbank.org。

五、经济缓冲区国家为双边经贸关系搭建桥梁

由于中美贸易摩擦加征关税的影响，中美之间的贸易量大幅下降，中美与各经济缓冲区国家的经济联系愈加紧密，由此促进了经济缓冲区国家的发展。然而，中美双边经贸关系是否如贸易数据显示的那样明显弱化？中国与经济缓冲区国家之间除了竞争，是否存在更深层次的合作关系？

事实上，中国向全球出口份额保持稳定，2022 年，中国占全球出口份额的 14.4%，较中美贸易摩擦之前的 2017 年上升了 1.7 个百分点。中间品是中国出口的重要组成部分。联合国商品贸易数据库显示，2021 年中国在全球中间品出口中的份额为 12.9%，较 2017 年的 10.5% 明显上升。其中，中国的低技术制造业中间品出口份额从 14.2% 上升至 20.1%，中高技术制造业从 16.7% 上升至 18.8%。[1] 持续增加的中间品贸易说明，中国仍在全球供应链中扮演着重要角色，全球范围的产业链供应链对于中国的依赖程度总体仍在持续上升，而供应链与贸易摩擦前相比也变得更加错综复杂。

美国对中国关键输入的依赖仍然存在，而美国的脱钩政策可能产生了相反的效果，对中国中间品输入的依赖，会使美国的盟友更加接近中国。[2] 虽然美国从东南亚的进口增加，但东南亚从中国进口的中间品输入也显著增加。2022 年底，美国商务部发现，总部位于东南亚的四家主要太阳能供应商，对来自中国的商品进行了一些微小的加工，再出口到美国，从而绕过了对中国商品的关税。社科

---

[1] 参见 https://mp.weixin.qq.com/s/ZyNw8BsqZZBLhnqjZacBQA。
[2] 参见 https://www.economist.com/leaders/2023/08/10/joe-bidens-china-strategy-is-not-working。

院学者的研究表明，中间品贸易的增加与产业迁出有关，以纺织服装行业为例，按生产过程可以将相关产品分解为上游、中游、下游三类，比较这三类产品的出口增速差，可以辅助观察纺织服装行业向某个国家转移的情况。例如，中国对越南的下游产品出口增速下降，中游产品出口大幅上升，在这种情况下，下游的加工产业很有可能已经从中国转移到了越南。数据分析显示，2019年以来，纺织服装行业的中游、下游同时出现持续向东盟国家迁出的情况，而消费电子行业有所不同，下游断断续续地向东盟国家发生转移，但没有明显的证据表明该行业的中游也向东盟国家发生了转移。这意味着纺织服装的迁出同时发生在中游、下游两个环节，而消费电子外迁主要发生在下游的组装环节。中间产品贸易的重要性上升，以及中国对东盟的投资也在持续增加，意味着东盟国家的出口额中包含着越来越多属于中国的增加值，中国在东盟出口增加值中的占比从2007年的不到5%上升至2018年的10%（见图8-14）。

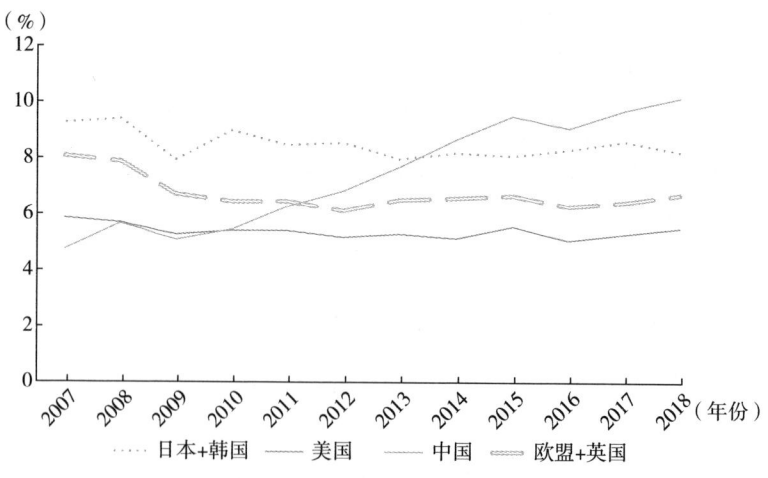

图8-14 2007—2018年东盟出口增加值中主要经济体的占比
资料来源：经济合作与发展组织数据库，亚洲发展银行数据库。

另外，中国向墨西哥出口的汽车零部件量在过去 5 年翻了一番。甚至在美国重点关注想要从中国撤出的一些高科技行业中，代替中国的那些国家同时也是跟中国有着最紧密经济联系的国家。短期内，中国"世界工厂"的地位依然很难被撼动。在大多数情况下，考虑到庞大的劳动力和高效的物流，中国仍然是性价比最高的供应商。我们的研究发现，在中美贸易摩擦后，美国通过越南和墨西哥仍然与中国保持着密切的贸易联系，具体表现为在美国运营的上市公司在从越南和墨西哥供应商进口的同时，这些供应商也在从中国进口，且存在同一季度进口相同产品的情况。

因此，中美脱钩只是表面的，由于中国与其他出口国之间的中间品贸易日渐加强，中国与美国的间接联系其实是增加的。中美之间的产业链联系虽然显示出双边弱化，但是从间接联系来看则相对稳定，甚至有所加强。对于经济缓冲区国家来说，接受中国的投资和中间产品输入，并将成品出口到美国，成为创造就业和经济增长的有效途径。对于中国来说，需要加快国内产业升级，使国内产业升级的速度快于产业迁出的速度，从而使中国与其他中间缓冲地带的发展中国家形成错位竞争、良性竞争的互利共赢关系。目前供应链和产业链的迁移仅仅是局部性的，而整体和宏观的迁移则是一个缓慢而长久的过程。

本章小结

- 大国和经济缓冲区国家之间存在千丝万缕的关系。一方面，经济缓冲区国家为博弈中的大国带来了众多机遇，例如提供了贸易和市场准入自由、低端制造业转移的窗口和新的投资机会等；另一方面，大国博弈也为经济缓冲区国家带来了发展机遇，包括贸易机遇、投资机遇、技术转移机遇等。

- 大国采取不同的策略争夺经济缓冲区，提高对经济缓冲区的影响力，中美都积极推动和加入与世界各国的自由贸易协定，布局全球供应链。位于中美竞争区域缓冲地带的国家借此获得经济飞速增长的机会，例如越南和墨西哥。
- 中美之间的经贸关系虽然呈现双边弱化的趋势，但是从间接联系来看则相对稳定，甚至有所加强，原因在于中国与经济缓冲区国家的中间品贸易日渐加强；目前供应链和产业链的迁移仅仅是局部的，而整体和宏观的迁移则是一个缓慢而长久的过程，并且受客观规律的制约。

第九章

新世界工厂布局：
全球制造业的未来版图

东盟应该成为世界供应链的一部分。
——阿尔贾德·拉希德，印度尼西亚工商会主席随着国际贸易争端的加剧，全球制造业正面临着前所未有的挑战和机遇。一方面，新兴经济体如印度、东盟国家、墨西哥和非洲，正成为全球制造业的新热点，它们凭借低成本劳动力和友好的政策环境吸引了大量的外资和订单，同时也在努力克服基础设施、政治稳定性等方面的困难；另一方面，中国正积极追求产业升级，向高价值链上游转移，依靠成熟的产业链、完善的基础设施和数字化基础、统一庞大的消费市场，打造自己的核心竞争力，弥补在研发投入强度和科研人才比例上的不足。中国企业逐渐走向海外，迎合新兴市场需求、追求低成本生产和应对复杂营商环境是背后驱动因素。这种走向国际舞台的趋势是在积累实力和管理能力后的自然外溢，既为全球资源布局提供机会，也是提升全球供应链韧性的战略举措。

在尼日利亚西南部，一座宏伟的陶瓷工厂傲然耸立，这里就是孙坚的创业殿堂。孙坚来自中国陶瓷发源地之一的温州，约4 000年前，青瓷在这里诞生。20世纪70年代，温州的生活极其艰辛。小学毕业后，孙坚不得不辍学打工维持生计。1978年，温州成为中国第一个允许开办私营企业的城市，这激发了孙坚的创业欲望。他曾在多个皮革加工厂打工，并且辛苦攒下了一笔钱，最终开办了自己的皮革制造厂。然而，随着时间的推移，生产成本飞速上涨，孙坚感到压力倍增。他深知工厂必须寻求新的机遇，摆脱困境。正当他犹豫不决时，一位朋友的建议为他点亮了明灯——尼日利亚。

孙坚踏上了一段对未知世界的探索之旅。他在尼日利亚进行了5天的考察，机缘巧合之下，发现陶瓷是尼日利亚出口中金额最大且数量巨大的货品。这一发现成为他人生的转折点。孙坚毅然决定在尼日利亚投资，投入约4 000万美元，在这片充满机遇的土地上建起了一家瓷砖厂。这个工厂不仅为当地约1 000名员工提供了稳定的就业机会，而且生意红火，利润率高达7%，超过了中国工厂利润率5%的水平。

孙坚的故事并不是个例，越来越多的中国企业在非洲投资制造业：在尼日利亚，中国企业投资并运营钢铁冶炼厂，为非洲最大的经济体注入了巨大的建设动力。在莱索托，来自中国的公司大量生产科尔士瑜伽裤、李维斯牛仔裤和锐步运动服，这些产品最终销往美国的购物中心。这些制造业投资改变着非洲社会经济的面貌，推动制造业集群的形成，为这片土地带来了新的活力。[①]

· · ·

[①] 参见 https://hbr.org/2017/05/the-worlds-next-great-manufacturing-center。

一、有潜力成为新世界工厂的国家／地区

在过去几十年里，中国因劳动力优势、大规模的制造产能和出口驱动的经济模式，成为全球制造业的主要制造中心，被誉为"世界工厂"。然而，近年来中国的劳动力成本逐渐上升，再加上国际贸易争端对中国的出口带来了压力，中国自身也在积极推动产业升级和技术创新，在多种因素的影响下，中国作为"世界工厂"的优势似乎正在减弱。前文提到大国竞争为缓冲区国家提供了发展机会。本节将继续关注一些重要的缓冲区国家，它们在制造业发展方面具备独特的优势和丰富的资源。同时，这些国家有望利用大国竞争所带来的机遇成为"新世界工厂"。全球制造业和供应链的演变为一些新兴经济体带来了巨大的机遇。随着制造业多元化逐渐成为主流，能够提供有竞争力的供应链的国家将在全球制造业中占据更大的市场份额，并在全球供应链中扮演更为重要的角色。

（一）印度

本轮全球制造业重组将印度放到聚光灯下，在对全球制造业份额的争夺中，印度是最有竞争力的新兴经济体之一，它的优势主要体现在以下方面。

1. 人口基数大，增长潜力强

人口优势是印度发展制造业的竞争力的主要来源。印度人口数量庞大，从存量上看，印度当前人口近14.2亿人，占世界总人口数量的1/6，有关数据表明，印度的人口总量已于2023年超越中国，

成为世界第一人口大国。[①] 从增量上看，印度当前的生育率是 18.7/千人，远高于中国（12.1/千人）、越南（15.2/千人）、印度尼西亚（15.9/千人）、泰国（11/千人），[②] 考虑到印度庞大的人口基数，印度每年新增人口远超世界其他国家。

从结构上看（见图 9-1），印度年轻人口充足。印度人口结构呈现标准的增长型金字塔形状，年龄中位数是 28 岁。年轻人占比高，再加上较高的生育率，意味着未来印度将有充足的劳动力支撑制造业发展。与此相比，中国的人口结构则呈现略微收缩的倒金字塔形，年龄中位数为 38 岁，远高于印度。中国的人口增长率正在减缓，老龄化社会的步伐正在逐渐加快。这将削弱中国制造业长期以来所依赖的劳动力优势，不利于中国制造业的扩张。经合组织预测，到 2030 年，印度将成为拥有 15～64 岁劳动年龄人口数量最多的国家，其劳动力占全球总劳动力的 18.6%，而中国的 15～64 岁劳动年龄人口在未来 30 年将呈现负增长（见图 9-2）。

人口的强势增长还将释放国内需求的巨大潜力。世界经济论坛预测，印度国内消费市场从 2019 年的 1.5 万亿美元增长到 2030 年约 6.0 万亿美元，增长率高达 300%。[③] 这个巨大增长主要受到不断扩大的中产阶级的推动。到 2030 年，印度中等收入群体将从 2019 年约 50% 增长到近 80%。我们在前文提到关于产品消费大国更容易成为这种产品的净出口国的"本地市场效应"，预计未来一段时间，随着印度进入消费加速增长阶段，本地市场效应也会在印度得到体现：

---

① 参见 https://www.un.org/zh/global-issues/population。
② 参见 https://worldpopulationreview.com/country-rankings/birth-rate-by-country。
③ 参见 https://www3.weforum.org/docs/WEF_Future_of_Consumption_Fast-Growth_Consumers_markets_India_report_2019.pdf。

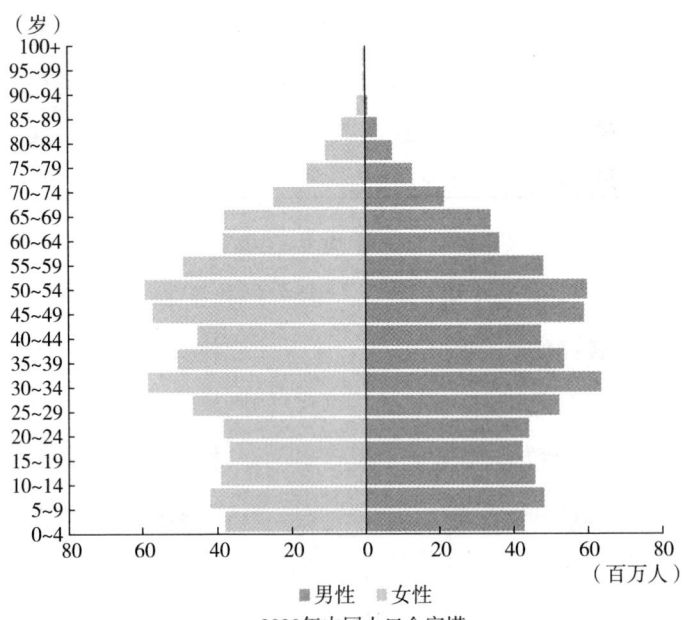

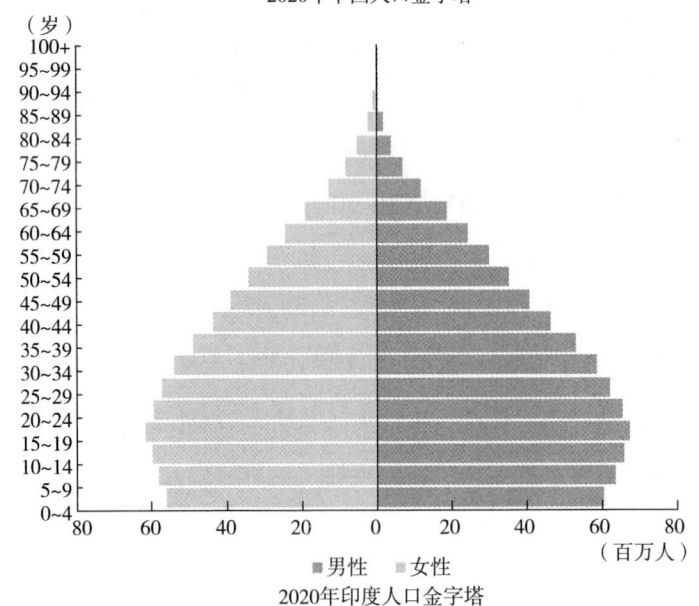

图 9-1 2020 年人口金字塔

资料来源：参考梁建章《人口战略》。

不断壮大的中产阶级除了消费食品和服装等必需品，还将消费汽车、个人计算机、智能手机等高附加值的非必需品，这将使印度成为跨国企业的新业务增长点，同时也将推动印度制造业的规模扩大。①

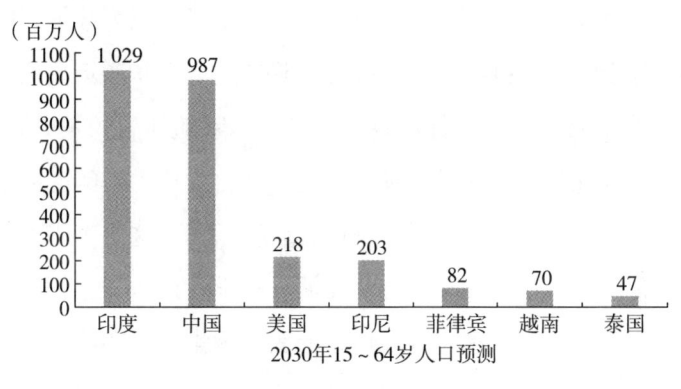

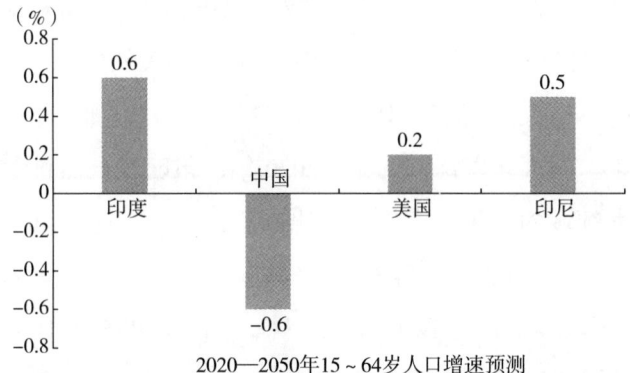

图 9-2　2020—2050 年部分国家 15～64 岁人口数量及增长率预测

资料来源：经济合作与发展组织数据，联合国经济和社会事务部数据。

2. 对理工科教育的重视培养了大量信息技术人才

人口红利意味着印度制造业有快速发展的潜力，而要最大化实现这一潜力，则需要通过教育使青少年广泛参与工业建设。印度一

---

① 参见 https://www3.weforum.org/docs/WEF_Future_of_Consumption_Fast-Growth_Consumers_markets_India_report_2019.pdf。

直致力于加强理工科教育，目的是培养大批拥有科技专长的人才，以发挥印度在制造业方面迅速发展的人口优势。印度的教育体系认为促进科学理性和教育实践是至关重要的，印度的国家教育政策也体现了对科学的重视。印度在科技领域制定了一系列政策，以推动和支持各个领域的科学研究。1958年颁布的《科学政策决议》表明印度促进和维护各领域科学研究的目标，紧随其后的是1983年的《技术政策声明》，重点是实现技术能力和自力更生。印度关于科技创新战略的声明是2013年的《科技创新政策》，这份声明关注人口红利概念以及可持续性和包容性发展，科学、技术和创新已被确定为印度快速、可持续和包容性增长的驱动因素。在印度，科学和技术受到了广泛的尊重和推崇。这种文化氛围影响着年青一代，他们更倾向于选择理工科专业，并在毕业后从事相关领域的工作。年轻人的选择并非偶然，因为印度在理工科高等教育方面确实取得了显著的成果。令人印象深刻的是，2020年，印度在自然科学、数学和统计学领域的高等教育毕业生比例高达16%，这是OECD成员中最高的。[1] 印度许多高等教育机构以理工科教育享誉世界，例如印度理工学院（IITs）、Birla技术与科学学院（BITS）、印度国家理工学院（NITs）、印度科学学院（IISc）等。这些学府不仅提供卓越的教育，还鼓励学生积极参与科学研究和创新活动。这为印度年轻人提供了更多的机会，让他们在理工科领域为印度的科技进步做出贡献。

值得一提的是，英语教育也是印度教育体系中重要的一部分。印度是一个多民族国家，拥有数量众多的种姓、宗教和族群。此

---

[1] 参见https://gpseducation.oecd.org/CountryProfile?primaryCountry=IND&treshold=10&topic=EO。

外，印度在历史上曾多次遭受外来入侵，希腊、古代波斯和英国等都将自己的文化和语言带入印度，进一步增加了印度的语言多样性。在印度独立之前，英语已经成为印度众多地区的官方语言，印度独立之后，为在整合民族意识的同时维护社会稳定，印度中央教育咨询部提交了"三语方案"，即中等教育机构必须同时教授印地语、英语和另一种印度地方语言。这个方案不仅缓解了印度的语言矛盾，还为英语教育在基础教育中的展开铺平了道路。时至今日，英语成为印度的第二官方语言和普遍的通用语言。根据2022年英孚英语水平指数，印度的英语水平在全球111个国家和地区中排名第52，在亚洲24个国家和地区中排名第6，仅次于新加坡、菲律宾、马来西亚、中国香港和韩国。[1] 印度庞大的英语人口使其有潜力成为欧美国家企业的外包生产中心。

3. 政策推动

印度政府一直以来都把促进制造业增长列为首要任务。过去印度政府通过一些政策措施吸引外商投资，但效果似乎并不显著，大部分外国投资最终流入服务业和平台业务。近期印度政府采取的政策措施旨在解决制造业一直以来的发展障碍。[2] 具体包括以下方面。

一是生产激励措施（PLI）：政府为关键行业的合格制造商提供丰厚的财政激励，比如汽车和汽车零部件、电子、制药、电信、纺织、食品加工、白色家电、太阳能光伏制造和钢铁等，其中，半导体制造业的PLI设定为7 600亿卢比（97.1亿美元），旨在使印度成

---

[1] 参见 https://www.ef.com/wwen/epi/。
[2] 参见 https://www3.weforum.org/docs/WEF_Future_of_Consumption_Fast-Growth_Consumers_markets_India_report_2019.pdf。

为这一关键零部件的全球主要生产国之一。

二是劳工改革：简化了原本复杂的劳工法，将原本 29 项法律合并为四部法典，涵盖工资、安全卫生和工作条件、劳资关系、社会保障四个方面，新框架有利于企业履行行政义务，让工人得到更好的保护。

三是基础设施建设：2019 年，政府启动了大规模的国家基础设施管道（NIP）计划，承诺在 2020 年至 2025 年为 7 500 多个项目投入 1.8 万亿美元的资本支出。预计支出涵盖多个部门，包括交通、能源和水。提升基础设施可用性，将极大提高印度对制造商的吸引力。

4. 自然资源

虽然印度的人均可耕地面积、淡水和石油储量等资源相对匮乏，但印度拥有广泛的矿产资源，其矿产多样性超过全球大多数国家，这让印度在发展制造业方面具有得天独厚的优势。印度半岛拥有大量高质量的铁矿石，尤其是丰富的锰和铬铁矿，印度还拥有铜、铝土矿、锌、铅、金、银等金属矿物，以及石灰石、白云石、磷酸盐岩等非金属矿物。这些自然资源支撑了印度的矿物加工厂、冶炼厂和机械化工厂。初级加工厂和冶炼厂一般位于产地附近，例如那格浦尔高原，那里有高品质的铁矿石和丰富的煤炭供应，并且距离加尔各答市场很近，因此成为印度重工业的主要地区，不仅聚集了众多的化工企业，还集中了一些生产重型运输设备的工厂。这一地区的优势地理位置和丰富资源为印度的工业发展提供了基础。

与此同时，印度制造业转型也面临一些挑战。

（1）种族主义、种姓制度和性别歧视

种族主义、种姓制度和性别歧视导致的社会不平等是印度根深蒂固的问题。

印度是世界上最多样化的国家之一，居住着不同种姓、肤色、信仰、语言和宗教背景的人，然而印度不同种族之间的歧视和偏见由来已久。种族主义的根源可以追溯到吠陀时期，那时人们就认为肤色是衡量一个人价值的标准，白皮肤比黑皮肤的人更优越。而外国人常常被当地人视为竞争对手，他们担心外国人会对当地的身份和文化构成威胁。印度东北部的居民就是种族歧视的受害者，他们由于外貌与华人相似而被质疑印度人的身份，这种种族和文化差异导致印度主体和东北部关系紧张，双方长期以来冲突不断，时至今日仍未见缓解。2023年5月，印度东北以库基人和那加人为主的山区部落居民，与以梅泰人为主的平原居民爆发激烈冲突，超过75人在冲突中丧生，有数百人受伤，是当地几十年来最严重的种族冲突。[1] 这一事件凸显了种族问题在印度社会中的严重性和紧迫性。

与种族主义相似，种姓制基于某些特征将人们分成不同的族群，对印度社会安定和经济发展具有严重破坏性。从教育、就业到养老，种姓制度在印度的经济生活各个方面都产生了深远的影响，而种姓制度主要通过限制劳动力的自由流动来遏制经济增长。目前印度的经济发展滞后，有大量多余的劳动力。根据经济学家刘易斯的理论，由于缺乏合适的就业机会，多余的工人往往只能在农业领域找到工作，这种情况实际上相当于"变相失业"。当这些额外的工人被吸纳到工业部门时，工业化进程将自然而然地发生。工人的

---

[1] 参见 https://www.voachinese.com/a/india-s-northeast-remains-on-edge-after-ethnic-clashes-20230530/7114998.html。

工资也会随之上涨，市场从劳动力过剩状态逐渐转向劳动力短缺状态，这一关键点被称为"刘易斯拐点"。目前，印度正努力实现从一个以农业为主的国家向工业化国家的过渡，也就是正在追求"刘易斯拐点"的到来。然而，种姓制度长期以来限制了大量低种姓人口只能从事农业工作，这严重地制约了劳动力的流动，也妨碍了工业部门的发展。①

类似地，性别歧视限制了占总人口半数的女性的劳动参与率，也限制了女性劳动力的生产效率。根据OECD的数据，印度年轻女性（尤其是受教育程度低的年轻女性）的就业机会远低于年轻男性。2021年，印度25～34岁高中以下学历的女性就业率为27.6%，而男性高达95.3%。②这不仅是一种性别不平等现象，还意味着印度的女性人口未能充分参与劳动市场，导致劳动力资源未能得到充分利用。

（2）基础设施落后

落后的基础设施是"印度制造"的最大障碍之一。根据2019年世界经济论坛《全球竞争力报告》，印度的基础设施瓶颈是提高其全球竞争力的主要制约因素。③印度的基础设施得分在141个国家和地区中排第70名，印度的劣势主要反映在电力不足、水资源质量不佳以及道路网络连接不畅等方面。

印度的电力主要依赖煤炭资源，其70%的电力供给来自煤炭。④

---

① 参见https://www.economicsreview.org/post/caste-and-the-indian-economy。
② 参见https://gpseducation.oecd.org/CountryProfile?primaryCountry=IND&treshold=10&topic=EO。
③ 参见https://www3.weforum.org/docs/WEF_TheGlobalCompetitivenessReport2019.pdf。
④ 参见https://www.bbc.com/news/business-58824804。

因此，尽管印度拥有世界第三高的煤炭储量，并拥有世界上最大的煤炭开采公司，它仍然是世界第二大煤炭进口国，消耗的煤炭中大约有25%来自进口。过度依赖关键资源的进口是非常危险的，这意味着来自进口的供给变动会给印度的电力供应造成压力。[1]例如，2021年印度在第二波新冠疫情冲击后的复苏期间，电力需求急剧上升，然而持续的俄乌冲突等宏观因素导致全球煤炭价格大幅上涨，印度的煤炭进口量降至两年来的最低水平。加上本国的煤炭储备不足以支持大量的电力需求，于是9月底和10月初，印度许多地区出现了大范围停电。

从表面上看，印度的道路基础设施似乎还算正常，累计公路网为590万公里，比中国（460万公里）长，但略小于美国（670万公里）。印度公路网的密度为每平方公里1.62公里，远高于美国（每平方公里0.68公里）或中国（每平方公里0.49公里）。然而印度的道路基础设施质量极差，这些道路中只有3%是国道，75%的公路只有两车道。道路拥挤、维修资金不足等问题司空见惯。此外，印度的铁路系统大多采用单轨，常常出现延误问题，并且其承载货物的能力相对较低。简而言之，尽管印度的道路网络看似庞大，但实际上，道路的质量和容量远不足以满足国家日益增长的交通需求。[2]

（二）东盟国家

1. 东盟国家发展制造业的优势

第一，劳动力成本低。与印度类似，东盟丰富的低价劳动力也

---

[1] 参见 https://www.bbc.com/news/world-asia-india-61330302。
[2] 参见 https://www.spglobal.com/en/research-insights/articles/the-missing-piece-in-indias-economic-growth-story-robust-infrastructure。

是发展制造业的重要优势。越南、菲律宾、泰国、马来西亚等地不仅平均工资水平远低于中国，工资增长速度相对中国也更加缓慢。在过去30多年里，中国制造业的劳动力成本飙升了31倍，从每小时0.25美元跃升到8美元。与此同时，东南亚的竞争对手，如越南和泰国，劳动力成本只增长了一倍，从每小时1美元上升到了2美元。而印度被视为未来的全球制造中心，其劳动力成本也只增长了9倍，从每小时0.3美元提高到3美元，仍然远低于中国的水平。[1]

第二，国家间的友好关系。东盟国家彼此之间以及它们与世界主要国家之间都有着良好的关系。1992年1月东盟自由贸易区成立，自贸区旨在消除东南亚国家之间的关税壁垒，以及将东盟各经济体整合为一个单一的生产基地，并创造一个拥有5亿人口的区域市场。自贸区成立之初，包括文莱、印度尼西亚、马来西亚、菲律宾、泰国和新加坡六个成员，随后越南、柬埔寨、缅甸和老挝也相继加入。自贸区的成立为企业建立一体化供应链和开拓整个地区的市场创造了机会。1997年，东盟领导人通过了《东盟2020年愿景》，进一步促进商品、服务、资本的自由流动，推动经济公平发展，提高东盟的区域竞争力（提升东盟在地区竞争中的地位）。1998年，《河内行动计划》提出了一系列经济一体化倡议，以实现《东盟2020年愿景》。各国领导人都认识到区域一体化的必要性，于2003年发表了《东盟和谐宣言Ⅱ》，提出于2015年建立东盟经济共同体（AEC）的目标。2007年，东盟制定了新的2025年东盟经济共同体蓝图，为东盟下一阶段的经济一体化议程确定了战略方向。《东盟经济共同体蓝图2025》旨在进一步深化经济一体化，要点包括加强互联互通和部门合

---

[1] 参见 https://www.economist.com/business/2023/02/20/global-firms-are-eyeing-asian-alternatives-to-chinese-manufacturing。

作，打造韧性、包容、以人为本、全球化的东盟等。①

东盟与中国、日本、韩国、印度等国家和地区签署了双边自由贸易协定，此外，单独的东盟国家也与世界其他国家和地区签订了自由贸易协定。同时东盟还积极参与区域自由贸易（见表9-1）。2020年，东盟与澳大利亚、中国、日本、新西兰和韩国签署了RCEP。RCEP成为有史以来最大的自由贸易协定，覆盖全球约30%的GDP（26万亿美元）和30%的世界人口。这些自由贸易协定让东盟广泛地参与全球贸易中，成为全球贸易体系的重要参与者。

表9-1 与东盟国家相关的自由贸易协议签署情况

自由贸易协定	越南	马来西亚	泰国	菲律宾	印度尼西亚	柬埔寨	中国
东盟自由贸易协议	√	√	√	√	√	√	×
中国–东盟自贸协定	√	√	√	√	√	√	√
印度	√	√	√	√	√	√	×
韩国	√	√	√	√	√	√	×
日本	√	√	√	√	√	√	×
全面与进步跨太平洋伙伴关系协定	√	√	×	×	×	×	×
欧盟	○	△	△	△	×	×	×
美国	×	△	△	×	×	×	×

注："√"为已签署，"×"为未签署，"○"为待批准，"△"为谈判中。
资料来源：毕马威报告。

第三，整合区域供应链的机会。整合内部供应链是东盟国家的一个发展机会。通过整合区域内的供应链，东盟可以成为一个更大

---

① 参见 https://asean.org/our-communities/economic-community/。

的制成品生产基地，并向世界其他地区提供关键零部件。

在区域布局方面，我们可以看到许多公司已经在新加坡设立了东盟地区中心，例如阿里云、谷歌、Envison、IBM 和字节跳动等公司都在新加坡设立了地区总部，以便协调东盟地区的战略规划和执行。负责联合利华新加坡和马来西亚供应链业务的安德鲁·瓦罗纳说，"供应的进一步'东盟化'是我们真正想要推动的，我们希望在供应链的上游走得更远，并进一步实现关键原材料供应以及制造和物流解决方案的本地化或区域化"[①]。

然而，鉴于东盟各国监管机制的多样性和复杂性，以及各地区发展和基础设施水平的巨大差异，直接将东盟作为一个区域采取无差别战略是不可取的。为了实现长期的发展，企业需要考虑一种区域战略。汇丰银行国际子公司银行 CMB 全球联席主管桑迪普·乌帕表示："中国公司通常不太可能同时进入所有 10 个东盟市场和国家。更合理的策略是从一个或两个类似的市场开始，然后利用在第一个市场获得的经验和知识进一步扩展到其他国家。接着可以设立区域办事处，采用中心辐射模式覆盖更多国家，从而积累更多的国家经验。"

值得注意的是，东盟在供应链方面已经有了一个区域生态系统，桑迪普表示，"许多供应商在该地区开展业务。有了这些，中国企业就不再需要在每一个进入的市场都重新开始"[②]。

2. 东盟制造业的发展面临的挑战

第一，供应链基础薄弱。

当制造商在中国开展生产活动时，大多数原材料可以直接在当

---

① 参见 https://www.bcg.com/publications/2023/asean-free-trade-advantage-to-power-ahead。
② 参见 https://www.business.hsbc.com.cn/en-gb/campaigns/belt-and-road/asean-story-2。

地采购，而东南亚许多行业的制造商严重依赖进口零部件和材料，这不仅增加了运输成本，还使供应链面临更高的中断风险。

东盟电子商务市场的低渗透率就是供应链不完善限制产业发展的一个例子。电子商务的发展不仅需要考虑大数据和电子支付，还涉及供应商、销售渠道、物流等环节。建立和完善电子商务供应链是一个长期过程，涉及社会资源的多个方面。尽管当前东南亚电商商品交易总额（GMV）迅速增长，但是电商渗透率水平还很低，以印度尼西亚为例，2021年电商市场规模在当地零售总额中的占比仅为18%左右，而2021年中国这一比例已经达到50%。[①] 现阶段限制东南亚电子商务发展的主要因素在于产业链上游的供给能力弱，具体表现为生产效率低、品类少、迭代慢、质量差。以至于很多商品仍需要从中国发货，但这又受限于物流基础设施，难以保证实效性（高效的配送），从而影响用户体验，降低客单价和复购率。

可以看到，东盟地区的基础设施正在飞速发展和升级。《东盟互联互通总体规划2025》将可持续基础设施发展视为一个重要战略目标，并与共建"一带一路"倡议相衔接，因此基础设施建设成为中国与东盟之间合作的核心领域之一。目前，中国与东盟的基础设施合作已经涵盖公路、铁路、电力、宽带等多个领域。随着《东盟互联互通总体规划2025》与共建"一带一路"倡议的深度融合，可以预期东盟地区的基础设施将持续不断地改进和升级，这将为该地区的发展带来积极影响。

第二，政府部门行政效率有待提高。

根据2022年《东盟营商环境报告》，一些东盟成员政府部门之

[①] 参见https://www.21jingji.com/article/20221219/herald/2095687488b481756c88a0f6181111999.html。

间的协调仍然存在问题，这导致企业在处理业务时面临烦琐的手续和漫长的过程。比如菲律宾设立公司至少需要 12 道程序；柬埔寨获取公司营业执照至少需要 14 个工作日，获取税务登记至少需要 30 个工作日；老挝成立一家公司平均需要 173 天。针对东盟投资环境方面存在的问题，调查显示，33.54% 的企业认为东盟对外资持股比例以及开设分公司的限制比较多。除了烦琐的手续，还有其他问题，如政府工作人员的专业能力不足以及公共服务不到位，这些问题也导致一些地方的治安环境较差。近半数的受访企业认为当地政府工作人员业务能力还不够专业。43.11% 的企业表示当地治安情况在一定程度上对企业经营造成了不利影响，降低了企业的经营效率。

第三，经济一体化程度较低。

东盟成员之间的政治、经济和社会文化发展极其不平衡。既有新加坡、马来西亚等相对发达的经济体，也有缅甸和老挝等较不发达的经济体，且种族、宗教和文化也呈现多元化。此外，在东盟，超国家机构的力量相对来说较为薄弱，决策通常需要得到各成员的一致同意。这种以一致同意为基础的决策方式可能导致经济一体化决策进展缓慢。例如，东盟在取消非关税贸易壁垒和允许劳动力在区域内自由流动方面的进展相对较慢。而相比之下，欧盟拥有健全而强大的超国家制度框架，包括欧洲议会、欧洲中央银行、欧盟委员会和统一的货币欧元。

第四，地缘政治的不稳定性。

东盟成员之间存在多地领土争端。此外，一些成员曾经或正在经历内部政治动荡。比如，21 世纪以来，泰国发生了多次政变和政治动荡，政府在不同政治派别之间摇摆。泰国政治还受到君主制度的影响，不同政治势力之间存在紧张关系。菲律宾政治环境复杂，曾经历政治腐败、动荡和冲突等问题。菲律宾长期以来面临着恐怖主义问题，包括与分离主义组织的冲突。此外，大国的干涉和竞争也可能加剧地缘政治紧张局势。东盟国家位于地缘政治竞争的交汇点，这些因素共同构成了东盟地区的复杂地缘政治格局。

（三）墨西哥

上一章我们提到墨西哥作为中美博弈之间的经济缓冲区，在贸易、投资、技术转移等方面拥有大量机遇。墨西哥具备一些独特的优势，使自身成为制造业发展的理想之地。首先，它的地理位置优越，靠近美国市场，这有助于贸易往来。其次，墨西哥拥有大量的年轻劳动力，为制造业提供了稳定的劳动力资源。再次，墨西哥在贸易自由和商业便利性方面也表现出色。最后，与前述国家相比，墨西哥一个突出的优势是良好的制造业基础——墨西哥是拉美地区少有的工业部门齐全的国家，在汽车、航空航天、医疗器械、电子、家电、纺织等部门都有坚实的工业基础，并形成了一些重点产业集群，这意味着墨西哥制造业发展是建立在已经形成的本地供应链网络和相对完善的配套基础设施之上的，在面对区域化带来的新机遇时，墨西哥有望继续保持强劲的增长势头。

和其他地区一样，墨西哥在工业发展方面面临一些迫切需要解决的问题。这些问题包括改善海关手续的标准化、提升公共安全、促进法治，以及解决官僚主义和腐败等问题。官僚主义和腐败问题在墨西哥根深蒂固，也是引发其他许多问题的根源，对墨西哥的经济社会发展形成很大阻碍。一方面，企业在与政府打交道、获取公共服务时，需要应对复杂烦琐的行政程序；另一方面，一些政府官员滥用权力，通常通过索要贿赂或采取其他非法手段来谋取个人利益。官僚主义和腐败给墨西哥带来了一系列负面影响。例如，过多的繁文缛节和延误会阻碍外国投资、降低生产率、增加企业成本，而腐败则破坏了公众对政府机构的信任，加剧了社会不平等，并占据了可用于社会项目或基础设施发展的公共资源。因此，官僚主义和腐败问题是墨西哥所面临的重大挑战。要解决这些问题，需要政府、公民社会和私营部门共同努力，提高政府行为的透明度，建立有效的问责制，并强化法治。这有助于改善墨西哥的商业环境，吸引更多投资，促进经济增长和社会公平。

（四）非洲

21 世纪以前，撒哈拉以南非洲国家实际上一直在去工业化：曾经存在的少量制造业活动逐渐消失。例如，在尼日利亚北部最大的城市卡诺，纺织厂、皮革制革厂和陶瓷厂已年久失修。有报道称，埃塞俄比亚的工业园区空空如也，而南非的制鞋业已经崩溃。近年来非洲的工业发展趋势发生了逆转，这可以从部分南非国家的制造业就业份额中体现出来，例如，加纳和尼日利亚的制造业从 2010 年开始扩张，而卢旺达自 2000 年制造业占就业的比例一直在稳步上升。克鲁斯等人的研究为南非制造业发展提供了实证，该研究基于 51 个国家的统计数据，其中包括 18 个撒哈拉以南非洲国家，这 18 个国家的 GDP 占该地区的近 75%，因此它们很好地代表了整体情况。研究发现，与 20 世纪 90 年代相比，除了亚洲，撒哈拉以南非洲国家的工业化也取得了进展，例如在 21 世纪第 2 个 10 年，该地区制造业工人所占比例比 20 世纪 90 年代高出约 0.7 个百分点（见图 9-3）。

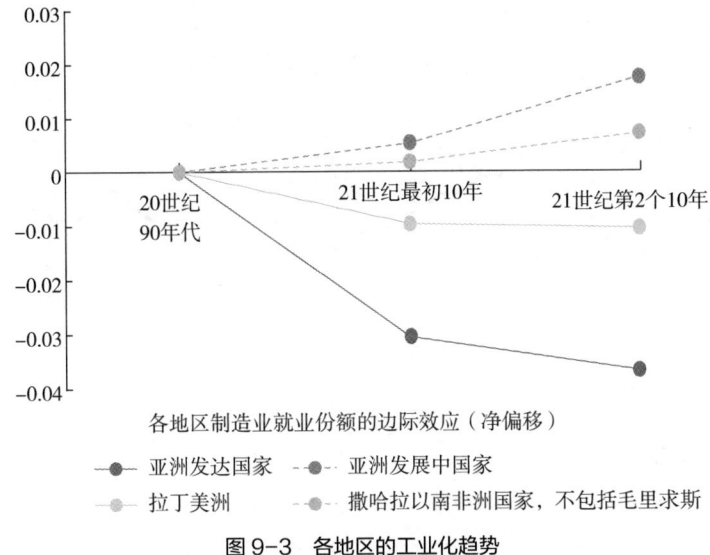

图 9-3　各地区的工业化趋势

资料来源：克鲁斯（Kruse）等人的研究（2023）。

除此之外，非洲也更广泛地参与国际贸易，新成立的非洲大陆自由贸易区可能在未来几年通过制成品贸易来促进非洲制造业的发展。

尽管如此，非洲工业化发展仍面临许多不确定因素。

一是非洲制造业生产率提升缓慢，如图 9-4 所示，在非洲各个区域均出现了制造业增加值占 GDP 比例下降的趋势。尽管制造业规模和就业有所发展，但制造业的生产率增长落后于整个经济的生产率增长。克鲁斯等人对此给出了一种解释，非洲制造业主要满足国内需求而非出口。目前带动非洲地区工业复苏的主要是小规模企业，它们生产的产品质量较差，主要用于满足国内消费者日益增长的需求，而不是在国际上进行贸易，因此较少受到国际竞争的影响，也很难达到由出口驱动的亚洲制造业的发展速度。

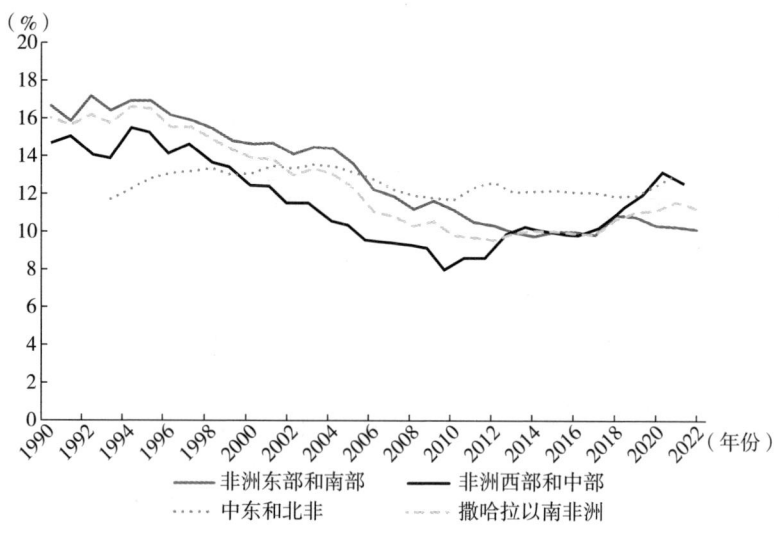

图 9-4　1990—2022 年非洲制造业增加值在 GDP 中的占比

资料来源：世界银行。

　　二是一些政策和自然环境等外部因素也在一定程度上限制了非洲制造业的增长。首先，非洲国家面临着边境合规成本的问题，这会影响跨境贸易。边境合规成本包括烦琐的程序和复杂的海关法规，这些因素可能对货物的流动构成巨大障碍。尤其对于小企业来说，花费在文件合规性上的时间和资源，有时会成为比关税等传统壁垒更大的贸易障碍。根据 2018 年 WTO 发布的报告，经济越落后的地区，边境合规成本越高，在这方面，非洲中南部的进口和出口的合规成本以及相关支出是所有地区中最高的。其次，非洲也面临自然条件方面的不利因素：气候脆弱性高，对自然灾害的应对能力弱，企业在这里开展生产活动更容易发生极端和罕见的风险事件。2021 年全球适应指数（ND-GAIN）衡量了各国气候适应措施的就绪程度，主要从各国面对气候变化的脆弱性和将金融投资（气候融资）转为气候适应措施的就绪程度两个层面进行衡量。非洲国家大多具有较高的应对气候变化的脆弱性，但对气候变化的就绪程度较低，说明非洲对气候变化脆弱性高而应对能力弱。

二、产业升级：中国的新布局

中国因低成本的劳动力、大规模的制造产能和出口驱动的经济模式，一度成为全球制造业的中心。然而近年来劳动力成本逐渐上升，再加上国际贸易争端对出口造成了压力，因此中国急需升级产业链。中国正在逐步推动产业升级和技术创新，企业也积极出海寻找新的发展机会。作为世界第二大经济体，中国具有重要的全球经济影响力，在全球经济中扮演着关键角色。接下来将着重探讨中国作为全球制造业重要一环的新布局，深入分析中国制造业向产业链上游转移的有利因素，以及这种转移可能对中国经济和全球供应链格局产生的影响。

（一）出路一：向价值链上游转移

1. 向价值链上游转移的驱动因素

在当前全球供应链的调整过程中，各地区的生产网络相互联系更加紧密，特别是中国与东南亚国家之间的供应链合作进一步加强。这一趋势伴随着东南亚劳动密集型产业的迅速增长，导致中国逐渐将一部分劳动密集型生产转移到其他地方。这表明中国经济正在从过去主要依赖劳动力和资本扩张的模式，逐渐转向更加依赖提高生产效率和创新的方式。在这个过程中，中国有望在生产高附加值产品的供应链中发挥更为关键的作用，成为亚洲供应链的价值核心。支持中国制造业向产业链上游迁移的有利因素包括以下几个方面。

第一，成熟的产业链和完善的配套设施。

劳动密集型产业转移至低成本国家较为容易，但这些国家在高技术产业方面的基础设施和规模有限，难以在短期内赶上中国的供应链优势。例如，汽车、物联网和智能手机等行业需要快速创新、频繁更新产品原型、不断改进生产流程。中国之所以在这些领域表现出色，在于庞大而复杂的供应链网络、大量训练有素的工程师、成熟的劳动力市场、细致的分工和高质量的基础设施。这些条件在其他国家难以轻松复制。苹果的前高级主管顾道格曾指出苹果在中国成功建立供应链的三个关键原因：一是中国有能力在全国范围内调动劳动力以满足苹果等公司的生产需求；二是中国的基础设施"将一切联系在一起"；三是中国许多城市有能力建立起庞大而复杂的供应商网络所组成的产业集群。①不难看出，中国政府、供应商、物流公司和主要制造商之间紧密合作的能力以及全面的供应链基础设施建设，是资本密集型产业难以迁移到其他国家的重要原因之一。

我们也可以看到一些跨国企业正在越南、马来西亚等东盟国家设立制造工厂，其中包括一些追求降低生产成本的中国企业。但这并不意味着整个制造业价值链将转移到东盟，相反，它更像是中国价值链的延伸：许多劳动密集的制造业中心仍需要从中国进口原材料、设备和技术，这让中国和东盟国家的产业链互补性更强。一方面，东盟国家承接从中国转移的劳动密集型产业，让中国更专注发

---

① 参见 https://www.scmp.com/comment/opinion/article/3207835/why-chinas-move-value-chain-means-dells-departure-no-big-deal。

展上游的高价值产业；另一方面，东盟国家制造业的发展也依赖中国这个主要的消费市场。①

第二，消费市场的扩大有利于创新。

随着国民可支配收入和中国社会消费品零售额的不断增长，消费力正逐渐成为中国经济的引擎。近20年来，中国经济社会取得长足发展，社会消费品零售总额增长了10多倍，2019年首次突破40万亿元。2021年，最终消费支出对中国经济增长的贡献率为65.4%，拉动经济增长5.3%，说明消费已经成为中国经济的主要推动力。中国庞大而充满活力的消费市场激励企业进行以客户为中心的创新：随着消费者需求的多样化、消费场景的日益丰富，企业需要采用新技术以保持自身产品的竞争力，甚至需要创造新的消费模式来满足新需求。高品质、高附加值、高技术的商品消费进一步推动企业向产业链高价值环节移动。

中国消费市场对创新的促进作用还体现在一个独特的方面——中国消费者对创新的接受程度很高。改革开放以来，中国成为世界上经济发展速度最快的国家之一，人均GDP高速增长，从低收入国家跃升至中等收入国家，城镇化水平不断提升，商品和服务供给从短缺到丰富，基础设施日益完善，对外交流日益频繁。快速变化的社会经济环境和生活条件让中国消费者对变化有高度适应性，也更倾向于接受新技术，因此，中国的消费市场比大多数国家更适合将创新转化为规模化应用，一个鲜明的例子就是移动支付的成功应用。从时间上看，中美两国在移动支付技术的应用方面几乎同时迈出了步伐，但最终市场接受程度却差异巨大。美国第三方支付平

---

① 参见 https://www.business.hsbc.com.cn/en-gb/campaigns/belt-and-road/asean-story-1。

台PayPal于1998年首创移动支付，2003年支付宝平台成立，2013年微信支付上线，2014年苹果推出Apple Pay。2018年，微信支付在中国市场的用户渗透率达到86.4%，[①]而Apple Pay在美国的用户渗透率到2022年也只有18.1%。[②]中国在线支付的繁荣进一步带动了金融科技创新和电子商务的蓬勃发展。

第三，良好的数字化基础。

数字技术有一个有趣的特点，那就是它的边际成本几乎是零，而且随着使用者的增加，它的价值会越来越大。这就是所谓的网络效应。因此，中国强大的数字基础设施对数字产业的发展和传统行业的数字化改造非常有利。

根据《数字中国发展报告（2022年）》，2022年中国数字经济规模达50.2万亿元，总量稳居世界第二，同比名义增长10.3%，占GDP比重提升至41.5%，数字产业规模稳步增长，并且与实体经济融合更加深入。

随着数字技术如机器人、物联网和人工智能的不断成熟并应用于工业生产，各国在全球价值链中所获得的额外价值越来越与数字技术的使用程度相关。这意味着中国制造业有机会通过数字技术向价值链的高端迈进，从而增强在国际市场上的竞争力。

例如，近年来机器人技术在中国制造业中得到大规模应用，中国已经连续多年成为全球最大工业机器人消费国。[③]工业机器人的使用不仅能够降低劳动成本，还可以提高产品质量、优化生产流程，使中国制造厂商的效率得到提升。同时工业机器人急剧增加的

---

① 参见 http://vr.sina.com.cn/news/hz/2019-01-30/doc-ihrfqzka2367273.shtml。
② 参见 https://www.oberlo.com/statistics/how-many-people-use-apple-pay。
③ 参见 https://www.gov.cn/xinwen/2021-12/29/content_5665076.htm。

需求也带动了相关产业链的发展，2020年机器人产业营业收入首次突破1 000亿元；"十三五"期间年均复合增长率约15%，工信部表示"我国机器人产业已基本形成了从零部件到整机再到集成应用的全产业链体系"[①]。

此外，数字平台的兴起使中国制造商能够更好地与全球合作伙伴协调，促进了全球供应链的整合，也使中国制造商能够扩大其全球影响力。例如，阿里巴巴、京东和拼多多等平台已经成为中国制造商接触全球消费者的重要渠道。

数字技术的应用还为中国制造业提供了新的商业模式。例如，"智能工厂"模式利用先进的数字技术优化生产流程、提高产品质量，为客户提供更多的定制产品和服务，已经成为许多制造商提高效率的关键战略。根据MarketsandMarkets发布的报告，2021—2025年，全球智能工厂市场规模的复合年增长率将达到11%，是制造业未来的发展趋势。

2. 产业链上移的阻碍：创新能力仍需提升

中国具备强大的工业基础和数字化基础设施，同时拥有一个巨大的消费市场，为制造业升级和智能化转型提供了有力支持。在基础设施改善和产业结构升级的过程中，技术创新扮演了连接的角色。技术创新可以促进数字技术在制造业的各个领域得到更好的应用，提高资源利用效率，推动制造业的现代化。研究与开发是经济增长的重要动力，也是衡量一个国家创新能力的重要指标之一，从中国的研发投入现状来看，中国的创新能力虽然在过去一段时间取

---

① 参见 https://www.gov.cn/xinwen/2021-12/29/content_5665076.htm。

得明显成就，但仍有进一步提升的空间。

第一，研发投入力度尽管规模大，但强度仍可提升。

2000年以来，中国研发投入强度（以研发投入支出在GDP中的占比衡量）保持高速增长，从2000年初研发投入占GDP比重不到1%，稳步增长到2019年的2.23%，逐渐超越英国以及欧盟的总体水平。但是，从研发投入强度的现状来看，中国还落后于许多发达国家。2018年中国研发投入强度为2.1%，比OECD成员平均水平落后0.4个百分点，与美国、韩国、日本等国家相比仍然较低。总而言之，研发投入的快速增长体现了中国科技的进步和竞争力的提升，未来中国的研发投入强度有待进一步提升，以发挥研发对高端制造产业的支撑作用。与此同时，也需要优化研发投入的结构，以更有效地促进技术创新。

第二，从结构上看，基础学科研发投入较低。

OECD将研发投入按照类别分为基础研究、应用研究和实验开发。基础研究是为了获取有关现象和可观察事实的新知识而进行的实验或理论工作。应用研究聚焦于实际问题和具体目标，旨在获得全新的知识，可以将其比喻为解决实际挑战的智慧探索，通常需要创新思维和原创性研究。实验开发是应用从研究和实践经验中获得的知识，并产生新知识的系统性工作，旨在生产新产品、创造新工艺，或者改进现有产品和工艺，这相当于把科学和研究成果转化为实际的创新和应用。三种类型的研究是递进关系，基础研究为应用研究和试验开发提供基础，但是基础研究并不考虑任何特定的应用，而是单纯为了促进知识的发展而进行的，它通常由好奇心驱动，并可能取得突破性的进展。许多国家创新发展的经验表明，基础研究有助于从源头提升创新能力。中国正处于由技术引进向自主创新的转型阶段，因此加强基础研究至关重要。然而从中国当前的研发投入结构来看，主要资金用于实验开发阶段，基础研究的资金占比不到6%，远小于大部分发达国家，用于应用研究的资金占比也同样偏低（见图9-5）。进一步将基础研究的投入主体拆解开来看，中国的基础研究投入几乎完全依赖高等教育机构和政府，企业和非营利机构投入占比极低（见图9-6）。相比之下，美国的企业和非营利机构占比约40%，高等教育占比约50%，政府投入仅占约10%。企业和非营利机构对基础研究参与程度不足，这在一定程度上体现了中国工业长期以来依赖技术引进，导致企业缺乏从事基础研究的人才和基础设施，创新能力相对较弱。因此，除了增加财政支持基础研究的力度，我们还需要出台政策大力鼓励具有优势的企业积极参与基础研究，以增强它们的自主创新能力。这有助于中国企业实现核心技术的自主掌握，确保供应链的可持续性，以及在市场上发挥更大的作用。

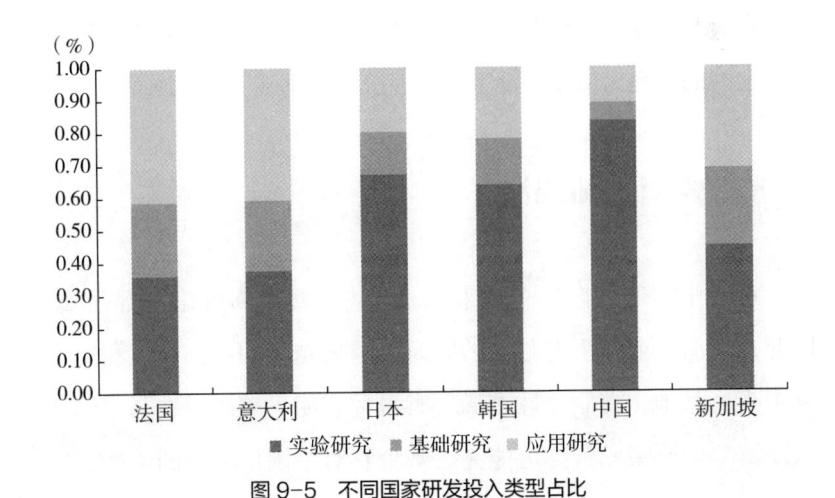

图9-5 不同国家研发投入类型占比

资料来源：经济合作与发展组织数据库。

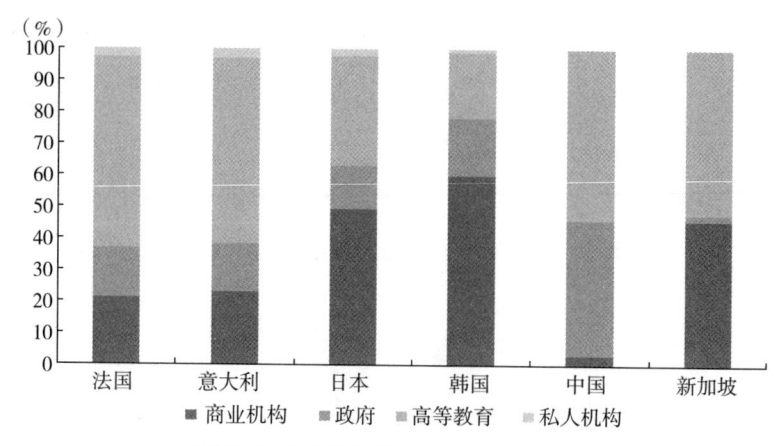

图9-6 不同国家基础研究投入来源占比

资料来源：经济合作与发展组织数据库。

第三，研究型人才比例较低。

除了资金投入，人才投入也是影响一国科研创新能力的重要因素。中国由于人口基数优势，科研人员总数较高，然而从比例来看，就业岗位中研究人员占比偏低。根据经济合作与发展组织数据库，与研发资金投入水平（根据研发支出在GDP中的占比）相似的国家相比，中国的研究人员比例低于荷兰、法国、挪威等欧洲国家。

（二）出路二：企业出海

对于中国的外向型企业来说，国内市场和海外市场都很重要。因此，在向产业链上游移动的同时，越来越多的中国企业在海外建立了生产基地，着眼全球布局。有研究表明，美国旨在与中国"脱钩断链"的政策，最终可能无法减少它对中国供应链的依赖，因为尽管美国对中国的直接进口有所减少，但其"友好"国家（包括欧盟国家、墨西哥和越南等）从中国进口的份额却有所增加，并且中国企业正在加大对越南和墨西哥关键部门的外商直接投资。也就是说，建立在美国"友好"国家的工厂的最终所有权可能仍然是中国企业，中国仍然间接地在美国价值链中发挥重要作用。推动中国企业"走出去"的因素包括以下方面。

1. 为应对地缘政治风险而将部分生产转移到海外

持续加剧的地缘政治紧张局势是促进制造企业海外投资的最直接原因。美国和欧洲盛行的保护主义影响着外国制造企业，中国企业也被迫改变供应链。广东万和新电气是一个大型热水器制造商，中美持续的关税上升导致公司的产品在成本方面失去了竞争优势，美国客户要求万和新电气将生产迁出中国。万和新表示，"（美国公司）……有具体的要求，我们在中国以外的国家，如越南和泰国建立工厂，继续与它们合作"。而为了维护供应链关系，万和新电器还是决定将部分生产从中国南方的工业区迁至埃及和泰国，尽管这意味着运营难度加大，但其表示"此举的目的主要是避免中美贸易摩擦相关的风险"[1]。

更多中国企业在主动考虑类似的供应链重构，并且很多已经开始采取行动。对于那些在多个国家开展业务的企业而言，拥有跨国工厂的好处是显而易见的。这种做法可以为它们提供更加安全和灵活的供应链，这在维护现有客户和吸引新客户方面是一个关键优势。东盟国家是大多数中国企业出海的第一站。东盟国家各具优势，例如，新加坡位于东南亚的战略位置，是企业进入东南亚的门户，作为亚洲金融中心之一，新加坡拥有良好的商业环境和充满活力的创

---

[1] 参见 https://www.ft.com/content/daf7392e-1850-4bdb-bb74-b310e87f0727。

新生态系统；马来西亚是一个多元化国家，拥有良好的数字基础设施和有利的商业环境；泰国、越南等国家则具备丰富的劳动力资源和巨大的增长潜力。这些对企业分散供应链来说都是有利的因素，因此越来越多的中国企业在东盟国家和地区部署区域供应链中心。宝绅科技有限公司（BSN）是一家大型包装材料制造商和解决方案提供商，产品涵盖鞋类、服装、箱包、家具、化妆品和配饰等包装材料，BSN为来自16个国家的3 000多家客户提供服务。2020年以前，BSN主要依靠广州、越南北部和越南南部三大生产基地，这些基地靠近中国珠三角区域、越南、柬埔寨、印度尼西亚等销售地区，可以为这些国家的客户提供门到门服务，同时通过海运向美国、欧洲等地的海外客户交付货物。2020年之后，随着地缘政治冲突越发频繁，BSN加快了海外布局的速度，新建立或计划建立的生产基地也不仅限于亚洲。2021—2023年，BSN先后在孟加拉国、印度、印度尼西亚、柬埔寨和墨西哥建立了生产基地，并且计划在2030年以前完成在欧洲、印度南部和埃塞俄比亚三地的生产基地建设。

2. 新基建推动中国企业"走出去"

新兴市场不断加快的城市化脚步和超大城市的扩张，推动了对基础设施投资的需求。瑞银集团（UBS）预测，到2025年，新兴市场将占全球基础设施支出的2/3左右。[1]

中国建筑公司在国际承包市场上表现出色，特别是在电力、供水和交通等基础设施建设领域占有较大的市场份额。UBS表示，在全球最大的250家国际承包商中，有79家来自中国，约占2021年所

---

[1] 参见https://www.ubs.com/content/dam/assets/wma/us/shared/documents/lti-emerging-market-infrastructure.pdf。

有承包商总收入的28%。共建"一带一路"倡议关于加强共建国家互联互通的基础设施的需求庞大，不仅包括铁路、公路、港口等交通基础设施，还包括移动网络、电缆等数字基础设施。图9-7显示了2015—2018年中国在全球的建筑项目的规模分布，可以看出共建"一带一路"经济体约占投资总额的60%，其次是撒哈拉以南的非洲，再次是拉丁美洲和不属于共建"一带一路"国家的中东和北非国家。中国在OECD成员的建设项目规模相对较小。UBS估计，未来5年，与"一带一路"共建机制相关的中国对外投资总额将达到2 000亿美元，年增长率为28%。

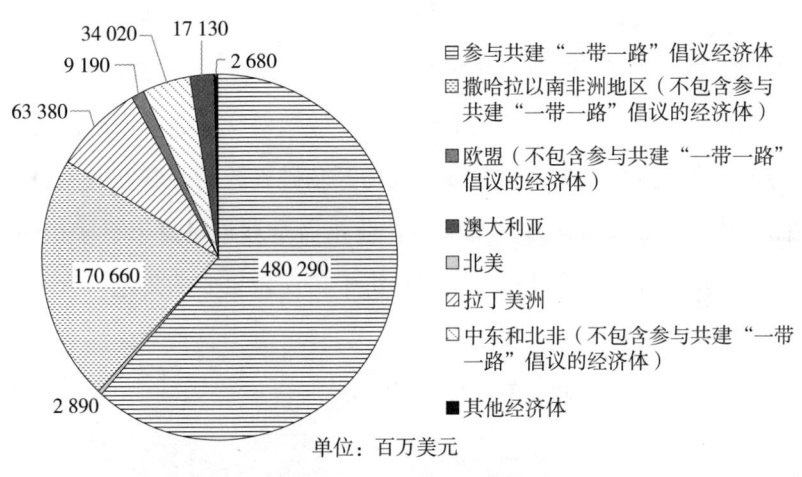

图9-7 2015—2018年中国建筑项目对外投资地区分布

资料来源：经济合作与发展组织数据库。

除了传统基建，新兴数字化和信息化领域的基础建设也为中国企业在国际市场上拓展业务带来了机遇。2020年是中国－东盟数字经济合作年。在启动仪式上，中国工业和信息化部表示，中国将深化与东盟在数字经济领域的合作，包括共享数字化防疫抗疫政策、措施、实践、解决方案，强化在5G、物联网、人工智能、工业互联网等领域的合作，支持创业创新和产业数字化转型，推动智慧城市发展，推进网络安全务实合作等方面。

越来越多的中国基础设施建设公司正在积极寻求将业务扩展到国际市场，以构建全球业务网络的机会。例如，中国铁建提出"优先发展海外业务"的战略，目标是到2030年，在新签订的合同金额和利润方面，海外业务占比达到50%。[①] 2022年中国铁建副总裁表示，中国铁建在东盟国家拥有在建项目15个，合同总额超200亿美元，涵盖铁路、地铁、公路、桥梁、港口、电力等众多领域。中国电建目前在东盟设有各类驻外机构97个，在印度尼西亚、老挝、柬埔寨、缅甸等多国总投资43亿美元，业务涵盖水利、电力、交通、房建、市政、矿业开采等领域。[②] 展望未来，一方面，新兴经济体正迅速实现工业化和城市化，这将导致对交通基础设施的需求不断增长。公路、铁路、港口、机场等基础设施的互联互通项目将推动国际基础设施建设，为中国企业拓展全球市场带来更多机遇。另一方面，信息基础设施在数字经济中扮演着重要的角色，目前各国都在大力投资信息基础设施。这一趋势可能为具备领先优势的中国企业在海外市场的发展带来巨大机会。

3. 追逐生产要素优势而进行的产业链转移

在中国的发展过程中，逐渐减少对大量劳动力的依赖已经成为一个趋势。劳动力数量的减少和成本的上升使企业越来越难以支持大规模的劳动密集型产业。解决这一问题的一个可行方案是将资本

---

① 参见 https://www.deloitte.com/content/dam/Deloitte/es/Documents/energia/deloitte-es-construction-predictions-article-l2.pdf。

② 参见 https://www.investgo.cn/article/yw/tzyj/202211/636615.html。

投向海外，在海外地区与当地丰富的劳动力结合起来进行大规模生产。这种资本输出的目的是充分利用当地充裕的劳动力资源，特别是在传统的低附加值劳动密集型产业中，如在纺织和轮胎制造等领域，这种做法最为常见。以纺织业为例，我们可以发现历史上纺织业重心发生了多次转移，而这些转移几乎都是为了追逐原材料、劳动力等生产要素的优势。一是从18世纪开始，英国率先引领了工业革命，引入了蒸汽机和机械化生产去替代人工和手工制作。蒸汽机的运用确实也显著提高了生产效率。动力织布机使工人的产量提高了40%。随着纺织业的迅速扩张，对原材料的需求也急剧增加，因此从20世纪开始，纺织业转向了拥有丰富的棉花资源的美国。二是20世纪50年代，随着美国劳动力成本上升，纺织产业开始向劳动力成本更低的日本转移。三是到了20世纪70年代，随着日本经济崛起，劳动力成本也逐渐上升，当时拥有大量适龄劳动人口的亚洲四小龙承接了从日本转移来的大量中低端制造业。四是20世纪八九十年代，随着传统竞争优势弱化，亚洲四小龙根据自身资源禀赋和产业基础向各自的优势方向寻求转型升级，纺织业等劳动密集型产业迁至以中国为代表的亚洲发展中国家。五是今天的中国已经成为世界上最大的纺织品出口国，而纺织业由中国向东南亚和南亚国家的转移正在发生，其中越南、印度等国是本轮纺织产业转移的主要承接国。这种产业转移并不总是伴随着风险，事实上，回顾20世纪50年代以来的纺织业转移，会发现它并没有缩短转出国和承接国之间的经济实力差距，本质上是社会分工精细化的结果。随着低附加值、劳动密集型的产业链或生产环节外迁，转出国的上游技术密集程度和研发强度得到了提升。中国服装产业的这一转变反映了中国正在朝着产业链高端转型升级的趋势发展，同时也是产业链低附加值环节向周边国家扩展的一部分。[1]

除了考虑劳动力成本，如今环境因素日益成为企业生产过程中需要考虑的重要因素。发展绿色产业链已经成为新的趋势，这对传统制造业的产业链布局提出了新的要求。分散高污染环节和产业也成为许多企业建立海外生产基地的原因之一。这意味着企业不仅要考虑成本，还要关注环保和可持续性，以适应变化的商业环境。

4．中国企业家应对不成熟营商环境的经验优势

无论全球供应链如何重构，成本仍是企业考虑的重要因素，下一个制造业中心仍有可能位于发展中国家。在本章前半部分对可能成为新世界工厂的国家或地区进行分析时，我们也注意到了一些问题。特别是，这些发展中国家面临着法律制度方面的挑战。法律制度的脆弱性成为限制发展中国家整体发展的瓶颈。目前，在这些发展中国家，法律和制度难以得到有效实施，暴力犯罪屡见不鲜，司法机构行动迟缓且难以预测，法律与现实脱节，政府提供服务的能力受到限制。然而在这种背景下，中国企业家出海的趋势仍在蓬勃发展，中国的商业领袖更加积极地将目光投向海外市场，寻求新的商机和合作伙伴关系。这种趋势不仅体现了中国企业家对市场机遇的洞察力，也是他们多年来在应对复杂商业环境中积累的经验的自然延伸。

发达国家市场的企业大多习惯于在法律健全的成熟市场开展商业活动。例如，美国长期以来在反垄断、消费者安全、环境保护、公共利益、商业规范、多样化管理、健康与安全等方面都有相关法律法规，以保护良好的营商环境。然而，这也导致发达国家的企业

---

[1] 参见 https://letschuhai.com/china-textile-industry-southeast-asia。

往往难以适应发展中国家尚不成熟的商业环境，在当地难以开展新业务。中国制造业经历了从追跑者到领跑者的过程，同时资本市场也在向市场化、法治化、国际化的方向迈进。尽管在这个过程中曾遇到一些体制机制性问题，但正是这些挑战赋予中国企业家在应对复杂的经商环境方面的经验优势。中国企业家在克服不确定性、灵活应变以及与法律环境打交道方面具备了独特的技能和洞察力，熟悉如何在复杂的法律和行政框架下运营，能够迅速适应政策和市场变化，并寻找创新的解决方案。

以墨西哥为例，近年来中墨双边经贸合作实现了快速增长。根据中国国际贸易促进委员会的报告，贸易方面，2021年中墨双边贸易额再创历史新高，同比增长41.9%，达866亿美元。其中中方出口674.4亿美元，同比增长50.4%，中方对墨西哥主要出口液晶显示器、电话机、机动车零部件等。投资方面，截至2020年年底，中国对墨西哥直接投资存量约11.7亿美元。承包工程方面，2021年，中国企业在墨西哥新签合同额30.4亿美元，完成营业额7.5亿美元。从行业角度看，太阳能是较有前景的合作产业：墨西哥太阳能资源丰富，是发展光伏项目的理想地区。中墨两国同为经济大国、能源消耗大国，在资金、技术、资源、市场等方面各有所长，中墨合作的优势互补核心在于中国企业拥有市场开拓能力，而墨西哥和中美洲市场虽充满变数，但在清洁能源产业发展方面仍具有很大潜力。2015年以来，墨西哥已经开始着手进行关键的市场改革，企业通过技术研发和运营积累了一定的技术经验，客观上与中国企业形成互补合作的可能性较高。[1]

---

[1] 参见 https://www.ccpit.org/a/20230519/20230519qcjf.html。

总的来说，中国企业家出海正成为全球商业舞台上的一股重要力量。他们的经验优势，包括在复杂商业环境中的应变能力、技术创新和资源管理，将有助于他们在国际市场上获得成功。随着全球经济的不断演变，中国企业家有机会在国际舞台上展现出更加卓越的实力和创造力，为全球经济的发展注入新的活力。

本章小结

- 中国在本轮全球供应链重组中呈现向产业链上游转移的趋势：中国成熟的产业链和完善的配套设施，决定了资本密集型产业很难迁移到其他国家；消费市场的扩大带动本土创新；良好的工业以及数字化的基础设施，为发展高端制造打下良好基础。从研发投入来看，中国虽然已经取得明显成就，但仍有进一步提升空间；从力度上看，研发投入强度有待提升；从结构上看，基础科研的投入占比偏低；研究型人才比例也有待提升。
- 在向产业链上游移动的同时，越来越多的中国企业开始"走出去"。提高对地缘政治风险的应对能力、新兴市场日益增长的基础建设需求、对低成本生产要素的追逐，以及应对复杂营商环境的经验优势，是中国企业着眼全球化布局的主要驱动因素。中国企业走向国际舞台，是在积累了强大的产业实力和经营管理能力之后的必然趋势，这种自然外溢不仅能更好地布局全球资源，还是提升供应链韧性的明智战略选择。

第四篇

未来潮流：
科技与绿色的全球供应链

在当今的全球化时代，供应链已经成为连接生产、消费和创新的重要纽带。它不仅影响企业的竞争力和效率，也关乎社会的公平和环境的可持续性。本篇将向读者展示自动化生产和数字化技术如何赋能和影响传统的供应链布局，推动新的就业机会和商业模式的诞生，以及中美在数字供应链中各自的竞争格局和优势。此外，随着碳中和和可持续发展理念的盛行，绿色供应链已成为各国政策焦点。除了 ESG 与供应链的关系，本篇还将深入探讨绿色供应链所带来的各种企业战略和投机行为。最后，全球供应链的可持续性为当下提供了宝贵的合作契机。

第十章

自动化生产与供应链布局：兼顾效率与就业

机器并没有将人类与大自然的重大问题隔离开来，
而是让他们更深地陷入其中。
——安托万·德·圣埃克苏佩里，法国作家

从福特汽车的流水线到特斯拉超级工厂，自动化技术正在革新着全球制造业，它不仅提高了生产效率和产品质量，降低了生产成本，还减少了能源消耗。中国作为全球最大的机器人消费国，每年新增的机器人数量居世界首位，显示了中国在工业自动化领域的巨大潜力。自动化技术的发展也为供应链带来了韧性，能有效缓解人力不足引发的供应链中断问题。然而，自动化也对劳动力市场产生了深远影响，它重构了技能分布，使程序性、重复性较强的中低端工作岗位面临被取代的风险，而对高端岗位则有互补作用。因此，社会不平等的加剧是我们在推进自动化进程中需要关注的问题。

1913年4月，福特汽车工厂引领了汽车制造业的一项重大革新，它创建了全球首个流水装配线。那时，亨利·福特在他的第三次尝试中推出了备受瞩目的福特T型车。这款汽车一亮相市场就引起巨大的轰动，订单量远超过福特公司当时的生产能力。为了满足这一巨大的需求，福特开创了一种全新的流水线生产方式：他将生产过程组织成一条流水线，确保整个流程能够持续流畅且高效。这种流水线生产方式降低了工人操作的复杂性，减少了工人在生产过程中不必要的思考和停顿时间，极大地提高了工人的生产效率。同时，引进机械设备大幅提高了福特汽车的产量，效率也显著提高。福特汽车的这一革新让汽车制造变得更加高效和经济，为整个行业带来了巨大的变革。

百余年后的2018年7月，特斯拉飞洋过海来到中国上海，投资建造了首个海外工厂——特斯拉上海超级工厂。特斯拉上海超级工厂是世界上最先进、自动化程度最高的工厂之一，部署了1 000多台工业机器人，用于焊接、喷漆、组装等。这些机器人精度很高，而且可以全天候工作，使整个汽车生产过程的自动化水平高达95%。这就意味着，平均每辆电动汽车只需要大约45秒就可以生产完成。2022年特斯拉的财报显示，特斯拉全年全球销量约131万辆，而上海超级工厂销售了71万辆，其中有相当一部分出口至欧洲和日本等地。

特斯拉进驻上海后，提供了1.6万个就业岗位。与此同时，在很短的时间内，特斯拉上海超级工厂的零部件本地化率就达到95%以上。这一举措带动了上游360家供应商的发展，创造了10万个工作机会，吸引了7 000亿元的订单。同时，该工厂在上海、苏州、宁波、南通等长三角地区已建立起特斯拉"4小时朋友圈"，覆盖了电池、车载芯片、自动驾驶系统、乘用车内饰、精密加工等新能源车零部件的全生态链，助力了遍布全国的数百家供应企业的发展，形成了完整的产业生态。

自动化技术的蓬勃发展为世界带来了显著的变化，产品更多、更好、更廉价，普惠了各国人民。但也引发了人们的一些担忧，比如机器人会取代人类的工作岗位，导致失业率上升，特别是那些依赖重复性劳动的行业。随着自动化的发展，工人的技能水平也需要不断地提高，以适应新的工作需求。机器人和自动化技术的发展可能会导致人工技能与机器不匹配的问题。本章将讨论自动化技术带来的生产优势、自动化技术与全球供应链布局以及自动化技术对劳动力市场的影响等问题。

...

一、自动化发展历史与现状

（一）自动化的发展历史：从蒸汽机到人工智能

自动化的发展历史可以追溯到18世纪末的工业革命。那个时候，18世纪和19世纪的两次工业浪潮激发了科技创新，引入了许多重要的发明和装备，例如蒸汽机、纺纱机、内燃机以及电报。这些创新开启了工厂制造、铁路运输和大规模生产的新时代。工业自动化的初衷是通过引入机器自动化来提高生产效率和产品质量，同时减少成本、生产过程中的错误和人力投入。

1913年，福特汽车工厂装配了世界上第一条流水装配线。1946年，福特公司的机械工程师D. S. 哈德第一次提出"自动化"一词，用于描述发动机汽缸的自动传送和加工过程。福特公司的自动化流水线作业为汽车行业带来了变革，大大提高了生产效率，成为自动化历史上的里程碑。

20世纪末、21世纪初，第三次工业革命中电子、计算机和信息技术的发展带来了信息自动化。第三次工业革命的关键是让机器自动完成很多工作。想象一下，之前我们需要花费大量时间和精力来处理的工作，比如处理、储存、传送和分析大量的信息，解决一些复杂的数学计算和任务操作等，现在由于信息自动化的发展，完全可以交给机器来完成。富士康是信息自动化的代表之一。在富士康的工厂中，机器人和自动化系统的大规模应用令人印象深刻。这些机器人可以执行复杂的组装任务，如手机、平板电脑和其他电子产品。工厂内的生产流程被高度自动化和智能化，这使富士康在迅速响应市场需求的同时能够保持高质量和效率。此外，富士康在工厂内采用了物联网技术，这是一种通过传感器来监测设备状况的技术。这样做有一个很大的好处，就是可以提前发现设备出现故障的迹象，在故障导致生产中断之前对设备进行修理。这一举措不仅帮助富士康提高了生产的可靠性，还增加了生产过程的稳定性。

近年来，人工智能、机器学习、机器视觉等技术将自动化的发展推向了一个新高度。人类不再只是创造能够执行预定任务的机器，而是创造了能够学习、适应和不断提高性能的自动化智能系统。例如，制造业企业通过机器视觉技术进行产品质量监控和缺陷管理。机器视觉工具利用机器学习算法，经过图像样本训练，可以在精密产品上以远超人类视觉的分辨率发现微小缺陷。在提升产品客户体验、客户需求洞察和营销效率等方面，人工智能同样应用广泛。亚马逊、淘宝、网飞等利用机器学习分析大量用户数据，以预测用户可能感兴趣的商品和电影。这些技术使得这些线上平台更像是一位私人购物（观影）顾问，为用户带来一对一定制化的推荐和服务。这不仅提高了销量，还为公司带来了可观的利润。另外，为了增加安全性，iPhone X 引入了高度安全的面部识别技术，通过人脸识别来确认用户的身份。苹果公司表示，指纹识别有五万分之一的概率被破解，而面部识别只有一百万分之一的概率被破解，安全性提升了整整 20 倍。

（二）中国自动化制造现状：需求端蓬勃增长

在中国的战略规划中，"智能制造""机器人"的概念在"十四五"规划中被频繁提出，旨在积极推进高技术研究，重点攻克机器人技术。[①]"十四五"对于工业机器人的规划更加明确，提出要建立一批先进制造业集群，对于机器人核心技术进行重点突破。2021 年 12 月，工信部等 15 个部门联合发布了《"十四五"机器人产业发展规划》。根据这个规划，到 2025 年，一批机器人核心技术和高端产品取得突破，关键零部件性能和可靠性达到国际同类产品水平，机器人产业营收年均增速超 20%。到 2035 年，机器人将成为人民生活重要组成部分，中国将涌现出一批具有国际竞争力的领军企业和创新能力强的"小巨人"企业。在应用端，2023 年 1 月，工信部等七部门联合发布《"机器人+"应用行动实施方案》。方案指出，到 2025 年，制造业机器人密度较 2020 年将翻一番，聚焦 10 大应用重点领域，突破 100 种以上机器人创新应用技术及解决方案，推广

---

① 参见 https://www.gov.cn/gongbao/content/2001/content_60699.htm。

200个以上具有较高技术水平、创新应用模式和显著应用成效的机器人典型应用场景，打造"机器人+"应用标杆企业。此外，政府还制定了一些支持就业和培训的配套文件。2022年6月，国资委、工信部、人力资源和社会保障部发布了《制造业技能根基工程实施方案》。这份文件讲道：各地应特别强调培养"高精尖缺"技能人才，即那些制造业急需的技能人才。各地政府可以优先将这些技能人才所需的职业工种列入政府补贴的技能培训计划，并考虑提高相关的培训补贴标准，以支持相关人才的培训。

随着中国的发展变化，我们不再只依赖大量人口，而是更需要具备技能的人才来推动经济增长和社会发展。同时，资源和环境的限制也让我们不能再继续以过度消耗资源的方式发展。此外，政策也在积极支持和鼓励工业机器人的使用，因此中国的工厂正加快推动机器人在工业中的应用。许多年轻人正在避开车间"蓝领"的工作，投身不断扩张且灵活的服务业。根据国际劳工组织统计，2021年中国制造业就业人数约为1.47亿人，低于2012年的峰值1.69亿人。同期服务业就业人数增长了32%，约3.65亿人。在这个过程中中国开始广泛将机器人技术运用到制造行业，图10-1展示了2021年全球前15大市场工业机器人的安装数量。2021年，重型工业机器人安装总量占全球将近一半，中国安装的新机器人数量几乎是美洲和欧洲工厂安装数量的两倍，成为全球最大且增速最快的机器人应用市场。通过更广泛地应用机器人，中国的工厂能够解决制造业人力短缺的问题，并提高生产效率。这减弱了西方公司将生产转移到其他新兴市场或本国的动机。徐州工程机械集团有限公司（简称徐工集团）是中国最大的工程机械制造商，主要产品包括工程起重机械、铲土运输机械、挖掘机械等。徐州工程机械集团早在2012年就开始尝试大规模自动化。该公司制造总监邹亚军表示，推动自动化的一大原因是招收工人越来越困难。在自动化之前，制造装载机需要由 11 个人组成的团队进行两班 10 小时的轮班，对大约 10 000 个组件进行分类。采用自动化技术后，两名工人监督机器人可以在一个班次内完成同样的工作。

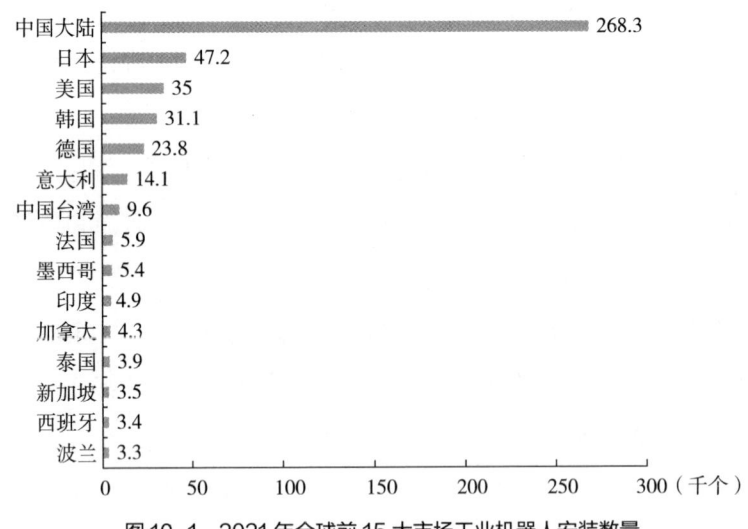

国家/地区	安装数量（千个）
中国大陆	268.3
日本	47.2
美国	35
韩国	31.1
德国	23.8
意大利	14.1
中国台湾	9.6
法国	5.9
墨西哥	5.4
印度	4.9
加拿大	4.3
泰国	3.9
新加坡	3.5
西班牙	3.4
波兰	3.3

图 10-1　2021 年全球前 15 大市场工业机器人安装数量

资料来源：国际机器人联合会。

　　中国是机器人消费大国，但从供应端来看，却不是机器人制造大国。尽管中国在机器人产业领域拥有完整的供应链，但到 2022 年为止，我们自己生产的工业机器人只占全部机器人数量的 36%。要理解这个问题，可以先看看机器人的制造过程。机器人的制造需要很多零部件，这些零部件可以分为上游和下游两部分。上游部分包括控制器、伺服电机、减速器和智能芯片等核心零部件。这些零部件成本高，但能够带来高毛利润。其中控制器、伺服电机和减速器占了成本中的绝大部分，大约是总成本的 70%。而全球精密减速器市场被日本两大减速器巨头纳博特斯克和哈默纳科垄断，份额接近75%。机器人产业链中游为本体制造，主要包括垂直多关节机器人、SCARA（选择顺应性装配机器手臂）机器人和协作机器人。目前，这一领域的绝大部分市场份额仍被外资企业占据，而国内公司像埃斯顿、众为兴和汇川等龙头企业，虽然已经具备一定的规模和技术，但市场份额只有3%左右。产业链下游为机器人应用场景（在各种实际工作和生活环境中，人们将机器人用于执行特定任务，比如医疗、物流领域等）。系统集成商根据客户的需求来定制和开发工业机器人系统，以确保它们可以在特定的工作场景中发挥作用。本土集成商在服务、渠道、价格等方面具备一定优势，由此我国工业机器人系统集成市场主要由国产品牌主导，市场份额高达96%。

二、产业链自动化布局的动因

（一）自动化生产的优势

1. 通过自动化提高产品质量一致性

当使用机器、机器人和其他自动化系统来执行任务时，可以减少人为错误导致的问题，从而保证产品的质量。自动化系统能够以高度准确和可重复的方式执行任务，这确保了每个产品都按照同样高标准的要求制造，保持了产品的一致性。此外，自动化还可以引入质量监控系统，及时检测和排除不合格的产品，同时监督整个制造过程，确保产品质量。例如，西门子的质量管理系统（QMS）使制造商能够以电子方式监控、管理和记录其质量过程。当QMS与其他质量流程整合时，它能预先发现潜在的质量问题，从而持续优化产品质量，并预防任何不良情况的发生。

2.通过自动化减少能源消耗

自动化技术利用计算能力优化工作流程，节约资源，并提高效率。它通过使用机器人和智能设备，减少人为错误和资源浪费。此外，计算机软件可以模拟生产过程，找出最优的生产策略和参数，以确保设备的最佳性能。自动化还允许机器人和传感器对生产线的物料进行搬运、装配和检测，减少人为的干预和失误，使整个生产流程更精确和有效，并且进一步节约材料和成本。例如，罗克韦尔自动化公司为某钢铁制造商提供了一套能源管理自动化系统，此系统每年帮助公司将能源成本降低3%，利润提高1.35%，电力使用量减少3%，总燃料消耗减少2%，该公司在短短六个月内就实现了全部投资回报。[1]

（二）产业链自动化布局的政策动因：实现产业链升级并促进制造业回流

政治对自动化布局的影响分为两种：一种是利用优惠政策吸引工厂迁入，鼓励本土企业的自动化转型；另一种是利用关税阻碍竞争对手发展，保护本土企业的市场。

1.通过政策扶持自动化发展实现产业链升级

各国政府已经认识到自动化在推动经济增长方面的重要性，并

---

[1] 参见 https://www.rockwellautomation.com/en-be/company/news/case-studies/steel-manufacturer-reduces-energy-consumption--by-3-percent-with.html。

推出了一系列激励政策扶持本国自动化的发展。这些举措包括向投资自动化技术的企业提供低息贷款，减少税收负担，鼓励企业与学校合作以获得技术支持等。此外，一些地方政府还专门建立了经济特区或工业园区，为从事自动化的公司提供有利条件，例如减少监管或简化许可程序等。这些政策旨在使当地企业更容易、更具成本效益地采用自动化技术，并提高在全球市场上的竞争力。

"中国制造2025"旨在通过促进创新、培育中国品牌和加强服务型制造业来升级中国制造业。其中的一个重要举措是鼓励工厂引入自动化技术，例如，为投资自动化的公司提供财政激励和补贴。《"十四五"智能制造发展规划》提出，到2025年，70%以上的制造业企业基本实现数字化、网络化。

英国政府为本国制造商提供5 300万英镑的资金，帮助它们运用数字技术提高竞争力。这笔资金是通过国家"智能制造"计划获得的，该计划是英国政府和行业之间的合作，旨在支持新兴技术的开发和应用。采用最新的数据驱动创新，如在供应链中使用人工智能和区块链，或在制造业中使用先进的机器人和智能机器，使制造商提高生产力，变得更可持续，并在混乱中更好地重建。[①]

对于外商投资企业，政府提供廉价的土地，为外来企业建设工厂做准备，同时制定有针对性的税收减免政策来吸引投资。以特斯拉上海工厂为例，上海市政府提供了有利的政策吸引，这些政策包括：上海市政府向特斯拉提供400亿元人民币贷款，利率低至3.9%；上海市政府按照市场价的10%（即98亿元）出售86万平方米的土地给特斯拉用于生产建设。获得这些政策的条件是，特斯拉

---

① 参见 https://www.gov.uk/government/news/new-53-million-funding-for-uk-manufacturers-to-boost-competitiveness-through-digital-tech。

需要从 2023 年开始每年向上海纳税 22.3 亿元人民币。若无法完成，则必须归还土地。另外，特斯拉需要在 5 年内向上海工厂投入 140 亿元人民币，并在 2029 年实现零部件全面国产化。

特斯拉上海超级工厂是政府吸引外商投资企业的一个成功案例。一方面，特斯拉上海工厂拉动了对中高端电动汽车的需求，有效带动了周边汽车产业链乃至配套服务业和商圈的发展。目前，上海临港新片区已经构建涵盖自动驾驶系统、汽车内饰、车身、新材料、精密加工等汽车全生态的"安全、自主、可控"的产业生态。上海诺信汽车零部件有限公司就是汽车产业链条上的一家企业，公司产品涵盖汽车发动机气缸、活塞、电气系统、雨刮器系统等零部件，直接为欧洲和北美汽车行业全球 OEM 一级供应商提供产品和服务。公司合伙人表示，得益于地理优势，在上海临港能够更快、更好地找到上下游合作伙伴。离特斯拉上海超级工厂不远的延锋国际智能座舱配套工厂成为供应链上的重要企业，公司生产的座椅运送给"邻居"特斯拉和上汽工厂。从客户下单到供货可以在 1.5 小时内完成，为特斯拉及上汽乘用车供货极为方便。与此同时，从设计到制造再到营销，特斯拉掀起中国电动汽车消费的热潮，也让中国本地车企有了更广阔的发展空间。比亚迪、蔚来和小鹏等公司相继采取了不同的策略以寻求更好的发展。2022 年，比亚迪以 186 万辆的销量，超越 131 万辆特斯拉，成为全球新能源汽车销量冠军。另一方面，中国新能源汽车产业也在"反哺"特斯拉，呈现互利共赢的局面。在产能体系、供应链建设上，中国形成了强大的自主供应链产业，为特斯拉等外资车企提供便利。例如，特斯拉储能超级工厂项目再度签约，源于上海新能源汽车产业的高度集群，临港片区已形成"风—光—氢—电—

制—储—用"完备的产业链布局，成为特斯拉储能项目发展的土壤。中国在新能源汽车领域已经建立了更加成熟的体制机制，包括技术和人才培养方面。为了提高生产效率，特斯拉甚至从上海调遣了200名工程师，其中以自动化控制工程师居多，前往美国的弗里蒙特工厂指导生产工作。特斯拉的发展历程也发生了一些改变，从最初的进口销售到在中国本地生产制造，再到向欧亚多地出口，中国的角色在全球新能源汽车市场中逐渐崭露头角，成为世界新能源舞台上的"领跑者"。

2. 通过自动化重振制造业和保护本土企业

美国前总统特朗普提出了"重振美国制造业"的目标，过去几年的供应链中断风险使得美国更加关注将制造业引回本土。根据科尔尼咨询的一项调查（见图10-2），38%的美国企业表示已经回流部分或全部制造业业务，46%的企业表示未来三年内将会回流部分制造业业务。尽管民众和上市公司表达出希望回流的想法，美国制造业回流仍面临巨大的问题和挑战，例如，高昂的劳动力成本、低效的物流体系、轻资产商业运营模式等。在新冠疫情初期，美国N95口罩严重短缺，促使口罩制造商投资本土生产。2020年4月以后，廉价的中国口罩涌入美国市场，美国对本土生产的昂贵口罩需求大幅缩减。同时，这次失败的回流尝试导致美国本土口罩生产公司财务紧张。尽管美国民众对于制造业回流情绪高涨，但现实是消费者和机构往往更愿意选择便宜的产品和供应商，而美国制造业在成本方面并不具备优势。

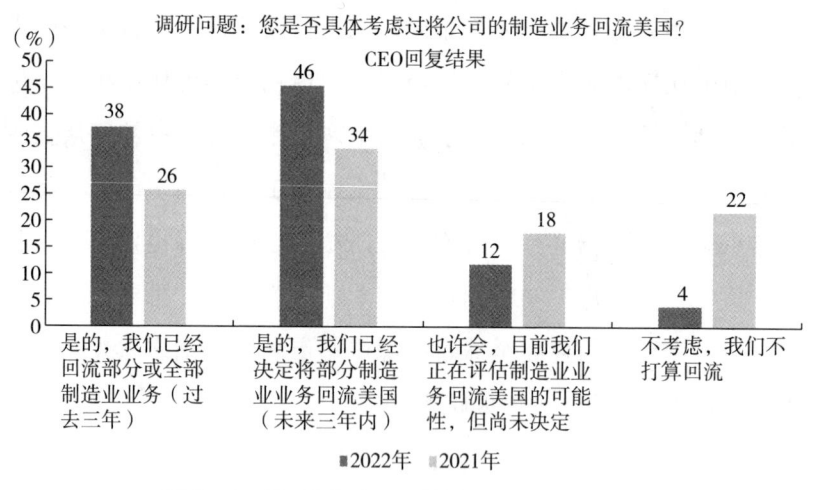

调研问题：您是否具体考虑过将公司的制造业务回流美国？
CEO回复结果

选项	2022年	2021年
是的，我们已经回流部分或全部制造业业务（过去三年）	38	26
是的，我们已经决定将部分制造业业务回流美国（未来三年内）	46	34
也许会，目前我们正在评估制造业务回流美国的可能性，但尚未决定	12	18
不考虑，我们不打算回流	4	22

图10-2 美国企业CEO对制造业回流美国的看法

资料来源：科尔尼咨询。

工业自动化为美国制造业回流提供了解决方案。科尔尼的调研结果显示，在表示所在企业已经决定回流的制造部门高管中，有63%已经决定提高自动化程度或已经提高了自动化程度，并将自动化作为制造业回流的一部分。现在，提高自动化水平不再需要大量的资本投入，因为机器人的成本在持续下降。斯坦福大学的一项人工智能指数调查显示，在过去五年中，机器人手臂的中位数价格下降了46.2%，[1] 这使全球范围内机器人密度激增。根据国际机器人联合会（IFR）的数据，2016年以来，美国机器人密度的年复合增长率为8%，现在每万名员工操作的机器人数量为117台。而对于那些仍然不确定机器人投资是否划算的公司，可以选择Formic等服务商提供的"租用机器人"服务，以小时为单位租用机器人来自动化处理重复性的工作，从而将劳动力释放出来完成更复杂的任务。

---

[1] 参见 https://aiindex.stanford.edu/ai-index-report-2022。

美国的工业化布局取得了一些成效。根据科尔尼给出的 2021 年回流指数，绝大多数在中国开展业务的美国公司已经将部分生产迁回美国或计划在未来三年内迁回美国。科尔尼的报告显示，近 80% 的公司已经将生产转移到美国，另有至少 15% 的公司正在考虑如何应对关税和供应链的挑战。一些著名汽车制造商，如雪佛兰、道朗格、凯迪拉克和悍马的制造商，已经宣布了大规模的投资，以增加电池产量，实现成为北美最大电动汽车制造商的目标。此外，通用电气（GE）家电也在扩大其在美国的制造业务，以更接近客户并创造更多的工作机会。GE 的主要产品包括冰箱、洗碗机和热水器等家电，2016 年以来已在美国工厂和配送中心投资超过 20 亿美元。2022 年 5 月，GE 在南卡罗来纳州卡姆登开设了一家热水器厂。同时，GE 家电在过去五年对美国供应商的支出增加了 2/3。除此之外，美国钢铁公司正在阿肯色州奥西奥拉投资 3 亿美元建设一家新的炼钢厂，而纽柯也计划在肯塔基州布兰德贝格投入约 2 亿美元建设一家钢板工厂。新冠疫情之后，Generac 电力系统将一部分生产从中国转移到美国，比如 2021 年在南卡罗来纳州特伦顿开设新工厂。这些举措都表明，美国正逐渐恢复和增强其制造业能力。[①]

（三）产业链自动化布局的经济动因：降本增效并提高供应链韧性

1. 通过自动取代人工，形成制造成本优势，重振制造业

自动化能够满足大规模生产的需要，它的优势主要体现在提高

[①] 参见 https://www.businessinsider.com/made-in-america-companies-bringing-manufacturing-back-to-us-2022-7。

生产效率、降低生产成本方面。机器人可进行高效率重复性工作，24小时不间断执行生产任务，同时减少生产错误。另外，机器人的使用成本远低于劳动力成本（见图10-3），且机器人的采购价格有不断下降的趋势，这为公司减少了高昂的人力成本支出。以三星为例，其测试与系统封装负责人在演讲中表示，三星已经启动全球首条无人化的半导体封装产线。通过晶圆传送装置、升降机和传送带等传输设备实现了完全自动化，从而大幅减少封装过程中的等待和移动时间，极大地提高了生产效率。三星电子这条自动化的封装产线的制造使得人力减少了85%，设备故障发生率降低了90%，整体设备生产效率提高一倍以上。

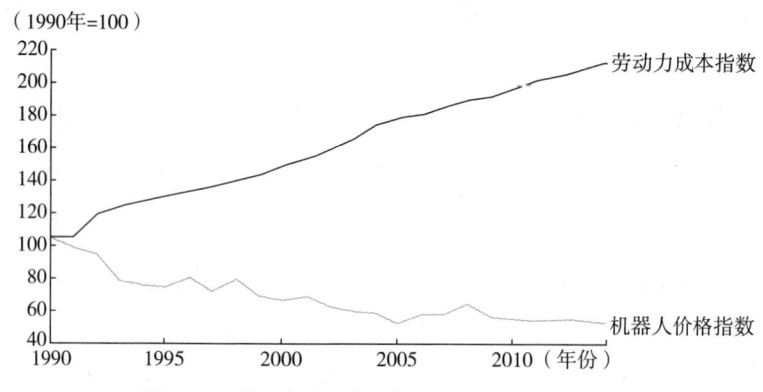

图10-3 美国制造业劳动力成本和机器人价格指数

资料来源：麦肯锡咨询。

2. 通过自动化提升供应链效率

除了制造成本优势，自动化生产可以整合供应链，将供应链上的生产环节集中到几间自动化生产车间，提高供应链效率。自动化生产不仅可以降低制造成本，还能够优化供应链，将生产集中在少数自动化工厂，从而提高供应链效率。早在2017年，阿迪达斯就把生产带回德国，在德国建设了 Speedfactory 工厂。阿迪达斯这么做的原因不仅仅是降低劳动力成本。"人们想要时尚的鞋子，但供应链却难以跟上。我们的运作方式可能与消费者的期望相反。"该公司技术创新主管格尔德·曼兹表示。

制造一双全新的运动鞋是一个复杂的过程，需要经历多个步骤。首先，设计师绘制鞋子的草图，然后制作原型并进行测试。其次，要订购所需的材料，寄送样品，对工厂进行改造以适应生产需求。最后，制作完成的鞋子会被送到商店销售。整个过程可能需要 18 个月的时间。但是，与周期漫长的制造过程相对的是，大部分新鞋在市场上的销售周期不到一年。有时候，某款鞋型的流行需要阿迪达斯迅速对顾客的需求做出响应——在短时间内完成额外的订单。但由于中间需要漫长的集装箱跨国运输，从阿迪达斯制作新鞋，再到鞋子送达货架，可能需要花费两到三个月的时间。Speedfactory 的主要好处就在于它能缩短整个供应链的时间，一旦新鞋的设计完成，它们可以在不到一周的时间出现在商店货架上，甚至可能更快。这是因为 Speedfactory 使用高度自动化的机器来制造鞋子，包括计算机控制的织布机和机器人切割机。这些机器可以通过软件直接从设计程序中获取指令，因此可以迅速切换到不同的鞋款，使整个制造过程更加高效和灵活。

中国相对于东南亚国家（如越南）拥有显著的自动化生产优势。从这个角度来看，中国生产成本较低，世界工厂的地位依然稳固。这个优势有几个关键原因。首先，中国拥有全球最强大的制造基础和市场规模，这为自动化技术的大规模应用提供了理想的场景。由于可以进行大规模生产，自动化设备的成本也相对较低。其次，中国在供应链整合方面表现出色，包括原材料采购、零部件制造、装配和物流等多个环节的协调。这有助于自动化技术的顺畅应用，提高了生产效率和产品质量。此外，中国还在技术研发和创新方面投入了大量资源，政府、企业和研究机构积极合作，推动了自动化技术的不断进步。中国的劳动力成本增长较快，这使得在某些情况下，自动化投资具有更高的回报率，因为它可以降低对人工劳动的依赖。最后，中国的基础设施和物流网络非常发达，为自动化技术提供了便捷的运输和物流支持。这一切使中国保持着全球制造业的领先地位，被誉为"世界工厂"。

根据世界银行的统计，2021年越南的机器人使用率仅为5.9%（见图10-4）。目前越南的工厂大多只能生产依赖劳动力和简单自动化的劳动力密集型产品，而无法生产需要较高精密度和复杂度的工业产品。尽管人们大肆宣传越南作为全球供应链中重要成员的潜在优势，但它仍难以摆脱装配线而不是生产中心的标签。每月，该国生产4亿多包香烟、3亿多件成衣、1 720万部手机和数百万平方米聚酯纤维，而大规模制造设备、机械及零部件还不是它的支柱产业。与此同时，制造商仍然依赖中国提供零部件，向价值链上游移动并非易事。[①]

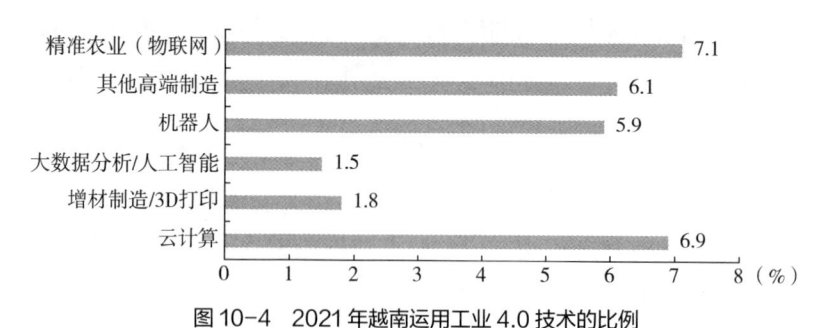

类别	比例(%)
精准农业（物联网）	7.1
其他高端制造	6.1
机器人	5.9
大数据分析/人工智能	1.5
增材制造/3D打印	1.8
云计算	6.9

图10-4　2021年越南运用工业4.0技术的比例

资料来源：世界银行。

---

① 参见 https://www.bloomberg.com/opinion/articles/2023-02-28/china-supply-chains-replacing-them-is-hard-just-look-at-vietnam。

3. 通过自动化提升供应链的韧性和反应速度

新冠疫情暴发以来，持续的经济冲击加剧了全球雇主和雇员之间的传统冲突。能源和食品等价格的上涨促使工人要求更高的工资，以及持续在家工作的权利。同时，公司面临原材料和零部件价格上涨、运输成本增加等挑战。持续被压低的工资和疫情带来的健康问题导致大量劳动力短缺，进而引发港口拥堵和供应链危机。港口拥堵减慢了供应链物流速度，延迟了供应商与客户的交货时间，造成原材料、中间产品和最终消费品的供应短缺，同时推高了国内价格并导致通货膨胀。疫情暴发以来，美国港口完成货物运输所需时间不断延长。洛杉矶港口和长滩港口是为数不多采用自动化技术的港口。两地使用机器人设备将货物从船上送到码头上的堆场，把其他货柜放在等待的卡车上，从分发网络将它们送到内地。然而，南加州和全美其他地方很少有其他集装箱码头采用类似的自动化技术，其中最主要的原因是美国工会的强烈反对。

在国际物流领域，中国港口展现了引人瞩目的效率，如图10-5所示，在全球主要国家集装箱平均处理时间中，中国用时最短，凭借高度自动化和智能化操作的能力，确立了在全球绝对的领导地位。在2022年全球排名前50的港口中，中国占据了29个，显示了在全球港口行业的显著影响力。这些港口依靠先进的装卸搬运设备、自动化的集装箱处理系统以及实时数据分析，成功地提升了货物的流动性和处理速度，进一步保证了货物从货轮到陆地的高效转运。这不仅促进了全球贸易的无缝对接，也为中国的制造业和全球供应链提供了坚强的后盾，确立了中国港口作为全球货物流通的核心枢纽地位。具体来说，一些主要的港口，如舟山港、上海港、青岛港和广州港，都通过应用无人驾驶技术，将智能化的层次提升至新的高度，实现港口吞吐量的进一步提升。下面以上海港为例进行更详细的说明。2022年7月，上海港在东海大桥双向最外侧的三号车道划定了一条专门用于自动驾驶测试的车道，这标志着上海港无人驾驶集卡进入了实质性的"无人化"商业运营阶段。同年年底，友道智途智能重卡在该桥成功完成了全国首个社会道路"减员化"的运营测试，在这个过程中实现5车编队、中间3辆"真无人"的配置，这一策略意味着上海港至少提升了40%的通行效率，节省了至少80%的人力成本，有效地缓解了东海大桥的通行压力。值得注意的是，港口自动化的发展得到了政策的有力支持。例如，2022年1月，国务院发布了《"十四五"现代综合交通运输体系发展规划》，其中明确指出要鼓励自动驾驶在港口的测试和应用，这也进一步推动了中国港口无人驾驶技术的发展。

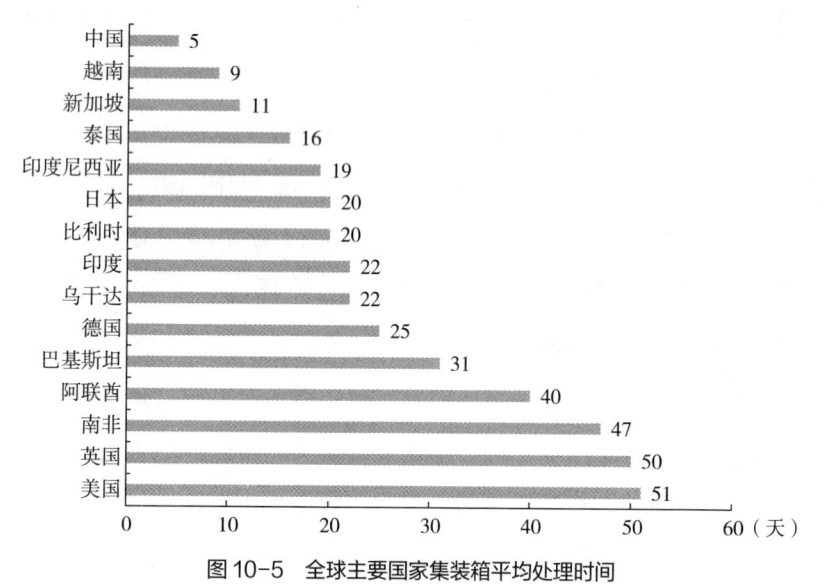

国家	天数
中国	5
越南	9
新加坡	11
泰国	16
印度尼西亚	19
日本	20
比利时	20
印度	22
乌干达	22
德国	25
巴基斯坦	31
阿联酋	40
南非	47
英国	50
美国	51

图10-5 全球主要国家集装箱平均处理时间

资料来源：艾世捷报告。

三、自动化的双刃剑：对就业的影响

自动化虽然提高了生产效率、减少了劳动力成本和人为生产的错误，但也不可避免地对劳动力市场产生了深刻的冲击。这一情况引发了一个重要的讨论，即在追求经济效益的同时，如何有效地管理和减轻自动化对就业的不利影响。简而言之，需要考虑如何在引入自动化的同时保护工作机会，实现充分就业。

（一）自动化对就业率的影响

自动化对劳动力市场的影响主要来源于生产力效应和取代效应。人类历史上许多重要的突破都集中在自动化领域。自动化技术，如英国工业革命的织布机和纺纱机，大大提高了生产率。其他自动化进步，如农业机械化和美国的可互换零部件系统，也大大影响了人们的生产方式。随着自动化技术的引入，其他技术也不断进步，重新组织了生产过程，创造出新的产品，并创造出需要人工劳动的新工作。这些新工作改善了分工，促进了生产效率的增长。简而言之，自动化带来了更高的生产力，同时也创造了新的就业机会，提高了劳动力的竞争力。这一系列发展推动了劳动力的应用，将人类劳动重新融入生产流程。巴尔的摩的马林钢铁厂是自动化驱动创新的典型案例。在与其他制造商的竞争中，马林钢铁厂的核心产品价格下跌，迫使该公司不得不采取应对措施。马林钢铁厂购买了机器人线材成型机，并为波音和通用汽车等公司生产高质量的精密产品。自动化不仅为马林钢铁厂发展提供了生命线，还创造了更多就业机会。马林钢铁厂雇用了更多的工人，提高了工资水平，吸引了来自不同背景的工人。然而，一些自动化技术的目的不是提高劳动生产力，而是替代劳动力（取代效应）。通过使用更便宜的机器人，自动化技术使工人不再需要从事以前的工作，这降低了生产过程中人工劳动的价值。例如，电话应答系统的自动化已经取代了接线员的工作，但随之产生的问题是电话应答系统并没有帮助公司提高订单数量，消费者反而更喜欢与人工客服交流。另一个例子是超市或药房的自助结账系统，可以在提高效率的情况下降低企业劳动力成本。因此，自动化会增加或减少劳动力需求取决于生产力效应和取代效应的强弱。

根据普华永道2017年对中国市场的分析（见图10-6），到2037年，人工智能和自动化技术将增加中国就业岗位数量，相当于现有就业岗位数量的12%。从绝对数值来看，这将意味着净增加约9 300万个工作岗位。其中服务业的就业岗位数量将增加约9 700万个，建筑业的就业岗位数量将增加1 400万个，而农业的净就业岗位损失约为2 200万个（10%），工业的净影响估计接近于零。

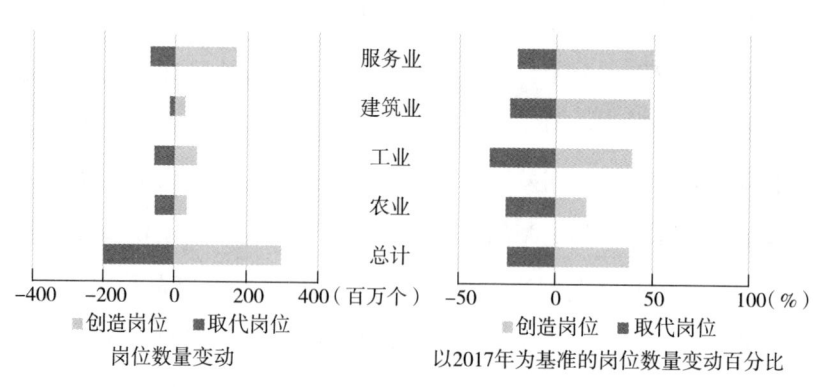

图10-6 人工智能对未来20年中国劳动力市场的影响

资料来源：普华永道报告。

在制造业中，那些快速采用自动化技术的公司通常会取得很好的发展，但整个行业的就业率却可能会下降。阿西莫格鲁调查了 55 390 家法国制造业公司，其中 598 家公司购买了工业机器人。尽管这些引入机器人的公司只占制造业公司总数的约 1%，却占据了整个制造业产量的 20%。研究发现，使用机器人的公司生产力和盈利能力都得到了提高。与此同时，由于投资了自动化技术，这些使用机器人的公司发展速度更快，市场份额更大，因此它们雇用的工人数量比之前多了 10.9%。与之相反的是，行业内没有使用工业机器人的公司受到了同行竞争者的负面冲击：竞争对手的机器人采用率每增加 10 个百分点，这些公司自己的就业人数就会下降 2.5%。换句话说，不使用自动化技术的公司正在输给竞争对手。综合考虑行业内所有公司，使用机器人对整个行业就业率的影响是负面的：机器人采用率每增加 20 个百分点，行业就业率会下降 3.2%。在宏观层面，这与阿西莫格鲁等人关于机器人对美国就业影响的另一项研究发现一致：在美国，每增加 1 个机器人就可以在全国范围内消除 3.3 个工作岗位。

机器人的使用除了对本地就业率产生影响，对其他国家的就业率也存在溢出效应。这意味着使用机器人的影响不仅局限在本国，同时会在其他国家引发连锁反应。一方面，发达国家的机器人将推动本国再工业化来减少离岸外包国家的就业机会。马里乌斯·法伯分析了美国机器人的使用对墨西哥人口就业率的影响，发现美国本土约 5% 的机器人会与墨西哥劳动力市场中的工人竞争工作机会。另一方面，发达国家的机器人也会创造更多的需求，机器人能够提高生产效率，使得对来自发展中国家的中间产品和原材料的需求增加，对发展中国家的就业产生正向刺激作用。

（二）自动化对工资的影响

自动化可能会提高工资，也会压低工资。不同职业受现代技术的影响各不相同。在一些职业中，比如设计师和工程师，人们在使用复杂的自动化软件时可以更高效地完成工作，这有助于工资提升。但在其他领域，比如运输业，情况变得完全不同。例如，在商业飞行诞生初期，执行夜间飞行任务的飞行员可以赚取 10%～20% 的工资溢价。夜间飞行更加危险，需要更专业的技能和更高的判断水准。然而，随着技术的进步，夜间飞行可以依赖精确的空中交通管制系统和自动化操作系统来极大地降低事故风险。如今，夜间飞行的飞行员收入并不比白天飞行的飞行员高，他们也不会因为飞越危险地形（如山脉）而获得工资溢价。

关于技术进步对工资结构的影响主要有两类。第一类是技能偏向型技术进步。这个假说认为，技术进步与人力资本（员工的知识和技能）是相辅相成的。这意味着新技术与人的技能是相互补充的关系。计算机、自动化、信息技术的广泛使用显著提高了高技能劳动力的生产效率和工资水平，带来了明显的"技术溢价"，这导致高技能工人与低技能工人之间的工资差距不断扩大，从而解释了欧美等发达国家劳动力市场的收入不平等问题。第二类是任务偏向型技术进步。在这种情况下，技术进步更多地取决于工作的性质。简单来说，如果工作是重复的、程序化的，那么技术可能更容易替代这类工作。但如果工作非常复杂，需要创造性思维或涉及人际关系，那么技术进步可能会增加这类工作的需求和工资水平。举例来说，一些中等技能工作，像重复性的办公工作，可能会受到技术进步的冲击，工资增长会减缓。但对于高技能工作和一些重复性低的低技能工作，比如护理人员来说，技术进步可能会提高他们的工资水平。有学者研究了 2010—2015 年中国城镇劳动力市场，发现机器人的应用对制造业部门的重复性程序化工作的工资性收入有显著负面影响，但从间接影响看，机器人应用对非制造业部门中偏向与高技能劳动力形成互补的那些低技能服务业（如住宿餐饮业、批发零售业、社会服务业等）的收入具有正向作用。

（三）自动化与技能重构

自动化技术和人工智能对不同的职业产生的冲击是不同的。这种冲击程度的差异可以理解为不同职业的"替代风险"。这个替代风险的大小取决于许多因素，比如在工作中需要哪些思维能力、身体素质、技能、社交能力。举例来说，银行柜员仅需要具备现金支付与结算核算等业务技能，而银行信贷员不仅应掌握基本的出纳财务能力，还需要具备贷款咨询、了解客户借款需求、评定信用风险等级等多种能力。打字员仅需要具有速录能力，但秘书不仅需要熟练操作各项办公设备，还应具有较强的语言表达能力、沟通能力、组织规划能力和团队协作能力等。因此，银行柜员和打字员的工作更容易被自动化替代，而银行信贷员和秘书的工作就较难被自动化取代。有研究利用机器学习模型对中国劳动力市场的不同职业进行了可替代率测算（见表 10-1），其中制造业、采矿业和建筑业面临较高的可替代风险，医疗卫生、教育、文创业、科学研究和技术服务业等面临的可替代风险较低，这也意味着不同的职业将受到自动化技术不同程度的影响。

表 10-1　不同职业人工智能替代率

职业名称	可替代率（%）	职业名称	可替代率（%）
耐火材料制品生产人员	82.01	西医医师	16.42
纸制品制作人员	78.75	高等教育教师	9.86
橡胶制品生产人员	79.82	文艺创作与编导人员	18.60
炼铁人员	75.38	律师	10.90
服装裁剪和洗染织补人员	63.50	经济专业人员	15.27
纺纱人员	77.56	人力资源专业人员	4.79
塑料制品加工人员	72.05	事业单位负责人	18.98
印染人员	69.75	电力工程技术人员	11.17
矿物采选人员	69.01	中小学教育教师	12.49
包装人员	69.86	社会工作专业人员	6.65

资料来源：王林辉等（2022）。

自动化和人工智能技术对工人提出了新的技能要求。以谷歌支持的开发无人驾驶出租车的初创公司 Waymo 为例，近年来，该公司装有传感器的白色小型货车已成为美国郊区的常见交通工具，这引发了职业司机对失业的担忧。Waymo 回应，自动驾驶技术将为他们创造新的工作机会，如自动驾驶车队技术人员、骑手支持操作员和软件工程师等。同时，Waymo 还表示可以为这些司机提供转型所需要的帮助。阿西莫格鲁等人使用 2010 年以来美国公司发布的职位招聘数据，研究了人工智能对劳动力市场的影响。他们发现，2010—2018 年与 AI 相关的职位招聘比例迅速增长，但主要由信息技术、商业服务和金融等行业推动。这些公司对人工智能专业人才的需求增加，减少了对非人工智能相关职位的招聘。这意味着技术正在改变工作市场，为人们提供了新的职业机会。

自动化也是加剧不平等的主要驱动力。自动化造成了"繁荣差距"，使高技能工人受益，而部分中低技能工人则受损。新的科技为拥有者和发明者创造了巨大的财富，但常常剥夺了那些从事易被取代工作的劳动者就业机会，夺走了那些从事容易被机器替代工作的人的饭碗。自动驾驶汽车、机器人咖啡师的发明令人惊叹，但对于就业和劳动力市场的影响可能是负面的。自动化是一把双刃剑，它是加剧不平等的主要驱动力，导致了所谓的"繁荣差距"。例如，在新冠疫情期间，高工资工人更有可能在家工作，而低工资工人更容易因停工而被裁员。阿西莫格鲁等人的研究表明，从20世纪80年代开始，特别是到20世纪90年代和21世纪初期，低技能工人受到了双重打击。

四、自动化的未来应用趋势

5G的诞生使通信延迟明显改善，这为多机器人系统分布式协同工作的智能算法创造了应用前景。有了5G技术后，每个机器人可以用强大的机载处理器独立地处理路径规划和目标获取任务，通过5G技术低延迟通信与周围机器人协商进行避障和任务分配，达到全局最优。

未来的另一股潮流是流程自动化。流程自动化不再聚焦制造生产，而是将目标转向管理端。流程自动化可以应用在各种业务过程，比如发票开具、销售订单、会计核对、数据输入、系统查询、工资处理、人事手续等。通过自动化，企业可以提高效率、降低成本、节省时间，从而提供更出色的客户服务。在为企业节省大量时间的同时，还能提供下一步需要分析的数据。奥迪日本KK的财务部门经常处理价值数百万美元的审批请求，需要一种安全、灵敏、准确的方式来自动化审批流程。自动化工具 Bizagi 帮助其将复杂的审批请求变得更简单、安全且无纸化。这使奥迪日本成功实现了 6 个流程的自动化,将内部处理时间缩短了 75%。[①]

大语言模型的出现,也让我们进入了真正的语言自动化时代。语言自动化就是把人工智能带来的语言分析能力融入自动化解决方案。这个过程让软件机器人变得更聪明了,就像人类一样理解语言和处理信息。这意味着机器人可以更好地理解各种类型的文档,而不仅仅是从特定字段中提取信息。简而言之,语言自动化的发展使以前的高技术要求的自动化操作逐渐变得更简单,技术门槛也在逐渐下降。中国的高科技公司在争分夺秒地开发 AI 大模型(见表 10-2)。

表 10-2　AI 大模型在工业制造业领域的应用落地场景

厂商	大模型名称	产业级应用产品	与产业合作的关系	应用场景
阿里巴巴	通义千问	M6-OFA	目前应用于阿里系产业	AI 助理设计师正式上岗阿里新制造平台犀牛智造
百度	文心一言	飞桨 PaddlePaddle	与客户共建行业大模型	AI 工业质检
华为	盘古	ModelArts	与客户共建行业大模型	智能巡检、物流仓库监控
商汤	日日新	SenseCore AI 大装置	为各行业提供算力支持	智能决策
创新奇智	奇智孔明	奇智孔明 AInnoGC	满足中大型客户的专属定制需求	交互式动态业务报表生成、智能产线设计

资料来源:虎嗅智库。

[①] 参见 https://go.bizagi.com/rs/741-TEJ-653/images/audi-case-study.pdf。

本章小结

- 工业自动化能够提高生产效率、降低生产成本、提高产品质量一致性以及减少能源消耗。
- 中国是机器人消费大国,近年来每年新增安装机器人数量居世界首位。
- 自动化可以提高供应链韧性,缓解人力不足造成的供应链停摆问题。
- 各国政府已推出一系列政策扶持企业回流,激励本国工业自动化发展。
- 自动化水平成为企业选址生产的重要因素之一。中国具有明显的自动化优势。
- 自动化对劳动力市场的影响来源于生产力效应和取代效应的博弈。
- 自动化重构了技能分布,程序性、重复性较强的中低端工作岗位被取代的概率较大,而对高端岗位具有互补作用。
- 自动化也是加剧社会不平等的主要驱动力。

第十一章

数字化智能供应链：
从数字中产生商业价值

数字化供应链的发展推动了商业模式的转变和创新。
通过数字化技术，企业可以实现更高效的供应链协同、
精确的需求预测和个性化的客户体验。
数字化供应链的优势在于数据驱动的决策和实时可见性，
它们为企业提供了更好的商业洞察力和竞争力。
——马克·扎克伯格，Meta集团创始人兼首席执行官

数字化技术正在革新全球供应链，它不仅能够提高供应链的效率和安全性，还能够促进商业模式的创新和变革。本章将展示数字化智能供应链的形成原因和关键技术，如物联网和区块链，以及数字技术在供应链中的应用和案例。你将看到数字化智能供应链所催生的新商业模式，如制造服务化和数据驱动的快速直销，以及它们对传统行业的冲击和挑战。同时，本章也将分析中国和美国在数字供应链领域的竞争格局及各自优势，以及数字化供应链的优势和面临的挑战。

英伟达最初是以 GPU 生产商身份崭露头角的，主要服务于个人计算机游戏市场。后来，英伟达扩大了营业范围，不再局限于游戏市场。它跨进数据中心、人工智能还有自动驾驶汽车等领域。这有趣的变化使大家不禁要问：一个科技公司怎么可以从只卖一种东西逐渐发展成提供各种数字机遇的全面服务？接下来，我们通过英伟达的发展历程来更加深入地感受这一变化。

初始阶段：显卡销售。1993 年，从集成电路生产商 LSI Logic 出来的黄仁勋联合计算机科学家柯蒂斯·普里姆和克里斯·马拉科夫斯基在加利福尼亚州圣克拉拉创建了英伟达总部。三位联合创始人预测下一波浪潮的正确方向是加速图形的计算。1995 年英伟达的第一款芯片 NV1 发布，开发成本为 1 000 万美元，资金来自红杉资本和 Sutter Hill Ventures。英伟达主要生产用于视频游戏的高性能显卡。这些显卡拥有专门的图形处理单元，用于增强图形渲染和视觉效果，从而为游戏玩家提供更好的游戏体验。[1]

转型阶段：超越游戏领域。1999 年前后，研究人员开始注意到，除了图形渲染，GPU 还能承担其他大规模并行计算任务。尤其是在人工智能和机器学习领域，GPU 逐渐成为一种非常有用的计算资源。英伟达看到了这一点，并开始研发专门针对这些新应用场景的 GPU 和软件。

高级阶段：提供综合解决方案。2006 年后，英伟达不再仅仅是一个硬件提供商，它开始提供更加全面的解决方案。这包括：

·数据中心解决方案：如 DGX 系统，这是一种集成了多个 GPU、高速网络和大量存储的高性能计算平台。

---

[1] 参见 https://www.nvidia.com/en-us/about-nvidia/corporate-timeline/。

- 软件工具和平台：如 CUDA 编程环境，用于帮助开发者更轻松地进行 GPU 编程。生产 GPU 的企业不仅英伟达一家，而英伟达较早地部署了适配 AI 应用的操作系统 CUDA，便于使用者全方位激活 GPU 的计算能力。

- 行业特定的解决方案：如在自动驾驶、医疗成像等领域提供定制的硬件和软件组合。

如今不仅电脑游戏会用到高性能图形处理单元，AI、游戏还有那些大型生成式语言模型，都对 GPU 的需求非常大。这么一来，显卡的技术就不再受以前的规律限制，摩尔定律也随之被打破，刷新了技术迭代的速度。不过，尽管市场对高级显卡的需求如此之大，可是生产速度却无法随之提升。英伟达为了解决这个问题，2023 年推出了一系列创新的解决方案。它不仅推出了下一代英伟达平台，支持人工智能、高性能计算和图形应用，还跟亚马逊云、谷歌云等大型云计算公司合作，扩大了业务范围。取代传统的显卡销售模式，英伟达在 Omniverse 云平台上提供 GPU 加速解决方案。这使全球的开发者和创新者能够按需轻松获取海量计算，无须承担硬件的购买和维护成本。该公司最新推出的产品——英伟达 DGX Cloud，让用户能够通过简单的网络浏览器界面，立即接入英伟达的 DGX AI 超级计算机和所需的 AI 软件套件，进而轻松训练生成式 AI 模型和执行其他高级 AI 应用。这一转变不仅减轻了用户的负担，还将英伟达定位为一个不仅提供硬件，而且提供全方位计算解决方案的先行者。这意味着客户可以灵活地、按需获取高性能的计算资源，从而更加专注于创新和应用开发。[①] 英伟达还宣布一组名为英伟达 AI Foundations 的三项云服务，使企业能够构建和运行大型语言模

---

① 参见 https://www.nvidia.com/en-us/data-center/gpu-cloud-computing/。

型和生成式 AI 模型，这些模型使用自己的专有数据进行训练并用于自己的特定任务。[1]

英伟达副总裁马努维尔·戴斯用简单的语言总结了他们的变革："多年来，我们在 DGX 上所做的不仅仅是（创建）一台最先进的超级计算机，我们还构建了一个基于它的软件堆栈……您只需提供您的工作，指向您的数据集，然后单击'开始'，所有的编排都会得到处理。"与英伟达的转型类似，随着智能技术在全球供应链各个环节的应用，数字化供应链逐渐形成，这一转型正在颠覆商业环境。

本章将顺着这一供应链的发展趋势，重点探讨以下问题：数字化供应链为何会形成？哪些技术支撑了数字化供应链的运作？智能数字化供应链在实际场景中是如何运行的？数字化供应链又衍生出何种商业模式？如今的全球数字化供应链是何种格局？全球数字化供应链面临何种优势和挑战？

...

一、数字化供应链的形成：兼顾效率与安全

（一）什么是数字化供应链

传统供应链的核心是通过垂直分工来提高效率和降低成本。数

---

[1] 参见 https://www.datacenterknowledge.com/supercomputers/nvidia-launches-ai-supercomputer-cloud-service。

字化智能供应链打破垂直分工的限制，通过数字化技术和人工智能等，实现供应链各环节的信息化、智能化和自动化，以提高供应链的效率、灵活性和透明度。麦肯锡将这一过程称为供应链4.0，即在一切事物中放置传感器，在各处创建网络，使一切自动化，并分析一切以提高绩效和客户满意度。

通过引入数字化技术，传统供应链可以实现去中心化。在过去传统的供应链中，客户通常只与他们的直接供应商有联系，而这导致了不同环节之间的信息不平衡。这种情况会增加生产延迟和成本，尤其是在靠近供应链上游的地方。去中心化的数字化供应链流程减少了中间环节，提高了交易效率和可信度，并增强了供应链参与者之间的直接联系和合作能力，促进了供应链的灵活性和创新。数字化供应链与传统供应链的区别在于，传统供应链的客户大多只与一级供应商进行信息交互和整合，这就导致大量跨节点的信息不对称，反映在企业运营管理上，就是供应链越上游，生产延迟和成本叠加程度越高。数字化供应链下所有供应链参与方通过数字化平台整合信息，联网技术使供应链中的设备、传感器和物品能够相互连接和通信。通过物联网与区块链或其他分布式技术的结合，供应链参与者可以实现实时数据共享和跟踪，去中心化监测和管理物流运输、库存水平以及产品质量等信息。这就让供应链的各个环节更加高效，而且信息都安全透明地存储在云端，可以使整个供应链更快地达到成本效益的平衡。这也意味着大家可以更好地协作，提高效率，同时降低成本。

制造业企业将越来越多地采用基于工业物联网的数字化制造，通俗来说就是把工厂里的机器和设备联网，以提高生产效率，减少成本和风险，更灵活地满足客户的需求。下面通过几个例子来更好地理解这一点。例如，家电制造商美的部署工业物联网技术来改进制造流程并支持产品创新。美的用传感器驱动的"柔性自动化"装配线实现制造过程完全自动化，而且可以动态调整，以解决机器型号、加工要求和材料的差异等问题。美的还将机器视觉用于检测制造过程中的错误，将客户使用数据发回研发团队，提供有价值的输入和见解，帮助推动持续创新的过程。再如上汽集团在数字化制造领域也付出了许多努力。通过数字解决方案使买家能够根据3D数字汽车模拟定制订单，将汽车配置和生产队列信息传输给供应商以启动准时发货，从而将产品上市时间缩短35%，同时利用人工智能工具持续监控构建进度以识别错误，帮助将订单配置准确性提高到99.8%。根据麦肯锡的调研，数字化供应链可以使运营成本降低30%之多，销售损失减少75%之多，库存预计减少75%，同时敏捷性也显著提高。①

（二）数字化供应链形成的原因

数字化供应链的形成主要基于两个原因。一是由市场进一步提升效率的需求所驱动，客户的期望在不断增长，过去几年的在线趋势导致服务期望不断提高，订单颗粒度也更加细化，这进一步要求制造业企业尽快适应需求变化、提升生产效率以实现个性化和定制化。此外，大量的农村地区需求持续增长，财富需要转移到以前没有服务过的地方以满足需求。二是数字化供应链的形成是为了增强供应链的安全性。随着信息和资金在全球供应链中的跨境流动情况

---

① 参见 https://www.mckinsey.com/capabilities/operations/our-insights/supply-chain-40--the-next-generation-digital-supply-chain。

日益加剧，供应商面临的恶意软件攻击和数据泄露问题也随之增加，从而削弱了客户对供应商的信任，并加大了供应链断裂的风险。越来越多的供应链参与企业开始将安全性纳入决策考量。数字化供应链通过提高透明度和可追溯性，有效地解决了传统供应链中低度开放和信息不透明的问题。

据麦肯锡估算，数字化供应链在未来两三年内的潜在影响是巨大的。① Gartner 预测，到 2023 年，全球 50% 的供应链组织将利用人工智能、机器学习和实时分析等技术来提升运营效率和客户满意度。② IDC 预测，到 2025 年，40% 的"全球上市公司 2000 强企业"将投资数字化供应链以提高信息和库存速度，从而提高"最后 1 英里"的交付效率以及提升客户体验。③ 根据普华永道的调查，供应链技术投资的主要目标就是推动优化成本。④ 目前，我们看到大多数数字化供应链出现在汽车、消费品和家电等面向消费者的行业，但下一阶段变革将扩展到钢铁、机床和制造业等传统行业。例如，上汽集团通过提供数字解决方案，使买家通过 3D 数字汽车模拟定制订单，将汽车配置和生产队列信息传输给供应商以启动准时发货，从而将上市时间缩短 35%，同时利用人工智能工具持续监控构建进度以识别错误，将订单配置准确率提高到 99.8%，这些也揭示了数字化供应链形成的渊源。

---

① 参见 https://www.mckinsey.com/capabilities/operations/our-insights/supply-chain-40--the-next-generation-digital-supply-chain。
② 参见 https://www.gartner.com/en/newsroom/press-releases/2023-05-10-gartner-reveals-the-top-supply-chain-technology-trends-for-2023。
③ 参见 https://idcglobal.agrilasts.com/www.idc.com/prodserv/insights/manufacturing/digital-supply-chain.html。
④ 参见 https://www.pwccn.com/zh/services/deals-m-and-a/publications/global-ma-trends-2023-midterm-review-and-prospects.html。

二、数字化供应链的推手：数据与智能技术

（一）大数据的积累推动数字化供应链形成

在供应链各环节从原料采购到销售的数字化进程中，大数据起到了不可或缺的作用。设备的普及、先进软件的应用和商业行为都为供应链数据的飞速增长提供了助力。据 Statista 统计，2015—2020 年，全球物联网设备的连接数量从 154 亿件增长至 307 亿件。[1] 这些设备不断地生产和传递数据，尤以制造和物流行业为甚。另根据 Gartner 的数据，到 2021 年，全球 ERP 软件市场的规模将超越 448 亿美元，这显示了公司对集成和分析供应链数据的依赖。[2] 同时，电商的迅猛发展导致供应链数据量剧增。Statista 数据显示，2020 年全球电商销售额高达 4.28 万亿美元，预计 2026 年将超过 7 万亿美元。[3]

随着供应链数据的积累，数字化供应链的概念逐渐形成。实时数据流使供应链完整呈现出来，管理者能够更好地识别和预测潜在的风险，在关键时刻快速决策，对突发事件做出响应。根据 IDC 的报告，到 2021 年，全球大型公司已将数字化转型视为核心策略，相关的投资将超过 6.8 万亿美元，并以年均 15.5% 的复合增长率递增。

---

[1] 参见 https://www.statista.com/statistics/471264/iot-number-of-connected-devices-worldwide/。
[2] 参见 https://www.huaon.com/channel/trend/841562.html。
[3] 参见 https://www.statista.com/statistics/379046/worldwide-retail-e-commerce-sales/。

（二）数字化供应链的底层应用：射频识别与物联网

接下来将探讨数字化供应链的核心技术：射频识别（RFID）和物联网，以及它们在供应链管理中的关键作用。了解这些底层应用改变现代供应链的方式，将有助于理解数字化革命对业务的影响。

第一，高端芯片技术，尤其是射频识别，为数字化供应链的建立打下了坚实基础。这些芯片实时提供货物的精准位置信息，在仓库管理、物流追踪和库存管理中都显得尤为重要。相比条形码这类传统技术，RFID不需要直线视觉扫描，原型RFID标签可以在纸张等基材上打印标签，或者直接打印在包装上，在需要的时候及时提供信息。此外，高端芯片可以与其他系统（如ERP系统或仓储管理系统）无缝集成，实现自动化数据采集和处理，进而提高操作效率并减少失误。高端芯片的追溯性不仅限于销售前的供应链，商品在消费者手中的使用和维护，甚至是回收和处置，都可以通过芯片进行跟踪和数据收集，支持循环经济和可持续性。Grand View Research曾预测，到2020年，全球RFID市场的规模将达到317亿美元，并在2021—2027年以7.4%的复合年增长率增长。

第二，物联网进一步为供应链数据的收集提供了助力。由众多智能设备构成的物联网网络，通过传感器使供应链管理者能够实时追踪货物的状态和位置。物联网技术可以追踪商品的完整生命周期，从生产到消费，甚至回收。这种全生命周期的可见性有助于发展更可持续的生产和消费模式。特定的产品，如医药和食品，对运输和储存的环境有特殊要求，而物联网设备可以监控和调整这些因素，确保产品质量和完整性。Statista预测，到2025年，企业连接的物联网设备数量将达到750亿，与之相比，2019年的数字是

263 亿。①这种增长表明越来越多的设备将集成到供应链中，提供更多的数据和洞察力。根据普华永道的一项研究，有将近 40% 的制造业和零售业的决策者认为物联网技术是提高供应链透明度的主要驱动力。

（三）云计算在数字化供应链中的核心作用

目前数字化供应链使用的智能技术主要是云技术。根据 IDC 的报告，截至 2022 年，全球 70% 以上的供应链管理软件使用的是云技术。其次是物联网，扫描和智能数据捕获以及第三方支出分析工具等技术紧随其后，无人机、增强现实、机器人或机器人流程自动化的应用较少。超过 60% 的供应链行业人士认为云技术是数字化供应链转型的关键。云技术为满足企业对资源的需求提供了一种灵活的方式，使供应链的各个参与者能够轻松地整合和共享数据，从而消除信息孤岛，提高供应链的透明度和协同效应。例如，物流公司可以使用基于云的实时追踪系统，以监控货物从发出点到目的地的整个移动过程。这不仅可以提高透明度，还能及时应对可能的延误或问题。

与传统的信息技术基础设施相比，云技术允许企业根据需求轻松扩展或缩小其资源。采用云技术可以避免前期的大额资本投资，企业只需根据实际使用情况付费。由于系统维护和更新由云服务提供商负责，企业可以节省这部分费用。此外，许多云平台提供了开放的 API 和开发者工具，使企业能够快速开发和集成新的供应链解

---

① 参见 https://www.statista.com/statistics/471264/iot-number-of-connected-devices-worldwide/。

决方案，从而加快数字化转型的步伐。Flexera 报告指出，2020 年有 63% 的企业在供应链中采用了云基础设施服务。集中式的数据管理方式有助于提高供应链透明度和合作效率。[①]

三、智能技术在供应链中的应用

（一）基于区块链的供应链智能合约

基于区块链的供应链智能合约作为区块链技术的核心应用，旨在使交易双方实现高度透明、安全且高效的合约执行。这种技术的引入正在引领金融流的深度变革，从过去复杂、中介众多、极易出现时间延迟的时代，迈向了自动化、快速和更少中介参与的时代，确保交易的即时性和透明性。其中，透明性尤为关键，因为在基于区块链的智能合约中，每一笔交易都是公开且不可更改的，所有参与方对交易都绝对信任。与此同时，传统的金融流由于步骤烦琐，多个参与中介以及手工操作时常出现延误和失误，而智能合约通过自动执行合约的预设条件，将这些问题降到了最少。不仅如此，这种技术创新也给金融市场带来了更多的新产品和服务机遇，不过在实施过程中还需要面对诸如合规性、隐私权和技术难题等挑战。智能合约在各个领域都有巨大的应用潜力，典型的应用场景包括：

- 支付与结算：当货物成功交付并且满足所有规定条件时，智能合约可以自动支付。
- 质量保证：如果供应链中的某个产品需要满足特定的质量标

[①] 参见 https://info.flexera.com/CM-REPORT-State-of-the-Cloud。

准，智能合约可以确保只有满足这些标准的产品才会被接受和支付。
- 库存管理：当库存达到某个特定水平时，智能合约可以自动触发采购订单。
- 供应链融资：智能合约可以用于自动验证货物的交付和支付，为供应链融资提供信任和透明度。
- 追踪与验证：通过与物联网设备集成，智能合约可以确保产品在供应链中的每个阶段都被正确地追踪和验证。

基于区块链的供应链智能合约在各种行业中都得到了应用，以下给出了一些典型的企业案例。

沃尔玛和IBM的食品安全与追溯项目：利用区块链技术追踪食品来源，例如，通过扫描产品上的条形码，消费者可以追踪猪肉从农场到零售商的整个过程。当出现食品安全问题时，智能合约可以自动锁定或召回相关批次的产品。

Everledger贵重金属与宝石的追踪：这是一个全球范围的数字注册与跟踪系统，用于追踪和保护有价值的物品，如钻石。通过智能合约，它确保每颗钻石的来源和真实性，并记录整个供应链的交易。

Modum医药品追溯：利用区块链和物联网传感器追踪医药产品的温度，一旦药品暴露于不适当的温度环境下，智能合约就会自动触发警报。

CargoX自动支付与货物交付：为货物发票提供了一个基于区块链的解决方案。当货物成功交付并且满足合约条款时，智能合约会自动支付。

IBM供应商验证与管理：通过存储在区块链中的数据对供应商

进行预先验证，确保供应商状态和业务信息可供审计但不可更改。今后，这些经过验证而且不可更改的供应商档案数据可用于简化供应商评估流程，新供应商注册加入的时间有望从几周缩短到几天。[①]

Maersk 和 IBM 合作的跨境物流与海关：为全球贸易创建了一个基于区块链的数字化平台，它用智能合约简化了货物的清关过程。

Komgo 的供应链融资：为大宗商品贸易提供区块链解决方案，通过使用智能合约自动验证交易、货物交付和支付，为供应链融资提供了透明度和信任。

（二）机器学习和人工智能驱动供应链决策优化

机器学习（Machine Learning）就像计算机的一种技能，能够从大量的信息中学习，然后帮我们做出预测。在供应链管理中，机器学习可以帮助企业分析历史数据，预测未来需求，从而优化库存管理、提高运营效率。例如，通过机器学习分析过去的销售数据，企业可以更准确地预测未来的销售趋势，从而进行更加精确的采购和生产计划。机器学习还有一个分支叫深度学习（Deep Learning），它的灵感来自人脑的神经网络。通过复杂的神经网络结构，深度学习可以处理极为复杂的数据集。在供应链领域，深度学习可用于图像识别、自然语言处理等场景，例如，在仓储管理中，通过深度学习技术的图像识别能力，可以实时监测货物的状态，确保安全存储。

---

① 参见 https://www.ibm.com/downloads/cas/6YDBOX3D。

AI不仅可以模拟人类的思维，还能执行复杂的任务。在供应链管理中，AI可以自动处理订单、监控货物运输过程中的异常情况，甚至可以预测设备故障并提前进行维护。此外，AI还能分析大量数据，为供应链管理者提供关键洞察，帮助他们做出更明智的决策。AI在供应链决策优化中的应用已经变得日益普遍。例如，亚马逊使用AI和机器学习算法来预测某一商品在特定时间和地点的需求量。这可以帮它确定该商品的库存量，从而防止库存过剩或短缺。沃尔玛利用AI分析购买历史、天气预报、社交媒体趋势等数据，以实时优化库存并进行产品定位。宝洁公司使用先进的分析工具和AI，对全球供应链网络进行持续优化，确保运营效率和对市场变化的快速响应。GE使用AI驱动的摄像头和传感器在风力涡轮生产线上进行质量检查，以自动识别和纠正生产中的缺陷。IBM的供应链智能平台可以预测天气、政治事件、交通状况等风险，帮助企业提前准备并采取相应措施。福特汽车公司使用AI工具来评估和选择供应商，确保它们的合规性、可靠性和性价比。

下面以沃尔玛为例来讲解机器学习和AI如何帮助企业更好地做出决策。沃尔玛与机器学习的结合实现了供应链的自动化和智能化。这种结合不仅提高了沃尔玛供应链各环节的效率和精度，也大大减少了人力和时间成本，最终使公司更快、更灵活地应对市场变化，提供更优质的客户服务。首先，在产品需求预测方面，准确地知道哪些产品将会受到欢迎是至关重要的。传统的预测模型往往依赖历史数据和简单的统计学方法，但这样做往往无法准确地捕捉到季节性变化、节假日或促销活动等因素的影响。通过使用机器学习算法，沃尔玛可以将更多变量纳入模型，如天气数据、社交媒体趋势等，从而更准确地预测产品需求。其次，库存管理是供应链中的另一个关键环节。过多的库存意味着资金占用和仓储成本的增加，而库存不足则可能导致销售机会丧失。沃尔玛利用机器学习算法进行动态库存调整。算法会实时分析每个商品的销售速度、仓库存储情况和运输时间，从而自动决定是否需要补货或者转移库存，确保各个门店和在线平台都能够拥有足够而不过剩的库存。再次，物流和运输也是供应链优化中不可或缺的一环。传统的物流优化通常需要人工设定一系列规则和参数，这既耗时又容易出错。机器学习模型能够自动分析各种路线、时间和成本因素，为司机和仓库人员提供最优的运输和分拣方案。这样不仅能减少运输成本，还能加速货物流转，提高客户满意度。最后，沃尔玛运用机器学习技术进行供应商评估和选择，通过持续收集和分析供应商的性能数据，包括但不限于交货准时率、产品质量和合作态度，机器学习模型可以自动识别表现优秀的供应商，以便更紧密地与其合作，或者是自动调整采购策略。这个案例为其他零售企业应用先进技术进行供应链优化提供了生动有力的借鉴。

四、数字化供应链带来的新商业模式

尽管数字化供应链往往与技术紧密相连，但当数字技术深入供应链的每一个环节时，它不只是一种技术应用，更是一种供应链革新。这种深度的数字化整合正在颠覆和重新塑造传统的供应链，从而导致一系列前所未有的商业模式创新。有趣的是，这些新的商业模式所创造的价值，往往超越了技术和传统产品供应链的限制。为了更具体地说明这一点，以下剖析其中三种最具代表性的商业模式。

（一）制造服务化

数字化时代的兴起改变了供应链的运营方式，将信息技术与供应链管理相结合，不仅使信息共享变得更为便捷，而且提高了供应链的整体效率。这种进化不仅仅局限于物流和生产，它还在商业模式上产生了深远的影响，推动制造业的转型。当数字技术融入供应链的各个环节时，信息共享变得更广泛，以前基于产品销售的单一模式逐渐演变成提供连续服务的模式。因此，越来越多的制造商开始将服务融入产品业务，这种商业模式革新被称为"制造服务化"（Servitization），是制造适应数字化时代的重要变化。

制造服务化是一种策略，制造商不再仅仅提供产品，而是将服务与产品相结合，为客户提供综合解决方案。表 11-1 列出了制造服务化模式下两种服务属性的定义和典型的服务类别。这种模式从简单的与产品捆绑的低级服务（如安装和维修服务，也被称为产品互补型服务）演变为更高级的、与产品绩效或使用相关的服务，如软件即服务（SaaS）、移动即服务（MaaS）等，这类服务被称为替代型服务。图 11-1 展示了制造商从只售卖产品，到售卖产品捆绑服务（产品互补型服务），再到完全出售基于产品结果的服务（产品替代型服务）的转变过程。图 11-2 显示了美国制造商的服务收入逐渐增加。

表11-1 制造服务化模式下两种服务属性

典型企业	描述	服务类别
产品互补型服务	与产品捆绑，通常在产品销售时提供	维修、安装、培训等
产品替代型服务	与产品使用或绩效相关，按使用量单独出售	按结果收费的服务，如 SaaS、MaaS 等

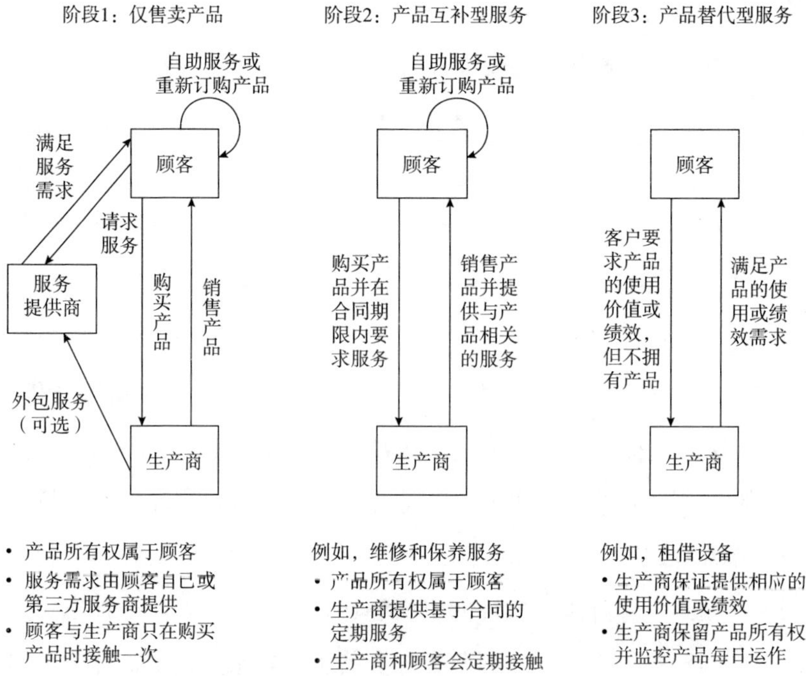

图 11-1　制造商从只售卖产品，到售卖产品捆绑服务（产品互补型服务），再到完全出售基于产品结果的服务（产品替代型服务）

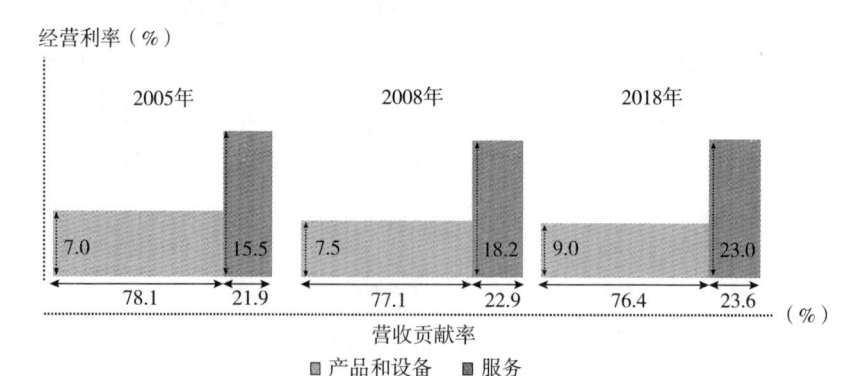

图 11-2　美国制造商产品与服务业务利润占比

资料来源：德勤。

正如前文提到的，当我们将供应链视为一个网络时，某些企业选择为下游客户提供数字化服务，从而在供应链中产生更多的价值。这就产生了一个跨供应链层级、自下而上的反馈供应链，制造服务化正是这种模式的典型代表。此外，制造服务化带来的好处是多方面的。首先，它为制造商提供了一个与众不同的商业模式，帮助其从传统的竞争中脱颖而出。其次，通过提供服务，制造商可以获得更稳定的收入流，从而减少对市场波动的敏感度。最后，制造服务化可以帮助制造商提高在价值链中的地位，从而获取更高的利润。更重要的是，研究发现，制造服务化对供应链管理产生了积极的影响。例如，通过将服务整合到产品中，制造商可以更好地预测需求，从而减少供应链中的牛鞭效应。我们认为，这种整合可以提高供应链的整体效率，为所有参与者创造更大的价值。总的来说，制造服务化是数字化时代供应链管理的一个重要方向，它不仅有助于制造商提供更好的产品和服务，还可以改善整个供应链的运营效率（见表11-2）。

表11-2 典型企业的制造服务化实践

典型企业	制造服务化模式	服务类别
施乐	施乐不仅销售打印机和复印机，还提供全面的文印管理服务（MPS），帮助企业优化打印文档相关的流程。MPS涵盖设备供应、耗材管理、维修支持和打印活动分析等方面。Xerox通过数字化供应链平台进行设备和耗材的库存管理、自动订购和配送，还提供按打印页数收费的项目，客户不用购买打印机，而是基于打印量付费。	互补型服务和替代型服务
劳斯莱斯	虽然劳斯莱斯最知名的是豪华汽车，但航空发动机部门可能是制造服务化的典型例子。劳斯莱斯不仅销售航空发动机，还提供按时计费服务（Power-by-the-Hour），航空公司只为实际飞行时间付费。这种模型要求劳斯莱斯负责发动机的维护和修理，从而确保始终保持最佳状态。	替代型服务

续表

典型企业	制造服务化模式	服务类别
通用电气（GE）	通用电气公司通过Predix平台为工业设备提供一系列数据分析服务，帮助企业优化设备性能、降低维护成本并预测设备故障	互补型服务
卡特彼勒（CAT）	卡特彼勒提供了一系列设备管理服务，包括远程监控、预测性维护和设备使用数据分析，帮助客户最大限度地利用其设备	互补型服务
Flexe & Stord	为企业提供按需仓储服务，使企业不再需要长期租用或购买仓库	替代型服务
英伟达	英伟达平台正在为AI、高性能计算和图形领域的下一代功能提供服务支持，不出售显卡，取而代之的是云平台上使用的英伟达GPU加速解决方案，世界各地的创新者都可以按需轻松获取海量计算能力	替代型服务

我们继续以英伟达的例子来洞悉制造服务化模式的价值。2020年后，英伟达的营收和股价均暴涨，尤其是在ChatGPT等大语言模型应用工具普及的2023年，由于对用于训练最新AI模型的芯片的需求飙升，英伟达在2023年第二季度的收入增长了一倍以上，甚至超过了华尔街流传的更高估计（见图11-3、表11-3）。[①]

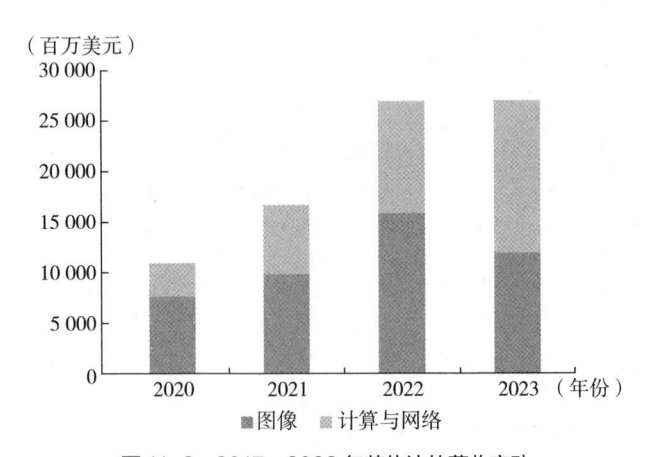

图11-3 2017—2023年英伟达的营收变动

资料来源：Statista。

① 参见https://d2b0shd2ijglgd.cloudfront.net/interactive/119890。

表 11-3　2022 年 8 月 31 日至 2023 年 8 月 31 日芯片股市表现对比

公司名称	股价（美元）	市值（亿美元）	最近 12 个月收入（亿美元）	最近 12 个月经调整净利润（亿美元）	纯利率（%）	市盈率（%）	股价表现（%）
英伟达	493.51	12 189.67	326.81	130.83	40.03	93.17	227.25
超微公司	105.72	1 708.09	218.76	41.26	18.86	41.40	124.57
英特尔	35.14	1 471.66	540.44	10.12	1.87	145.42	13.80
高通	114.53	1 278.15	385.85	107.57	27.88	11.88	−11.09
博通	922.89	3 809.09	354.54	181.12	51.09	21.03	90.38

注：所有公司的股价、市值和近年的股价表现，均以 2023 年 8 月 31 日收盘价为准。英伟达和博通最近 12 个月的收入及净利润按截至 2023 年 7 月末的 12 个月财务数据计算。美国超微公司、英特尔和高通按截至 2023 年 6 月末的 12 个月财务数据计算。
资料来源：各公司财务报表。

英伟达从一个主要服务于个人计算机游戏市场的显卡生产商，成功地转变成一个提供从硬件到软件，再到云服务的全方位解决方案的科技巨头，英伟达目前的收益主要来源于图像处理和计算平台。这一转变不仅提高了产品和服务的附加值，也让它能够更好地适应不断变化的市场需求和技术趋势。为何销售计算服务对英伟达更加有利？显卡生产的速度已经赶不上换代速度。英伟达已经形成最为领先的计算能力：英伟达 GPU 助推 AI 推理性能每年提升一倍以上，超摩尔定律的更新速度已经被重新命名为"黄氏定律"（Huang's Law）。同时，在数字化背景下，3D 渲染、视频编码和游戏、AI 等多个领域对图形计算存在巨大需求，而新冠疫情、关税变动、贸易不确定性和原材料供应短缺等多重因素使得英伟达显卡供不应求，价格水涨船高。这一状况进一步催生一个旺盛的二级市场，比如易贝上的英伟达显卡价格因为供应不足而出现大幅度的上涨。然而，作为 GPU 核心技术的提供商，英伟达并不能从二级市场的高溢价中受益。因此，将计算能力按用量出售或订阅给用户（GPU即服务，GPUaaS）不仅缓解了生产压力，也确保了核心技术产生的技术溢价能够完全由公司自己把握。用户只需要按小时支付GPU时间费用，或者在订阅时间段内（通常按月或按年）对GPU远程访问和付费。2022年，全球GPU即服务市场价值为23亿美元。据预测，这个市场还将大幅提升。与超微公司、英特尔、高通、博通等业务相近的公司相比，以GPU为主营业务的英伟达市场的表现明显超过传统芯片企业。

（二）数据驱动的快速直销

图11-4是德勤归纳的数据驱动的快速直销模式。这个图为我们引入一个新概念——数据驱动快速直销模式。数据驱动快速直销模式是指企业运用大数据、人工智能及其他创新技术，迅速识别用户行为、消费模式和市场动向，从而迅速生产市场高需求度产品，确保在短时间内实现有效的销售。

中国跨境服装企业SHEIN作为这一模式的典型代表，估值接近1 000亿美元，超过H&M和ZARA市值之和。SHEIN在欧美国家已经跻身快消品牌前三，图11-5显示了全球前五大快消品牌的搜索热度份额。SHEIN是数据驱动的快速直销策略的成功且典型的应用代表。SHEIN不同于ZARA和H&M这样的传统快时尚品牌。这些品牌通常有一个高度集成的供应链，可以在几周内将新设计的服装制造出来并送到店里。而SHEIN没有自己的全球实体店，完全通过深入分析用户行为、搜索动态以及社交媒体的反馈，迅速洞察最新的时尚潮流，并根据这些数据进行产品设计。该企业的特征是小

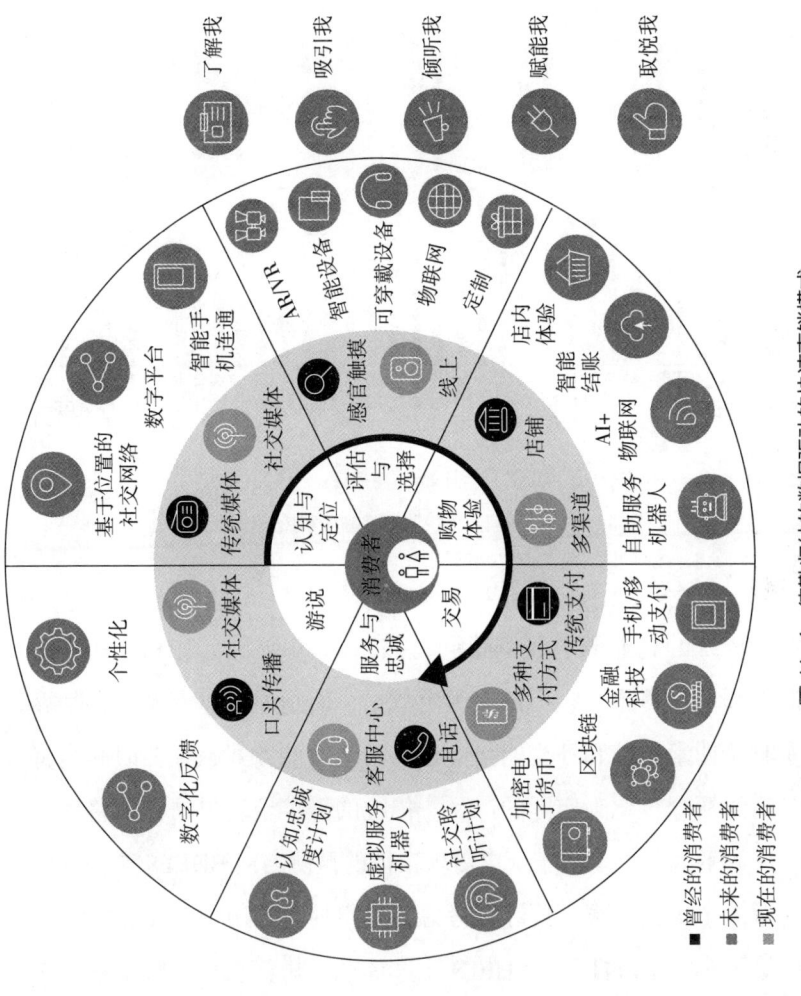

图 11-4 德勤归纳的数据驱动的快速直销模式

资料来源：德勤。

第十一章 数字化智能供应链：从数字中产生商业价值 361

批量生产模式，特定款式只有50～100件服装，小批量向消费者销售经过算法筛选的商品，常常导致产品短缺，较好地发挥了饥饿营销的作用。

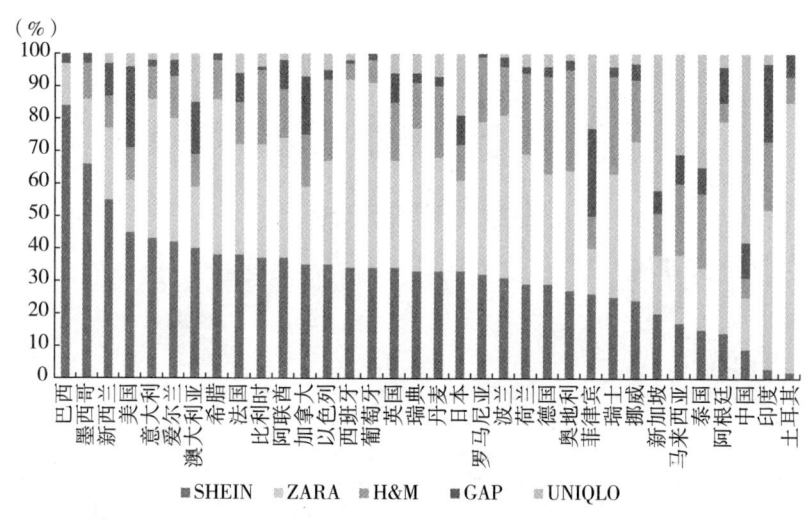

图11-5　全球前五大快消品牌的搜索热度份额

资料来源：谷歌搜索趋势，截至2023年9月12日。

与传统的企业需求预测不同，如图11-6所示，SHEIN的需求预测是和市场赛跑。它不依赖历史数据，而是通过机器学习贪婪算法实时从搜索引擎和社交网络中选择最流行的款式，在短时间内将最时尚的概念转化为实际的产品。传统的需求预测方法，如移动平均、指数平滑等，是基于历史需求数据的预测，而SHEIN这种预测不仅考虑了历史需求，还综合考虑了用户的购买历史、浏览模式和喜好等更多因素。此外，SHEIN生产周期极短，它拥有数千家合作伙伴，用于快速满足不同的需求。它建立的单级库存能够通过在线平台直接销售给消费者，既绕开了传统零售的中间商环节，降低了成本，还能与消费者建立更为紧密的联系。

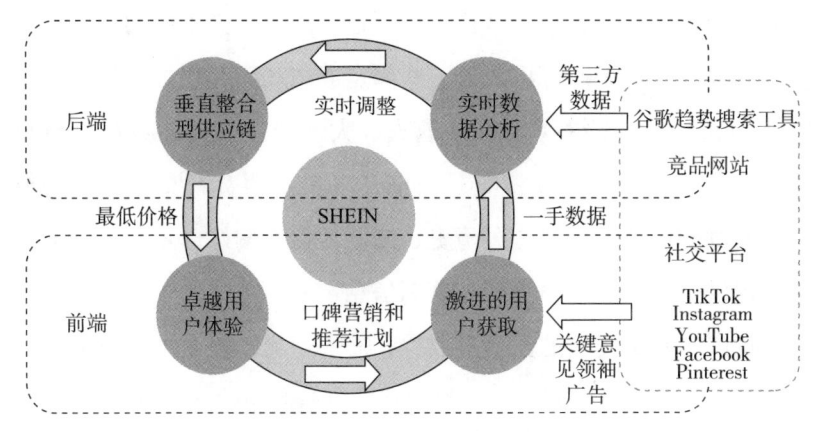

图 11-6　SHEIN 的需求预测流程

资料来源：马修·布伦南报告。

　　与此类似的品牌还包括 ASOS 和 Fashion Nova。ASOS 通过算法和客户数据为用户提供更为个性化的购物体验，提高转化率，确保客户的满意度。Fashion Nova 在社交媒体上享有极高的声誉，尤其是在 Instagram 上，它能够迅速地生产并推出与名人和网络红人风格相匹配的产品，满足年轻且注重时尚的消费者群体的需求。

　　利用数据和快速响应的好处仅仅存在于时尚领域吗？答案显然是否定的。不仅在时尚领域，现在很多行业也开始明白利用数据和快速响应的好处。随着可穿戴技术和健康监测应用的兴起，消费者能够更为深入地了解自己的健康状况和营养需求。像 23andMe 和 Nutrigenomix 这样的公司，为消费者提供了基于基因检测的个性化营养和健康建议。而在农业领域，精准农业利用卫星图像、传感技术以及大数据，为农民提供关于土壤质地、水资源以及作物健康的精确信息，帮助农民更有效地利用资源，增加产量并降低成本。

　　一方面，数据驱动快速直销模式简化了供应链，允许制造商直接与消费者互动，绕过了传统的零售中介。这不仅降低了成本，还为制造商提供了更直接的客户反馈渠道。由于减少了中间环节和更高的库存效率，企业可以降低一些固定成本和库存损失，从而提高整体的利润率。另一方面，该模式极大地依赖强大的数据分析技能、高效的生产和供应链管理技能，以及与消费者直接互动的能力。通过分析消费者的购买历史、浏览行为和偏好，企业可以为消费者提供个性化的产品推荐和营销信息，从而提高购买转化率和客户满意度。基于真实的消费者数据和需求预测，企业可以更准确地管理库存，减少过度库存的风险，确保热销商品始终有货。

（三）平台经济

平台经济指的是基于技术平台建立的商业模式，其中两个或更多的用户群体可以直接互动、交换价值。平台经济的关键在于利用技术把人们联系在一起，不同的参与方提供连接，一起创造价值和进行交流。图11-7是德勤归纳的基于社交平台的商业模式原型。[1]这种模式常常通过网络效应产生更高的价值，平台上的每一个新用户都可能为其他用户增加价值。

表11-4列出了典型企业的平台经济实践。平台经济的直接连接方式减少了中间环节，从而提高了交易效率。平台经济提供了灵活的工作机会，用户可以根据自己的时间和能力进行选择。随着平台上用户数量的增加，每个用户对其他用户的价值也在增加，从而产生更强烈的网络效应。通过收集和分析大量的用户数据，平台可以为用户提供更为个性化的服务和产品。目前，中美在平台经济上

---

[1] 参见 https://www2.deloitte.com/us/en/pages/consulting/articles/social-commerce-and-the-creator-economy.html。

遥遥领先。如表 11-5 所示，全球大型平台经济企业大部分集中在美国和中国。①

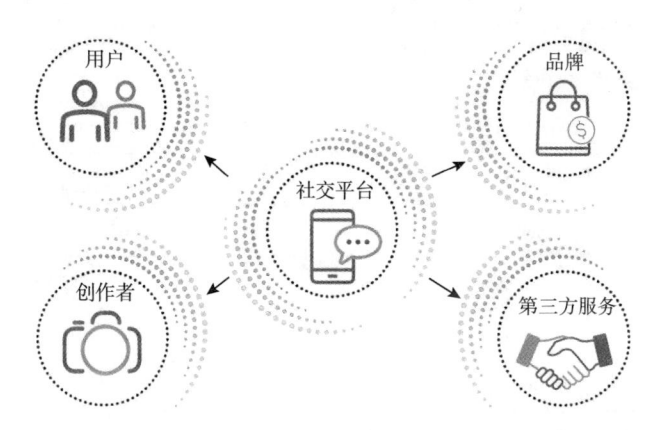

图 11-7　德勤归纳的基于社交平台的商业模式原型

资料来源：德勤。

表 11-4　典型企业的平台经济实践

典型企业	平台运行模式
阿里巴巴	大型在线商务公司，连接买家和卖家，提供在线交易市场，拥有 B2B、B2C 和 C2C 的交易平台。旗下 Alibaba.com 为全球中小企业提供国际贸易平台，允许供应商展示其产品并与全球买家建立联系。C2C 平台淘宝和 B2C 平台天猫为消费者提供各种产品。蚂蚁金服提供金融产品和服务，如支付宝、余额宝、蚂蚁贷款等。阿里云为企业提供云存储、数据处理和大数据解决方案
Fictiv	数字化制造平台，专门为硬件开发团队提供快速原型制作和生产服务。通过其平台，Fictiv 将客户与全球的高质量制造商连接起来。从 3D 打印到注塑成型，Fictiv 为客户提供一系列制造服务。客户可以即时获得制造报价和生产进度更新
3D Hubs	3D 打印和制造服务平台，连接设计师与本地制造商。客户可以上传自己设计的作品，并选择所需的制造技术和材料。3D Hubs 拥有一个广泛的制造网络，包括专业和业余制造商。系统会自动为客户提供报价，并提供生产进度更新
Rakuten	日本的大型电子商务和在线零售服务平台，为卖家提供在线市场，可以在平台上展示和销售商品。Rakuten 银行和 Rakuten 证券为客户提供各种金融服务。Rakuten 还运营媒体，如 Viber 和 Kobo 电子书，并提供广告服务

---

① 参见 https://www.linkedin.com/pulse/world-becoming-platform-economy-erich-joachimsthaler-ph-d-/。

表 11-5　2024 年全球大型平台经济企业市值

公司名称	总市值（亿美元）
苹果	27 563
微软	24 650
Alphabet	15 881
亚马逊	14 572
Meta	6 705
Salesforce	2 157
网飞	1 926
Intuit	1 520
Booking	1 133
优步	979
爱彼迎	955
MercadoLibre	694
贝宝	690
推特	411
易贝	236
Splunk	206
Pinterest	195
Snap	156
腾讯	3 928
阿里巴巴	2 245
字节跳动	2 100
拼多多	1 308
平安	1 170

续表

公司名称	总市值（亿美元）
美团	981
蚂蚁	777
SHEIN	660
网易	652
京东	499
百度	488
东海	224
贝壳	202
菜鸟	200
Naver	173
滴滴	166
SAP	1 582
Spotify	301
Adyen	251
Prosus	638
Naspers	335

资料来源：霍尔格·施密特报告。

五、数字化供应链新格局

如今的全球数字化供应链领域出现了有趣而显著的趋势。中国和美国两大数字经济强国，在数字化供应链领域呈现一种竞争的局面。这个新兴的数字化供应链格局对全球商业和物流产生了深远的影响。

数字化供应链正在重新塑造市场和经济的格局。根据世界银行的数据，到 2021 年，移动技术及其服务为全球经济增添了约 4.5 万亿美元的价值，占全球 GDP 的 5%。在疫情的推动下，数字转型的步伐加速，各年龄层次的消费者都转向在线渠道，购买从食品、汽车到医疗服务等各种商品和服务。这种转变使一些公司深感传统的商业模式、平台和策略在瞬息万变的今天可能变得更加脆弱。如今，众多市值领先的公司均为科技巨头，主要收入来源于它们构建的数字生态。根据麦肯锡公司的定义，传统的数字化转型指的是企业利用数字化和数据分析深入了解客户和市场，从而提供更为个性化的产品和服务。而现在的数字化生态更进一步，它不仅充分利用先进的数字技术，而且运用战略地图来识别和控制关键点，对具体功能进行精确锁定，以设计适应多种参与者和客户的组织结构，从而帮助企业在行业中迅速崭露头角，并建立自己的生态系统。[①]数字生态主要从两个维度创造价值。首先，生态系统能够整合各种客户资源；其次，在垂直维度上，生态系统的构建者对其他参与者充满激励，并与这些参与者进行广泛的合作，无论是在生态系统的内部还是外部。这样的策略有助于催生分散的创新力量、创造价值链上的新效率、优化客户体验，并为广大参与者提供新的价值创造机会。

图 11-8 列出了 2020 年全球市值规模最大的 7 家上市公司，其中 6 家为数字生态企业，可以看到大部分企业分布在美国。随着差距不断拉大，中美两国的数字空间也呈现截然不同的特点。尽管双方在数字领域存在明显的差异，但两国之间的数字思维和技术仍然在某种程度上交织并共存。

---

① 参见 https://www.mckinsey.com/capabilities/mckinsey-digital/our-insights/ecosystem-2-point-0-climbing-to-the-next-level。

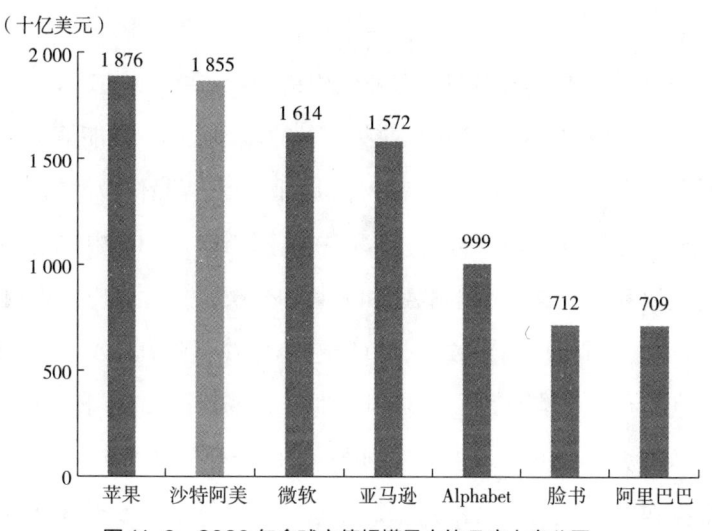

图 11-8　2020 年全球市值规模最大的 7 家上市公司

资料来源：麦肯锡公司。

（一）美国依靠技术壁垒建立的数字霸权

美国的数字霸权建立在高端制造业的优势上。下面通过三个方面来了解这个"掌控者"。

首先是传统制造企业优先开发数字化供应链软件，占据行业内的技术"先发优势"。美国传统制造业供应链迅速整合物联网、人工智能、大数据分析、区块链、大语言模型等技术，快速应用到传统制造业场景中，形成技术先发优势。美国传统制造业广泛应用物联网技术，将传感器和设备连接到互联网，物联网可以实现供应链中物品和设备的实时监测和追踪。物联网技术可以提供关键的运输和库存数据，帮助供应链管理者实现实时可见性、预测需求和优化物流运输。例如，波音公司利用物联网技术监测飞机的运输和装配过程。通过在飞机零部件上安装传感器，可以实时追踪货物位置、温度和湿度等信息，并确保飞机零部件按时送达目的地，提高供应链的可见性和效率。通用电气公司在制造业供应链中应用物联网技术，实现设备的远程监控和维护。它可以收集设备的运行数据和性能信息，进行实时监测和预测性维护，以减少停机时间，并提高供应链的可靠性。

人工智能和大数据分析技术也在美国制造业企业中被用来评估供应链风险。3M 公司利用 AI 和大数据分析来优化供应链规划和预测。通过分析历史销售数据、市场趋势和供应链信息，可以准确预测需求、优化库存管理，并提供准时交付的承诺。赛门铁克公司使用大数据分析监测全球供应链网络中的风险和异常情况。它利用实时数据监测供应链的关键指标，并通过分析供应链数据进行风险评估和预测，以便及时采取措施，保持供应链的稳定性。

此外，大量公司运用区块链技术为数字化供应链提供安全、透明和可追溯的交易记录以及合同执行。福特汽车公司利用区块链技术追踪汽车零部件的供应链。它建立了一个基于区块链的供应链平台，用于跟踪和验证零部件的来源、质量和运输情况。这提高了供应链的可追溯性和透明度，有助于防止仿冒和欺诈行为。洛克希德·马丁公司利用区块链技术加强供应链的安全性。它通过建立区块链平台，确保供应链中的数据和交易记录无法篡改，从而实现供应链参与者之间的可信交易。

其次，ChatGPT 等大语言模型的迅速发展与技术间的快速整合落地，促进了数字化供应链生态的快速建立。人类的自然语言是最通用的促进知识交流的方式。大语言模型的迅速成长给美国的数字化供应链提供了新的技术爆发增长点。韦斯瓦尼提出的 Transformer 模型，是现在流行的许多大语言模型（如 BERT、GPT 等）的基础。ChatGPT 等大语言模型及其集成化工具通过作为接口的自然语言和底层训练语言，让人类几乎所有的跨语言、跨文化知识和逻辑被整合。从 OpenAI 的 GPT-2 模型在业内得到关注到 2022 年底 GPT-3 上线，该模型已经在内容、文书、金融等领域展开应用。目前，GPT 模型在供应链领域的巨大应用潜力已经被诸多媒体报道，比如收集用户持续的产品反馈、促进企业团队合作提升生产率、协助产品的设计和开发、进行数据的分析和产品推荐、优化生产规划与物流调度等。[①] 图 11-9 列举了 InData Labs 预测的 ChatGPT 在供应链领域的应用场景。

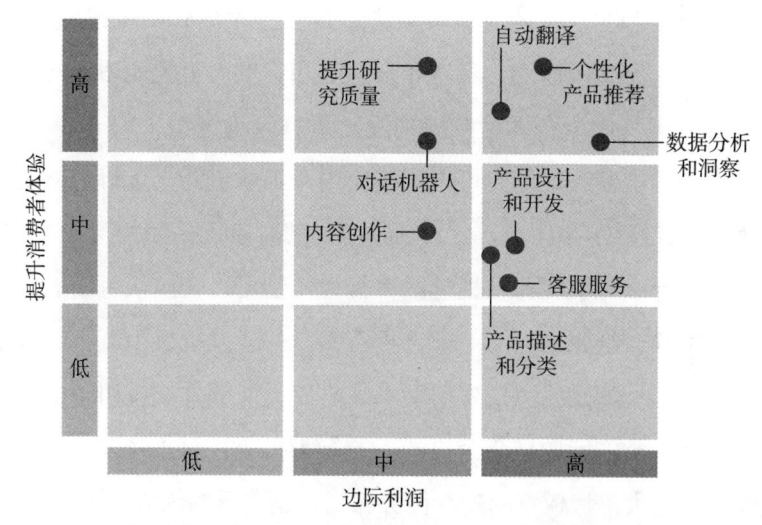

图 11-9 ChatGPT 在供应链领域的应用场景预测

资料来源：InData Labs。

ChatGPT 不仅使 OpenAI 占据先发优势，形成了基本的用户护城河，还使美国形成了基于 ChatGPT 的生态。可以预测基于 GPT-4 大语言模型的垂直应用会越来越多并逐渐普及。同时利用高质量人

[①] 参见 https://www.forbes.com/sites/stevebanker/2023/06/01/the-power-and-peril-of-chatgpt-for-supply-chain-management/。

类语料训练的 GPT 模型已经展现出较强的逻辑推理能力，在部分任务上甚至超越了人类的表现。值得一提的是，GPT 和 Claude 等商用大语言模型虽然并未开源，但是提供了接口供个体和企业付费使用；而像 Llama、Mistral 以及 GLM 系列的大语言模型则凭借开源的优势，孕育了蓬勃的开源社区。个人开发者和企业可以低成本地使用或微调这些模型，以满足各种细分任务的需求。

此外，大语言模型最新的应用已经拓展到工业领域。大语言模型不仅仅是一个聊天机器人，还具备直接分析人类提出的问题，进行逻辑思考和生成解决方案等能力，是一种生成式人工智能模型。基于大语言模型的性能，麻省理工学院和谷歌人工智能团队的最新研究致力于将大语言模型扩展到视觉语言行为模型（VLA），使大语言模型的推断决策能力可以直接应用于工业机器人进行智能决策与执行。如图 11-10 所示，人类通过语言提出问题"我需要钉钉子，我可以用什么工具呢？"视觉语言行为模型可以直接从可用的工具集（如电线、纸张、石头）中选择石头，并通过机械手臂将其拿取过来。可预见的是，大语言模型未来将以类似的方式应用于工业机器人，将人类的问题转化为机器人的行为指令，而这将进一步强化美国企业在大语言模型的先发优势和高端制造业的优势。

最后，美国搜索引擎的全球普及进一步强化了美国的数字霸权。研究发现，在 61 个国家和地区，谷歌公司提供了一半以上的首页搜索结果。[1] 也就是说，美国通过浏览器的使用和基于浏览器的内容，在全球产生了一种隐形的数字霸权。这意味着少数国家的生产者可以定义其他国家阅读的内容。数字技术处于发展的前沿，为各国加

---

[1] 参见 https://www.geographyrealm.com/local-google-search-results-depends-country-search/ Ballatore, A., Graham, M., & Sen, S. (2017)。

速经济增长并将公民与服务和就业联系起来提供了独特的机会。

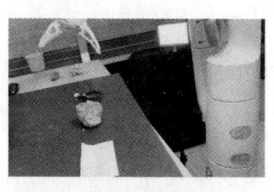

指令：
"我需要钉钉子，我可以用什么工具呢？"

基于大语言模型的回答和指令实施：
"石头。"〔机器手臂开始移动，拿起石头〕

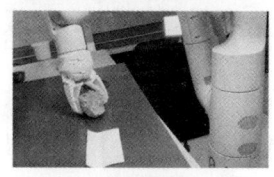

图 11-10　ChatGPT 在供应链上应用的场景预测

资料来源：InData Labs。

（二）中国依靠大型电子商务平台的市场整合形成的数字化供应链生态

麦肯锡曾经将中国的数字化供应链称为世界上发展最快的数字生态系统。[①]中国在较短的时间内，从技术落后国家转变为世界上最大的数字经济体之一。2020 年，中国拥有 11 个被麦肯锡和世界经济论坛认定为工业 4.0 先进制造工艺典范的"灯塔"制造基地，居世界首位。中国有接近 10 亿互联网用户，2020 年电子商务销售额增至 1.7 万亿美元，相当于中国零售总额的 30%，这些用户驱动了企业快速挖

[①] 参见 https://www.mckinsey.com/featured-insights/china/the-future-of-digital-innovation-in-china-megatrends-shaping-one-of-the-worlds-fastest-evolving-digital-ecosystems。

掘客户需求，生成定制化的方案。中国数字化优势的推动因素如下。

其一，中国电子商务平台具有巨大的业务量，快速的数据生成和迅速的模型更新支撑了数字化供应链的高效运行。中国的大型电子商务平台（如淘宝、天猫、京东、拼多多等）在数字化供应链生态中起到了关键的整合作用。在传统供应链中，合作伙伴之间通常是线性的供应链关系。平台经济将供应商、制造商、零售商和消费者等参与者连接在一起进行交易与合作，形成了一个统一的数字化供应链网络。这种模式打破了传统供应链的中间环节和壁垒，实现了供需双方的直接对接，同时，平台经济带来了大量的数据和信息。传统供应链通常依赖有限的数据和经验进行决策，而现在可以利用平台和大数据分析技术，实时收集和分析供应链各个环节的数据，从而实现基于数据的智能决策。这使得供应链管理者能够更准确地预测需求、优化库存、改进物流、提高客户满意度。此外，平台经济提供了供应链的实时可见性和透明度。通过数字化平台，供应链各个参与方可以实时监控和追踪物流运输、库存情况以及订单状态等信息。这使供应链管理者能够更好地协调供应和需求，减少库存浪费和延误，提高交付速度和准确性。

阿里巴巴是中国最大的电子商务公司，旗下的菜鸟网络是全球领先的智能物流平台。菜鸟网络使用大数据和AI技术来优化物流路线，提高配送效率。此外，菜鸟网络还使用无人机和无人车进行配送，从而降低人工成本。有研究表明，基于数字化协同的菜鸟物流系统规划，有效减少了工作分配的不公平性，将工作效率提升了15.56%~17.86%。

其二，中国依靠大型电子商务和社交平台的市场整合而形成数字化优势。移动支付和社交平台极大地加快了供应链流程。例如，支付宝等移动支付简化了跨境贸易流程，降低了多种货币和国际银行手续的复杂性，加快了供应链业务效率。《经济学人》曾经统计，中国移动支付占全球市场的比重接近50%（见图11-11）。此外，TikTok等平台快速地吸引全球消费者，病毒式营销和消费者反馈可以迅速传播，使企业能够快速调整供应链战略。TikTok用户信息传播之快引发美国的担忧，拜登政府正在审查TikTok，有意禁止TikTok在美业务。

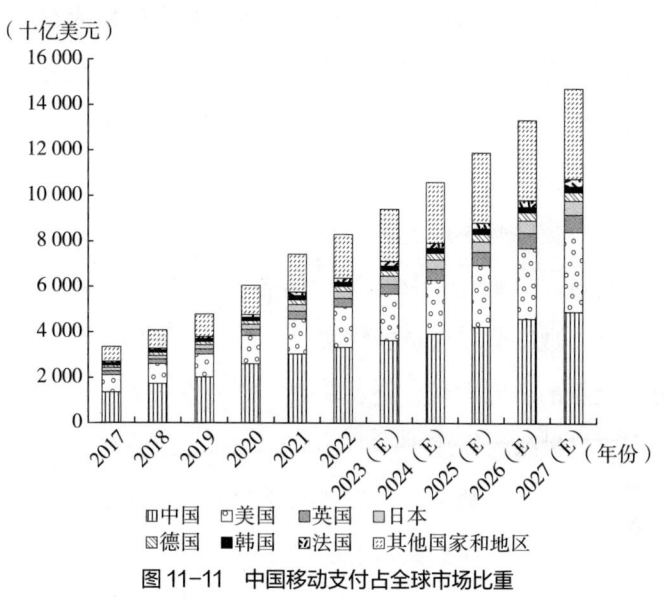

图 11-11　中国移动支付占全球市场比重

资料来源：Statista。

六、数字化供应链的优势和挑战

（一）数字化供应链的优势

数字化供应链重新定义了全球供应链的运作和价值交付方式，为企业提供了前所未有的效率和价值。首先，它能够提高供应链透明度。通过实时监控供应商绩效，组织可以更早地发现并对可能的供应链中断采取措施，从而确保更为稳定的业务运营。而在如今以客户为中心的商业环境中，数字化供应链使企业能够更加深入地了解客户的需求，从而提供更为精准的产品和服务，优化客户体验。

其次，数字化供应链还能够为企业节省成本以及推动企业加速创新。这些供应链提供了实时、全面的数据，有助于优化各种流程，如库存管理、需求预测和资源规划等，从而降低成本、提高效率。在这种信息共享和协作的环境下，公司更容易发现潜在的业务机会，从而缩短新产品的上市时间，并增强创新能力。①

最后，与自动化的作用类似，数字化供应链也带来了更高的适应性和韧性。数字化供应链是动态的，能够快速适应不断变化的环境（如市场混乱、政治动荡、流行病等）。在当今充满不确定性的商业环境中，数字化供应链能够实时应对各种变化，给企业带来竞争优势。最新的研究发现，企业在供应链中嵌入人工智能技术能够显著提高应对风险的韧性。

综合上述几点，数字化供应链的透明度、加速创新和高适应性都在显著提高供应链的效率。近期一篇发表在《科学》期刊上的研究指出，通过引入先进的人工智能技术，不仅可以显著提高劳动力的工作效率和输出质量，还能促进更为公平的工作分配，从而进一步优化供应链管理。

（二）数字化供应链面临的挑战

尽管数字化供应链转型是大势所趋，但它面临关键的挑战，即

---

① 参见 https://reciprocity.com/blog/benefits-of-a-digital-supply-chain/。

能力和环境。

第一，数字化技术发展较快的国家形成数字集权，使其他国家的企业无法拥有数字化供应链能力。前文提到，目前数字化供应链的赋能技术主要是云技术。美国政府通过限制包括中国在内的国家和地区的大语言模型和云计算服务来加速形成数字集权。2023年，根据《华尔街日报》的报道，拜登政府准备限制中国企业使用美国的云计算服务。大型云计算服务提供公司，如微软、亚马逊，都需要获得美国政府的批准，才能将人工智能技术和云服务的使用权销售给中国客户。[①]这将极大地打击中国企业数字化供应链的参与程度。除了政府的直接限制，ChatGPT等产品开创了新的应用平台，垂直领域的应用拔地而起，占据先发优势，形成了大语言模型的护城河。很多基于人工和经验的职位，以及基于大量数据训练的工具，都可以被集成化的大语言模型工具所取代。这增加了其他数字经济体进入的难度。数字化技术发展较快的国家，将通过向欠发达国家传播技术和准则来建立国家安全壁垒，同时，对数字资产的审查和控制，将影响企业数字化供应链的布局。基于此，数字化技术欠发达国家的企业，只能通过加速商业模式创新，增加高附加值业务量来弥补技术短板，从而实现短期内经济效益的提升。据世界银行统计，2022年，尽管生活在移动宽带覆盖的地区，仍有大约30亿的世界人口没有使用移动互联网。[②]

第二，如何将业务和供应链战略紧密结合，建立适合数字化供应链的组织架构。这意味着在建立组织和信息技术环境时，还需要技术技能，包括高级分析、跨职能协作和数据驱动决策等业务技能，适

---

① 参见 https://cn.wsj.com/articles/ 美国拟限制中国企业使用美国云计算服务 -578ca9b6。
② 参见 https://www.worldbank.org/en/topic/digitaldevelopment/overview。

应性和风险承担等行为或特征,以及创建具有初创文化的创新环境。根据普华永道的调查,只有17%的高管表示,公司在供应链技术方面的投资完全达到了预期效果。根据Garner的调查,超过一半的被调查企业没有明确的数字化供应链转型路线图。普华永道对300多名高管和领导者进行了调查,尽管他们认为将技术应用于供应链的潜力巨大,但很少有人表示他们的公司正在使用或计划使用这些技术,从而在未来24个月内实现自动化并增强供应链不同领域的执行力。

数字化供应链战略难以推进的原因之一在于,员工数字化技能和数字化供应链工作逻辑的缺失。普华永道调查的公司中,超过2/3预计供应链员工需要更多地与数字化系统合作,供应链数字化需要提高员工的技能。[①] 员工缺乏数字技能(80%)以及数据和数字工具的可用性(73%)是受访者最常提到的挑战。另外,数字化供应链意味着原有的部分工种将直接被取代,企业高管表示2023年相较于2022年的员工再培训数量有所增加,而招聘计划却有所下降。员工和组织架构难以适配,这已经是发展数字化供应链的一大瓶颈。

本章小结

- 数字化供应链的发展源于提升供应链效率和安全性的动机。
- 大量的数据积累和云技术的普及是数字化供应链形成的主要推手。
- 数字化供应链的典型应用包括基于区块链的供应链智能合约、基于机器学习以及人工智能驱动的供应链决策优化。

---

① 参见 https://report-it.org/pdf/pwc-2023-digital-trends-in-supply-chain-survey.pdf。

- 数字化供应链迅速催生许多新的商业模式，典型模式包括制造服务化、数据驱动的快速直销以及平台经济。这些商业模式所带来的价值远超技术本身。
- 中国的数字化供应链主要依靠平台经济带来市场和数据，美国的数字化供应链主要依赖大语言模型等技术形成壁垒。数字化供应链的主要优势是增加供应链透明度，为参与企业节约成本以及推动企业加速创新提高供应链适应性和韧性，以及显著提高供应链劳动力的工作效率。
- 数字化供应链的发展是极不均衡的，很多发展中国家的数字化普及程度很低。数字化供应链的持续发展，将受到数字集权和组织结构与数字化体系不匹配的制约。

第十二章

绿色供应链：
实现可持续发展的双重挑战

全球变暖的时代已经结束，全球沸腾的时代已然到来。
不再漂绿，不再欺骗，不再滥用反垄断来破坏净碳排放联盟。
——安东尼奥·古特雷斯，联合国秘书长

全球正面临着气候变化的严峻挑战，各国都在努力实现减碳和净零排放的目标，推动绿色发展的进程。在这个背景下，企业的环境、社会和治理越来越受到关注，它不仅能够为企业带来经济效益，降低危机中的风险，还能够提高供应链的可持续性。然而，全球 ESG 评级机构众多，打分标准和结果存在较大差异，中国企业在 ESG 信息披露方面尚需规范。同时，供应链的复杂性和不透明性也给准确评估供应链的可持续性带来了挑战，比如漂绿、碳转移和碳关税等。最后，中美两国的战略竞争对全球碳中和进程产生了影响，但也为减缓大国之间贸易摩擦、加强全球合作提供了共识与契机。

2006年联合国前秘书长安南发起的"负责任投资原则"（UNPRI）中首次提出ESG概念。作为非财务性评价体系，其核心要点在于环境、社会和治理。2022年12月，全球最大指数公司明晟MSCI将联想集团的ESG评级调为AAA级。联想集团成为第一家问鼎"技术硬件、存储及外设"行业的AAA级的中国企业，并在纳入MSCI的45家同行业公司中占据头部位置，也超越了英特尔（A）、谷歌（BBB）和苹果（BBB）等科技巨头。此外，鉴于联想与供应商合作应对气候变化的优异表现，2021/2022财年，联想在全球环境信息研究中心（CDP）供应商参与度评级的气候变化项目中获得A级，并入选供应商参与领导者名单。

自2009/2010财年起，联想集团就制定了未来10年的减排目标，并最终在2019/2020财年实现减排92%的里程碑式成就。在此基础上，联想集团又提出到2029/2030财年，实现公司运营性直接及间接碳排放减少50%、部分产业链间接碳排放强度降低25%，并在2050年底之前实现净零排放。为实现科学减碳目标，联想集团从环境管理体系下三个层面——产品层面（包装、产品能效、产品材料）、生产场地层面（生产制造基地废气排放、生产制造基地能源消耗、废弃物管理、用水管理）和供应链层面（产品生命周期末端管理、供应商环境表现、运输）的10个维度，来响应国家"双碳"目标，实现商业版图的气候竞争优势。

作为一家在180个市场提供产品和服务的全球经营者，联想集团打造出多元化的动态供应链，以一己之力，带动供应链上的企业共同践行ESG标准。摸清家底、设定目标、抓大放小、技术赋能，是联想促进供应商减排的主要方法。联想从可再生能源使用、运输环节温室气体排放等多个维度制定供应商环境管理目标，并推出"关键供应商ESG记分卡"，用责任商业联盟（RBA）行为准则、CDP披露水平、温室气体减排目标、温室气体核查、可再生能源使用情况、负责任原材料采购等30个以上的指标进行管理，定期为供应商的责任表现记分，并以此作为制定采购额度的参考。占采购金额95%的供应商，常服务于多家客户企业，面临的要求更高，自身能力也更强，联想对它们的减碳要求更为严格。联想要求这些供应商每年向CDP、RBA等国际组织披露温室气体排放数据并推动供应商接受第三方核查。经过多年推动，目前占联想采购额28%的供应商已承诺加入全球科学碳目标倡议（SBTi）或设置科学碳目标。未来，联想计划推动占采购额95%的供应商参与科学碳减排活动，这将影响100家左右的主要供应商。而对数量众多但采购金额不大的中小供应商，联想则着重培养它们科学碳减排的意识与能力。

2019年，联想发起信息和通信技术高质量和绿色发展联盟，联合京东方、立讯精密等头部供应商，制定标准，分享低碳方面的实践经验，并对有意愿的中小供应商提供定制化辅导，定期组织培训，从而提升它们的减碳能力。联想集团副总裁、电脑和智能设备首席质量官王会文表示，随着绿色金融交易体系的完善，联想将帮助联盟中的供应商开发节能减排项目，盘活它们的碳资产。

物流方面，联想集团正通过多式联运、优化运输方式、整合和利用、优化网络、技术和自动化、奖励并认可合作伙伴的相关成绩来推动减排。2022年，联想与全球最大的集装箱航运公司马士基达成协议，马士基计划为联想提供生态环保运输解决方案，双方将共同探索航运领域减排。

联想集团的ESG成功案例，将为中国企业寻求高质量增长、增强竞争优势提供可借鉴路径，在国际资本市场重构"中国故事"制造范式。本章将重点关注企业及其供应链在实现可持续发展过程中面临的机遇和挑战，包括低碳化目标和效益、供应链透明度、披露和漂绿行为，以及中美战略竞争下的产业链减碳合作等问题。

· · ·

一、提倡 ESG 已成为世界主流：各国绿色减碳政策

随着绿色发展目标的重心逐步向减缓气候变化转移，各国纷纷提出减碳甚至净零排放目标，并逐步加大政策力度。本节将介绍中国、美国、欧盟和印度的碳中和政策，这四个国家和地区碳排放占全球排放量的比重接近60%，其中中国为27%，美国为15%，欧盟为9.8%，印度为6.8%。由于各国和地区减碳政策力度不同，处在不同生产阶段的企业减碳成本也不同，从而对全球产业链的分布造成影响。

中国"碳中和"政策：2020年9月，习近平主席在第75届联合国大会一般性辩论上指出，中国将提高国家自主贡献力度，采取更加有力的政策和措施，二氧化碳排放力争于2030年前达到峰值，努力争取2060年前实现碳中和。[①]

美国减碳政策：主要采取"清洁能源为主、低碳排放为辅"的结构。拜登政府宣布美国重返《巴黎协定》。第一个时间节点是2030年。2030年要实现比2005年的排放下降50%～52%，其中2020—2025年

---

① 参见 https://www.gov.cn/xinwen/2020-09/30/content_5548478.htm。

排放量要降到大约 50 亿吨，2025—2030 年总排放要降到 32 亿~33 亿吨。第二个时间节点是 2035 年，美国实现 100% 的清洁电力目标。实现电力完全脱碳的目标至关重要，它与能源消费端电气化相结合，是实现 2030 年和 2050 年两个目标的关键技术路径。第三个时间节点是 2050 年，美国实现净零排放目标。

欧盟减碳政策：2018 年 11 月，欧盟委员会首次提出 2050 年实现碳中和的欧洲愿景；2019 年 3 月与 12 月，欧洲议会与欧盟理事会相继批准了该提案；为了实现碳中和目标，2019 年 12 月，欧委会发布了"欧洲绿色协议"，提出了欧洲迈向碳中和的七大转型路径；2020 年 3 月，欧委会通过了《欧洲气候法》草案，旨在从法律层面确保欧洲到 2050 年实现碳中和。在《欧洲气候法》、"减碳 55%"一揽子计划和"欧洲绿色协议"框架下，欧盟主要从七个方面构建并完善碳中和政策框架：将 2030 年温室气体减排目标从 50%~55% 提高到 60%；修订气候相关政策法规；基于"欧洲绿色协议"与行业战略，统筹与协调欧委会的所有政策与新举措；构建数字化的智能管理体系；完善欧盟碳排放交易体系；构建公正的转型机制；对欧盟的绿色预算进行标准化管理。值得注意的是，俄乌冲突导致能源危机，西方政府在短期内推迟了碳中和计划，旨在从能源安全和绿色低碳中寻找短期平衡。

印度减碳政策：作为第四大温室气体排放国，在英国格拉斯哥举行的第 26 届联合国气候峰会上，印度总理纳伦德拉·莫迪宣布了实现"国家自主贡献"目标的五点战略。这五点战略为：到 2030 年，非化石燃料发电产能达到 500 吉瓦；到 2030 年，印度能源需求中 50% 由可再生能源满足；到 2030 年，预计碳排放总量削减 10 亿吨；到 2030 年，碳排放强度比 2005 年降低 45%；到 2070 年，印度将实现碳中和以及净零排放。

二、ESG 对企业的影响：经济效益和风险管理效用

（一）ESG 为企业创造价值的四大体现

ESG 的重要性已经得到广泛认可，如图 12-1 所示，全球 ESG 投资规模也在逐年攀升。越来越多的研究显示，关注 ESG 问题可以带来经济效益和有效风险管理。ESG 为企业创造价值体现为四个板块，分别是市场价值、资金流动、品牌价值、声誉和风险管理。

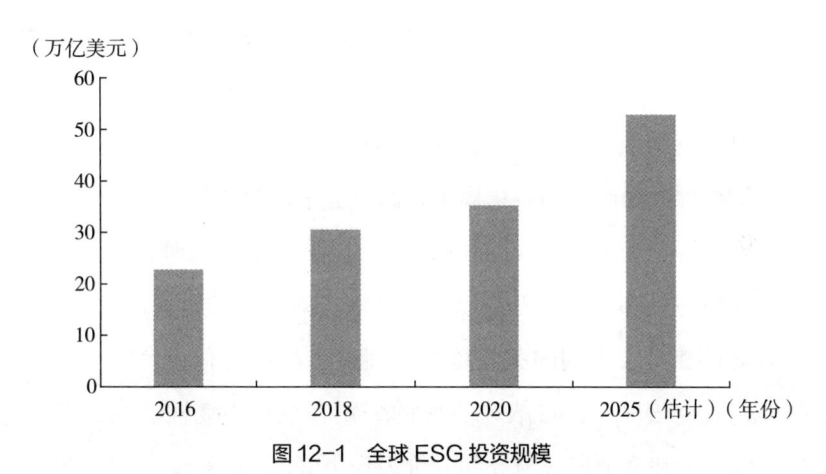

图 12-1　全球 ESG 投资规模

资料来源：彭博社。

市场价值：ESG 能够提升市场价值（股价）。布罗德斯托克分析了沪深 300 指数的成分股，其研究团队把这些股票分为高 ESG 绩效与低 ESG 绩效两组，在新冠疫情期间，高 ESG 组别企业的股票累计收益率相对较稳健，反映投资者对"绿色"股票更有耐性，不急于在市场波动的情况下沽售，以免蒙受损失。该研究还探讨了非

疫情时期 ESG 绩效对企业股价的影响，发现从 2017 年 7 月起，高 ESG 投资组合的收益一直高于低 ESG 组别的收益。2017 年 7 月至 2019 年 12 月，高 ESG 组别的累计回报比低 ESG 组别高 12.83%。

资金流动：ESG 因素越来越多地成为投资者和资金管理机构的关注点。投资者越来越倾向于将资金投入具有良好 ESG 表现的公司和项目。根据彭博社的一项统计，到 2025 年，全球将有近 1/3 的金融资产关注 ESG，ESG 资产规模预计达到 53 万亿美元。[1]ESG 领域的资金流入，为 ESG 表现良好的公司和项目带来更多的融资机会和更低的融资成本。

品牌价值和声誉：关注 ESG 问题可以增强企业的品牌价值和声誉。消费者越来越关注可持续性和社会责任，他们更倾向于选择那些表现良好的公司的产品和服务。研究表明，公司在环保和社区方面做出的可持续发展贡献能够提升消费者对产品和品牌的认可度，尤其是在行业内产品同质化程度较高、竞争较为激烈的情况下。

风险管理：关注 ESG 问题有助于企业更好地管理风险。例如，减少环境污染和资源浪费可以降低环境合规和法律诉讼的风险。对社会责任和员工福利的关注可以提高员工满意度和减少劳动纠纷。此外，研究表明，ESG 表现更好的公司在危机中韧性更强，例如，在金融危机和疫情期间财务和股价表现更好。

（二）供应链 ESG 重要性日益凸显

市场对供应链可持续性问题的反应日益增强。消费者和投资者

---

[1] 参见 https://www.bloomberg.com/tc/blog/esg-disclosures-gain-traction-in-apac/。

对产品的生产和供应过程越来越关注，他们希望产品是在环境友好、社会负责和道德可靠的条件下生产的。关注供应链可持续性可以增加企业在市场中的竞争力，并吸引更多的合作伙伴和客户。根据毕马威的一项调查，67%的受访者表示，他们不得不重新思考企业的全球供应链，因为供应链是企业运营模式的关键组成部分。[①]随着消费者对可持续产品和服务的日益关注，首席执行官们正借此机会让自己的供应链成为竞争优势。如今，可持续采购、业务连续性问题以及管理不确定性对全球企业来说越来越重要。2019年初，安永也进行了一项全球投资者调查，其中52%的投资者表示，如果目标企业未披露如何应对供应链的环境和社会风险，他们将考虑立即撤资或不再主动投资，而这个投资者比例在2017年仅为15%。[②]

2017年，德国汽车零部件供应商舍弗勒集团遭遇供应链危机，其供应商之一的一家工厂因违反环保规定被当地政府关停。针对这一事件，舍弗勒称需要3个月时间才能找到新的替代供应商，导致预计配件供应缺口超过1 500吨。供应短缺直接影响下游的49家汽车生产商，导致300万辆汽车无法按预定时间下线，经济损失达430亿美元。2018年，公众环境研究中心（IPE）和另一家环保组织直指小米公司的供应链中有一家供应商违规排放废水。此事发生在小米向港交所递交首次公开募股（IPO）申请之际，因港交所关于环境污染有"不遵守就解释"的要求，小米供应链问题一时引发了人们的担忧。小米最后成功在港交所上市，但该事件背后关于企业供应链风险管理的合规争议和市场争议仍然值得后来者警惕。

---

① 参见 https://assets.kpmg.com/content/dam/kpmg/cn/pdf/zh/2020/09/kpmg-2020-ceo-outlook.pdf。

② 参见 http://f.sinaimg.cn/finance/20200120/36a8-inhcycc7084757.pdf。

公司出现 ESG 丑闻，不仅涉及公司本身，上下游供应商和客户公司也都受到影响。"三鹿奶粉事件"发生后，上游奶农出现倒奶、贱卖牛奶甚至屠杀奶牛的无奈之举，下游经销商面临大量退货、赔付和资金链断裂。"三鹿奶粉事件"在供应链上出现致命漏洞，如质检技术与管理、供应链成员门槛、成员质量运行标准等，导致产品安全性无法得到保障。2015 年 9 月，大众"排放门"事件曝光后一周，其一级供应商股价下降了 2.69%，与大众经济依赖程度更高的供应商所受负面影响更大。与此同时，大众的下游客户公司的股价下降了 5.26%。

极端天气带来的负面影响随着供应链传导，气候变化是导致极端天气增加的一个主要因素。气候变化引起了全球气候系统的变化，包括大气温度升高、海洋温度上升和水循环的改变。这些变化导致极端天气的发生频率、强度和持续时间增加。随着产业链全球化，极端天气带来的负面影响不仅涉及受灾企业本身，还会随着供应链传导给上下游。2011 年 7 月，泰国洪灾严重冲击了全球汽车、电子、电器及其零部件等多个行业的供应链。由于零部件调配困难，日本汽车业巨头丰田公司将"逐步暂停"20 款车型的生产线。同日，本田宣布因泰国洪灾影响，公司推迟在欧洲市场发布新款思域车型的时间。电子行业领域，全球第一大硬盘厂商美国西部数据表示，受泰国洪灾影响，公司第四季度的硬盘出货量将从第三季度的 5 800 万块减少到 2 200 万～2 600 万块。同时宣布产量大幅下滑的还有希捷和日立等知名硬盘厂商。2022 年夏天，全球多地同步出现历史极端高温天气，欧盟大约 64% 的面积处于干旱警戒或警报状态，其严重程度似乎为 500 年来之最。德国莱茵河一度干涸到不能通航，多地热浪导致超千人受灾。与此同时，极端高温天气推升了中国电力需求，同时水电供应量下降，导致四川省电力紧张，电解铝厂基本全部关停。

三、ESG 的披露和评级

（一）ESG 的企业自愿披露

2006 年，联合国负责任投资原则组织成立，希望推动投资者在进行投资决策时，将环境、社会、公司治理等要素纳入投资战略考虑范围。受此影响，相关机构和交易中心制定了一系列围绕企业 ESG 信息披露的评价要素，以帮助投资人甄别投资项目在环境保护、社会责任和内部治理三个方面的表现，并引导企业在实现利润增长的同时承担社会责任，关注生态环境可持续发展。

2014 年，欧盟发布了《非财务信息报告指令》，要求所有与公众利益关联较大的公司（所有上市公司均包括在内）发布非财务信息报告。报告的内容至少包括环境相关、社会与劳工相关、人权相关以及腐败和贿赂相关的问题。欧盟各成员在此指引的基础上，可以自行决定报告标准和报告形式。欧盟要求各成员在 2016 年 12 月之前出台相关法律政策，并从 2017 年 1 月 1 日开始实施相关规则。全球报告倡议组织（GRI）在 2017 年针对该指引在欧盟各成员的实施情况进行了研究。从报告中可以看到，除了少数几个成员在违规处罚的做法上没有接受欧盟的指引，所有成员在其他各项要求上均采用了欧盟的标准，或达到与指引一致的标准。该指引将覆盖超过 6 000 家公司。2021 年 4 月，美国众议院金融服务委员会通过了《ESG 信息披露简化法案》，要求所有公开交易的公司均应定期公开其环境、社会和公司治理的具体情况，披露其经营过程中与温室气体排放、化石燃料使用等相关的气候变化风险等相关信息，此法案被视为美国政府建立强制性 ESG 披露标准的重要一步。

目前，中国香港联合交易所（联交所）出台了《环境、社会和管治报告指引》。沪深交易所作为联合国可持续证券交易所倡议（UN SSEi）的成员，相继出台了有关环境、社会责任信息披露的指南。同时，证监会文件也对上市公司应当公布的环境和社会责任内容做出说明，明确了需要强制披露环境与社会信息的企业类型和应当强制披露的信息范围。[①] 从监管机构的态度来看，ESG 信息披露呈现由自愿披露为主转向强制披露的趋势。2021 年 5 月，生态环境部宣布将在 2025 年基本建成环境信息强制性披露制度，届时企业须依法按时、如实披露环境信息，预计未来包括证监会在内的监管机构也将进一步加强对企业 ESG 信息强制披露的要求。表 12-1 列出了中国主管部门目前对企业 ESG 信息披露的要求。

表 12-1　中国企业 ESG 强制性披露要求

序号	主管部门	强制性披露要求
1	证监会	・法律依据：《公开发行证券的公司信息披露内容与格式准则第 2 号——年度报告的内容与格式（2021 修订）》 ・适用对象：属于环境保护部门公布的重点排污单位的公司或主要子公司 ・强制披露主要环境信息，包括但不限于：排污信息、防治污染设施的建设和运行情况、建设项目环境影响评价及其他环境保护行政许可情况、突发环境事件应急预案、环境自行检测方案，以及报告期内因环境问题受到行政处罚的情况

---

① 参见 https://www.allbrightlaw.com/CN/10475/e2f934fc01bb37a7.aspx。

续表

序号	主管部门	强制性披露要求
2	深交所	·法律依据：《深圳证券交易所关于发布〈深圳证券交易所上市公司规范运作指引（2020年修订）〉的通知》，深圳证券交易深交所，深证上〔2020〕125号，第8.9条 ·在出现重大环境污染问题时，及时披露环境污染的产生原因、对公司业绩的影响、环境污染的影响、公司拟采取的整改措施等
3	上交所	·法律依据：《上海证券交易所上市公司环境信息披露指引》 ·上市公司发生以下与环境保护相关的重大事件，且可能对其股票及衍生品种交易价格产生较大影响的，上市公司应当自该事件发生之日起两日内及时披露事件情况及对公司经营以及利益相关者可能产生的影响：公司有新、改、扩建等具有重大环境影响的建设项目重大投资行为的；公司因环境违法违规被环保部门调查，或者受到重大行政处罚或刑事处罚的，或被有关人民政府或者政府部门决定限期治理或者存在停产、搬迁、关闭等情况的 ·被列入环保部门的污染严重企业名单的上市公司，应当在环保部门公布名单后两日内披露下列信息：公司污染物的名称、排放方式、排放浓度和总量、超标、超总量情况；公司环保设施的建设和运行情况；公司环境污染事故应急预案；公司为减少污染物排放所采取的措施及今后的工作安排
4	科创板	·法律依据：《关于发布〈上海证券交易所科创板股票上市规则（2020年12月修订）〉的通知》 ·科创板上市公司在出现违背社会责任的重大事项时应当充分评估潜在影响并及时披露，说明原因和提出解决方案。同时，如发生重大环境、生产及产品安全事故应当及时公开相关情况

在披露形式上，根据深交所的建议，上市公司可选择与年报一同披露相关ESG信息，上交所则指出企业可视情况，通过编制社会责任报告、可持续报告、环境责任报告等方式披露ESG信息，因此实践中上市公司可以自主选择以年报、半年报、独立报告、临时公告等方式发布ESG相关信息。目前来看，发布专篇ESG报告仍属于上市公司自愿行为，是在国家碳中和目标主导下的披露，并没有交易所强制要求。但是近年来，头部上市公司对于ESG报告的披露越来越重视，ESG报告发布率逐年增加，2022年沪深300的独立

ESG 报告披露比例已经超过 90%（见图 12-2）。需要注意的是，这些 ESG 报告多数没有经过第三方审计。从环保指标披露率来看，沪深 300 公司仍与国际主要公司存在差距。例如，在表 12-2 中可以看到，温室气体排放的国际披露率是 92%，而沪深 300 披露率仅为 26.1%。

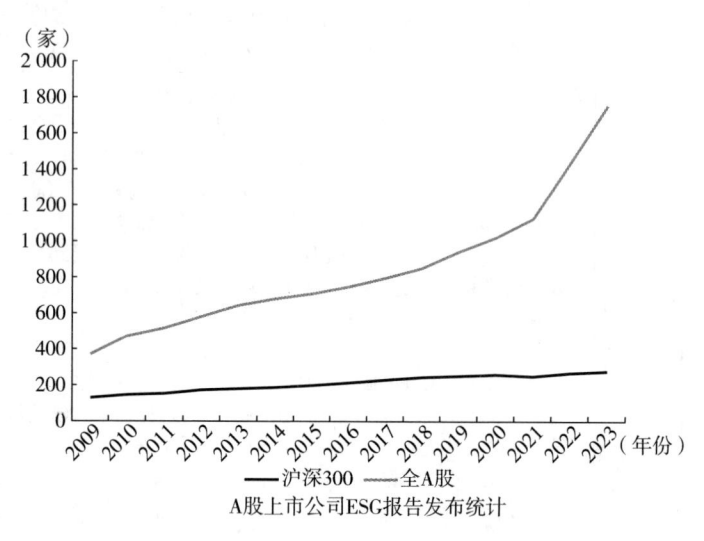

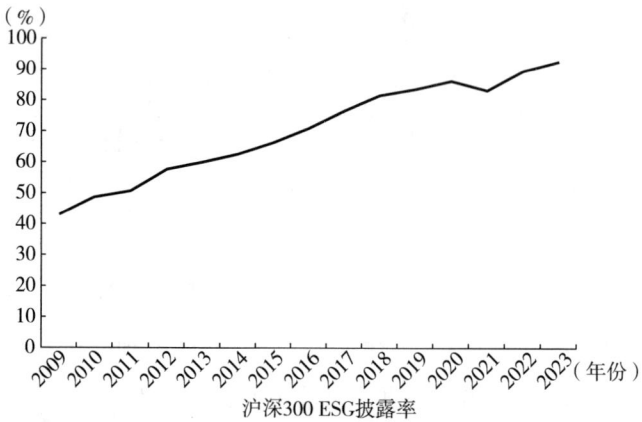

图 12-2 2022 年 A 股上市公司 ESG 报告发布统计及沪深 300 ESG 披露率
资料来源：商道融绿报告。

表12-2 环境与社会方面的常见量化指标与披露率

ESG 议题	主要指标	国际披露率（%）	沪深300披露率（%）
温室气体排放	以公吨计的温室气体排放（直接排放、基于电热或热能使用的间接排放、其他间接排放）总量	92.0	26.1
大气污染物	以千克计的氮氧化物、硫氧化物、持续性有机物、挥发性有机化合物、有害物、颗粒物的大气污染物排放量	不适用	38.9
水	用水总量（立方米）循环利用水量占比	92.0	31.6
能源	能源消耗总量（十亿瓦特）可再生能源使用比例	85.0	39.4
废弃物（水、固体、危险）	生产过程中产生的废弃物总量（公吨）危险废弃物占比、循环利用废弃物占比	77.0	36.3～46.4
劳动力	劳动力性别构成比例 每个员工的培训时长	69.0	35.3～42.3
健康和安全	可记录工伤事故率（TRIR）致死率（正式工和合同工）	100.0	38～85.4
流动率	按类型划分的员工流动率	62.0	13.2

资料来源：https://www.unpri.org/download?ac=6973。

（二）ESG 的机构评级

ESG 评级是衡量公司在环境、社会和治理方面表现的一种方式。目前，全球有数百家 ESG 评级机构，包括国际机构，如明晟、道琼斯、汤森路透、富时罗素等，以及中国机构，如中财绿金院、商道融绿、社会价值投资联盟、嘉实基金等。由于 ESG 评级机构的评价方式和内容各不相同，同一家公司的 ESG 评级会呈现高度不一致性。ESG 评级乱象与多方面因素相关。一方面是信息披露不够，上市公司自愿发布可持续发展报告，报告内容和指标千差万别。另一方面是评级体系不统一。不论是国际 MSCI、标普体系，还是国内的评级机构，目前还没有统一的评级体系和标准，各种评级五花八门，难以进行标准化比较。主要差异包括 ESG 评级指标的差异，即纳入评级的指标不同；权重差异，不同评级机构对指标权重的看法不同；ESG 披露信息的使用差异，由于缺乏统一标准，不同机构的信息选择侧重点和数据渠道不同，信息衡量有差异。以特斯拉为例，特斯拉公司在 MSCI 的评级中获得了 A 级，在标普全球的评级中获得了 B－级，在思睿德评级中获得了高风险评级，其等级甚至低于传统汽车制造商通用汽车。

在国际主流 ESG 评级机构中，中国企业覆盖较少、ESG 评级较低，原因主要有四个。第一，国际 ESG 评级机构的评级标准是全球统一的，不会因为某个市场的公司没有准备好而调整或降低要求和准则。这些评级机构的 ESG 评级基本采用通用的评估方法，并未充分考虑地域差异和各国国情，在指标设计上差异化不足。中国的 ESG 发展具有中国特色，而国际指标普遍缺乏对中国市场及其 ESG 发展的理解。第二，国际 ESG 评级机构在获取中国企业公开信息方面也存在一定困难，一方面是无法避免的语言障碍，中文信息的获取难度相对于英文要复杂得多，国际指数公司较难准确抓取和理解中国企业的 ESG 数据；另一方面，上市公司与评级机构沟通不畅，以往只能依靠邮件和系统沟通，容易出现误判且反馈效率较低。第三，A 股纳入国际 ESG 评级时间较短，准备不足。刚刚被纳入国际指数的公司往往 ESG 评级偏低，新兴市场都有类似经历。第四，国内 ESG 信息披露和相关实践不足也是中国企业整体 ESG 评级较低的重要原因。

四、战略性提升供应链 ESG 的行为：漂绿行为、碳转移和碳关税

由于 ESG 披露和评级较少考虑企业供应链的 ESG 表现，且 ESG 报告缺乏有效的第三方认证，这为企业利用供应链进行漂绿投机（即创造或宣传虚假的环保形象）和战略性转移碳排放提供了便利。

（一）漂绿行为

供应链 ESG 的重要性在当前全球议程中日益凸显。供应链是企业生产过程中不可或缺的一环，其中绝大多数原材料的加工和零部件的生产通常由上游供应商完成，涉及多个国家和地区。例如，波音、苹果等跨国企业，它们在全球范围内依赖复杂的供应链网络来满足不同产品的需求。根据 2022 年全球环境信息研究中心的报告，供应链碳排放量是企业自身碳排放量的 11.4 倍。[①] 这表明关注供应链的碳足迹至关重要，因为它对企业整体碳减排目标的实现起着至关重要的作用。实施减碳措施并提升供应链的环保标准，将有助于降低企业的整体碳排放，推动实现全球碳中和以及应对气候变化的目标。除了环境方面，供应链的社会影响同样不可忽视。近年来，一些服装和电子公司因供应链的社会问题而受到批评。这些指控给企业的声誉和品牌形象带来负面影响，同时也损害了当地工人和社区的权益。

---

① 参见 https://cdn.cdp.net/cdp-production/cms/reports/documents/000/006/918/original/CDP-Supply-Chain-Report-2022.pdf?1678870769。

供应链可持续性面临的主要挑战在于供应链 ESG 的不透明性。目前，没有法律要求公司强制披露供应商名单，因为这牵涉商业机密等问题。尽管某些法规要求公司提交可持续性报告，但这些规定通常缺乏具体的供应链 ESG 披露标准。

美国财务会计准则第 14 号[①]和第 131 号[②]要求公司在 10-K 报告中披露占其年度收入超过 10% 的主要客户，但对于供应商的披露是完全自愿的。此外，一些法规只针对特定问题，如 2010 年美国《多德-弗兰克法案》要求披露冲突矿产的使用情况，包括原产地和第三方审计报告。在中国，上市公司被鼓励披露前五大供应商，但在 2019 年只有 8.8% 的上市公司披露了供应商名称。

无论是公众、监管部门还是企业本身，供应链的复杂性和不透明性给准确评估供应链可持续性带来了巨大挑战，为漂绿行为提供了温床。亚马逊是 ESG 股票基金的最大和最受欢迎的公司之一，多年来被多家 ESG 评级机构评为 A。同时，亚马逊将自身定位为气候变化引领者，推动"气候承诺"计划，旨在 2040 年以前实现零排放目标。然而，根据媒体 Reveal 的报道，亚马逊在试图淡化其碳足迹。[③]图 12-3 显示，亚马逊只对占销售额约 1% 的自有品牌的产品计算上游碳足迹，却忽略了占销售额 99% 的非自有品牌的碳足迹，即"产品制造加工"和"销售商品使用"的碳足迹仅包括自有品牌。另外一家规模明显更小的电商平台塔吉特公布的碳足迹，不仅

[①] 参见 https://www.fasb.org/page/PageContent?pageId=/reference-library/superseded-standards/summary-of-statement-no-14.html&bcpath=tff。

[②] 参见 https://www.fasb.org/page/PageContent?pageId=/reference-library/superseded-standards/summary-of-statement-no-131.html。

[③] 参见 https://revealnews.org/article/private-report-shows-how-amazon-drastically-undercounts-its-carbon-footprint/。

包括自有品牌，还包括第三方非自有品牌，其公开报告显示产品生命周期碳排放量是亚马逊的3倍。这相当于比亚马逊多出3 750万公吨二氧化碳，超过800万辆汽车一年的排放量。

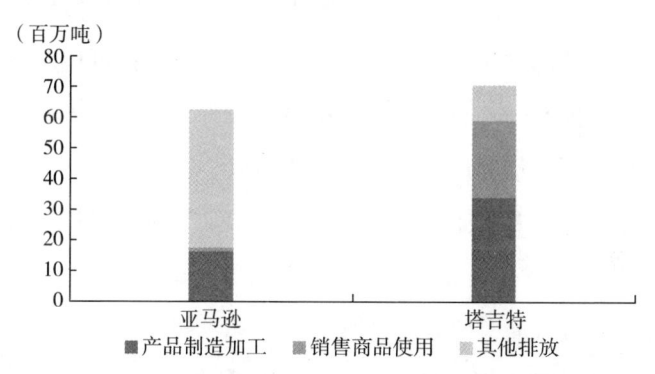

图 12-3　2020年亚马逊和塔吉特产品碳排放计算范围和规模对比

资料来源：Reveal Media。

另一项漂绿行为来自选择性披露绿色供应商。我们发现，在40多个主要经济体中，此类漂绿行为十分普遍。企业仅向世界展示自己的绿色形象，证明它们在企业社会责任方面的努力显然是不够的。研究结果显示，企业选择性地披露它们的绿色供应商以赢得客户的信任。进一步研究发现，企业选择性披露绿色供应商这一决策也受到市场竞争激烈程度、品牌声誉、机构投资者持股以及公司规模的影响；但政府对环保信息披露监管的强化和政府通过环保法案等表现出对环保议题的关注，将削弱公司采取这一行为的倾向。

（二）碳测算和碳转移

碳排放通常可以分为三个方面：Scope 1排放、Scope 2排放和Scope 3排放。Scope 1排放是指企业自身运营产生的直接排放，包括燃烧化石燃料、工业生产过程中的排放以及公司车辆的尾气排放等。这些排放是由企业直接控制和管理的，因此在减排过程中具有较高的可操作性。Scope 2 排放是指企业购买的电力、热力、蒸汽和冷却能源所产生的间接排放。这些排放是由企业间接做出的，因为它们是来自外部供应商的能源。企业可以通过选择可再生能源或能效改进来减少 Scope 2 排放。Scope 3 排放是其他间接排放，包括企业价值链上下游活动产生的温室气体排放。这些排放涉及原材料采购、产品运输、员工通勤、商务差旅以及产品使用和废弃处理等。Scope 3 排放通常是企业碳足迹中最大的部分。

披露政策方面，伦敦交易所于 2013 年要求上市公司披露 Scope 1 排放和 Scope 2 排放。除此以外，目前全球尚未有强制性要求披露碳排放的国家和地区，但碳信息披露将成为未来政府和监管部门考虑的重要方面。2022 年，美国证券交易委员会拟草案提出上市公司应强制性披露 Scope 1 和 Scope 2。另外，若上市公司产业链因为上下游活动产生的温室气体排放（Scope 3）影响较大，或温室气体减排目标涵盖 Scope 3，则上市公司也需要披露 Scope 3 相关信息，但小型报告公司在相关要求上享有豁免权。2024 年 1 月起，欧盟上市公司需要强制性披露 Scope1、Scope 2、Scope 3。由此可见，碳排放强制性披露政策的施行是大势所趋。

碳测算方面，衡量 Scope 1 排放和 Scope 2 排放较为简单，可直接根据化石燃料或能源的消耗量来估算。排放因子法是目前应用最为广泛的一种碳核算办法。根据联合国政府间气候变化专门委员会（IPCC）提供的碳核算基本公式，温室气体（GHG）排放＝活动数据（AD）× 排放因子（EF）。其中，AD 是导致温室气体排放的生产或消费活动的活动量，如每种化石燃料的消耗量、石灰石原料的消耗量、净购入的电量、净购入的蒸汽量等；EF 是与活动水平数据对应的系数，包括单位热值含碳量或元素碳含量、氧化率等，表明单位生产或消费活动量的温室气体排放系数。而对 Scope 3 排放的测算较为复杂，由于企业缺乏对产业链供应商碳排放信息的了解，仅仅将部分一级供应商披露的碳排放简单相加是远远不够的。第三方机构（如 S&P Trucost）利用 EEIO 方法估算企业 Scope 3 排放，EEIO 方法通过构建一个复杂的环境输入产出模型来实现。该模型结合供应链和消费者模式，考虑产业之间的相互作用和资源的流动。以下是 EEIO 方法的主要步骤。一是构建输入产出表：EEIO 方法需要构建一个全球范围内的输入产出表，该表记录了各个产业和部门之间的交易和资源流动，包含各种商品和服务的生产与消费数据。二是构建 Leontief 矩阵：输入产出表仅仅体现了各部门之间直接贸易流动，通过输入产出表可计算得到 Leontief 矩阵，该矩阵每个元素代表了各部门每产出 1 单位需要消耗的最终各部门的产品量（包括直接消耗量和间接消耗量）。三是确定企业的数据：根据企业发布的公开资料，确定企业商业活动所涉及的部门和各部门的营业收入。四是计算 Scope 3 排放：利用 EEIO 模型、企业的商业活动数据和各部门直接碳排放因子，可以计算出企业的 Scope 3 排放量。

一方面，跨国供应链是全球化进程的重要组成部分，促进了世界各国的经济发展，实现了各个国家的互动与连接。另一方面，供应链全球化也存在环境弊端，随着跨国供应链进入发展中国家，植被被破坏，生产外包导致更多污染物和温室气体的排放。面对这些环境问题，发展中国家在经济发展优先级以及产业链中议价能力较弱，往往缺乏保护自然资源和环境的能力。OECD 数据显示，2015 年跨国供应链外包隐含的碳规模接近 90 亿吨，占全球碳排放总量的 25%。发达国家通过全球供应链向包括中国在内的发展中国家的碳排放"贸易逆差"逐年增加。

研究表明，1990—2008 年，在京都议定书中承诺减排的发达国家的二氧化碳排放量已稳定，但发展中国家（非减排国家）的排放量增加了一倍。这与图 12-4 所展示的全球碳排放的时间相吻合。大多数发达国家的消费型排放增长速度快于领土排放，非能源密集型制造业在排放转移中起到了关键作用。通过国际贸易从发展中国家向发达国家的净排放转移，发达国家仅在本土保留非能源密集型制造业，而向发展中国家进口并消费能源密集型产品。

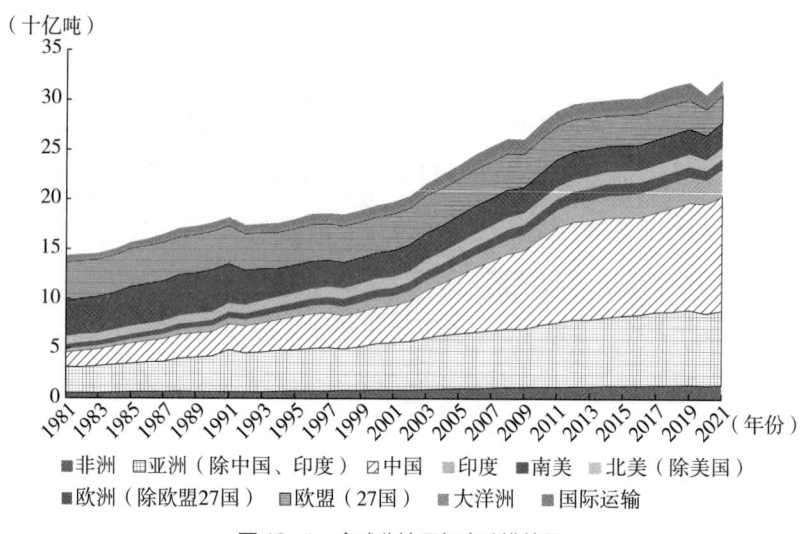

图 12-4 全球分地区年度碳排放量

资料来源：Our World in Data。

各国环境政策和碳排放成本的差异部分导致了全球产业链的变化，验证了"污染天堂"理论。有学者研究了美国的进口量和出口国环保政策之间的关系，发现 2006—2016 年，美国从 77 个国家和地区的 82 个制造业进口的份额，与这些国家的环境标准的严格程度呈负相关。也就是说，环境标准越严格，美国进口的份额就越小。这种"污染天堂"效应不仅适用于从该公司拥有的外国子公司采购，也适用于从国外第三方供应商采购，并且在有毒排放高、技术强度低的行业中更为明显。这一发现表明，污染成本较低的国家或地区更有可能吸引发达国家生产外包。我们的研究表明，对于主动披露 Scope 1 排放的企业，其披露出来的 Scope 1 排放量低于相似的未披露企业，但隐藏在上游的 Scope 3 排放量比未披露企业更高。由此可见，披露行为能够激励企业减少本身的碳排放，但同时会激励企业向上游转移碳排放，这将带来额外的运输和生产效率扭曲，导致整个产业链的碳排放总量更高。与此同时，针对不同碳强度产品的关税差异，也导致了全球碳排放的增长。研究表明，对于下游产品的贸易保护使得大部分国家对于高排放产品的进口关税和非关税壁垒明显低于低排放产品（见表 12-4），这种贸易政策的差异为商品的碳排放提供了隐性补贴。

表 12-4 全球数据中最环保和污染最多的制造业的进口关税与非关税壁垒

类别	二氧化碳排放率（吨/1000 美元）	进口关税	非关税壁垒
类别 A：最环保行业			
猪肉加工	0.34	0.10	0.37
其他肉类制品	0.36	0.10	0.37
糖精炼	0.37	0.20	0.42
木材制品	0.37	0.01	0.03
汽车	0.4	0.03	0.05
平均值（最环保五行业）	0.37	0.09	0.25
类别 B：污染最多行业			
砖	1.54	0	0.02

续表

类别	二氧化碳排放率（吨/1000 美元）	进口关税	非关税壁垒
类别 B：污染最多行业			
焦炉产品	1.64	0.01	0.01
铁、钢	1.74	0.01	0.02
磷肥	1.93	0.02	0.11
氮肥	2.53	0.02	0.11
平均值（污染最多五行业）	1.88	0.02	0.05

资料来源：Shapiro, Joseph S. "The environmental bias of trade policy." The Quarterly Journal of Economics 136, no. 2 (2021): 831-886。

自 2015 年各国签署通过可持续发展目标和《巴黎协定》以来，越来越多的公司认识到与环境和气候变化相关的风险和机遇，并正在考虑采取行动实现温室气体减排目标。然而，从全球角度来看，国际合作尚未达成。发达国家设定领土内碳排放水平，并以此谴责海外发展中国家的高碳排水平。例如，在第 26 届联合国气候峰会上，欧、美、中、印和其他发展中国家在减少煤炭使用方面的措辞和资金承诺等细节上争论激烈。因印度坚决反对协议中的"逐步淘汰煤炭使用"，措辞最终改成"逐步减少"。欧美等国对此表示不满，但峰会主席表示应该执行最终协定。发达国家往往支持"生产责任法"来核算一国碳排放，这在跨国供应链布局下对发展中国家并不公平。另一种核算方法是"消费责任法"，也就是消费者对商品生产过程中的全部污染排放负责，但这一方法被批评为缺乏对生产者的约束力。另外，以上两种方法都只能在国家或行业层面计算碳排放，并不能精细到企业层面的直接碳排放和上游的间接碳排放，而下游企业选择何种供应商、如何在供应链中分配生产流程，也是影响企业自身和供应链碳排放的重要因素。因此，考虑到企业供应链，有效分配上下游环节的责任，建立合理、清晰、可衡量性、可操作性的国际碳排放的责任共担方案，是一个重要但悬而未决的问题。显然，中国和其他发展中国家作为发达国家制造业生产外包的目的地，争夺公平公正的定量话语权变得十分重要。

(三) 欧盟碳关税

欧盟碳关税是欧盟为应对气候变化而推出的一项政策，其目的是通过对出口到欧盟的商品中隐含的碳排放征收碳关税，来解决不断提高减排目标导致的碳转移和碳泄漏问题。

征收碳关税行业聚焦于水泥、钢铁、铝、电力、化肥五大传统行业。欧盟碳关税方案首批实施对象包括电力、钢铁、水泥、铝和化肥，将对这些行业相关的进口产品实行与碳排放交易系统（ETS）相当的碳价格（目前约为每吨二氧化碳60欧元），最终逐步取消目前给予重工业的ETS"免费配额"。方案实施过程中，欧盟层面不再设立统一的执行机构，而是由各成员分别执行。为确保政策不造成严重冲击，特设立为期3年的政策执行过渡期。碳边境调节机制的提案内容显示，2026年1月1日起，欧盟将正式开征碳关税。征收碳关税的相关企业在2026年以前无须缴纳新的有关税收，但企业从2023年开始计算其交易产品中的碳排放量。碳关税与此前欧盟的ETS之间还有待协调。目前，碳边境调节机制的提案中明确指出，碳关税将与ETS平行运作，以反映和补充其对进口货物的碳排放量相关管制措施，并将逐步取代现有的欧盟机制，以解决免费分配的欧盟碳排放交易的配额问题。但各国对于ETS免费配额的退出时间表、欧盟碳关税收入的分配方案以及欧盟出口产品的碳成本"退税"等问题还存在争议，后续协调工作将主要解决上述问题。

欧盟碳关税将降低中国相关产品贸易竞争力，对相关行业出口造成冲击。中国目前是欧盟最大的贸易伙伴，2021年，中国对欧盟的出口额为4 720亿欧元，同比增长37%，约占中国出口总额的15%，约占欧盟进口总额的25%。中国出口欧盟的产品主要为机电产品、纺织品、金属品以及化学品，这些产品未纳入首批碳关税涉及的行业名单，但后续很有可能会被逐渐纳入。此外，中国是全球最大的钢铁、水泥和铝生产国，因此中国对欧盟出口产品的碳排放量相对较高。据测算，2018年中国从欧盟进口的产品中嵌入的碳排放总量仅为3 000万吨二氧化碳，而对欧盟出口产品的碳排放总量则达到2.7亿吨。根据北京大学国家发展研究院的情景模型测算，中国出口欧盟的钢铁及钢铁制品的关税相当于提高了3.3个百分点，对欧盟的钢铁及钢铁制品的出口下降14%；非金属矿物的关税相当于提高了5.7个百分点，出口则下降25%。这势必会削弱中国出口产品的竞争力。

欧盟碳关税有利于推动中国能源转型。中国作为全球能源进口大国，需要加强能源结构的优化和清洁能源的发展。当前，国际地缘冲突对欧洲能源主权造成冲击，全球能源进口需求较大的经济体，特别是欧洲，迫切想摆脱对其他国家石油和天然气的依赖，推动本国的能源进口替代策略，因此欧盟碳关税为世界各国的能源转型带来更大动力。中国作为制造大国，一直都是全球能源进口大国。为应对气候变化，中国提出"30·60"目标，推动能源转型，但能源结构优化调整还有待时日，不可能短期内实现。特别是中国长期以来实施粗放型经济增长方式，导致产业结构耗能偏高，新发展格局下推动产业低碳化发展不是一朝一夕之事，因此适时借力欧盟碳关税，基于行业发展规律，提高清洁能源包括储能、氢能和碳汇集等相关技术水平，同时结合中国在风电、光伏等领域的优势，寻求行业碳足迹，有助于加速能源转型步伐。

五、国际关系对绿色可持续供应链的影响

当前，中美碳排放量占全球碳排放量的40%以上。中美作为在能源转型与气候变化等领域最有影响力的两个国家，也各自明确提出了碳中和目标。全球碳中和目标能否如期实现，中美两国扮演着举足轻重的角色。但是，一方面，自2017年特朗普上台，美国正式把中国定义为"战略竞争对手"以后，双方围绕着安全、经济等领域展开了激烈的竞争，影响中美气候变化合作有效开展，也给碳中和的前景蒙上了一层阴影；另一方面，碳中和为中美关系提供了新的合作契机，但引发的地缘政治变动可能加剧现有的激烈博弈，甚至会制造新的矛盾和冲突。

（一）国家竞争阻碍全球碳中和进程

中美战略竞争使气候问题加剧，主要原因体现在以下几个方面。

一是供应链中断和转移导致额外碳排放。中美战略竞争导致供应链中断，企业为避免关税而寻找新的替代品。这可能导致额外的运输能源消耗和碳排放。供应链转移也可能导致资源浪费和能源浪费。供应链重新分布导致供应链链条变长，复杂度增加，增加了不必要的中间品贸易环节，可能会导致资源的重复利用和能源的不必要消耗，增加了碳排放和环境负担。以洗衣机及零部件为例，2016

年 7 月，美国对从中国进口的洗衣机及零部件加征关税。为规避进口关税，三星和乐金电子的中国厂区向越南、泰国等非加征关税国家出口了大量零部件，以在越南、泰国等国家完成洗衣机组装并出口到美国。因此，洗衣机供应链由中—美延长到中—越（泰等）—美。根据徐奇渊等人的研究，中美战略竞争会导致全球 4.5 亿吨额外碳排放，相当于 1.67 亿辆 1.6 升排量的私家车行驶一万公里产生的碳排放量。此外，"转入国"为吸收多余的贸易需求，不得不以环保负外部性为代价。长达数年的贸易摩擦所带来的环境后果可以以巴西为例，那里大片的亚马孙雨林正在被清除，以腾出土地用于耕种。此前，这种需求是由美国所产作物满足的。根据相关研究，尽管贸易摩擦将导致全球经济衰退和生产规模缩小，从而看似减少全球环境压力，但全球碳排放量预计将增加而不是减少。一方面，巴西和阿根廷土地利用变化所导致的碳排放增加，将远远超过全球生产减少所带来的碳排放减少；另一方面，一些国家或经济体，特别是越南、印度和墨西哥等发展中国家，将面临规模效应驱动的碳排放增加。韩国、英国和法国等国家将会享受结构效应驱动的碳排放减少。中国和美国将面临生产和二氧化碳排放量的减少，但它们的碳排放强度将上升。

二是贸易摩擦导致的经济放缓给清洁能源转型带来压力。如图 12-5 所示，截至 2021 年，中国能源消费结构依然以化石能源为主，大概占 83.4%（其中煤炭占 56%、原油占 18.5%、天然气占 8.9%），一次电力和其他能源占 16.6%。[①] 中国原油对外依存度约为 60%，而美国由于开展页岩油革命，能源自给率较高，并且可以出口。考虑到中国"富煤、贫油、少气"的资源禀赋及规模成本、技术应用、

---

① 参见 https://www.stats.gov.cn/zt_18555/zthd/lhfw/2023/fjxsd/202302/t20230227_1918909.html。

供应稳定性等多方面因素，为保障能源安全和生产效率，短期内中国煤炭资源仍将发挥"压舱石"作用。而中美贸易摩擦导致的经济增速放缓、就业压力增大，使得短期内中国企业不得不为"保增长、保就业"而暂时放缓清洁能源转型计划。①

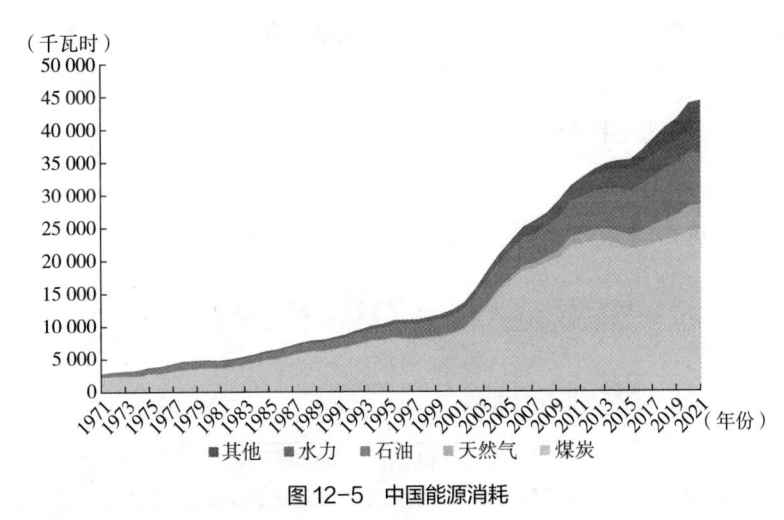

图 12-5　中国能源消耗

资料来源：BBC。

三是清洁技术国际合作受到限制。中美两国都是太阳能板和风力涡轮机制造业的主要参与者。关税或其他贸易限制可能会扰乱可再生技术的供应链，进而影响全球清洁能源解决方案。为反击美国对中国的制裁，商务部将太阳能先进技术纳入出口管制项目。中国限制关键太阳能制造技术出口的计划，可能会推迟美国建立国内太阳能供应链的尝试。图 12-6 显示，中国企业现在掌控着全球太阳能供应链约 80% 的份额，制造太阳能面板及其组件所需的设备中，近一半由中国企业生产，全球 97% 的太阳能级硅锭和硅片产自中国。中国台

---

① 参见 https://fortune.com/2019/09/05/us-china-trade-war-environment-sustainability/。

湾企业集邦科技称，目前只有中国企业能制造尺寸较大的 182 毫米和 210 毫米硅片，预计近年这类硅片在全球的市场份额将达到 96%。使用尺寸较大的硅片可以制造出成本更低、效率更高的太阳能电池板。此外，中国掌握着新能源汽车、锂电池等绿色科技最新技术，尽管美国出台了旨在扶持本国新能源产业的《通胀削减法案》，但向清洁能源转型不是一朝一夕能够完成的，切断与中国的合作将给美国大规模使用新能源带来极大的阻力。

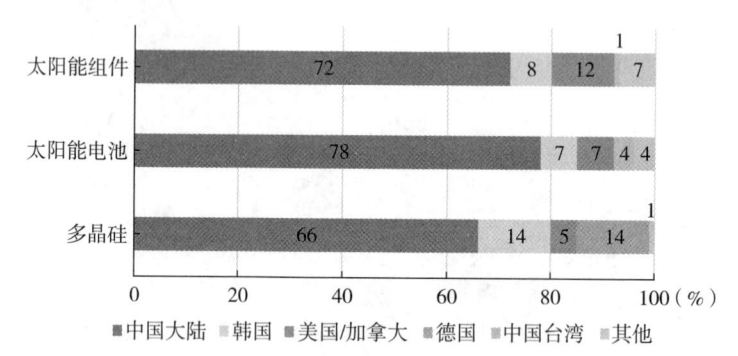

产品	中国大陆	韩国	美国/加拿大	德国	中国台湾	其他
太阳能组件	72		8	12	7	1
太阳能电池	78		7	7	4	4
多晶硅	66		14	5	14	1

图 12-6　2019 年部分国家和地区太阳能电池板组件市场占比

资料来源：Statista。

（二）针对气候问题的合作是一大合作契机

碳中和时代，中国低碳设备前景广阔，未来中美能源博弈可能长期处于竞争与合作的平衡态势。进入碳中和时代，美国虽然在技术研发领域有一定优势，但在油气时代享有的能源博弈霸权地位将受到冲击。一方面，虽然美国在部分碳中和技术领域，如碳捕集、利用与封存（CCUS）、电化学储能、氢能制备储运等仍享有技术优势，但大多数技术不能实现商业可行。例如，现行技术条件下低浓度二氧化碳捕集、分离、提纯的成本较高。在电力生产环节进行碳捕集的成本为40~120美元/吨，远高于现存碳市场中的碳价，尚且无法单纯依靠市场驱动实现碳捕集技术的普及。电化学储能成本较高，全球现存储能装机仍以抽水蓄能为主。此外，长时储能技术仍没有取得突破。另一方面，美国在可再生能源设备上游原材料生产和精炼、中游设备制造和产业化、末端市场开发等方面并没有占据先机。例如，可再生能源设备方面的不足，可以在稀土元素生产中展现，稀土元素在制造风力涡轮机、电动汽车和其他可再生能源技术中至关重要。然而，美国在稀土元素生产上并不具备主导地位，而且曾经依赖中国等国家的稀土元素供应。这种依赖性引发了安全和供应链问题，凸显了美国在这一领域的不足。

相反，中国在可再生能源领域后来居上，已占据优势地位。以光伏为例，中国光伏产业自2004年快速发展，成功克服了全球金融危机、欧美市场"双反"调查等严峻挑战，同时通过产业化、规模化优势，推动光伏设备成本大幅下降，并不断加强技术研发能力，完成了从硅原料、应用市场、应用技术"三头在外"到"三项第一"的巨大转变。2019年，中国多晶硅产量约34.2万吨，同比增长32%；硅片产量约134.7兆瓦，同比增长25.8%；光伏电池片产量约110.3兆瓦，同比增长29.8%；组件产量约98.6兆瓦，同比增长17%。在应用市场方面，国内光伏市场快速增长，截至2019年年底，累计光伏并网装机量为204.3兆瓦。在技术发展方面，中国光伏全产业链技术成熟度较起始阶段已实现较大突破，基本处于世界领先水平。在多晶硅制造设备、硅片、硅锭的铸造、拉棒、切片技术、太阳能电池制造设备智能化、光伏组件封装智能制造等方面，均处于世界领先水平。

中美都将应对气候变化危机、实现经济社会低碳转型、达成碳中和目标作为各自的政策重点。由于碳中和政策的长期性，当前中美两国在气候领域的动力将转化为两国追求气候目标的长期意愿，中美气候外交有潜力成为两国关系长远发展的稳定支点。适度的竞争可以催生创新，推动使用清洁能源，并确保供应链的稳固，但应避免将双方关系升级到对抗，以免两个绿色技术强国之间的关系拖慢了发展，并使全球市场无法获取减排的最佳技术和设备。中美两国政府如何管理彼此的关系和国内政策，将影响绿色技术公司的经济结果以及全球气候安全结果。中美之间的气候合作迫在眉睫。只有通过加强合作，共同制定可持续的发展策略，推动清洁能源的发展和技术的创新，才能在全球范围内实现减少温室气体排放、减缓气候变化的目标。这不仅是两国的责任，也是对下一代的承诺，创造一个更加美好、繁荣且环保的未来。中美合作共同应对气候变化，势在必行。

本章小结

- 随着绿色发展目标的重心逐步向减缓气候变化转移，各国纷纷提出减碳甚至净零排放目标，并逐步加大政策力度。
- ESG 为企业带来经济效益，降低危机中的风险。此外，供应链可持续性问题受到公众关注，且影响整条供应链上的企业。
- 全球 ESG 评级机构众多，打分标准高度不一致。中国企业 ESG 信息披露尚未规范化，在国际主流 ESG 评级机构中覆盖少、评分低。
- 供应链的复杂性和不透明性为准确评估供应链可持续性带来了巨大挑战，为漂绿行为和碳转移提供了温床。
- 中美竞争为全球碳中和进程带来了挑战和风险，碳中和共同目标为减缓贸易摩擦、加强全球合作提供了契机。

参考文献

第一章

1. Agca, Senay, Volodymyr Babich, John R. Birge, and Jing Wu. Credit Shock Propagation Along Supply Chains: Evidence From the CDS Market[J]. Management Science 68, no. 9 (2022): 6506-6538.

2. Carvalho, Vasco, Matt Elliott, and John Spray. Supply Chain Bottlenecks in a Pandemic[J]. Available at https://covid.econ.cam.ac.uk/files/carvalho-files/BottlenecksPandemicNote.pdf, 2023.

3. Ding, Haoyuan, Yichuan Hu, Han Jiang, Jing Wu, and Yu Zhang. Social Embeddedness and Supply Chains: Doing Business with Friends Versus Making Friends in Business[J]. Production and Operations Management 32, no. 7 (2023): 2154-2172.

4. Osadchiy, Nikolay, William Schmidt, and Jing Wu. The Bullwhip Effect in Supply Networks[J]. Management Science 67, no. 10 (2021): 6153-6173.

5. Osadchiy, Nikolay, William Schmidt, and Jing Wu. Customer Portfolio Approach to Managing Cash Flow Variability (2023). Available at SSRN: https://ssrn.com/abstract=4162190.

6. Singhal, Vinod, and Jing Wu. The Bullwhip Effect and Stock Returns[J]. Production and Operations Management 33, no. 1 (2024): 303-322.

7. Wang, Yixin, Jun Li, Di Wu, and Ravi Anupindi. When Ignorance Is Not Bliss: An Empirical Analysis of Subtier Supply Network Structure on Firm Risk[J]. Management Science 67, no. 4 (2021): 2029-2048.

8. Wu, Jing, and John R. Birge. Supply Chain Network Structure and Firm Returns (2014). Available at SSRN: https://ssrn.com/abstract=2385217.

第二章

1. Hertzel, Michael, Jie Peng, Jing Wu, and Yu Zhang. Global Supply Chains and Cross-Border Financing[J]. Production and Operations Management 32, no. 9 (2023): 2885-2901.
2. Hsu, Vernon, and Jing Wu. Inventory as a Financial Instrument: Evidence from China's Metal Industries[J]. Management Science 70, no. 6 (2024): 3645-3663.
3. Freund, Caroline, Aaditya Mattoo, Alen Mulabdic, and Michele Ruta. Is US Trade Policy Reshaping Global Supply Chains? (2023). Available at SSRN: https://ssrn.com/abstract=4854859.
4. Khanna, Gaurav, Kevin Shih, Ariel Weinberger, Mingzhi Xu, and Miaojie Yu. Trade Liberalization and Chinese Students in US Higher Education[M]. Review of Economics and Statistics (2023): 1-46.
5. Peng, Jie, Boluo Liu, Jing Wu, and Xiangang Xin. Financial Statement Comparability and Global Supply Chain Relations[J]. Journal of International Business Studies 55, no. 3 (2024): 342-360.

第三章

1. Agca, Senay, Volodymyr Babich, John R. Birge, and Jing Wu. Credit Shock Propagation Along Supply Chains: Evidence from the CDS Market[J]. Management Science 68, no. 9 (2022): 6506-6538.
2. Agca, Senay, John Birge, and Jing Wu. The Impact of The Covid-19 Pandemic on Global Sourcing of Medical Supplies[J]. Medical Research Archives 10, no. 9 (2022).
3. Agca, Senay, John Birge, and Jing Wu. The Impact of COVID-19 on Supply Chain Credit Risk[J]. Medical Research Archives 10, no. 9 (2022).
4. Li, Haishi, Zhi Li, Ziho Park, Yulin Wang, and Jing Wu. To Comply or Not to Comply: Understanding Developing Country Supply Chain Responses to Russian Sanctions (2024). Available at SSRN: https://ssrn.com/abstract=4817589.

5. Tang, Christopher S., S. Alex Yang, and Jing Wu. Sourcing from Suppliers with Financial Constraints and Performance Risk[J]. Manufacturing & Service Operations Management 20, no. 1 (2018): 70-84.
6. Wu, Jing, Zhaocheng Zhang, and Sean X. Zhou. Credit Rating Prediction Through Supply Chains: A Machine Learning Approach[J]. Production and Operations Management 31, no. 4 (2022): 1613-1629.
7. Wu, Jing, Hsiao-Hui Lee, and John R. Birge. The Hidden World of Trade Credit: The Flexibility Role of Late Payments (2020). Available at SSRN: https://ssrn.com/abstract=3671400.

第四章

1. Charoenwong, Ben, Miaozhe Han, and Jing Wu. Trade and Foreign Economic Policy Uncertainty in Supply Chain Networks: Who Comes Home?[J]. Manufacturing & Service Operations Management 25, no. 1 (2023): 126-147.

第五章

1. Conconi, Paola, Manuel García-Santana, Laura Puccio, and Roberto Venturini. From Final Goods to Inputs: the Protectionist Effect of Rules of Origin[J]. American Economic Review 108, no. 8 (2018): 2335-2365.
2. Hofmann, Claudia, Alberto Osnago, and Michele Ruta. A New Database on the Content of Preferential Trade Agreements[M]. 2017 World Bank Group Policy Research Working Paper (2017).
3. Hsu, Jonathan, Zhi Li, and Jing Wu. Supply Chain Restructuring: Nearshoring in Response to Regional Value Content Requirements (2022). Available at SSRN: https://ssrn.com/abstract=4246225.

第六章

1. Cen, Ling, Lauren Cohen, Jing Wu, and Fan Zhang. The Golden Revolving Door: Hedging through Hiring Government Officials (2023). Available at SSRN: https://ssrn.com/abstract=4323326.

第七章

1. Baker, Scott R. Debt and the Consumption Response to Household Income

Shocks (2015). Available at SSRN: https://ssrn.com/abstract=2541142.

2. Balaram, Vysetti. Rare Earth Elements: A Review of Applications, Occurrence, Exploration, Analysis, Recycling, and Environmental Impact[J]. Geoscience Frontiers 10, no. 4 (2019): 1285-1303.

3. Calomiris, Charles W., and Larry Neal. History of Financial Globalization, Overview[J]. Handbook of key global financial markets, institutions and infrastructure, Bd 1 (2013): 3-14.

4. Cohen, Benjamin J. Phoenix Risen: the Resurrection of Global Finance[J]. World Politics 48, no. 2 (1996): 268-296.

5. Hanson, Gordon H., and Chong Xiang. The Home-Market Effect and Bilateral Trade Patterns[J]. American Economic Review 94, no. 4 (2004): 1108-1129.

6. Krugman, Paul. Scale Economies, Product Differentiation, and the Pattern of Trade[J]. American Economic Review 70, no. 5 (1980): 950-959.

7. Lee, Joonkoo. China's Shifting Roles in Asian Electronics Trade Networks: Implications for Regional Value Chains[M]. In China's New Development Strategies: Upgrading from Above and from Below in Global Value Chains, pp. 237-266. Singapore: Springer Nature Singapore, 2022.

8. Leland, Hayne E. Saving and Uncertainty: The Precautionary Demand for Saving[J]. The Quarterly Journal of Economics 82, no. 3 (1968): 465-473.

9. Lombardi, Marco J., Madhusudan S. Mohanty, and Ilhyock Shim. The Real Effects of Household Debt in the Short and Long Run (2017). Available at SSRN: https://ssrn.com/abstract=2906555.

10. Pawar, Gorakh, and Rodney C. Ewing. Recent Advances in the Global Rare-Earth Supply Chain[J]. Mrs Bulletin 47, no. 3 (2022): 244-249.

第八章

1. Hsu, Jonathan, Zhi Li, and Jing Wu. Supply Chain Restructuring: Nearshoring in Response to Regional Value Content Requirements (2022). Available at SSRN: https://ssrn.com/abstract=4246225.

2. Fajgelbaum, Pablo, Pinelopi Goldberg, Patrick Kennedy, Amit Khandelwal, and Daria Taglioni. The US-China Trade War and Global Reallocations[R]. American Economic Review: Insights 6, no. 2 (2024): 295-312.

3. Fajgelbaum, Pablo D., and Amit K. Khandelwal. The Economic Impacts of the US-China Trade War[J]. Annual Review of Economics 14, no. 1 (2022): 205-228.
4. Peng, Boya, Vernon Hsu, and Jing Wu. Decoupling or Indirect Connections? The US-China Trade War and Global Supply Chain Rerouting (2024). Available at SSRN: https://ssrn.com/abstract=4787687.

第九章

1. Alfaro, Laura, and Davin Chor. Global Supply Chains: The Looming "Great Reallocation" [R]. No. w31661. National Bureau of Economic Research, 2023.
2. Koul, Rekha, Geeta Verma, and Vanashri Nargund-Joshi, eds. Science Education in India: Philosophical, Historical, and Contemporary Conversations[M]. Springer Nature, 2019.
3. Kumar, Ramjit, and Smriti Singh. Aspects of Science Education in India: A Synoptic Review and Possible Directions for the Future[J]. Current Science (2018): 1825-1828.
4. Li, Wenqi, Qi Li, Ming Chen, Yutong Su, and Jianhua Zhu. Global Value Chains, Digital Economy, and Upgrading of China's Manufacturing Industry[J]. Sustainability 15, no. 10 (2023): 8003.
5. Niu, Yimeng, Niklas Werle, Morris A. Cohen, Shiliang Cui, Vinayak Deshpande, Ricardo Ernst, Arnd Huchzermeier, Andy Tsay, and Jing Wu. Global Supply Chain Restructuring During the COVID-19 Pandemic (2023). Available at SSRN: https://ssrn.com/abstract=4564927.

第十章

1. Acemoglu, Daron, David Autor, Jonathon Hazell, and Pascual Restrepo. Artificial Intelligence and Jobs: Evidence from Online Vacancies[J]. Journal of Labor Economics 40, no. S1 (2022): S293-S340.
2. Acemoglu, Daron, and Pascual Restrepo. Automation and New Tasks: How Technology Displaces and Reinstates Labor[J]. Journal of Economic Perspectives 33, no. 2 (2019): 3-30.
3. Acemoglu, Daron, and Pascual Restrepo. Robots and Jobs: Evidence from US

Labor Markets[J]. Journal of Political Economy 128, no. 6 (2020): 2188-2244.

4. Akerman, Anders, Ingvil Gaarder, and Magne Mogstad. The Skill Complementarity of Broadband Internet[J]. The Quarterly Journal of Economics 130, no. 4 (2015): 1781-1824.

5. Card, David, and John E. DiNardo. Skill-biased Technological Change and Rising Wage Inequality: Some Problems and Puzzles[J]. Journal of Labor Economics 20, no. 4 (2002): 733-783.

6. Cen, Ling, Michael G. Hertzel, Zi'ang Wang, and Jing Wu. Labor Coordination and Division: Human Capital Investment in Supply Chains (2021). Available at SSRN: https://ssrn.com/abstract=3963511.

7. Faber, Marius. Robots and Reshoring: Evidence from Mexican Labor Markets[J]. Journal of International Economics 127 (2020): 103384.

第十一章

1. Azaria, Amos, and Tom Mitchell. The Internal State of an LLM Knows When It's Lying[J]. arXiv preprint arXiv:2304.13734 (2023).

2. Bai, Bing, Hengchen Dai, Dennis J. Zhang, Fuqiang Zhang, and Haoyuan Hu. The Impacts of Algorithmic Work Assignment on Fairness Perceptions and Productivity: Evidence from Field Experiments[J]. Manufacturing & Service Operations Management 24, no. 6 (2022): 3060-3078.

3. Brown, Tom, Benjamin Mann, Nick Ryder, Melanie Subbiah, Jared D Kaplan, Prafulla Dhariwal, Arvind Neelakantan, Pranav Shyam, Girish Sastry, Amanda Askell, Sandhini Agarwal, Ariel Herbert-Voss, Gretchen Krueger, Tom Henighan, Rewon Child, Aditya Ramesh, Daniel Ziegler, Jeffrey Wu, Clemens Winter, Chris Hesse, Mark Chen, Eric Sigler, Mateusz Litwin, Scott Gray, Benjamin Chess, Jack Clark, Christopher Berner, Sam McCandlish, Alec Radford, Ilya Sutskever, and Dario Amodei. Language Models are Few-shot Learners[J]. Advances in neural information processing systems 33 (2020): 1877-1901.

4. Feng, Guhao, Bohang Zhang, Yuntian Gu, Haotian Ye, Di He, and Liwei Wang. Towards Revealing the Mystery behind Chain of Thought: a Theoretical Perspective[J]. Advances in Neural Information Processing Systems 36 (2024).

5. Miaozhe Han, Hongchuan Shen, Jing Wu, and Xiaoquan Zhang. AI Intensity and Firm Resilience: Evidence from Firm Performance under Disaster Shocks[J]. Information System Research (2022). Working Paper.
6. Niu, Yimeng, Jing Wu, Shenyang Jiang, and Zhibin Jiang. The Bullwhip Effect in Servicized Manufacturers[J]. Management Science (2024).
7. Noy, Shakked, and Whitney Zhang. Experimental Evidence on the Productivity Effects of Generative Artificial Intelligence[J]. Science 381, no. 6654 (2023): 187-192.
8. Radford, Alec, Jeffrey Wu, Rewon Child, David Luan, Dario Amodei, and Ilya Sutskever. Language Models are Unsupervised Multitask Learners[J]. OpenAI blog 1, no. 8 (2019): 9.
9. Vaswani, Ashish, Noam Shazeer, Niki Parmar, Jakob Uszkoreit, Llion Jones, Aidan N. Gomez, Łukasz Kaiser, and Illia Polosukhin. Attention is All You Need[J]. Advances in neural information processing systems 30 (2017).
10. Yin, Zhangyue, Qiushi Sun, Qipeng Guo, Jiawen Wu, Xipeng Qiu, and Xuanjing Huang. Do Large Language Models Know What They Don't Know?[J]. arXiv preprint arXiv:2305.18153 (2023).

第十二章

1. Bardos, Katsiaryna Salavei, Mine Ertugrul, and Lucia Silva Gao. Corporate Social Responsibility, Product Market Perception, and Firm Value[J]. Journal of Corporate Finance 62 (2020): 101588.
2. Cen, Ling, Yanru Han, Chang Liu, and Jing Wu. The Rise of Conscious Consumers: The Cash Flow Implications of Corporate Workplace Equality (2022). Available at SSRN: https://ssrn.com/abstract=41621904126216.
3. Cen, Ling, Yanru Han, and Jing Wu. Equal Employment Opportunity in Supply Chains[J]. Production and Operations Management (2022): 10591478241238968.
4. Ding, Wenzhi, Ross Levine, Chen Lin, and Wensi Xie. Corporate Immunity to the COVID-19 Pandemic[J]. Journal of Financial Economics 141, no. 2 (2021): 802-830.
5. Jacobs, Brian W., and Vinod R. Singhal. Shareholder Value Effects of the

Volkswagen Emissions Scandal on the Automotive Ecosystem[J]. Production and Operations Management 29, no. 10 (2020): 2230-2251.

6. Li, Fei, Chris KY Lo, Christopher S. Tang, and Yi Zhou. Will Diversity, Equity, and Inclusion Commitment Improve Manufacturing Firms' Market Performance? A Signaling Theory Perspective on DEI Announcements (2022). Available at SSRN: https://ssrn.com/abstract=4318187.

7. Lins, Karl V., Henri Servaes, and Ane Tamayo. Social Capital, Trust, and Firm Performance: The Value of Corporate Social Responsibility during the Financial Crisis[J]. The Journal of Finance 72, no. 4 (2017): 1785-1824.

8. Lu, Jianhong, Xianqiang Mao, Mudan Wang, Zhengyan Liu, and Peng Song. Global and National Environmental Impacts of the US-China Trade War[J]. Environmental Science & Technology 54, no. 24 (2020): 16108-16118.

9. Peters, Glen P., Jan C. Minx, Christopher L. Weber, and Ottmar Edenhofer. Growth in Emission Transfers via International Trade from 1990 to 2008[J]. Proceedings of the National Academy of Sciences 108, no. 21 (2011): 8903-8908.

10. Shapiro, Joseph S. The Environmental Bias of Trade Policy[J]. The Quarterly Journal of Economics 136, no. 2 (2021): 831-886.

11. Shi, Yilin, Jing Wu, Yu Zhang, and Yuqing Zhou. Green Image Management in Supply Chains: Strategic Disclosure of Corporate Suppliers (2020). Available at SSRN: https://ssrn.com/abstract=3700310.

12. Shi, Yilin, Christopher S. Tang, and Jing Wu. Are Firms Voluntarily Disclosing Emissions Greener (2023)? Available at SSRN: https://ssrn.com/abstract=4426612.